U0142971

Regression Analysis

迴歸分析

·謝宇 著·

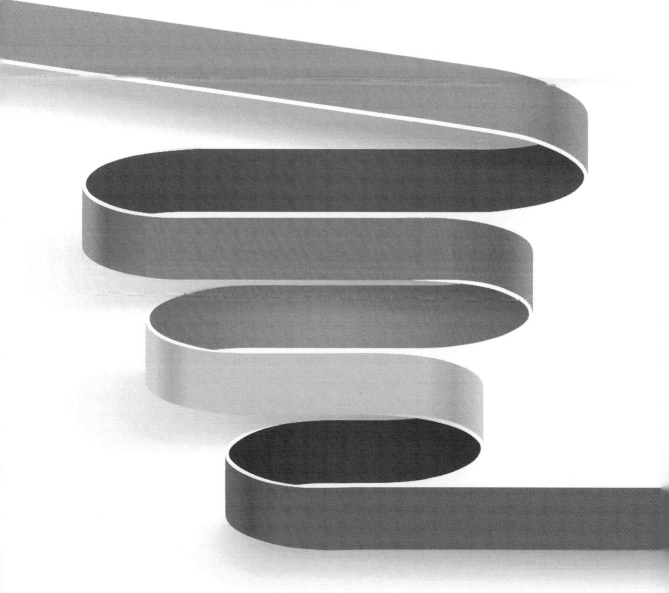

五南圖書出版公司 印行

前　言

　　《迴歸分析》一書是根據我在密西根大學和北京大學教授迴歸分析課程時的講義編寫而成，是我多年從事量化方法研究及教學的心得與經驗的結晶。該書自2010年8月份在中國大陸正式出版以來，得到了很多大陸學者的認可，並於今年3月份在大陸二次印刷和發行了修訂的版本。我很高興這本書在臺灣同樣受到歡迎並得以出版繁體版本，感謝諸多臺灣學者對這本書的喜愛與支持。

　　我由於工作的關係經常訪問臺灣，也和中央研究院的朱敬一、蔡淑鈴、于若蓉等學者一起做過一些關於臺灣社會的經驗研究。我感覺到臺灣這些年來在社會學量化研究方面的發展很快。臺灣擁有很多世界上獨一無二的社會科學資料，著實是做社會學量化研究的風水寶地。我希望未來能有更多擅長量化研究方法的學者參與其中，充分利用好這些資料，進一步推動社會科學量化研究的進步。我希望《迴歸分析》一書能夠在提高學者的量化分析與研究能力方面略盡棉薄之力。

　　編寫繁體版《迴歸分析》的想法最初由中央研究院的李瑞中教授和臺灣大學的田芳華教授提出，他們的鼓勵和建議以及在整個過程中的鼎力相助是我著手繁體版編寫工作並順利完成任務的支持與動力。

　　我一直認為，好的量化教材應該將理論、方法與示範案例緊密結合，而示範案例如果能夠結合本土資料，則能更好地加深讀者對理論和方法的理解。因而本書中的案例均使用臺灣的資料進行了重新編寫。該項工作主要由張宜君（臺灣大學）負責，黃思齊（臺灣大學）在這個過程中給予了協助。他們做了非常優秀的工作。

　　參與此書校對工作的有臺灣大學的陳威韶、蔡雨澄、蕭玉欣和張文舊。此外，中國人民大學的巫錫煒、靳永愛，香港科技大學的於嘉、武玲蔚和北京大學的胡婧煒也為此書的編寫與校對提供了幫助。我對他們表示衷心的感謝。

　　最後，我還要感謝五南圖書出版社張毓芬副總編輯和侯家嵐責任編輯在本書出版過程中給予的大力支持，他們精益求精的工作使得本書能夠在內容上得以進一步完善並順利出版發行。

I

寫書是一個漫長而艱辛的過程，但這一過程因為能夠有諸多優秀的同事共事而倍添樂趣，也因為在書本出版後能夠與世界上諸多優秀的學者共享心得而尤顯珍貴。我發自內心地享受並珍惜這個過程，也希望我的這本書能使讀者受益。

謝宇

2013 年 8 月

Contents

Contents

Chapter 05

多元線性迴歸   103

Chapter 06

多元迴歸中的統計推論與假設檢定   125

Chapter 07 變異數分析和 F 檢定　　137

Chapter 08 輔助迴歸和偏迴歸圖　　159

Contents

Chapter 09 因果推論和因徑分析 177

Chapter 10 多元共線性問題 203

Contents

Contents

Chapter 18　二分依變項的 Logit 模型　391

詞彙表　413

Chapter

01

基本統計概念

1.1 統計思想對於社會科學研究的重要性

社會科學和自然科學存在本質的區別。自然科學以「發現」永恆的、抽象的、普遍的真理為最終目的，這是其精華所在。而社會科學卻是以「理解」暫時的、具體的、特定的社會現實為最終目的。歷史上很多人曾希望在社會科學領域中找到一種能夠適用於各個方面的真理，並且為之做過許多嘗試，但都沒有成功。其實量化研究方法並不可能使我們找到像自然科學那樣的普遍真理。在社會科學中，我們的研究目的是理解現實社會（謝宇，2006）。

自然科學中真理的存在實質上反映了自然界中不同個體之間的同質性，即具體個體之間沒有本質的差異。這一信念使自然科學家們認為具體的、個體間的、看得見的差異只不過是表面的、人為的和微不足道的。然而，經驗常識和自古到今的嘗試表明，對於社會現象而言，異質性才是其突出的特性。由於具體個體間存在本質差異，導致社會科學研究中不能將所有個體等同對待。因此，社會科學中並不存在普遍真理，只存在一些原則和規律。對這些原則和相關邏輯的探討就是社會科學理論。同時，受制於道德倫理和實際可行性，社會科學研究者們基本上無法像自然科學那樣透過對實驗室中各種有關變項進行控制，從而尋找到社會現象的規律。因此社會科學往往要依靠社會調查，透過樣本來推論母體中的規律。這時，借用統計方法來完成研究工作便成為一種必要手段。

社會現象的異質性是社會科學研究中面臨的最大難題，它使任何社會科學的研究方法都具有局限性，統計方法也不例外。正因為如此，任何社會科學的結論，凡是利用統計方法得到的，都必然包含一定的假設條件。可以說，學習量化研究方法[1]的一個關鍵就是瞭解量化研究方法本身的缺陷、局限和不完善。而這些都根源於社會現象的異質性。

儘管量化研究所得結論都建立在一定的假設條件上，也不一定具有普遍意義，但量化研究方法卻是研究社會現象不可缺少的工具。因為，如果沒有這種方法，我們就無法很好地捕捉和表述研究物件的變異性。其他可供選擇的方法（比如思辨、內省、個人體驗、觀察和直覺等）確實也能增進我們對社會現象的理解，但這些方法都不能很好地反映社會現象的異質性。當然，它們能夠起到一定的補充作用，但不應取代量化研究方法成為當代社會科學的核心。換言之，量化研究方法依

---

[1] 本書會交替使用「統計方法」和「量化研究方法」兩個術語，我們將其等同對待。

然是理解社會及其變遷的最佳途徑，它可以使我們避免一些因意識形態或先入之見而導致的偏見，確保研究活動的「價值中立」，從而得到更為客觀和全面的認識。比如，它可以讓我們知道從某一研究得出的結論在母體層面上是否有偏差或在多大範圍內是有效的。它也使我們可以通過統計方法發現組間變異和組內個體差異。而關於組間變異和組內變異的統計資訊就是我們想得到的有關社會現象的規律。

量化研究方法已成為現代西方社會科學研究的一個主要手段，但在中國的發展仍處於初期階段，各種研究中的應用還較少見，這導致了中國社會科學與國外主流社會科學之間的脫節和交流的匱乏。當前中國正處在一個迅速變化的社會背景下，各種社會問題和矛盾都不斷湧現，也為社會科學研究提供了極好的契機。對研究者們而言，學習並使用量化研究方法解決研究問題將是非常有價值的。

量化研究方法的核心內容之一是統計學。而統計學本身就是一門專業學科，具有自己的學科體系、邏輯推理和符號語言。對從事社會科學研究的人來說，我們需要掌握這一學科體系、邏輯推理和符號語言。但我們同時也應該知道統計學的知識只是社會科學的工具，它本身並不能取代對所研究社會現象的瞭解和社會科學所必需的研究設計。本書僅討論社會科學中常見的與迴歸分析有關的統計學問題，而不討論社會科學理論和社會科學的研究設計方法。所以，本書所討論的主要內容與具體研究問題和理論取向無關。我們希望那些對量化研究持負面情緒和批評意見的學者也能對統計知識進行學習，因為只有在真正理解了統計學思想之後，才能對量化研究方法進行評價。

1.2　本書的特點

本書主要針對已經修讀過基礎社會統計學課程或者具有一定統計學基礎知識的學生或研究者。希望讀者通過學習本書能夠對社會科學中迴歸模型的理論和實際操作有更全面、更深入的瞭解。除了對統計理論的講解外，本書還將結合具體問題，利用統計軟體，指導讀者如何使用這些方法解決實際研究問題。本書具有兩大特點：第一，除了對經典的多元迴歸模型進行比較深入的講解外，本書對一些重要的、非經典的迴歸模型也進行了擴展和補充。第二，本書不光停留在理論層面，同時更強調實際操作的重要性。在大部分章節中我們都會使用實際研究資料，通過實例分析和相應的 Stata 程式來講解統計知識在研究中的應用以及對資料研究結果的闡釋。在資料使用上，我們選用了「臺灣社會變遷基本調查」（TSCS）2010 年的資料，1988 年和 1995 年兩次中國居民收入調查（CHIP）資料，1990 年美國綜合社

會調查（GSS）資料，1998 年、2000 年、2002 年和 2005 年「中國老年人健康長壽影響因素調查」專案（CLHLS）資料以及 1972 年美國高中畢業生有關職業選擇問題的調查資料。其中，使用最多的是 2010 年「臺灣社會變遷基本調查」（以下簡稱 TSCS）中臺灣民眾月收入的部分。

最後，在本書中我們統一使用 Stata10.0 版本作為示例資料的統計分析軟體。由於演算法和預設設定上可能存在的差異，採用不同軟體和同一軟體不同版本對複雜模型進行參數估計的所得結果可能會存在細微差異。

1.3　基本統計概念

本書假定讀者已經對社會統計學有一定程度的瞭解，下面將簡要回顧社會統計學中的一些基本概念以及它們的性質，對於這些內容的理解將有助於我們更好地學習迴歸理論。

1.3.1 母體與樣本

在社會科學量化研究中，我們首先需要建立區分母體（population）和樣本（sample）的敏銳意識。本章開篇提到，異質性問題是在個體間普遍存在的，但如果不同的個體在分類上確實滿足某種定義，那麼我們就將他們組成的總和稱為母體。需要注意的是，母體是一個封閉的系統，它具有時間上和空間上清晰的界限。例如，2005 年所有的中國人在定義上就是一個界定完好的母體。2005 年所有年齡在 20 到 35 周歲擁有北京戶口的已婚婦女也是一個界定完好的母體。後一個例子可以看作是前一個例子中母體的子母體。

樣本是母體的一個子集。比如我們關心 2005 年中國居民受教育程度和收入之間的關係。那麼這項研究的母體就應該是 2005 年所有中國居民。但在實際研究過程中，由於研究技術和經費的限制，我們不可能對所有中國居民進行分析，這時我們就需要從母體中按一定方式抽取一部分個體（比如一萬人）進行調查。那麼這一萬人就構成了該母體的一個樣本。當然，從理論上講，我們從同一母體中可以抽取出若干個不同的樣本。

由於個體異質性的存在，來自母體的某一個體並不能代表母體中的另一個體，而個體之間也是不能相互比較的。因此，我們不能利用樣本對母體中的個體進行任何推論。但是，概括性的母體特徵是相對穩定的。母體的這種特徵就被稱為參數（parameter）。母體參數可以透過母體中一個樣本來進行估計。透過樣本計算

得到的樣本特徵叫做統計量（statistic）[2]。當然，樣本提供的資訊是有限的。那麼，接下來的問題就在於如何依據樣本資訊來認識所研究的母體。統計推論（statistical inference）在這裡扮演著關鍵角色。所謂統計推論，就是透過樣本統計量來推論未知的母體參數。統計學的主要任務就是關注這種被稱作「統計推論」的工作。儘管可以透過不同的樣本統計量對母體參數進行估計，但是為了方便起見，本章中，我們主要討論把原來適用於母體資料的計算式運用到樣本資料。所得到的樣本統計量被稱之為「樣本仿參數估計式（sample analog estimator）」。根據稍後將要講到的大數定理，隨著樣本量的增加，樣本逐漸趨於母體，而樣本統計量（樣本仿參數估計式）和母體參數之間的差別也會逐漸消失。

1.3.2 隨機變項

隨機變項（random variable）是指由隨機試驗結果來決定其取值的變項。它具有兩個關鍵屬性：隨機性和變異性。隨機性也就是「不確定性」，在社會科學研究中，這種「不確定性」主要來自於兩個方面，一方面是由受訪者個體行為或態度本身的不確定性造成的，另一方面來自於群體中個體間的異質性，因隨機取樣而產生。

在實際研究中，作為隨機變項的依變項的測量層級決定了研究者應該選擇何種統計分析方法[3]。Daniel A. Powers 和謝宇（2008）在《類別資料分析的統計方法》一書中曾經根據三種標準將依變項劃分成四種測量層級，如圖 1-1 所示。

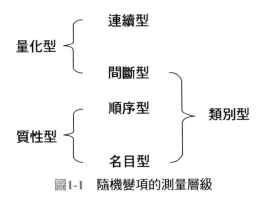

圖1-1　隨機變項的測量層級

---

[2] 這裡，我們應該建立另一種敏銳的意識：參數與母體相聯繫，統計量與樣本相聯繫。
[3] 更多有關這部分內容請參考Daniel A. Powers 和Yu Xie(2008) *Statistical Methods for Categorical Data Analysis* 一書引言。

　　首先，就量化和質性這一劃分而言。在量化變項（quantitative variable）中，變項的數學取值具有實質性的意義；然而在質性變項（qualitative variable）中，變項的數位取值本身並沒有什麼實質意義，只是為了表明類別間的互斥性。例如，在貧困問題研究中，將貧困狀況編碼為 1 = 貧困和 0 = 非貧困，這裡的數值 1 和 0 僅僅是劃分是否處於貧困狀態的標識而已，並沒有表達貧困程度的含義。換句話說，質性變項的數位取值只是不同類別的代號。因此，質性變項都屬於類別變項（categorical variable）。

　　其次，對量化變項而言，又可以進一步劃分成連續變項（continuous variable）和間斷變項（discrete variable）。連續變項也稱為等距變項[4]（interval variable）。連續型的隨機變項取值可以是某個區間中的任意一個數值。諸如收入和社會經濟地位指數這種變項，在其可能的取值範圍內，通常都將它們當作連續變項對待。一般情況下，間斷變項的取值都為整數，並且代表事件發生的次數。比如家庭子女數、某地區在某一年中發生的犯罪案件數量以及某中學在某一年份考上重點大學的人數等等。量化變項中的間斷型變項也屬於類別變項。

　　再次，對質性變項而言，還可以進一步劃分成順序變項（ordinal variable）和名目變項（nominal variable）。順序變項利用了變項取值次序先後的資訊，但是這些數值也僅僅反映著排列次序，對於任意兩個相鄰取值之間的距離卻沒有過多的要求。舉例來講，我們將人們對於同性戀關係的態度按照以下規則進行編碼：1 = 強烈贊成，2 = 贊成，3 = 中立，4 = 反對，5 = 強烈反對。這裡 1～5 的取值就是人們對於同性戀關係所持反對態度由弱到強的序列，但是相鄰數值之間的距離並不是相應態度在真實程度上的差異的體現。對於名目變項而言，它的取值分類之間不涉及任何排序資訊，取值之間的距離也沒有任何實質意義。比如婚姻狀況（1 = 未婚，2 = 已婚，3 = 離婚，4 = 喪偶）或者性別（1 = 男性，2 = 女性）取值之間的差值並不具有任何意義。很多情況下，名目變項和順序變項之間的界限並不很清晰。出於不同的研究目的，同一個變項有時可以作為順序變項處理，有時也可以作為名目變項處理。在第 12 章當中，我們將進一步討論該問題。

1.3.3 機率分配

　　對於一個間斷型隨機變項 X，由於母體異質性的存在，來自同一母體中的各個

---

[4] 實際上等比變項（ratio variable）也屬於連續變項。

元素互不相同。令 i ($i = 1, 2, \cdots N$，N 表示母體的大小）表示任意一個（第 i 個）元素，那麼隨機變項 X 的機率分配（probability distribution）是指對應每一個元素的值 x_i 都存在一個機率。也就是說，機率分配中對於變項 X 的每一個取值 x，都有一個與之對應的機率 $P(X = x)$，且所有互斥事件的機率大於 0，這些機率的合計為 1。

比如我們將個體的收入 X 劃分成高（$X = 1$）、中（$X = 2$）、低（$X = 3$）三個類別，各類別收入的機率如下表 1-1 所示：

表 1-1　收入的機率分配

$X = x$	$P(X = x)$
1 = 高	0.3
2 = 中	0.4
3 = 低	0.3

則三者合起來就構成了收入變項 X 的一個機率分配。間斷型隨機變項的常見機率分配類型有二點分配、二項分配、超幾何分配、泊松分配等。

由於連續型隨機變項 X 的取值 x_i 是連續不間斷的，因而，對於其機率分配，我們無法像對間斷型隨機變項那樣一一列出，此時我們用機率密度函數 $f(x)$（probability density function, 簡稱 pdf）來描述其機率分配。機率密度函數具有以下性質：

(1) $\int_{-\infty}^{\infty} f(x)dx = 1$。這表明連續型隨機變項在區間 $(-\infty, \infty)$ 上的機率為 1。

(2) $\int_{a}^{b} f(x)dx = P(a < X \leq b) = F(b) - F(a)$。這表明連續隨機變項在區間 $(a, b]$ 上的機率值等於密度函數在區間 $(a, b]$ 上的積分。我們將在下文中對 $F(\cdot)$ 函數進行解釋。

常見的連續隨機變項的機率分配類型有均勻分配、指數分配、常態分配（高斯分配）等。比如，對於標準常態分配，其機率密度函數為：

$$f(x) = \frac{1}{\sqrt{2\pi}} e^{-\frac{1}{2}x^2}$$

1.3.4 累積機率分配

一個間斷隨機變項 X 的累積機率分配（cumulative probability distribution）是指對於所有小於等於某一取值 x_i 的累積機率 $P(X \leq x_i)$。比如對於上面提到的收入的例子，其累積機率分配如下表 1-2 所示：

表 1-2 收入的累積機率分配

$X = x_i$	$P(X = x_i)$	$P(X \leq x_i)$
1 = 高	0.3	0.3
2 = 中	0.4	0.7
3 = 低	0.3	1.0

對於間斷型隨機變項，我們可以很清楚地對各個具體取值的機率進行描述，因此也可以很容易地根據其機率分配得到對應的累積機率分配。但是對於連續型隨機變項，其取值是無窮無盡的，所以不可能將其一一列舉出來，但我們可以透過對其機率密度函數求積分得到其累積機率分配，即：

$$F(x) = P(X \leq x) = \int_{-\infty}^{x} f(x)dx$$

圖 1-2 和圖 1-3 分別給出了隨機變項 X 的機率密度函數與其累積機率分配的示意圖：

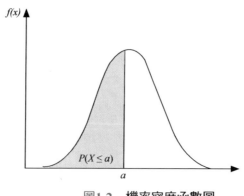

圖1-2　機率密度函數圖

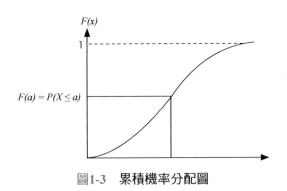

圖1-3　累積機率分配圖

1.3.5 隨機變項的期望值

對於間斷型隨機變項 X，其期望值（expectation）（記作 E(X)）的數學定義為：

$$E(X) = \sum_{i=1}^{n} x_i P(x_i)$$

其中：$P(x_i)$ 表示 $X = x_i$ 的機率。符號 E(·)（讀作「…的期望值」），被稱為期望值運算子。

期望值其實與平均數類似，是一個平均數，但兩者之間的區別在於：平均數是根據某一變項的一系列已知取值求得的，因此，平均數往往被特定地用來指稱樣本的一個特徵；而期望值代表的是整個母體的平均數，一個未知的母體參數，因此，它只是一個理論值。比如，擲一個質地均勻的硬幣，當試驗次數無窮大時，正面出現的比例應該是 0.5，或者說期望值為 0.5。但即使我們試驗擲硬幣很多次（如 10,000 次），得到正面的比例也不太可能正好是 0.5。一般情況下，會得到的是一個接近於 0.5 的值。但此時，期望值仍然是理論上的 0.5，而不是實際得到的一個接近於 0.5 的值。

計算連續型隨機變項的期望值需要用到機率密度函數。如果連續型隨機變項的數學期望值存在，且其密度函數為 $f(x)$，那麼其期望值為：

$$E(X) = \int_{-\infty}^{+\infty} xf(x)dx$$

但是就社會科學研究而言，在現實生活中幾乎沒有絕對的連續型隨機變項存在。比如收入這個變項，雖然我們把它看作是連續變項，但是也不可能存在收入為

無窮的情況。所以在實際應用中，我們有時把它作為間斷隨機變項來處理。

比如，假設我們把 TSCS 資料看作一個母體，而不是來自母體的一個樣本。那麼 2010 年臺灣每人月收入（*earn*）的期望值為 37416.8 元。在這裡，收入被視為一個連續隨機變項。

. sum earn

Variable	Obs	Mean	Std. Dev.	Min	Max
earn	1262	37416.8	31083.77	5000	350000

對於一個間斷型變項，比如 TSCS 中的性別這個二分類變項（dichotomous variable）[5]，我們將其編碼為一個虛擬變項（dummy variable）[6]，其中 1 = female，0 = male，並計算該變項的期望值：

. sum female

Variable	Obs	Mean	Std. Dev.	Min	Max
female	1262	.4469097	.4973705	0	1

計算出性別的期望值為 0.4469。我們透過觀察性別這一虛擬變項的分配可以發現，其期望值實際上等於女性人數占總人數的比例。希望讀者注意這一點，因為正是該特性使得虛擬變項在迴歸分析中具有特殊的意義。

. tab female

gender(female=1)	Freq.	Percent	Cum.
0	698	55.31	55.31

---

[5] 所謂二分變項指的是僅包含兩種可能取值的這樣一類特殊變項，比如：性別、是否就業、是否在校等。

[6] 虛擬變項是指可能取值僅為 0 和 1 的變項，第 12 章將會對其加以詳細介紹。

```
                 1 |      564      44.69     100.00
---------------------+------------------------------------------
             Total  |     1262     100.00
```

1.3.6 條件期望值

隨機變項的條件期望值（conditional expectation）是指，當其他隨機變項取特定值時某一隨機變項的期望值。設 X、Y 是兩個間斷型的隨機變項。當 $X = x_i$ 時，Y 的期望值被稱作 Y 的條件期望值，記作：

$$E(Y|X=x_i) = \sum_{i=1}^{n} y_i p(Y=y_i|X=x_i)$$

條件期望值具有以下性質：

(1) 若 C 為常數，那麼 $E(C \mid X) = C$；

(2) 若 k_1, k_2 為常數，則 $E[(k_1Y_1 + k_2Y_2) \mid X] = k_1E(Y_1 \mid X) + k_2E(Y_2 \mid X)$；

(3) 若 X 與 Y 相互獨立，則 $E(Y \mid X) = E(Y)$；

(4) $E(Y) = E[E(Y \mid X)]$（即全期望值公式，或反覆運算期望值定律）。

我們仍將 TSCS 資料看作一個母體，那麼，我們可以算得女性月收入（*earn*）的條件期望值為 $E(earn \mid female = 1) = 32198.58$ 元，即：

. sum earn if female==1

```
    Variable |     Obs       Mean    Std. Dev.     Min        Max
-------------+--------------------------------------------------------
        earn |     564    32198.58   27232.43      5000      350000
```

1.3.7 反覆運算期望值定律

反覆運算期望值定律（law of iterated expectations，簡稱 LIE）表達的是，條件期望值的期望值等於非條件期望值，即：

$$E(Y) = E_x[E(Y \mid X)]$$

注意：符號 E_x 讀作「對 X 求期望值」，這個期望值是基於 X 的邊緣分配下隨機變項 Y 的期望值。在不致引發混淆的情況下，下標可以省略。我們將在第 5 章的有關證明中用到這一定律。

1.3.8 隨機變項的變異數

間斷隨機變項 X 的變異數（variance）被定義為：

$$\text{Var}(X) = \sum_{i=1}^{n} [x_i - E(X)]^2 P(x_i)$$

其中 $P(x_i)$ 表示 $X = x_i$ 的機率，即 $P(X = x_i)$。符號 $\text{Var}(\cdot)$（讀作「⋯的變異數」）被稱為變異數運算子。

根據上述定義，可以看到隨機變項 X 的變異數其實就是其離差平方 $[x_i - E(X)]^2$ 的加權平均，所以也可以用期望值的形式將其定義為：

$$\text{Var}(X) = E\{[X - E(X)]^2\}$$

也可表達為：

$$\text{Var}(X) = E(X^2) - [E(X)]^2$$

後一運算式在實際計算過程中經常用到。

期望值是母體重要但未知的特徵之一，我們往往根據樣本平均數對其加以估計。樣本平均數（記作 $\overline{X}$）是反映樣本資料集中趨勢的統計量，其計算公式為：

$$\overline{X} = \frac{1}{n} \sum_{i=1}^{n} x_i$$

與此相同，母體變異數（記作 σ^2）作為母體的另一特徵，也是未知的，也往往需要透過樣本變異數來估計得到。不過，計算樣本變異數時我們必須使用修正自由度的樣本變異數（記為 S^2）來作為母體變異數 σ^2 的不偏估計。其計算公式為：

$$S^2 = \frac{1}{n-1} \sum_{i=1}^{n} (x_i - \overline{X})^2$$

這裡，分母使用 $n-1$ 而不是 n，這是因為計算樣本變異數需要先估計期望值，這樣便損耗了一個自由度。因此，該樣本變異數也被稱為樣本的調整變異數。

Stata 的指令 summarize 能夠直接得到變項的樣本標準差（下面會馬上對此進行解釋），即上面公式中的 *S*。將標準差平方後即可得到樣本的調整變異數 S^2。

1.3.9 隨機變項的標準差

隨機變項 *X* 的變異數的正平方根被稱作 *X* 的標準差（standard deviation），記作 $\sigma(X)$。其數學表達為：

$$\sigma(X) = \sqrt{\mathrm{Var}(X)}$$

符號 $\sigma(X)$（讀作「…的標準差」）被稱為標準差運算子。在統計分析中，我們一般用 $\sigma(X)$ 表示母體的標準差，用 *S.D.* 或 *S* 表示樣本的標準差。從前面 Stata 給出的結果我們得知根據 2010 年臺灣每人月收入樣本得到的月收入的樣本標準差為 31083.77 元，我們可以將其視為母體標準差的估計值。

非常容易和標準差混淆的一個概念是標準誤（standard error，簡稱 *S.E.*）。標準差是母體中所有個體與期望值之間離差平方的加權平均的正平方根。樣本標準差是從母體抽取的某個樣本的特徵，而標準誤則與抽樣分配有關，它被用來測量使用統計量來估計參數時的抽樣誤差。前面已經提到，對於某一母體，我們可以得到若干個規模為 *n* 的隨機樣本，我們可以分別對這些樣本用同樣的計算得到不同的反映某同一特徵（即參數）的統計量（比如期望值或變異數），這些不同的統計量本身就會構成一個分配。我們稱該分配為「抽樣分配」。實際上，所謂抽樣分配也就是（想像中的）樣本統計量的分配。作為一種特殊的分配，抽樣分配也有標準差。為了與樣本標準差相區別，我們將該標準差稱作標準誤，用 *S.E.* 表示。它表示的是樣本統計量所構成的分配的離散程度。根據中央極限定理（Central Limit Theorem）[7]，對於大樣本，用樣本平均數來估計期望值時，樣本標準誤和母體標準差之間的關係為：$S.E. = \sigma/\sqrt{n}$。在下面兩個 Stata 指令中，我們分別計算得到了 TSCS 資料中臺灣每人月收入的標準差和標準誤。Std. Dev. 一列表明，在 TSCS 這個樣本中，收入分配的標準差為 31083.77 元。Std. Err. 一列給出了平均收入的標準誤，它表示如果我們抽取樣本量 *n* = 1262 的多個隨機樣本，每一樣本都能得到一個相應的收入平均數，這些樣本平均數將構成一個新的分配，其標準差為 874.9917。在統

---

[7] 有關中央極限定理的內容將在本書的第 2 章中進一步談到。

計分析上，標準誤越小，測量的可靠性越大，反之，測量就不大可靠。因此，在統計分析中，一般都希望統計量的標準誤越小越好。

. sum earn

Variable	Obs	Mean	Std. Dev.	Min	Max
earn	1262	37416.8	31083.77	5000	350000

. mean earn

Mean estimation   Number of obs   =   1262

	Mean	Std. Err.	[95% Conf. Interval]
earn	37416.8	874.9917	35700.2 39133.4

由此我們看到，統計分析經常會涉及到母體分配、樣本分配和抽樣分配的問題，我們在第 2 章中還會對這些內容進行詳細介紹。在表 1-3 中，我們以平均數和標準差為例，列出這三種分配的關係。

表 1-3　母體分配、樣本分配和抽樣分配之間的關係

	平均數	標準差
母體分配	μ	σ
樣本分配	$\overline{X}$	$S.D.$
抽樣分配	μ	$S.E. = \sigma/\sqrt{n}$

1.3.10 標準化隨機變項（standardized random variable）

如果一個隨機變項 X 具有期望值 $E(X)$ 和標準差 $\sigma(X)$，那麼，新的變項：

$$z = \frac{X - \mathrm{E}(X)}{\sigma(X)}$$

被看作是隨機變項 X 的標準化形式。其含義在於，以標準差為單位來測量觀察值距離平均數的距離。因此，標準分數是一個無單位的純數。比如對於 TSCS 樣本資料，我們想對月收入（*earn*）進行標準化。首先計算出收入的平均數和標準差作為參數估計。

. sum earn

Variable	Obs	Mean	Std. Dev.	Min	Max
earn	1262	37416.8	31083.77	5000	350000

然後生成新的變項 *earn_st*。

. gen earn_st=(earn-37416.8)/31083.77

標準化以後的新變項變成了一個平均數為 0、變異數為 1 的變項。在多元線性迴歸中，由於不同自變項的測量單位通常並不一致，因而得到的迴歸係數通常也不能直接進行相對大小的比較。但如果我們對隨機變項進行標準化，消除了變項各自測量單位的影響，得到的標準化迴歸係數之間就能夠進行比較了。標準化經常用來解決由於變項測量單位不同而導致的結果不可比的問題。

1.3.11 共變數

兩個間斷型隨機變項 X 和 Y 的共變數（covariance），記作 $\mathrm{Cov}(X, Y)$，被定義為：

$$\mathrm{Cov}(X, Y) = \sum_i \sum_j [x_i - \mathrm{E}(X)][y_j - \mathrm{E}(Y)]P(x_i, y_j)$$

其中：$P(x_i, y_j)$ 表示 $X = x_i$ 且 $Y = y_j$ 的機率，即 $P(X = x_i \cap Y = y_j)$。符號 $\mathrm{Cov}(\cdot)$（讀作「…的共變數」）被稱為共變數運算子。

當 X 和 Y 彼此獨立時，有 $\mathrm{Cov}(X, Y) = 0$。共變數用於測量兩個隨機變項之間的線性關係。注意，這裡強調了「線性」這個詞。這意味著，如果兩個變項的共變

數等於 0，它們之間不存在線性關係，但還可能存在其他形式的關係（比如曲線關係）。

與變異數的定義類似，我們也可以利用期望值的運算式來定義共變數，即：

$$\text{Cov}(X, Y) = \text{E}\{[X - \text{E}(X)][Y - \text{E}(Y)]\}$$

或者表達為，

$$\text{Cov}(X, Y) = \text{E}(XY) - \text{E}(X)\text{E}(Y)$$

其實，變異數是共變數的一個特例，就是說 X 的變異數就是 X 與其自身的共變數。

以變項個人平均月收入 *earn* 和變項受教育年數 *educyr* 兩者的共變數為例，可以利用 Stata 如下指令計算共變數：

. corr earn educyr, cov

(obs=1262)

```
             |    earn    educyr
-------------+----------------------
        earn |  9.7e+08
      educyr |  25414.3  10.9921
```

計算結果輸出的是一個 2×2 的變異數─共變數矩陣。其中，對角線元素為變項的變異數，非對角線元素則是對應變項之間的共變數。由此，我們看到，收入與教育程度的變異數分別為 9.7×10^8 和 10.9921，兩者的共變數為 25414.3。

1.3.12 相關係數

相關係數（correlation coefficient），是用來度量變項間相關關係的一類指標的統稱。但是就參數值而言，常用的是皮爾遜積矩相關係數（簡稱相關係數），它是對兩個連續隨機變項之間線性關係的標準化測量。將隨機變項 X 和 Y 的相關係數記作 $\rho(X, Y)$[8]，可根據下式計算得到：

---

[8]　一般情況下習慣於用 ρ 來表示母體的相關係數，用 r 來表示樣本的相關係數。

$$\rho\,(X,\,Y) = \frac{\text{Cov}(X,\,Y)}{\sigma(X)\,\sigma(Y)}$$

其中：$\sigma(X)$ 和 $\sigma(Y)$ 分別表示 X 和 Y 的標準差，$\text{Cov}(X,\,Y)$ 表示 X 和 Y 的共變數，且始終滿足 $|\rho(X,\,Y)| \leq 1$。因此，我們看到，某兩個變項的相關係數在數量上等於它們之間的共變數除以各自標準差之積。用樣本資料計算時，相關係數的常用計算公式為：

$$r\,(X,\,Y) = \frac{N\Sigma(XY) - (\Sigma X)(\Sigma Y)}{\sqrt{N\Sigma X^2 - (\Sigma X)^2}\,\sqrt{N\Sigma Y^2 - (\Sigma Y)^2}}$$

需要注意的是：根據定義，當 X 與 Y 相互獨立的時候，$\text{Cov}(X,\,Y) = 0$，從而 $\rho(X,\,Y) = 0$。但是，當 $\rho(X,\,Y) = 0$ 時，並不能就此認為 X 與 Y 獨立。兩個隨機變項相互獨立表明兩個隨機變項取值之間不存在任何聯繫，而 $\rho(X,\,Y) = 0$ 僅表明 X 與 Y 之間不存在線性關係，因此，我們這時稱其為 X 與 Y 不相關。此外，共變數是有單位的，但相關係數是沒有單位的，所以相關係數之間可以直接進行比較。

類似於共變數的演算法，我們可以在 Stata 中計算收入 *earn* 和受教育年數 *educyr* 兩者的相關係數：

. corr earn educyr

(obs = 1262)

```
            |     earn   educyr
------------+--------------------
       earn |   1.0000
     educyr |   0.2466   1.0000
```

這樣我們便得到兩個變項的相關係數矩陣。非對角線元素 0.2466 即為教育與收入兩個變項之間的相關係數。

1.4 隨機變項的和與差

上面我們提到了隨機變項的定義和與其相關的一系列統計概念，接下來介紹隨機變項的一些運算法則。

(1) 如果 X 和 Y 是兩個隨機變項，那麼 $X + Y$ 的期望值與變異數為：

17

期望值：$E(X + Y) = E(X) + E(Y)$；

變異數：$Var(X + Y) = Var(X) + Var(Y) + 2Cov(X, Y)$。

作為特例，如果 X 和 Y 相互獨立，並且都服從常態分配，它們的和將服從平均數為 $\mu_1 + \mu_2$、變異數為 $\sigma_1^2 + \sigma_2^2$ 的常態分配。

(2) 如果 X 和 Y 是兩個隨機變項，那麼 $X - Y$ 的期望值與變異數為：

期望值：$E(X - Y) = E(X) - E(Y)$；

變異數：$Var(X - Y) = Var(X) + Var(Y) - 2Cov(X, Y)$。

同理，作為特例，如果 X 和 Y 相互獨立，並且都服從常態分配，它們的差將服從平均數為 $\mu_1 - \mu_2$、變異數為 $\sigma_1^2 + \sigma_2^2$ 的常態分配。

(3) 依此類推，如果 $T = X_1 + X_2 + \cdots + X_S$ 是 S 個獨立隨機變項的和，那麼 T 的期望值與變異數為：

期望值：$E(T) = \sum\limits_{i=1}^{s} E(X_i)$；

變異數：$Var(T) = \sum\limits_{i=1}^{s} Var(X_i)$

1.5 　期望值與共變數的性質

1.5.1 期望值的簡單代數運算性質

$$E(a + bX) = a + bE(X)$$

這就是說，隨機變項的線性轉換形式對其期望值也是成立的。

如果令 $X^* = a + bX$。X^* 被稱為 X 的線性轉換，或測度轉換（rescaling）：a 代表位置（location）參數，b 代表測度（scale）參數。

對於這一計算，存在如下特例：

對於一個常數，有：$E(a) = a$。

對於不同的測度，有：$E(bX) = bE(X)$。比如，對於居民家庭月收入，以千元為測量尺度計算出來的期望值是以元為測量尺度下期望值的 1/1000。

1.5.2 變異數的簡單代數運算性質

$$Var(a + bX) = b^2 Var(X)$$

這一公式說明了兩點：(1) 給變項加一個常數並不改變這個變項的變異數；(2) 變項乘以一個常數，那麼這個變項的變異數的變化將是這個常數的平方倍。正因如此，我們經常使用標準差，而不使用變異數。值得注意的是，標準差的測量單位與變項 X 的測度相同。

1.5.3 共變數和相關係數的簡單代數運算性質

(1) $Cov(X, X) = Var(X)$

(2) $Cov(X, Y) = Cov(Y, X)$

(3) $Cov(C, X) = 0$，C 為任意常數

(4) $Cov(X_1 + X_2, Y) = Cov(X_1, Y) + Cov(X_2, Y)$

(5) $Cov(a + bX, c + dY) = bd[Cov(X, Y)]$

再次強調，對於變異數和共變數，其變化只涉及測度，而不涉及位置。

(6) $\rho(a + bX, c + dY) = \rho(X, Y)$

這個性質表明，無論是測度變化還是位置變化都不會影響相關係數。

1.6　本章小結

統計學並不是社會科學研究的對象，而是社會科學量化研究必不可少的一種工具。即，統計學方法本身並不能取代研究者對社會現象的瞭解和社會科學所必需的研究設計。理解這種思維方式有助於研究者們更好地思考和解決研究問題。同時還需要注意，各種統計方法都有其內在的假定，都會有不同的缺陷，不可能做到十全十美，只有真正理解這些方法背後的原理，才能更好地批評和改進它。

本章著重介紹一些最基本的統計概念，比如母體、樣本、隨機變項、機率、期望值、變異數、標準差、共變數和相關係數等。這些概念看似簡單，但卻是線性迴歸方法的基礎。只有真正熟練掌握並理解了這些概念，才能在後面的學習中遊刃有餘。因此，我們還會在後面的章節中不斷重複這些概念，並深入講解如何透過這些概念建立統計模型來解決實際問題。

參考文獻

Powers, Daniel A. and Yu Xie. 2008. *Statistical Methods for Categorical Data Analysis* (Second edition). Howard House, England: Emerald.

Xie, Yu and Emily Hannum. 1996. "Regional Variation in Earnings Inequality in Reform-

Era Urban China." *American Journal of Sociology* 101:950-992.

謝宇，2006，《社會學方法與定量研究》，北京：社會科學文獻出版社。

Chapter

02

統計推論基礎

　　統計學有兩個目的，一個是描述，即僅限於對收集到的資料進行概括；另一個是推論，也就是根據所抽取樣本的統計量對母體參數進行推論。由於受到抽樣誤差的影響，我們當然不能把統計量當作母體參數來使用。所以我們需要進行統計推論，需要引入抽樣分配這一概念。統計推論一般透過兩種手段來實現：一種是基於樣本資料來估計母體的參數值，被稱作參數估計；另一種是基於樣本資料來檢定關於母體參數的假設，被稱作假設檢定。這些內容都是更高級統計知識的基礎，本章將對統計推論的基本問題加以討論。

2.1　分配

2.1.1 母體參數和樣本統計量

　　我們在第 1 章中已經提到母體和樣本的概念。由於社會科學量化研究關心的問題是建立在母體層面上的，而實際的分析卻是基於樣本資料的，這樣就需要建立母體和樣本之間的關係，也就是利用樣本資訊對母體特徵進行推論。統計推論的過程涉及到兩個指標：一個是（母體）參數，一個是（樣本）統計量。參數（parameter）是對母體特徵的概括性描述，比如母體平均數 μ、母體標準差 σ 等，通常用希臘字母表示。統計量（statistic）是對樣本特徵的概括性描述，比如樣本平均數 $\bar{X}$、樣本標準差 S 等，通常用英文字母表示。此外，為了進行統計檢定，我們也需要建構一些檢定統計量，比如 Z 統計量、F 統計量和 t 統計量等。

　　由於母體是固定的，因此母體的參數值為常數，並不會隨著樣本的改變而變化，但它們在研究過程中通常是未知的。樣本統計量可以透過樣本計算得到，但會隨著每次所抽取樣本的不同而變化。那麼，我們為什麼能夠根據有不確定性的樣本統計量來推論母體參數呢？這就需要瞭解母體和樣本之間的區別與聯繫。

2.1.2 母體分配、樣本分配和抽樣分配

　　母體中所有個體的某種觀察值的次數構成了一個母體分配。從母體中抽取一個樣本數為 n 的樣本，由這 n 個觀察值構成的次數分配，被稱為樣本分配。

　　假如我們將 TSCS 資料的 1262 個受訪者看成一個母體，那麼從中抽出一個樣本數為 100 的樣本和一個樣本數為 500 的樣本，對比其分配可以發現：隨著樣本數的增大，樣本分配將越來越接近母體分配，如圖 2-1、圖 2-2 和圖 2-3 所示。

　　. histogram earn, percent normal

(bin=31, start=5000, width=11129.032)

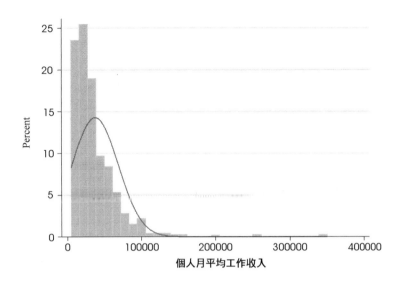

圖2-1　收入的母體分配[1]（$n = 1262$）

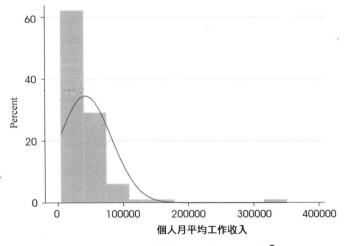

圖2-2　收入的樣本分配（$n = 100$）[2]

---

[1] 此部分因為收入是由類別變項組中點編碼轉成連續變項，所以會集中出現在幾個特定值。
[2] 我們將 TSCS 資料看作一個母體，利用 Stata 程式從中隨機抽選出一個樣本數為 100 的樣本和一個樣本數為 500 的樣本。有關的 Stata 程式見本章附錄。

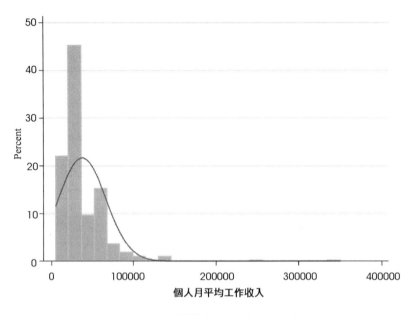

圖2-3　收入的樣本分配（$n = 500$）

　　由於每次抽取樣本的不同，樣本統計量並不能完全精確地等於母體參數，於是我們需要考慮的問題是：樣本統計量是如何變化的？在何種基礎上，可以根據樣本來推論母體？這個問題的答案就是抽樣分配。

　　假設我們對母體進行重複抽樣，每次用同樣的公式計算樣本統計量，那麼從所有這些樣本中得到的統計量就構成了一個分配，該分配被稱為抽樣分配。它只是一種理論上存在的機率分配，由基於無數不同樣本的統計量組成。依靠抽樣分配，我們就能夠將實際觀察到的樣本結果與其他所有可能的樣本結果進行比較，從而建立起單一樣本和母體之間的聯繫。這就是統計推論的理論依據。

2.1.3 連續變項的常用分配

1. 常態分配

　　常態分配（normal distribution），又稱為高斯分配（Gaussian distribution），是一個常被用到的連續型隨機變項分配。其分配圖呈對稱的鐘形。如果變項 Y 遵守常態分配，則 Y 被稱作常態隨機變項。其密度函數的數學運算式為：

$$f(Y) = \frac{1}{\sqrt{2\pi}\sigma} e^{-\frac{1}{2}\left(\frac{Y-\mu}{\sigma}\right)^2}, \quad -\infty < Y < \infty \tag{2-1}$$

這個公式比較複雜，不過在實際中並不會經常被用到。只需要記住任何一個常態分配都是由平均數 μ 和變異數 σ^2 這樣兩個參數決定的。因此，常態分配常常被簡記作 $N(\mu, \sigma^2)$。

常態分配具有如下主要性質：

(1) 如果 $X \sim N(\mu, \sigma^2)$ 而 $Y = aX + b$（這裡，a 和 b 為常數，且 $a \neq 0$），那麼有 $Y \sim N(a\mu + b, a^2\sigma^2)$。這意味著，如果對某一常態隨機變項進行線性變化，那麼轉換後的新變項仍然服從常態分配。

(2) 如果 X 和 Y 相互獨立，並且 $X \sim N(\mu_1, \sigma_1{}^2)$、$Y \sim N(\mu_2, \sigma_2{}^2)$，那麼有 $X \pm Y \sim N(\mu_1 \pm \mu_2, \sigma_1{}^2 + \sigma_2{}^2)$。

任何一個服從常態分配的隨機變項 X 都可以透過

$$z = \frac{(X - \mu)}{\sigma} \tag{2-2}$$

變換為標準常態隨機變項，這樣計算出來的 Z 值也被稱作標準分數。z 服從平均數為 0、變異數為 1 的標準常態分配（見圖 2-4），Z 值在 0 點左邊為負、右邊為正。

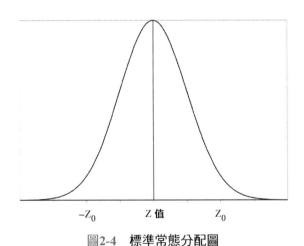

圖2-4　標準常態分配圖

計算出 Z 值以後，透過查常態分配表就可以知道常態曲線下各部分面積在整個圖形中所占的比例，也就是在該範圍內個案數在總個案數中所占的比例。

對於常態分配需要記住的是：

· 大約有 **68%** 的資料位於平均數附近 ±1 個標準差的範圍內。

· 大約有 **95%** 的資料位於平均數附近 ±2 個標準差的範圍內。

・大約有 **99.7%** 的資料位於平均數附近 ± 3 個標準差的範圍內。

此外,在任何一個常態分配中,當 $P(X \geq x_\alpha) = \alpha$ 時,我們將 x_α 稱為 α 上側分位數。同理,當 $P(X \leq x_\alpha) = \alpha$ 時,則將稱 x_α 為 α 下側分位數。顯然,兩者之間是互補關係,即 α 上側分位數等於 $(1 - \alpha)$ 下側分位數(參見圖 2-5)。由於對稱關係,如果 $x_\alpha = \mu + c$、$x'_\alpha = \mu - c$,這裡 c 為任意參數,$P(X \geq x_\alpha) = P(X \leq x'_\alpha) = \alpha$。在假設檢定的時候,還會經常用到常態分配的這些概念。

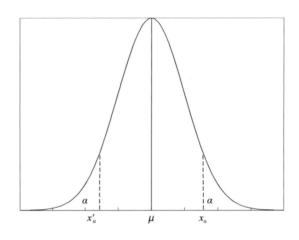

圖2-5　常態分配分位數圖

2. χ^2 分配

如果 $X_1, X_2, \cdots, X_n$ 是 n 個相互獨立的隨機變項,且都服從常態分配,即 $X_i \sim N(\mu_i, \sigma_i^2)$,其中 $i = 1, 2, \cdots, n$,那麼將 X_i 分別標準化並對所得的 n 個標準分數平方求和,即

$$Q = \left(\frac{X_1 - \mu_1}{\sigma_1}\right)^2 + \left(\frac{X_2 - \mu_2}{\sigma_2}\right)^2 + \cdots + \left(\frac{X_n - \mu_n}{\sigma_n}\right)^2 \tag{2-3}$$

則該總和作為一個隨機變項,服從自由度為 n 的 χ^2 分配(讀作「卡方分配」),記作 $Q \sim \chi^2(n)$。對於一個母體,如果其中每個觀察值都來自符合 i.i.d.(即獨立和同一分配,詳細解釋見第 3 章)的常態分配,那麼從中隨機抽取一個樣本 $x_1, x_2, \cdots, x_n$,只需稍作變換就可以發現:

$$\frac{n-1}{\sigma^2} S^2 \sim \chi^2 (n-1) \tag{2-4}$$

其中，S^2 為樣本變異數，σ^2 為母體變異數，n 為樣本數。

若 $Q \sim \chi^2(n)$，則 $E(Q) = n$，$\mathrm{Var}(Q) = 2n$。從圖 2-6 中可以直觀地看到，χ^2 分配不是對稱的，且 χ^2 分配的值不可能為負；另外，不同的自由度會形成不同的 χ^2 分配。隨著自由度的增加，χ^2 分配在形狀上將趨近於常態分配。

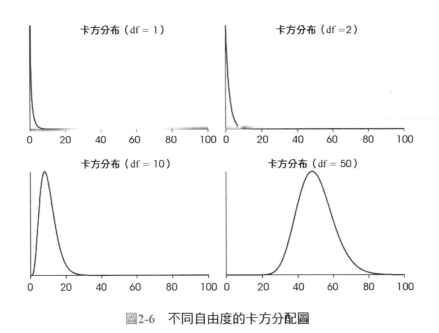

圖2-6　不同自由度的卡方分配圖

3. F 分配

如果將兩個獨立的服從 χ^2 分配的隨機變項 X 和 Y 分別除以它們各自的自由度並求它們的比值，該比值作為一個隨機變項將服從 F 分配（F distribution）。需要注意的是，與 χ^2 分配不同，F 分配有兩個自由度。

採用數學的語言，如果 $X \sim \chi^2(m)$，$Y \sim \chi^2(n)$，且 X, Y 相互獨立，那麼

$$W = \frac{(X/m)}{(Y/n)} \sim F(m, n) \tag{2-5}$$

就服從第一個（分子）自由度為 m，第二個（分母）自由度為 n 的 F 分配。從圖 2-7 中可以看到，F 分配也是不對稱的，且 F 分配的值也不可能為負。

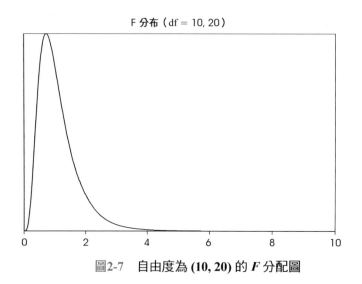

圖2-7　自由度為 **(10, 20)** 的 *F* 分配圖

4. *t* 分配

　　t 分配（*t* distribution）也叫作 Student's *t* 分配。前面提到過，對於一個常態隨機變項 *X*，如果用它減去其期望值再除以其標準差就可以得到標準常態變項 *z*，即 $z = (X - \mu) / \sigma$。但是當我們用樣本標準差 *S* 代替未知的母體標準差 σ 時，得到的結果就不再服從標準常態分配，而是服從 *t* 分配，其自由度等於樣本量 *n* 減去 1，即 $n - 1$。

　　採用數學的語言，如果 $X \sim N(0, 1)$、$Y \sim \chi^2(n)$，且 *X, Y* 相互獨立，那麼

$$T = \frac{X}{\sqrt{Y/n}} \tag{2-6}$$

就服從自由度為 *n* 的 *t* 分配。

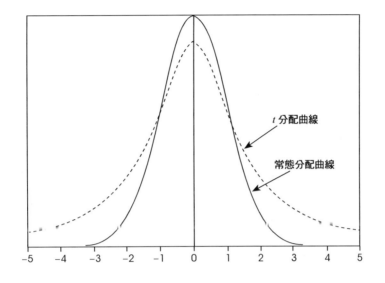

圖2-8　自由度為 2 的 *t* 分配曲線與常態曲線

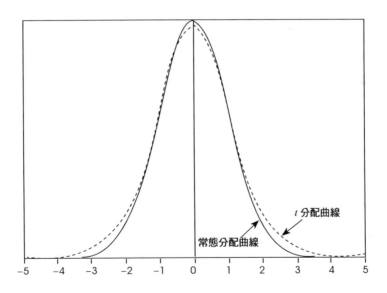

圖2-9　自由度為 20 的 *t* 分配曲線與常態曲線

　　從圖 2-8 和圖 2-9 可以發現，*t* 分配和常態分配很相似，只是尾部比標準常態分配的尾部包括更大的機率值（或面積）。當 *n* 越來越大時，*t* 分配的密度曲線就越來越接近常態分配。

　　t 分配與 *F* 分配之間具有密切的關係。基於方程式（2-6），這一關係可以表達

為

$$t^2 = \frac{X^2}{Y/n} \sim F(1, n) \qquad (2\text{-}7)$$

這意味著，自由度為 n 的 t 分配的平方就是第一自由度為 1、第二自由度為 n 的 F 分配。

2.1.4 自由度

　　從上面的介紹中我們可以發現，對於隨機變項的分配而言，自由度是一個非常重要的特徵。自由度（degree of freedom）是透過樣本統計量來估計母體參數時必須涉及到的一個基本概念。在現代統計學家的著作中，自由度的概念最初來源於 1908 年一篇署名為「Student」的文章中對「t 分配」的討論。R. A. Fisher 在 1915 年發表的討論相關係數分配的文章中首次對自由度明確地加以說明，之後這一概念很快便得到了統計學家們的普遍認同（Walker，1940），直到今天幾乎已成為最基礎的統計學常識。

　　簡單地講，自由度指的是計算樣本統計量時能自由取值的數值的個數，通常被簡寫成 df。設想我們有一個服從 i.i.d. 常態分配的隨機變項 X 的母體。從中隨機抽取樣本資料 $x_1, x_2, \cdots, x_n$，樣本規模為 n，觀察值為 x_i，平均數為 a。現在要求我們利用樣本變異數對母體變異數進行估計。為此，我們需要計算離差 $x_i - a$。由於平均數 a 來自 n 個觀察值 x_i，樣本中只有 $n - 1$ 個數可以自由取值。換句話說，一旦 $n - 1$ 個數被選取出來，基於平均數 a，第 n 個數一定是已知的。所以，在計算離差 $x_i - a$ 的過程中，只有 $n - 1$ 個觀察值 x_i 是可以自由取值的，因此其自由度為 $n - 1$。這也是需要採用公式 $S = \sqrt{\frac{\Sigma(X - \overline{X})^2}{n - 1}}$ 而不是 $\sqrt{\frac{\Sigma(X - \overline{X})^2}{n}}$ 來估計母體變異數的原因所在。之所以自由度減少了 1，是因為存在著平均數必須等於 a 這一約束條件[3]。

　　按照這一思路，一般來說，喪失的自由度數目也就是需要估計的參數的數目，或者是約束條件的數目。比如，在單一樣本 t 檢定中，只需要估計一個參數

---

[3] 我們還可以這樣來理解自由度的約束問題：設想有一個方程 $x + y + z = 10$，x 和 y 兩者可以取任意值，但是，一旦 x 和 y 的取值被確定下來，z 的值就隨之被決定了，因為它們三者之和必須等於 10。因此，這裡的自由度就是 2。

（即平均數），所以自由度為 $n-1$；在比較兩樣本平均數 t 檢定中，觀察數為 n_1 $+ n_2$（n_1 和 n_2 分別為樣本 1 和樣本 2 的觀察數），且需要估計兩個平均數（即每個樣本各自的平均數），所以自由度為 $n_1 + n_2 - 2$；g 個組的單因素變異數分析中，總觀察數為 $n_1 + n_2 + \cdots\cdots + n_g$（同樣，$n$ 為每一組的觀察數），且需要估計 g 個組平均數，所以總的自由度為 $(n_1 + n_2 + \cdots\cdots + n_g) - g$；包含 p 個解釋變項的多元迴歸中，共有 n 個觀察值，且需要估計 $p+1$ 個參數（每個解釋變項相應的一個迴歸係數以及模型截距），所以模型的自由度為 $n-p-1$。請注意，所謂自由度，都是對變異（variability）進行估計時可以自由取值的數值個數。所以，迴歸模型的自由度為 $n-p-1$，意味著還剩下 $n-p-1$ 個可自由取值的數值可以用來對模型誤差進行估計。

2.1.5 中央極限定理

　　這裡我們回到前面 2.1.2 節的問題。抽樣分配雖然建立起了單一樣本和母體之間的聯繫，但它也只是一種理論上存在的機率分配，因為我們實際上不可能也不會進行無數次抽樣。那麼，如何才能得到抽樣分配呢？有關樣本平均數抽樣分配的問題就是透過以下要講到的中央極限定理（Central Limit Theorem）來解決的，它在母體參數估計和假設檢定中都被廣泛應用。

　　有限母體抽出有放回抽樣。假想有母體個數為 N 且遵守 i.i.d. 條件的變項的有限母體（不一定服從常態分配），其平均數為 μ，標準差為 σ；有放回地抽取所有樣本數為 n 的隨機樣本。對每一個樣本計算其平均數。如果 n 足夠大，得到的樣本平均數的抽樣分配理論上近似於平均數為 μ，標準差為 $\sigma/\sqrt{n}$ 的常態分配。

　　無限母體抽出有放回或抽出不放回抽樣。假設在 i.i.d. 條件下，所有樣本數為 n 的隨機樣本均取自平均數為 μ、標準差為 σ 的無限母體，並對每一個樣本計算平均數。則如果 n 足夠大，得到的樣本平均數的理論分配將近似於平均數為 μ，標準差為 $\sigma/\sqrt{n}$ 的常態分配。

　　有限母體抽出不放回抽樣。同樣，假設在 i.i.d. 條件下，所有樣本數為 n 的隨機樣本均抽出不放回地取自母體個數為 N（且 N 至少是 n 的兩倍（$N \geq 2n$））、平均數為 μ、標準差為 σ 的有限母體，並對每一個樣本計算平均數。則如果 n 足夠大，樣本平均數的理論抽樣分配近似於平均數為 μ，標準差為 $\dfrac{\sigma}{\sqrt{n}} \times \sqrt{\dfrac{N-n}{N-1}}$ 的常態分配。

在上面三個情形中，需要區別樣本個數和樣本數。樣本個數是無限的，而樣本數是 n。如果樣本數足夠大（通常以 $n \geq 30$ 為標準），就可以使用中央極限定理。選取的樣本數 n 越大，抽樣分配的標準差就越小（一般為 $1/\sqrt{n}$ 的倍數）。雖然母體分配和抽樣分配的標準差直接相關，但它們卻是完全不同的分配。

事實上，對於一個服從 i.i.d. 常態分配的母體（平均數為 μ、標準差為 σ），如果重複抽取樣本數為 n 的隨機樣本，樣本平均數的抽樣分配就服從平均數為 μ、標準差為 $\dfrac{\sigma}{\sqrt{n}}$ 的常態分配，且與 n 的大小無關。這一定理將在後面小樣本資料的檢定中用到。

中央極限定理非常重要，後面我們使用樣本資料來估計母體平均數，以及使用樣本資料來檢定關於母體平均數的假設時，都將應用這個定理。

2.2. 估計

估計（estimation）是指從母體中隨機抽取一個樣本，利用樣本統計量推算母體參數的過程。利用樣本統計量 $\hat{\theta}$ 對母體參數 θ 進行估計，主要有兩個過程：點估計（point estimation）和區間估計（interval estimation）。點估計是指，根據樣本資料中計算出的樣本統計量對未知的母體參數進行估計，得到的是一個確切的值。比如我們利用 TSCS 資料計算出臺灣人每月平均收入為 37416.8 元，以此作為 2010年臺灣人每月平均收入水準，這就屬於一個點估計。而區間估計是指，對母體未知參數的估計是基於樣本資料計算出的一個取值範圍。如果利用 TSCS 資料估計臺灣人每月平均基本薪資收入在 34800～39200 元之間，這便是一個區間估計。在估計過程中，$\hat{\theta}$ 被稱為母體參數 θ 的估計量（estimator）。

2.2.1 點估計

在迴歸模型中，比較常用的點估計方法主要有三種：最小平方估計（ordinary least squares, 簡稱 OLS）、最大概似估計（maximum likelihood estimation, 簡稱 MLE）和動差估計法（method of moments）。

1. 最小平方估計

最小平方方法的基本思想是：對於 n 個點 (x_i, y_i), $i = 1, 2, \cdots, n$，如果 $y_i = \beta_0 + \beta_1 x_i + \varepsilon_i$，$\varepsilon_i$ 為隨機項，那麼估計一條直線 $\hat{y}_i = \hat{\beta}_0 + \hat{\beta}_1 x_i$，使得位於估計直線上的點 $(x_i, \hat{y}_i)$

與觀察點 (x_i, y_i) 之間鉛直距離的平方和最小，即 $\min_{\widehat{\beta}_0, \widehat{\beta}_1} \sum_{i=1}^{n} (y_i - \widehat{y}_i)^2 = \min_{\widehat{\beta}_0, \widehat{\beta}_1} \sum_{i=1}^{n} (y_i - \widehat{\beta}_0 - \widehat{\beta}_1 x_i)^2$。此時 $\widehat{\beta}_0$，$\widehat{\beta}_1$ 就是對 β_0, β_1 的最小平方估計。一般線性迴歸模型的建立多使用這種方法，其應用將在第 3 章和第 5 章中進一步談到。

2. 最大概似估計

最大概似估計法的基本思想是：我們對 i.i.d. 的母體 X 進行 n 次觀察可以得到一組觀察值 $(x_1, x_2, \cdots, x_n)$，將得到這組觀察值的機率看作一個概似函數 $L(\theta)$，而將使 $L(\theta)$ 達到最大化時的 $\widehat{\theta}$ 作為參數 θ 的估計值。這種方法要求我們事先知道母體分配的類型。

設 $(x_1, x_2, \cdots, x_n)$ 相互獨立且組成來自 i.i.d. 的母體 X 的一個樣本。X 的分配已知，參數 θ 未知。當 X 為間斷型隨機變項時，X 的機率分配服從 $P(X = x) = p(x; \theta)$，那麼樣本取值的機率分配就可以表示為 $P(X_1 = x_1, \cdots, X_n = x_n) = \prod_{i=1}^{n} p(x_i; \theta)$。當 θ 未知時，$L(\theta) = \prod_{i=1}^{n} p(x_i; \theta)$ 即為最大概似函數。同理，當 X 為連續型隨機變項，其密度函數為 $f(x; \theta)$ 時，概似函數為 $L(\theta) = \prod_{i=1}^{n} f(x_i; \theta)$。這種估計方法在第 18 章二分依變項的 logit 模型中會用到。

3. 動差估計法

動差估計法是圍繞以下幾個概念產生的：母體原點矩 $a_k = E(X^k)$；樣本原點矩 $A_k = \frac{1}{n} \sum_{i=1}^{n} x_i^k$；母體中心矩 $a_k = E[X - E(X)]^k$；樣本中心矩 $A_k = \frac{1}{n} \sum_{i=1}^{n} (x_i - \overline{x})^k$。

動差估計法的基本思想就是利用樣本矩來估計母體矩，但這種方法並不需要知道母體分配的類型。根據第 1 章的內容可知，樣本平均數 $\overline{x}$ 是母體平均數 μ 的動差估計量，樣本的未修正變異數 $\frac{1}{n} \sum_{i=1}^{n} (x_i - \overline{x})^2$ 是母體變異數的動差估計量。

2.2.2 點估計的評判標準

點估計存在誤差是必然的，但是我們可以透過一些方法來盡可能地減小誤差。原則上有三條標準可以用來評判一個估計量的好壞，它們是不偏性（unbiasedness）、有效性（efficiency）和一致性（consistency）。

1. 不偏性

由於我們希望估計量的取值不要偏高也不要偏低，這就要求估計量的平均數與母體參數基本一致。如果估計量 $\hat{\theta}$ 的期望值（即所有可能樣本得到的 $\hat{\theta}$ 所組成的抽樣分配的平均數）等於被估計的母體參數 θ，那麼此估計量就是「不偏的」。如，樣本平均數 $\bar{x}$ 就是母體平均數 μ 的不偏估計量，但樣本的調整變異數 $S^2 = \dfrac{\sum\limits_{i=1}^{n}(x_i - \bar{x})^2}{n-1}$ 才是母體變異數 σ^2 的不偏估計量。

2. 有效性

當一個母體參數存在多個不偏估計量的時候，僅靠不偏性來作為評判一個估計量好壞的標準是不夠的。在這種情況下，我們還需要看它所在的抽樣分配是否具有盡可能小的變異數，這就稱為估計量的「有效性」。變異數越小，說明估計值的分配越集中在被估參數的周圍，估計的可靠性也就越高。

3. 一致性

有些母體的未知參數不一定存在不偏估計量，而有些參數卻存在不止一個不偏估計量。對大樣本來說，評判一個估計量還有一個重要的標準就是「一致性」。這是指隨著樣本數的增大，估計量越來越接近母體參數的真實值。

2.2.3 區間估計

前面提到，點估計是對單一數值的估計。雖然我們可以根據不偏性、有效性和一致性這三個標準對點估計進行衡量以盡可能地減小誤差，但是我們並不知道測量誤差的大小。區間估計（interval estimation）就將這種誤差透過信賴度和信賴區間表達出來，從而得到參數估計的一個取值區間，而不僅僅是一個確切值。用數學形式來表達即 $P(\hat{\theta}_1 < \theta < \hat{\theta}_2) = 1 - \alpha$，這裡將 ($\hat{\theta}_1$, $\hat{\theta}_2$) 稱作參數估計 θ 的信賴區間（confidence interval），$\hat{\theta}_1$ 和 $\hat{\theta}_2$ 分別為信賴下限和信賴上限。$1 - \alpha$ 被稱為信心水準或信賴度（confidence level），α 為顯著水準或顯著度（significance level）。

對於一個 i.i.d. 的常態母體，其平均數的信賴區間可以利用以下的方程式計算：

$$CI = \bar{X} \pm z_{\alpha/2} \times (S.E.) = \bar{X} \pm z_{\alpha/2} \times \left(\frac{\sigma}{\sqrt{n}}\right) \tag{2-8}$$

其中 z 是顯著水準為 α 時標準常態分配的 Z 值，$S.E.$ 為平均數 $\overline{X}$ 的抽樣分配的標準誤，σ 為母體標準差，n 為樣本數。這個方程式其實是方程式（2-2）的變形。由圖 2-10 可以看出信賴區間的大小與信賴度成正比。也就是說，降低推論中犯錯誤風險的一個途徑是：提高信心水準。但這樣的代價是擴大信賴區間，即降低估計的精確度。

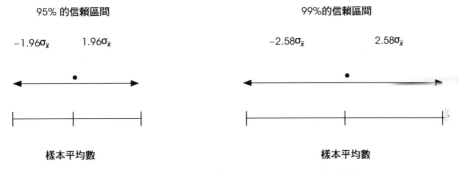

圖2-10　不同信心水準下信賴區間大小的比較

而如果我們增加樣本數，從方程式（2-8）可以看出，抽樣分配的標準誤將會減小，從而導致信賴區間減小，估計的精確度提高。以 95% 的信賴度為例，表 2-1 給出了樣本量加倍對母體平均數的區間估計的影響。

表 2-1　**95% 信心水準下樣本對母體平均數的估計**

樣本量 N	信賴區間 CI	區間大小	樣本標準差 S	標準誤 $S.E.$
n	$(\bar{x} - 1.96 \times \dfrac{\sigma}{\sqrt{n}}, \bar{x} + 1.96 \times \dfrac{\sigma}{\sqrt{n}})$	$3.92 \times \dfrac{\sigma}{\sqrt{n}}$	S_x	$\dfrac{\sigma}{\sqrt{n}}$
$2n$	$(\bar{x} - 1.96 \times \dfrac{\sigma}{\sqrt{2n}}, \bar{x} + 1.96 \times \dfrac{\sigma}{\sqrt{2n}})$	$3.92 \times \dfrac{\sigma}{\sqrt{2n}}$	S_x	$\dfrac{\sigma}{\sqrt{2n}}$

例題 2-1

下面我們用 2010 年 TSCS 資料臺灣人月收入為例，估計在信心水準為 95% 的條件下，年收入母體平均數的信賴區間：

. sum earn

Variable |　　Obs　　Mean　　Std. Dev.　　Min　　Max

```
-------------+----------------------------------------------------------
        earn |    1262    37416.8    31083.77      5000     350000
```

根據樣本可以計算出樣本平均數 $\overline{X}$ = 37416.8，為了估計母體平均數還需要計算出抽樣標準誤。但是一般情況下，關於母體的資訊都是未知的。因此我們需要利用前面的知識——樣本調整變異數是母體變異數的不偏估計。這樣，我們可以計算出該平均數的標準誤 $S.E. = \dfrac{S_x}{\sqrt{n}} = \dfrac{31083.77}{\sqrt{1262}} = 874.9919$ 。至此，根據方程式（2-8），可以得到 2010 年臺灣人平均月收入的 95% 信賴區間為：(37416.8 − 1.96 × 874.9919, 37416.8 + 1.96 × 874.9919) = (35701.8, 39131.4)。這裡，考慮大樣本的情況，可以用 Z 分位數代替 t 分配的分位數。這一結果表示，2010 年臺灣人月收入的總平均數有 95% 的可能性落在 35700.2 元～39133.4 元之間。

我們可以借助統計軟體直接得到信賴區間，比如，利用 Stata 計算 2010 年中臺灣人月收入平均數 95% 信賴區間的結果如下：

. ci earn

Variable	Obs	Mean	Std. Err.	[95% Conf. Interval]	
earn	1262	37416.8	874.9919	35700.2	39133.4

這與我們手動計算得到的結果略有差別。因為現有樣本規模下，Z 分位數與 t 分配的分位數略有差別。

2.2.4 求解信賴區間的步驟小結

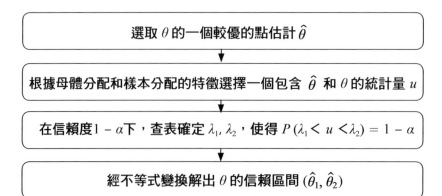

2.3 假設檢定

統計推論的另一個重要內容就是假設檢定（hypothesis testing）。參數估計是利用樣本資訊推論未知的母體參數。假設檢定則是先對母體參數提出一個假設，然後利用樣本資訊來判斷這一假設是否成立。在迴歸分析中，我們將檢定有關迴歸係數的假設。

2.3.1 對立假設與虛無假設

對立假設（alternative hypothesis，H_1）是指在研究過程中希望得到支持的假設。在利用隨機樣本對母體進行推論時，不是直接檢定對立假設 H_1，而是透過檢定與其相對立的假設，來間接獲取對立假設 H_1 正確的可能性。我們稱這個與對立假設相對立的假設為虛無假設（null hypothesis，H_0）。在研究過程中，虛無假設往往是研究者希望被否定的假設。這是因為，虛無假設往往假定變項之間的關係在母體中不存在，而研究者的目的通常都是希望基於樣本所得到的變項之間存在某種關係的結論在母體中成立[4]。研究者所擔心的是基於樣本的結論可能是由抽樣誤差造成的。透過檢定可以讓我們知道樣本中與相違的統計資料並不是由於抽樣誤差而造成的。也就是說 H_0 正確的可能性很小，那麼就間接地肯定了 H_1。

2.3.2 兩類錯誤

在用樣本推論母體的時候，總是存在犯錯誤的可能性。我們可以將錯誤劃歸為兩類：

型 I 錯誤（或 α 錯誤）：在假設檢定中否定了本來是正確的虛無假設。這類錯誤也叫做棄真錯誤。通常我們把犯這種錯誤的機率記為 α。

型 II 錯誤（或 β 錯誤）：在假設檢定中沒有否定本來是錯誤的虛無假設。這類錯誤也叫做納偽錯誤。我們把犯這種錯誤的機率記作 β。

要完全消除兩類錯誤是不可能的，但是我們可以在一定程度上減小兩類錯誤發生的可能性。一個最常用的方法就是增加樣本量。另外，型 I 錯誤在檢定過程中是可以由研究者自行設定的，這也就是下面將談到的顯著水準問題。除去型 I 錯誤以後，檢定是否有效就取決於 β 的大小。在統計學中，將 $1 - \beta$ 稱作統計檢定力

---

[4] 請注意，也是存在例外的，還要具體取決於研究目的。

（power of test）。

2.3.3 拒絕域與顯著水準

　　假設檢定的步驟概括來說就是：假設虛無假設正確的情況下，將樣本統計量（比如樣本平均數 $\bar{x}$）轉化為符合某一分配的檢定統計量（比如 Z 值），然後對點估計量和虛無假設下母體參數之間的差異程度進行度量。如果虛無假設成立情況下得到的檢定統計值落在某區域內，則接受虛無假設，這塊區域就稱為接受域（region of acceptance）；同時將接受域之外的區域稱為拒絕域（region of rejection）。如果虛無假設成立情況下得到的檢定統計值落在拒絕域內，則否定虛無假設。另外，拒絕域在整個抽樣分配中所占的比例，叫做顯著水準，或顯著度，代表樣本的統計值落在拒絕域內的可能性。在社會科學研究中可以看到，顯著度越小說明越難否定虛無假設，即越難支持對立假設。

　　拒絕域的大小與顯著水準有一定關係，在確定了顯著水準 α 以後，就可以計算出拒絕域的臨界值。在實際研究當中，假設虛無假設正確時利用觀察資料得到與虛無假設相一致結果的機率稱為 p 值（p-value）。比如我們的虛無假設為 2010 年臺灣人每月平均基本薪資為 30000 元，那麼從 2010 年資料中得到的結果和每月平均基本薪資為 30000 元假設相吻合的機率，就是 p 值。

　　p 值並不是虛無假設正確的機率，而是指假如虛無假設正確的話，樣本觀察結果在抽樣分配中可能發生的機率。顯著水準 α 和 p 值的關係在於，顯著水準 α 是研究者設定的理論值，而 p 值是利用樣本計算得出的實際值。

　　在實際研究中，如果虛無假設被否定了，就可以認為樣本結果是統計顯著的。實際上，「顯著」與「不顯著」之間是沒有清楚的界限的。只是隨著 p 值的減小，結論的可靠性越來越強而已。在社會科學研究裡通常把 $p \leq 0.05$ 作為「顯著水準」的標準[5]，但是實際上 0.049 和 0.051 之間並沒有什麼本質的差別，因此有的研究者選擇僅僅報告 p 值，而將結論留給讀者。有的研究者則喜歡將 p 值與顯著水準 α 相比較作為標準：如果 p 值小於或等於顯著水準 α，則否定虛無假設；如果 p 值大於顯著水準 α，則不否定虛無假設。

　　當假設檢定的結果在接受域中，即結果有 $1 - \alpha$ 的可能性與虛無假設相吻合，

---

[5] 社會科學研究中，一般將 α 設定為 0.05 或 0.01。然後將實際得到的 p 值與 0.05 或者 0.01 進行比較，根據 p 值大於還是小於 0.05 或 0.01 來進行統計決策。

我們只能說樣本沒有提供充分的證據來否定虛無假設。且由於可能存在型 II 錯誤，這並不能表明虛無假設就是正確的。因此習慣的說法是，不能否定虛無假設。

2.3.4 單尾檢定與雙尾檢定

假設檢定可以進一步分為單尾檢定（也稱單側檢定，one–tailed test）和雙尾檢定（也稱雙側檢定，two–tailed test）。

單尾檢定是指拒絕域在曲線的左端或右端區域的情況。雙尾檢定是指拒絕域在曲線的兩端區域的情況，如圖 2-11 和圖 2-12 所示。

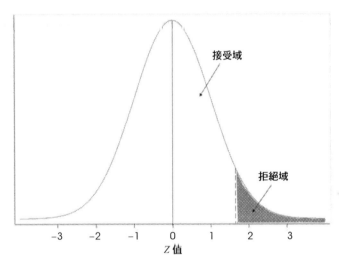

圖2-11　單尾檢定（右尾）

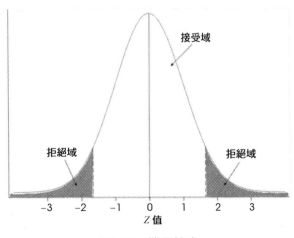

圖2-12　雙尾檢定

　　一個檢定是雙尾還是單尾取決於對應於虛無假設的對立假設 H_1。在單尾檢定中，可選任一方向的單尾對立假設：如果選 $H_1 : \theta < \theta_0$，則此單尾檢定稱為左尾檢定；如果選 $H_1 : \theta > \theta_0$，則稱為右尾檢定。在雙尾檢定中，對立假設是無方向或雙向的 $H_1 : \theta \neq \theta_0$。

　　在 Z 檢定（常態檢定）中，常用的顯著度（α）與拒絕域（$[|Z|, \infty)$）有如下的對應關係：

表 2-2　常用顯著度下的拒絕域

$\alpha \leq$	$\|Z\| \geq$	
	單尾檢定	雙尾檢定
0.05	1.65	1.96
0.01	2.33	2.58
0.005	2.58	2.81
0.001	3.09	3.30

2.3.5 有母數檢定與無母數檢定

　　統計推論中假設檢定的方法可以分成兩大類：有母數檢定和無母數檢定。

　　有母數檢定的基礎是假設我們已經知道母體分配的既有特徵。Z 檢定、t 檢定和 F 檢定都屬於有母數檢定法。在研究具體問題時，有母數檢定通常都是我們的首選。這是因為它具有較大的檢定效力，也就是犯型 II 錯誤的機率 β 更小，因此使用它能夠從資料中提取更多的資訊。

　　有母數檢定的條件要求較高，通常稱為「參數條件」。當參數條件不滿足時，這種檢定就不準確。另一種檢定方法則不需要參數條件，它被稱為無母數檢定法。由於它對母體的分配形狀沒有任何特別的要求，因此也稱為自由分配檢定法。社會科學研究中常用的對類別變項的 χ^2 檢定就是一種無母數檢定方法。有關無母數檢定法，在此暫不詳加討論。下面將著重探討如何進行有母數檢定。

2.3.6 假設檢定的步驟小結

建立虛無假設H_0和對立假設H_1。虛無假設一般是包含相等條件的運算式。

選擇基於型 I 錯誤的顯著水準 α。
在社會科學研究中，α 一般取 0.05、0.01 和 0.001。

根據抽樣分配，確定假設檢定需要用到的統計量。

根據雙尾或單尾檢定，計算出 p 值。

決策：
如果 p 值小於或等於 α，則否定 H_0，如果 p 大於 α，則不否定 H_0。

2.3.7 單母體平均數的檢定

在對單一母體進行平均數檢定時，我們首先需要判斷樣本的大小。一般來說，當 $n > 30$ 時，就將樣本視為大樣本；當 $n \leq 30$ 時，就將樣本視為小樣本。

1. 大樣本

根據中央極限定理：在大樣本情況下，如果母體平均數為 μ_0、變異數為 σ^2，則樣本平均數的抽樣分配近似服從平均數為 μ_0、變異數為 $\dfrac{\sigma^2}{n}$ 的常態分配。對 $\bar{x}$ 進行標準化以後就可以得到母體平均數的 Z 檢定統計量：

$$z = \frac{\bar{x} - \mu_0}{\sigma / \sqrt{n}} \tag{2-9}$$

當母體變異數 σ^2 未知的時候，需要用樣本變異數 S^2 來代替母體變異數，得到 t 檢定統計量。當 n 越來越大時，t 分配的密度曲線就越來越接近常態分配。所以這時母體平均數的 Z 檢定統計量近似為[6]：

---

[6] 這裡使用 Z 檢定是為了方便查表和人工計算。當我們利用 Stata 對迴歸係數進行檢定時，輸出的是 t 檢定的數值而不是 Z 檢定數值。實際上，在大樣本情況下，兩種檢定是幾乎相同的。

$$z = \frac{\bar{x} - \mu_0}{S / \sqrt{n}} \qquad (2\text{-}10)$$

參照前面 2.2.4 節列出的求解信賴區間的步驟，得出母體平均數 μ 在信心水準 $1 - \alpha$ 下的信賴區間為：

$$\left(\bar{x} - z_{\alpha/2} \frac{\sigma}{\sqrt{n}},\ \bar{x} + z_{\alpha/2} \frac{\sigma}{\sqrt{n}} \right)$$

例題 2-2

假設有人提出 2010 年臺灣人平均月收入是 38000 元，而在 2010 年 TSCS 資料中，發現居民年收入的平均數為 37416.8 元，標準差為 31083.77，那麼在 0.05 的顯著水準下，這一樣本結果和 38000 元的提法一致嗎？

首先建立虛無假設與對立假設：$H_0 : \mu = 38000$ 和 $H_1 : \mu \neq 38000$。

根據樣本資料，$\bar{x} = 37416.8$，$S = 31083.77$，$n = 1262$，利用方程式（2-10）計算 Z 檢定統計量為：

$$z = \frac{37416.8 - 38000}{31083.77 / \sqrt{1262}} = -0.6665$$

透過查標準常態分配表或者利用表 2-2 可以看到 $z_{\alpha/2} = z_{0.025} = 1.96$，所以我們無法拒絕虛無假設，即暫時接受 2010 年臺灣人平均月收入為 38000。

. ttest earn=38000

One–sample t test

Variable	Obs	Mean	Std. Err.	Std. Dev.	[95% Conf. Interval]	
earn	1262	37416.8	874.9917	31083.77	35700.2	39133.4

----

mean = mean(earn)   t = −0.6665

Ho: mean = 38000   degrees of freedom =   1261

Ha: mean < 38000	Ha: mean != 38000	Ha: mean > 38000
Pr(T < t) = 0.2526	Pr(|T| > |t|) = 0.5052	Pr(T > t) = 0.7474

另一方面，假如虛無假設與對立假設為：$H_0: \mu = 83000$ 和 $H_1: \mu \neq 83000$，則 Z 檢定統計量為：

$$z = \frac{37416.8 - 83000}{31083.77 / \sqrt{1262}} = -52.0956$$

透過查標準常態分配表或者利用表 2-2 可以看到 $z_{\alpha/2} = z_{0.025} = 1.96$，並且 z 的絕對值不僅大於 $z_{0.05/2}$ 而且大於 $z_{0.001/2} = 3.30$。所以我們否定虛無假設，即認為 2010 年臺灣居民月收入的平均數不是 83000 元。這說明不僅在 95% 的信心水準，甚至在 99.9% 的信心水準上我們都可以認為樣本結果和 83000 元的提法不一致。這樣的結果可能出於兩種可能：一是 83000 元的提法不對，二是儘管 83000 元的提法是對的（如果來自於更可靠的資料），但 TSCS 的樣本是有偏誤的。在 95% 的信心水準上，平均數的信賴區間為

$$\left(37416.8 - 1.96 \times \frac{31083.77}{\sqrt{1262}}, 37416.8 + 1.96 \times \frac{31083.77}{\sqrt{1262}}\right)，即 (35701.8, 39131.4)。$$

在 Stata 中仍然採用 t 檢定，但是可以看到上面 Z 值和下表中的 t 值是一樣的。

. ttest earn=83000

One−sample t test

```
----------------------------------------------------------------------------
Variable |   Obs      Mean      Std. Err.   Std. Dev.   [95% Conf. Interval]
---------+------------------------------------------------------------------
   earn |  1262    37416.8    874.9917    31083.77    35700.2    39133.4
----------------------------------------------------------------------------
       mean = mean(earn)                                    t = -52.0956
Ho: mean = 83000                            degrees of freedom =    1261
```

Ha: mean < 83000	Ha: mean != 83000	Ha: mean > 83000
Pr(T < t) = 0.0000	Pr(|T| > |t|) = 0.0000	Pr(T > t) = 1.0000

2. 小樣本

對於 $n \leq 30$ 的小樣本資料，我們假設樣本來自按常態分配的母體。我們在 2.1.5 節的最後提到，當母體分配服從常態分配時，抽樣分配也是服從常態分配的。如果變異數 σ^2 已知，可以按照方程式（2-2）對母體平均數進行檢定。則，

$$z = \frac{\bar{x} - \mu_0}{\sigma / \sqrt{n}} \qquad (2\text{-}11)$$

這時母體平均數 μ 在信心水準 $1 - \alpha$ 下的信賴區間為 $\left(\bar{x} - z_{\alpha/2} \dfrac{\sigma}{\sqrt{n}}, \ \bar{x} + z_{\alpha/2} \dfrac{\sigma}{\sqrt{n}} \right)$。但是平均數未知而變異數已知的情況比較少見。

當 σ 未知時，用樣本變異數 S^2 代替母體變異數 σ^2，此時給出的檢定統計量服從自由度為 $n - 1$ 的 t 分配，且不能將其近似為常態分配進行計算。此時：

$$t = \frac{\bar{x} - \mu_0}{S / \sqrt{n}} \ , \ df = n - 1 \qquad (2\text{-}12)$$

同理，母體平均數 μ 在信心水準 $1 - \alpha$ 下的信賴區間改寫為：

$$\left(\bar{x} - t_{\alpha/2} \frac{S}{\sqrt{n}}, \ \bar{x} + t_{\alpha/2} \frac{S}{\sqrt{n}} \right)$$

例題 2-3

如果將 2010 年的 TSCS 資料看作一個母體，當年的居民年均收入為 37416.8 元。從中在村里層級隨機抽出 *village* = 2411 的里（新北市三重區平和里）做為次樣本，樣本數為 14。假設這些個案資料中月平均基本薪資如下：

```
. list earn if village==2411

     +---------+
     |  earn   |
     |---------|
317. |  35000  |
```

```
318. |  25000 |
319. | 125000 |
320. |  15000 |
321. |  35000 |
     |----------|
322. |   5000 |
323. |  25000 |
324. |   5000 |
325. |  25000 |
326. |  25000 |
     |----------|
327. |  35000 |
328. |  45000 |
329. |  45000 |
330. |  25000 |
     +----------+
```

我們現在想要知道這個村里居民的平均月收入是否等同於全國的平均月收入。對於這個檢定，虛無假設是 $H_0: \mu = 37416.8$，對立假設是 $H_1: \mu \neq 37416.8$。

根據樣本資料計算得：平均數 $\bar{x} = 33571.43$，標準差 $S = 29050.92$。

由於 $n < 30$，因此，統計量為

$$t = \frac{33571.43 - 37416.8}{29050.92 / \sqrt{14}} = -0.4953$$

根據自由度 $n - 1 = 13$，查 t 分配表得 $t_{0.05/2}(13) = 2.16$。因為 $|t| < t_{0.05/2}(13)$，所以不能否定原假設，即不能否定該社區中居民的平均月收入和全國的平均情況相等。

對於上述過程，我們也可以採用一些統計軟體來完成，以下是採用 Stata 來完成上述假設檢定的結果：

. ttest earn=37416.8 if village==2411

```
One-sample t test
------------------------------------------------------------------------
Variable |    Obs      Mean     Std. Err.    Std. Dev.   [95% Conf. Interval]
---------+--------------------------------------------------------------
    earn |     14    33571.43   7764.185    29050.92     16797.93   50344.93
------------------------------------------------------------------------
```

$\qquad$ mean = mean(earn) $\qquad\qquad\qquad\qquad$ t = -0.4953

Ho: mean = 37416.8 $\qquad\qquad\qquad\qquad$ degrees of freedom = 13

Ha: mean < 37416.8 $\qquad$ Ha: mean != 37416.8 $\qquad$ Ha: mean > 37416.8

Pr(T < t) = 0.3143 $\qquad$ Pr(|T| > |t|) = 0.6287 $\qquad$ Pr(T > t) = 0.6857

2.3.8 單母體變異數的檢定

對於母體變異數的檢定，不管大樣本還是小樣本，都要求母體服從常態分配，否則推論會有很大的偏差。根據 2.1.3 節，我們選取 χ^2 作為母體變異數的檢定統計量，其計算如下：

$$\chi^2 = \frac{n-1}{\sigma^2} S^2 \qquad\qquad (2\text{-}13)$$

由此可以得到，母體變異數 σ^2 在信心水準 $1-\alpha$ 下的信賴區間為：

$$\left(\frac{(n-1)S^2}{\chi^2_{\alpha/2}}, \frac{(n-1)S^2}{\chi^2_{1-\alpha/2}} \right)$$

變異數的檢定一般用右尾檢定比較多，因為實際研究經常希望瞭解母體不確定程度的上限。

2.3.9 兩母體平均數差的檢定

1. 獨立大樣本

設兩個獨立母體的平均數分別為 μ_1 和 μ_2，變異數分別為 σ_1^2 和 σ_2^2，從中隨機抽取兩個樣本。若兩個樣本數都很大，即 $n_1 > 30$ 且 $n_2 > 30$，則根據中央極限定

理，兩個樣本平均數 $\bar{x}_1$ 和 $\bar{x}_2$ 的抽樣分配分別服從 $N\left(\mu_1, \frac{\sigma_1^2}{n_1}\right)$ 和 $N\left(\mu_2, \frac{\sigma_2^2}{n_2}\right)$ 的常態分配。那麼，兩個樣本平均數差 $\bar{x}_1 - \bar{x}_2$ 的抽樣分配則服從 $N\left(\mu_1 - \mu_2, \frac{\sigma_1^2}{n_1} + \frac{\sigma_2^2}{n_2}\right)$ 的常態分配。這樣，檢定母體平均數差可以採用 Z 檢定統計量：

$$z = \frac{(\bar{x}_1 - \bar{x}_2) - (\mu_1 - \mu_2)}{\sqrt{\dfrac{\sigma_1^2}{n_1} + \dfrac{\sigma_2^2}{n_2}}} \tag{2-14}$$

因此，兩個母體的平均數差 $(\mu_1 - \mu_2)$ 在信心水準 $1 - \alpha$ 下的信賴區間為：

$$\left((\bar{x}_1 - \bar{x}_2) - z_{\alpha/2}\sqrt{\frac{\sigma_1^2}{n_1} + \frac{\sigma_2^2}{n_2}},\ (\bar{x}_1 - \bar{x}_2) + z_{\alpha/2}\sqrt{\frac{\sigma_1^2}{n_1} + \frac{\sigma_2^2}{n_2}}\right)$$

由於實際情況下，σ_1 與 σ_2 很少是已知的，因此大樣本情況下我們通常都用 S_1 與 S_2 來直接替代 σ_1 和 σ_2。

2. 獨立小樣本

還是需要兩樣本相互獨立。當兩個樣本中至少有一個是小樣本（即 $n \le 30$）時，我們就需要用到小樣本假設檢定。需要假設小樣本來自常態母體。

情形 1：兩個母體的變異數都是已知的

這種情況在實際研究問題中很少出現。如果出現，我們可以運用和大樣本一樣的方法進行檢定，即採用方程式（2-14）計算檢定統計量。

情形 2：兩個母體變異數未知，但已知二者相等

因為兩個樣本變異數相等，所以通常的做法是將兩個樣本資料合併，然後給出母體變異數的合併估計量 $S_p^2 = \dfrac{(n_1 - 1)S_1^2 + (n_2 - 1)S_2^2}{n_1 + n_2 - 2}$ ，其中，S_p^2 是兩個樣本變異數的加權平均，也稱為兩個樣本的聯合變異數。兩個樣本平均數之差標準化以後服從自由度為 $n_1 + n_2 - 2$ 的 t 分配，因此採用的檢定統計量為：

$$t = \frac{(\bar{x}_1 - \bar{x}_2) - (\mu_1 - \mu_2)}{S_p\sqrt{\dfrac{1}{n_1} + \dfrac{1}{n_2}}} \tag{2-15}$$

在信賴度為 $1 - \alpha$ 的水準下，信賴區間為：

$$\left((\bar{x}_1 - \bar{x}_2) - t_{\alpha/2}(n_1 + n_2 - 2)S_p\sqrt{\frac{1}{n_1} + \frac{1}{n_2}}, \ (\bar{x}_1 - \bar{x}_2) + t_{\alpha/2}(n_1 + n_2 - 2)S_p\sqrt{\frac{1}{n_1} + \frac{1}{n_2}}\right)$$

情形 3：兩個母體變異數未知，但已知二者不相等

如果兩個母體的變異數不相等，一種近似的方法是使用如下統計量：

$$t = \frac{(\bar{x}_1 - \bar{x}_2) - (\mu_1 - \mu_2)}{\sqrt{\frac{S_1^2}{n_1} + \frac{S_2^2}{n_2}}} \tag{2-16}$$

其中 t 檢定的自由度採用 Scatterthwaite 校正方法，即：

$$df = \frac{\left(\frac{S_1^2}{n_1} + \frac{S_2^2}{n_2}\right)^2}{\frac{\left(\frac{S_1^2}{n_1}\right)^2}{n_1 - 1} + \frac{\left(\frac{S_2^2}{n_2}\right)^2}{n_2 - 1}} \tag{2-17}$$

不過，採用該方法計算出來的自由度有時會出現不是整數的情況。所以，一個更簡單、更直接的方法是利用 GLS 迴歸，我們會在第 14 章中介紹這一方法。

我們如何判斷兩個母體的變異數是否相等呢？常用的是 F 檢定。根據前面有關統計分配的知識，由於 $\chi^2 = \frac{n-1}{\sigma^2}S^2$，因此 $\frac{S_1^2/\sigma_1^2}{S_2^2/\sigma_2^2} \sim F(n_1 - 1, n_2 - 1)$。而要檢定母體變異數是否相等，就可轉化為檢定兩個母體變異數之比是否等於 1。利用檢定統計量：

$$F = \frac{S_1^2}{S_2^2} \tag{2-18}$$

由於 F 統計量不對稱，使用雙尾檢定計算臨界值和判斷左尾還是右尾檢定相對麻煩。一般情況下，為了方便起見，在進行檢定的時候，將 S_1^2 定義為兩個樣本中較大的那個樣本變異數。這樣所有的檢定都變成右尾檢定。如果兩個母體確實具有相等的變異數，那麼 S_1^2 與 S_2^2 的值趨於相等，S_1^2/S_2^2 就趨近於 1。因此，一個接近於 1 的 F 統計量通常將是支持 $\sigma_1^2 = \sigma_2^2$ 的證據。

例題 2-4

在 TSCS 數據中，有女性（*female* = 1）564 人，其月收入的平均數為 32198.58，標準差為 27232.43。男性（*female* = 0）有 698 人，其月收入的平均數為

41633.24，標準差為 33304.13。那麼在 95% 的信心水準下，是否存在收入的性別差異呢？

這實際上是有關雙母體平均數差的假設檢定問題。根據上面的內容，我們知道對平均數差的檢定應該區分為變異數相等和變異數不等兩種情況。因此，我們需要先對變異數是否相等加以檢定。

首先檢定變異數是否相等，檢定統計量：

$$F = \frac{S_1^2}{S_2^2} = \frac{33304.13^2}{27232.43^2} = 1.4956$$

在 95% 的信賴區間下的 F 值為 1.04。[7]因此，我們看到，計算得到 F 值 1.4956 要大於 95% 信賴區間下的臨界值 1.04，這意味表明兩個母體的變異數不相等。這一檢定也可以借助統計軟體來完成，以下為相關的 Stata 指令和輸出結果[8]：

. sdtest earn, by(female)

Variance ratio test

Group	Obs	Mean	Std. Err.	Std. Dev.	[95% Conf. Interval]
0	698	41633.24	1260.58	33304.13	39158.25 44108.23
1	564	32198.58	1146.692	27232.43	29946.26 34450.9
combined	1262	37416.8	874.9917	31083.77	35700.2 39133.4

```
    ratio = sd(0) / sd(1)                          f =  1.4956
Ho: ratio = 1                      degrees of freedom = 697,  563

Ha: ratio < 1          Ha: ratio != 1          Ha: ratio > 1
Pr(F < f) = 1.0000    2*Pr(F > f) = 0.0000    Pr(F > f) = 0.0000
```

[7] Stata 的指令為：display invF (33304.13, 27232.4, 0.95)。
[8] 實際上，在 Stata 的計算中對大樣本和小樣本的計算都採用的是 *t* 檢定方法。

　　既然變異數不等，那麼我們就採用方程式（2-16）來計算母體平均數差的檢定統計量：

$$t=\frac{(\bar{x}_1-\bar{x}_2)-(\mu_1-\mu_2)}{\sqrt{\dfrac{S_1^2}{n_1}+\dfrac{S_2^2}{n_2}}}=\frac{(41633.24-32198.85)-0}{\sqrt{\dfrac{33304.13^2}{698}+\dfrac{27232.43^2}{564}}}=5.5364$$

根據方程式（2-17）中的 Scatterthwaite 自由度校正法，計算得到 $df = 1259.82$。在 95% 信心水準下，t 的臨界值為 -1.64。[9]

　　由於 $t = 5.5364 > 1.64$，所以我們否定原假設，而接受對立假設，即認為男性和女性年收入的平均數是不相等的。

　　下面給出了用 Stata 直接進行計算的輸出結果，與上面我們透過手動計算所得到的結論完全一致。

. ttest earn, by(female) unequal

Two–sample t test with unequal variances

Group	Obs	Mean	Std. Err.	Std. Dev.	[95% Conf. Interval]	
0	698	41633.24	1260.58	33304.13	39158.25	44108.23
1	564	32198.58	1146.692	27232.43	29946.26	34450.9
combined	1262	37416.8	874.9917	31083.77	35700.2	39133.4
diff		9434.656	1704.102		6091.465	12777.85

diff = mean(0) – mean(1)　　　　　　　　　　　　　t = 5.5364

Ho: diff = 0　　　　　　Satterthwaite's degrees of freedom = 1259.82

Ha: diff < 0　　　　　　　Ha: diff != 0　　　　　Ha: diff > 0

Pr(T < t) = 1.0000　　Pr(|T| > |t|) = 0.0000　　　Pr(T > t) = 0.0000

---

[9]　Stata 中的相關計算指令為 display invttail (1259.82, 0.95)

在雙獨立樣本平均數差檢定中，判斷使用何種統計量進行檢定的步驟小結：

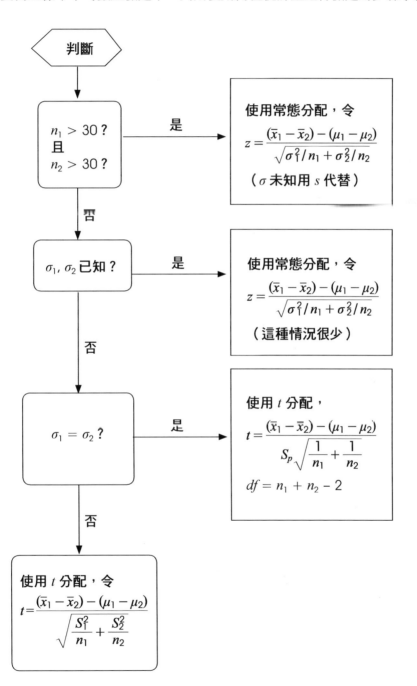

判斷

$n_1 > 30$ ？
且
$n_2 > 30$ ？

是

使用常態分配，令
$$z = \frac{(\bar{x}_1 - \bar{x}_2) - (\mu_1 - \mu_2)}{\sqrt{\sigma_1^2/n_1 + \sigma_2^2/n_2}}$$
（σ 未知用 s 代替）

否

σ_1, σ_2 已知 ？

是

使用常態分配，令
$$z = \frac{(\bar{x}_1 - \bar{x}_2) - (\mu_1 - \mu_2)}{\sqrt{\sigma_1^2/n_1 + \sigma_2^2/n_2}}$$
（這種情況很少）

否

$\sigma_1 = \sigma_2$ ？

是

使用 t 分配，
$$t = \frac{(\bar{x}_1 - \bar{x}_2) - (\mu_1 - \mu_2)}{S_p\sqrt{\dfrac{1}{n_1} + \dfrac{1}{n_2}}}$$
$df = n_1 + n_2 - 2$

否

使用 t 分配，令
$$t = \frac{(\bar{x}_1 - \bar{x}_2) - (\mu_1 - \mu_2)}{\sqrt{\dfrac{S_1^2}{n_1} + \dfrac{S_2^2}{n_2}}}$$

3. 配對樣本

前面談到的都是兩個獨立樣本的檢定問題，但在社會科學研究中，還會經常碰到配對樣本的問題。比如在歷時研究中，就會在不同時期對同一個體進行重複訪問。如果仍使用兩個獨立樣本的檢定方法不僅與實際情況嚴重不符，也浪費成對資料的重要資訊。這時就需要用到配對樣本的檢定。

大樣本情況下（即 $n > 30$ 時），採用檢定統計量：

$$z = \frac{\bar{d} - \mu_d}{S_d / \sqrt{n}} \tag{2-19}$$

其中 μ_d 表示成對資料母體差值 d 的平均數；

$\bar{d}$ 表示成對樣本資料差值 d 的平均數（即 $\overline{x_1 - x_2} = \bar{x}_1 - \bar{x}_2$）；

S_d 表示成對樣本差值 d 的標準差；

n 表示成對資料的個數，即有多少配對。

因此，兩個母體平均數差 $\mu_1 - \mu_2$ 在信心水準為 $1 - \alpha$ 下的信賴區間為：

$$\left(\bar{d} - z_{\alpha/2} \frac{S_d}{\sqrt{n}}, \ \bar{d} + z_{\alpha/2} \frac{S_d}{\sqrt{n}} \right)$$

在小樣本情況下（即 $n \leq 30$ 時），須假設差值的母體服從常態分配，採用檢定統計量：

$$t = \frac{\bar{d} - \mu_d}{S_d / \sqrt{n}} \tag{2-20}$$

因此，兩個母體平均數差 $\mu_1 - \mu_2$ 在信心水準為 $1 - \alpha$ 下的信賴區間為：

$$\left(\bar{d} - t_{\alpha/2}(n-1) \frac{S_d}{\sqrt{n}}, \ \bar{d} + t_{\alpha/2}(n-1) \frac{S_d}{\sqrt{n}} \right)$$

例題 2-5

基於 2010 年臺灣社會變遷基本調查資料 TSCS，我們想檢定家庭中父親和母親的受教育程度是否有差異。這實際上就是一個配對樣本檢定的情況。父親受教育年數的變項 *feducyr*，母親受教育年數的變項為 *meducyr*。

這個檢定的虛無假設為 $H_0: \mu_p - \mu_m = 0$。由於這個檢定手動計算起來會比較麻

煩，所以下面採用 Stata 來完成此檢定。以下是輸出的統計結果：

`. ttest feducyr=meducyr`

Paired t test

```
------------------------------------------------------------------------
Variable |   Obs      Mean     Std. Err.   Std. Dev.  [95% Conf. Interval]
---------+--------------------------------------------------------------
feducyr |  1262   7.889857   .1173413    4.168506   7.659652   8.120063
meducyr |  1262   6.152932   .122384     4.347649   5.912833   6.393031
---------+--------------------------------------------------------------
   diff |  1262   1.736926   .0942577    3.348471   1.552006   1.921845
------------------------------------------------------------------------
```

$$mean(diff) = mean(feducyr - meducyr) \qquad t = 18.4274$$

Ho: mean(diff) = 0 　　　　　　　　　　degrees of freedom = 1261

Ha: mean(diff) < 0	Ha: mean(diff) != 0	Ha: mean(diff) > 0
Pr(T < t) = 1.0000	Pr(|T| > |t|) = 0.0000	Pr(T > t) = 0.0000

輸出結果第四行中的 diff 一欄就包含了方程式（2-20）中 d 的平均數和標準差，據此，可以計算得到檢定統計量 $t = \dfrac{1.736926 - 0}{3.348471/\sqrt{1262}} = 18.4274$。根據最後兩行資訊，可以看到，在 0.05 顯著水準下，我們可以認為，父親的平均受教育年數和母親的平均受教育年數有顯著差異。

2.4　本章小結

本章我們主要講解了與統計推論有關的內容——參數估計和假設檢定以及與其相聯繫的一系列概念，比如參數、統計量、分配、自由度以及中央極限定理等。需要掌握的是有關單母體和兩母體在大樣本和小樣本情況下，對平均數和變異數的參數估計和假設檢定的原理。儘管在實際研究中，使用統計軟體（比如 Stata）可以便利地得到這些結果，而不需要手動計算，但在參數估計和假設檢定之前我們仍然需要弄清楚以下內容：

　　對於單母體：(1) 根據樣本規模判斷是大樣本還是小樣本；(2) 如果是小樣本，母體是否可假定為常態分配；(3) 母體變異數 σ 是否已知。

　　對於更複雜的兩母體，需要考慮如下問題：(1) 兩個樣本是不是配對樣本；(2) 根據各自樣本規模判斷兩者是大樣本還是小樣本；(3) 如果是小樣本，兩個母體是否可以假定為常態分配；(4) 兩個母體的變異數 σ_1 和 σ_2 是否都已知；(5) 變異數未知情況下是否 $\sigma_1^2 = \sigma_2^2$（即條件變異數相等）。

　　最後，對輸出結果實質意義的解釋和理解也是非常重要的。

參考文獻

Walker, Helen M. 1940. "Degrees of Freedom". *Journal of Educational Psychology* 31:253–269.

附錄：隨機抽取次樣本的 Stata 程式碼

```
use tscs2010.dta
bsample 500
histogram earn, percent normal
use tscs2010.dta,clear
bsample 100
histogram earn, percent normal
```

chapter

03

簡單線性迴歸

「迴歸」這一概念是 19 世紀 80 年代由英國統計學家法蘭西斯·高爾頓（Francis Galton）在研究父代身高與子代身高之間的關係時提出來的。他發現在同一族群中，子代的平均身高介於其父代的身高和族群平均身高之間。具體而言，高個子父親的兒子的身高有低於其父親身高的趨勢，而矮個子父親的兒子，其身高有高於其父親的趨勢。也就是說，子代的身高有向族群平均身高「迴歸」的趨勢。這就是統計學上「迴歸」的最初涵義。

如今，迴歸已經成為社會科學量化研究方法中最基本的、應用最廣泛的一種資料分析技術。它既可以用於探索和檢定自變項和依變項之間的因果關係，也可以基於自變項的取值變化來預測依變項的取值，還可以用於描述自變項和依變項之間的關係。很多看上去不像是迴歸的量化方法（比如分組分析），其實也可以用迴歸來表示。在現實生活中，影響某一現象的因素往往是錯綜複雜的。由於社會研究不可能像自然科學研究那樣採用實驗的方式來進行，為了弄清和解釋事物變化的真實原因和規律，就必須借助一些事後的資料處理方法來控制干擾因素。而迴歸的優點恰恰就在於它可以透過統計操作手段來對干擾因素加以控制，從而幫助我們發現自變項和依變項之間的淨關係。這一章裡，我們將先從理解「迴歸」這一概念入手，隨後討論只有一個依變項和一個自變項的簡單線性迴歸模型（或稱作簡單迴歸），並給出實際的研究個案。

3.1 理解迴歸概念的三種角度

研究者在分析資料時，總是希望盡可能準確地概括資料中的關鍵資訊。但社會科學的資料一般都很複雜，要完全理解和表達資料中的資訊幾乎是不可能的。所以我們常常利用諸如次數表或者分組計算平均數和變異數等方法來達到簡化資料的目的。和大多數統計方法一樣，迴歸也是一種簡化資料的技術。迴歸分析的目的是利用變項間的簡單函數關係，用自變項對依變項進行「預測」，使「預測值」盡可能地接近依變項的「觀察值」。很顯然，由於隨機誤差和其他原因，迴歸模型中的預測值不可能和觀察值完全相同。因此，迴歸的特點在於它把觀察值分解成兩部分——結構部分和隨機部分，即：

$$\boxed{觀察項} \ = \ \boxed{結構項} \ + \ \boxed{隨機項}$$

觀察項部分代表依變項的實際取值；結構項部分表示依變項和自變項之間的

結構關係，表現為「預測值」；隨機項部分表示觀察項中未被結構項解釋的剩餘部分。一般說來，隨機項又包含三部分：被遺漏的結構因素（包括結構項的差錯）、測量誤差和隨機干擾。首先，在社會科學研究中，遺漏一部分結構因素是不可避免的，因為我們不可能完全掌握和測量出所有可能對依變項產生影響的因素。其次，測量誤差是由資料測量、記錄或報告過程中的不精確導致的。最後，隨機干擾的存在反映了人類行為或社會過程不可避免地受到不確定性因素的影響。

那麼如何根據迴歸模型的構成形式理解迴歸模型的現實意義呢？在此，我們提出理解迴歸的三種角度：

因果性： 觀察項 ＝ 機制項 ＋ 干擾項

預測性： 觀察項 ＝ 預測項 ＋ 誤差項

描述性： 觀察項 ＝ 概括項 ＋ 殘差項

這三種理解方式提供了量化分析的三種不同視角。第一種方法最接近於古典計量經濟學的視角。在這裡，研究者的目的在於確立一個模型並以此發現資料產生的機制，或者說發現「真實」的因果模型。這種方法試圖找出最具有決定性的模型。但當前更多方法論研究者認為，所謂的「真實」模型並不存在，好的模型只是相對於其他模型而言更實用、更有意義或者更接近真實。

第二種方法更直接地適用於工程學領域。它通常用於在已知一組自變項和依變項之間的關係後，應用新的資料給出有用的預測回答。譬如，已知某種物質的強度與其製造過程中的溫度和壓強相關。再假定我們透過系統性地改變溫度和壓強後得到由該種物質所組成的一個樣本。此時，建立模型的一個目標就是找到何種溫度和壓強能夠使該物質獲得最大的強度。社會科學家有時也會應用這種方法預測人類行為的發生。這一理解方法的特點是我們只是透過經驗規律來作預測，而對因果關係的機制不感興趣或不在乎。

第三種方法反映了當今量化社會科學和統計學的主流觀點。它希望在不曲解資料的情況下利用模型概括資料的基本特徵。這裡常用到的一個原則被稱作「奧康精簡律」（Occam's razor）或者「簡約原則」。它被用來評判針對同一現象不同解釋之間的優劣程度。在統計模型中，這種原則的具體含義是：如果許多模型對觀察事實的解釋程度相當，除非有其他證據支援某一模型，否則我們將傾向於選擇最簡單的

模型。這種方法與第一種方法的不同之處在於，它並不關注模型是否「真實」，而關注其是否符合已被觀察到的事實。

　　總的說來，這三種理解角度並不相互排斥，而是需要我們在實際運用中根據具體的情況，尤其是研究設計和研究目的，來決定選取哪種角度最合適。在社會科學研究中，我們傾向於運用第三種解釋，即統計模型的主要目標在於用最簡單的結構和盡可能少的參數來概括大量資料所包含的主要資訊。此時，我們需要特別注意在精確性和簡約性兩者間加以權衡。一方面，精確的模型意味著我們可以保留儘量多的資訊並最大限度地降低因殘差而導致的錯誤；另一方面，我們又傾向於選擇更為簡約的模型。但通常情況下，要想保留資訊就要建立複雜的模型，從而以犧牲簡約作為代價。有關精確性和簡約性這兩者的衝突在社會科學研究中是經常碰到的，本書也將會多次討論到這個問題。下面我們開始討論如何建立簡單線性迴歸模型。

3.2　迴歸模型

　　本章我們使用的例子是個人受教育程度（*educyr*）對收入（*earn*）的影響。這種只含有一個自變項的線性迴歸模型叫做一元迴歸或者簡單迴歸。所謂的「線性」是指自變項和依變項基於自變項的條件期望值之間呈線性規律，且結構項對未知參數而言是線性的。

3.2.1 迴歸模型的數學表達

　　一般地，簡單線性迴歸模型可以表示為：

$$y_i = \beta_0 + \beta_1 x_i + \varepsilon_i \tag{3-1}$$

這裡，

　　y_i 表示第 i 名個體在依變項 Y（也稱作結果變項、反應變項或內生變項）上的取值，Y 是一個隨機變項。

　　x_i 表示第 i 名個體在自變項 X（也稱作解釋變項、先決變項或外生變項）上的取值。注意，與 Y 不同，X 雖然被稱作變項，但它的各個取值其實是已知的，只是其取值在不同的個體 i 之間變動。

　　β_0 和 β_1 是模型的參數，通常是未知的，需要根據樣本資料進行估計。$\beta_0 + \beta_1 x_i$ 也就是前面所講的結構項，反映了由於 x 的變化所引起的 y 的結構性變化。

　　ε 是隨機誤差項，也是一個隨機變項。而且，有平均數 $E(\varepsilon) = 0$、變異數 $\sigma_\varepsilon^2 = \sigma^2$

和共變數 $\mathrm{Cov}(\varepsilon_i, \varepsilon_{i'}) = 0$。注意，它也就是前面所講的隨機項，代表了不能由 X 結構性解釋的其他因素對 Y 的影響。

方程式（3-1）定義了一個簡單線性迴歸模型。「簡單」是因為該模型只包含了一個自變項。但是，在社會科學研究中，導致某一社會現象的原因總是多方面的，因此，我們在很多情況下都必須考慮多個自變項的情況。當模型納入多個自變項時，方程式（3-1）就擴展成第 5 章要講到的多元迴歸模型。「線性」，一方面指模型在參數上是線性的，另一方面也指模型在自變項上是線性的。很明顯，在方程式（3-1）中，沒有一個參數是以指數形式或以另一個參數的積或商的形式出現，自變項也只是以一次項的形式存在。因此，方程式（3-1）所定義的模型也被稱作一階模型（first−order model）（見 Kutner, Nachtsheim, Neter & Li , 2004）。

對應指定的 x_i 值，在一定的條件下，對方程式（3-1）求條件期望值後得到：

$$E(Y \,|\, X = x_i) = \mu_i = \beta_0 + \beta_1 x_i \tag{3-2}$$

我們將方程式（3-2）稱為母體迴歸函數（population regression function，PRF）。它表示，對於每一個特定的取值 x_i，觀察值 y_i 實際上都來自於一個平均數為 μ、變異數為 σ^2 的常態分配，而迴歸線將穿過點 (x_i, μ_i)，如下圖 3-1 所示。由方程式（3-2）不難看到，β_0 是 $x_i = 0$ 時的期望值，而 β_1 則反映著 X 的變化對 Y 的期望值的影響。在幾何上，方程式（3-2）所確定的是一條穿過點 (x_i, μ_i) 的直線，這在統計學上被稱作「迴歸直線」或「迴歸線」。所以，β_0 就是迴歸直線在 y 軸上的截距（intercept），而 β_1 則是迴歸直線的斜率（slope）。因此，我們將 β_0 和 β_1 稱作迴歸截距和迴歸斜率。圖 3-2 直觀地展示了 β_0 和 β_1 的含義。

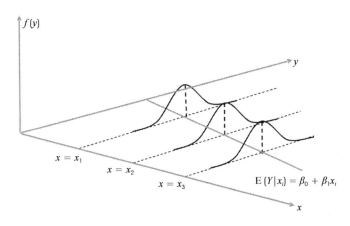

圖 3-1　特定 x_i 下 Y 的分配圖

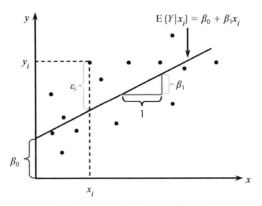

圖 3-2　β_0 和 β_1 的幾何含義

　　無論迴歸模型還是迴歸方程，都是針對母體而言，是對母體特徵的總結和描述。所以，參數 β_0 和 β_1 也是母體的特徵。但是在實際研究中我們往往無法得到母體的迴歸方程，只能透過樣本資料對母體參數 β_0 和 β_1 進行估計。比如 2010 年的 TSCS 資料只是來自當年全部母體的一個樣本，我們需要透過對 TSCS 資料進行統計推論建立對母體的認識。當利用樣本統計量 b_0 和 b_1 代替母體迴歸函數中的 β_0 和 β_1 時，就得到了估計的迴歸方程或經驗迴歸方程，其形式為：

$$\widehat{y}_i = b_0 + b_1 x_i \tag{3-3}$$

　　同時，我們也可以得到觀察值與估計值之差，稱為殘差，記作 e_i，它相對應的是方程式（3-1）中母體隨機誤差 ε_i。觀察值、估計值和殘差這三者之間的關係可用下圖 3-3 加以說明。

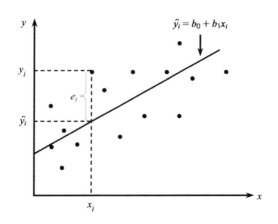

圖3-3　迴歸中觀察值 y_i、模型預測值與殘差 e_i 的關係

3.2.2 迴歸係數的最小平方估計

以上我們對簡單迴歸中的一些基本概念進行了簡要介紹。接下來的問題便是，如何估計迴歸方程中的截距係數 β_0 和斜率係數 β_1 呢？為了找到好的 β_0 和 β_1 估計量，我們採用普通最小平方法（ordinary least squares method）。該方法的基本思路為：根據從母體中隨機抽出的一個樣本，在平面直角座標系中找到一條直線 $\hat{y}_i = b_0 + b_1 x_i$，使得觀察值 y_i 和模型預測值 $\hat{y}_i$ 之間的距離最短，即兩者之間殘差（$e_i = y_i - \hat{y}_i$）的平方和（記為 D）最小。數學上，我們可以將誤差變異表達為：

$$D - \sum_{i=1}^{n} e_i{}^2 = \sum_{i=1}^{n} (y_i - \hat{y}_i)^2 = \sum_{i=1}^{n} (y_i - b_0 - b_1 x_i)^2 \tag{3-4}$$

根據微積分知識，我們知道，要想使方程式（3-4）取得最小值，須滿足以下兩個條件：

$$\frac{\partial D}{\partial b_0} = -2\sum_{i=1}^{n} (y_i - b_0 - b_1 x_i) = 0 \tag{3-5a}$$

$$\frac{\partial D}{\partial b_1} = -2\sum_{i=1}^{n} x_i (y_i - b_0 - b_1 x_i) = 0 \tag{3-5b}$$

進一步將方程式（3-5a）和（3-5b）加以整理得到以下常態方程組：

$$nb_0 + b_1\sum_{i=1}^{n} x_i = \sum_{i=1}^{n} y_i \tag{3-6a}$$

$$b_0\sum_{i=1}^{n} x_i + b_1\sum_{i=1}^{n} x_i^2 = \sum_{i=1}^{n} (x_i y_i) \tag{3-6b}$$

求解方程式（3-6a）和（3-6b）組成的常態方程組，我們可以得到：

$$b_0 = \frac{\sum x_i^2 \sum y_i - \sum x_i \sum x_i y_i}{n\sum x_i^2 - (\sum x_i)^2} \tag{3-7a}$$

$$b_1 = \frac{n\sum x_i y_i - \sum x_i \sum y_i}{n\sum x_i^2 - (\sum x_i)^2} = \frac{\sum(x_i - \bar{x})(y_i - \bar{y})}{\sum(x_i - \bar{x})^2} \tag{3-7b}$$

這樣，我們就得到了迴歸係數的最小平方估計。另外，根據方程式（3-7b），細心的讀者也許能注意到，迴歸斜率係數的估計值實際上會等於自變項和依變項之間的樣本共變數與自變項的樣本變異數之比，即：

$$b_1 = \frac{\Sigma(x_i - \bar{x})(y_i - \bar{y})}{\Sigma(x_i - \bar{x})^2} = \frac{\Sigma(x_i - \bar{x})(y_i - \bar{y})/n}{\Sigma(x_i - \bar{x})^2/n} \qquad (3\text{-}8)$$

所以，b_1 可以被看作是應用樣本資料來計算比例

$$\frac{\text{Cov}(x, y)}{\text{Var}(x)}$$

而這一比例可用來估計母體未知的參數 β_1。

在知道了迴歸斜率係數估計值的情況下，我們也可以採用下式來計算迴歸截距係數的估計值：

$$b_0 = \frac{\Sigma y_i - b_1 \Sigma x_i}{n} = \bar{y} - b_1 \bar{x} \qquad (3\text{-}9)$$

在計算量很小的情況下，利用方程式（3-8）和方程式（3-9），我們可以透過手動計算便利地得到迴歸截距和斜率係數的估計值。

請注意，「最小平方和」並不是「最佳估計」的唯一標準。直觀地看，如果僅僅表示觀察值和預測值之間距離最短，那麼計算兩者間距離絕對值的最小和似乎會是一種更好的估計。實際上，用距離絕對值的最小和作標準可以得到具有更好性質的估計值[1]。但是，最常用的估計法還是最小平方估計，因為這種方法的公式簡單，計算方便，得到的迴歸係數 b_0 和 b_1 具有很好的統計性質[2]：線性、不偏性和有效性。下面，我們將對 b_0 和 b_1 的線性特性加以證明。

3.2.3 迴歸模型的基本假定

為了能夠唯一地識別模型參數及進行有關的統計檢定，任何統計模型都需要假定條件。本書所介紹的迴歸分析及其擴展情形也不例外。本節將對方程式（3-1）所示的簡單迴歸模型所需假定加以說明。理解這些假定條件是理解多元迴歸模型乃至其他更複雜模型的基礎。

---

[1] 得到的估計值叫「最小絕對偏差法」（LAD）估計值。它的主要優點是不太容易受離群值對於迴歸參數估計值的影響。

[2] 這裡更好的統計性質主要是指殘差和 $\Sigma \hat{e}_i$ 總是等於零，或者說誤差的樣本平均數為零。不管樣本中散點的分布如何，最小平方直線總是穿過散點的質心（$\bar{x}, \bar{y}$）。然而最小平方和也會造成一種不好的結果。由於誤差被平方化了，這種方法將會放大離群值對於迴歸參數估計值的影響。不過，我們將在第17章有關迴歸診斷的內容中專門對這一問題進行討論。

A0　模型設定假定（線性假定）

該假定規定 Y 的條件平均數[3]是自變項 X 的線性函數：$\mu_i = \beta_0 + \beta_1 x_i$。注意 β_0, β_1 為未知的母體參數。在某些情況下，我們可能會碰到非線性函數的情形。借助於數學上的恒等變換，我們有時可以將非線性函數轉換成線性函數的形式。例如，對於 $y_i = \alpha x_i^\gamma \sigma_i$，透過變換可以得到：

$$\ln y_i = \beta_0 + \beta_1 \ln x_i + \varepsilon_i \qquad (3\text{-}10)$$

其中 $\beta_0 = \ln\alpha, \beta_1 = \gamma, \varepsilon_i = \ln\sigma_i$。經過轉換後的方程便可以運用最小平方法，並使得估計值仍然保持最小平方法估計值的性質。

A1　正交假定

正交假定具體包括：(1) 誤差項 ε 和 x 不相關，即 $\text{Cov}(X, \varepsilon) = 0$；(2) 誤差項 ε 期望值為 0，即 $\text{E}(\varepsilon) = 0$。根據正交假定還可以得到：$\text{Cov}(\hat{y}, \varepsilon) = 0$。

在 A0 和 A1 假定下，我們可以將簡單迴歸方程中 y 的條件期望值定義為：

$$\text{E}(Y \mid x) = \beta_0 + \beta_1 x \qquad (3\text{-}11)$$

請注意，A1 假定是一個關鍵的識別假定，它幫助我們從條件期望 $\text{E}(Y \mid x)$ 值中剝離出殘差。在這一假定下，利用最小平方估計得到的 β_0 和 β_1 的估計值 b_0 和 b_1 是不偏的，即：

$$\text{E}(b_0) = \beta_0$$
$$\text{E}(b_1) = \beta_1$$

注意，不管正交假定是否成立，最小平方估計在計算中已運用了這一假定。換句話說，這一假定是計算方程式（3-5a）和（3-5b）的理論依據。因為最小平方估計是由方程式（3-5a）和（3-5b）得到的，最小平方估計的結果一定是無例外地滿足如下的條件：

$$\sum_{i=1}^{n} e_i = 0$$

---

[3] 這裡的條件平均數相當於第 1 章 1.3.6 節中提到的條件期望值的含義，也就是 X 取特定值時 Y 的平均數。

$$\sum_{i=1}^{n} e_i x_i = 0$$

A2 獨立且同分配之假定

獨立且同分配之假定，也稱為 **i.i.d.** 假定，是指誤差項 ε 相互獨立，並且遵循同一分配。這一假定意味著誤差項具有兩個重要的特性：

(1) 任何兩個誤差項 ε_i 和 ε_j（$i \neq j$）之間的共變數等於 0，即 $\mathrm{Cov}(\varepsilon_i, \varepsilon_j)$ 且 $i \neq j$；

(2) 所有誤差項 ε_i 的變異數都相同，且為 σ^2，即 $\sigma_{\varepsilon_i}^2 = \sigma^2$。這也被稱作等變異數假定。

儘管在沒有 i.i.d. 假定的情況下，最小平方估計已經可以滿足不偏性和一致性。但是同時滿足 A0、A1 和 A2 假定時，最小平方估計值將是母體參數的最佳線性不偏估計值，也就是通常所說的 BLUE(best linear unbiased estimator)。這裡「最佳」表示「最有效」，即抽樣標準誤最小。

A3 常態分配假定

儘管 i.i.d. 假定規定誤差獨立且同分配，但是它仍然無法確定 ε 的實際分配。不過，對於大樣本資料，我們可以根據中央極限定理對 β 進行統計推論。然而在小樣本情況下，我們只有在假定 ε 服從常態分配時才能使用 t 檢定。即：

$$\varepsilon_i \sim N(0, \sigma^2) \tag{3-12}$$

還有，在誤差 ε 服從平均數為 0、變異數為 σ^2 的常態分配的情況下，最小平方估計與母體參數的最大概似估計（MLE）結果一致[4]。在所有不偏估計中，最大概似估計是最佳不偏估計式（best unbiased estimator，BUE）。也就是說，b_0 和 b_1 不僅是 β_0 和 β_1 的最佳線性不偏估計，而且是所有的 β_0 和 β_1（線性和非線性的）不偏估計中的最佳選擇。需要注意的是，由於最大概似估計可以是非線性的，因此最大概似解釋的有效性將比最小平方解釋的有效性更廣。進一步講，最大概似估計的統計推論在大樣本情況下具有漸近性質。也就是說，當樣本規模趨於無窮大時，最大概似估計不僅滿足一致性（漸近不偏），而且能夠取得一致估計量中的最小變異數。

---

[4] Lehmann, E. L. and Casella, G. 1998. *Theory of Point Estimation* (Second Edition). New York: Springer.

3.3 迴歸直線的適合度

根據以上迴歸模型的基本假定並利用最小平方法，我們就可得到一條配適迴歸直線 $\hat{y}_i = b_0 + b_1 x_i$。那麼如何測量自變項 X 對依變項 Y 的解釋程度呢？這就涉及到迴歸直線或迴歸模型的適合度（goodness of fit）評價，也就是判斷該直線與樣本各觀察點之間的接近程度，或者說依變項的差異能夠被迴歸模型所解釋的程度。在一般線性迴歸中，通常利用判定係數（coefficient of determination）作為適合度的度量指標。

3.3.1 適合度的計算

樣本中依變項 Y 有不同的取值 y_i（$i = 1, 2, \cdots n$），我們將特定的觀察值 y_i 與平均數 $\bar{y}$ 之間的差異定義為離差。將這些離差（$y_i - \bar{y}$）的平方和稱為總變異，記作 SST（sum of squares total），

$$\text{SST} = \sum_{i=1}^{n} (y_i - \bar{y})^2 \qquad (3\text{-}13)$$

由於 $y_i - \bar{y} = (\hat{y}_i - \bar{y}) + (y_i - \hat{y}_i)$，其中，$\hat{y}_i = b_0 + b_1 x_i$。因此，方程式（3-13）可以進一步表達為，

$$
\begin{aligned}
\text{SST} &= \sum_{i=1}^{n} (y_i - \bar{y})^2 \\
&= \sum_{i=1}^{n} [(\hat{y}_i - \bar{y}) + (y_i - \hat{y}_i)]^2 \\
&= \sum_{i=1}^{n} [(\hat{y}_i - \bar{y})^2 + (y_i - \hat{y}_i)^2 + 2(\hat{y}_i - \bar{y})(y_i - \hat{y}_i)] \\
&= \sum_{i=1}^{n} (\hat{y}_i - \bar{y})^2 + \sum_{i=1}^{n} (y_i - \hat{y}_i)^2 + 2\sum_{i=1}^{n} (\hat{y}_i - \bar{y})(y_i - \hat{y}_i)
\end{aligned}
$$

根據前面講到的正交假定 $\sum_{i=1}^{n} (\hat{y}_i - \bar{y})(y_i - \hat{y}_i) = \sum_{i=1}^{n} (\hat{y}_i - \bar{y})e_i = 0$ ，這樣 SST 就被分解為：

$$\text{SST} = \sum_{i=1}^{n} (\hat{y}_i - \bar{y})^2 + \sum_{i=1}^{n} (y_i - \hat{y}_i)^2 \qquad (3\text{-}14)$$

其中，$\sum_{i=1}^{n} (\hat{y}_i - \bar{y})^2$ 被稱為解釋變異，記作 SSR（sum of squares regression）；

$\sum_{i=1}^{n}(y_i - \widehat{y_i})^2 = \sum_{i=1}^{n}e_i^2$ 被稱為誤差變異，記作 SSE（sum of squares error）。因此，方程式（3-14）也可以簡寫為：

$$SST = SSR + SSE \qquad (3\text{-}15)$$

這裡，總變異（SST）表示依變項上的總變異，解釋變異（SSR）表示總變異中被迴歸方程解釋了的那部分變異，而誤差變異（SSE）表示總變異中仍未被解釋的那部分變異。因此，方程式（3-15）實際上意味著：總變異 = 被解釋的變異 + 未被解釋的變異。那麼，如果將解釋變異（SSR）除以總變異（SST），就得到解釋變異占總變異的比例。我們將該比例定義為判定係數（coefficient of determination），記作 R^2：

$$R^2 = \frac{SSR}{SST} = \frac{\Sigma(\widehat{y_i} - \bar{y})^2}{\Sigma(y_i - \bar{y})^2} \qquad (3\text{-}16)$$

根據方程式（3-15）所揭示的 SST、SSR 和 SSE 三者之間的關係，判定係數也可以根據下式進行計算：

$$R^2 = \frac{SST - SSE}{SST} = 1 - \frac{SSE}{SST} = 1 - \frac{\Sigma(y_i - \widehat{y_i})^2}{\Sigma(y_i - \bar{y})^2} \qquad (3\text{-}17)$$

作為迴歸直線適合度的測量指標，判定係數反映了迴歸方程所解釋的變異在依變項總變異中所占的比例。圖 3-4 以示意圖的形式直觀地揭示了判定係數的含義。

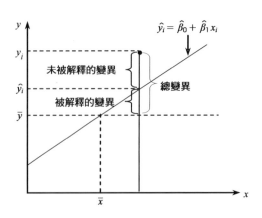

圖3-4　判定係數 R^2 的含義

　　因此，迴歸直線配適的好壞或者迴歸方程解釋能力的大小就反映到 SSR 與 SST 的比例。R^2 的取值範圍是 [0, 1]。各觀察點越是靠近迴歸直線，SSR/SST 就越大，判定係數便越接近 1，直線配適得就越好。以收入對受教育年限的迴歸為例，下面圖 3-5 和圖 3-6 分別給出了 $R^2 = 0$ 和 $R^2 = 1$ 兩種極端情形下迴歸直線的配適情況。

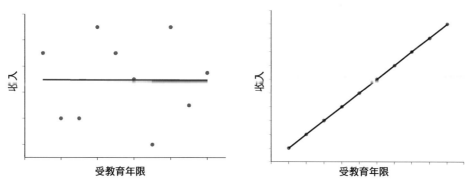

圖3-5　判定係數為 **0** 的情形　　　　圖3-6　判定係數為 **1** 的情形

3.3.2 判定係數、皮爾遜相關係數與標準化迴歸係數的關係

　　將方程式（3-8）和方程式（3-9）代入 R^2 的計算方程式（3-16），可以得到：

$$R^2 = \frac{\text{SSR}}{\text{SST}} = \frac{\sum\limits_{i=1}^{n}(\hat{y}_i - \bar{y})^2}{\sum\limits_{i=1}^{n}(y_i - \bar{y})^2} = \frac{\left[\sum\limits_{i=1}^{n}(y_i - \bar{y})(x_i - \bar{x})\right]^2}{\sum\limits_{i=1}^{n}(x_i - \bar{x})^2 \sum\limits_{i=1}^{n}(y_i - \bar{y})^2} \tag{3-18}$$

　　對比方程式（3-18）和第 1 章 1.3.12 中相關係數的計算公式[5]，我們可得到判定係數 R^2 實際上就是樣本皮爾遜相關係數的平方：

$$R^2 = \frac{\left[\sum\limits_{i=1}^{n}(y_i - \bar{y})(x_i - \bar{x})\right]^2}{\sum\limits_{i=1}^{n}(x_i - \bar{x})^2 \sum\limits_{i=1}^{n}(y_i - \bar{y})^2} = \left[\frac{\text{Cov}(x, y)}{\sqrt{\text{Var}(x)}\sqrt{\text{Var}(y)}}\right]^2 = r_{X,Y}^2 \tag{3-19}$$

5　$\rho(X, Y) = \dfrac{Cov(X, Y)}{\sigma(X)\sigma(Y)} = \dfrac{\sum\limits_{i=1}^{n}(y_i - \bar{y})(x_i - \bar{x})}{\sqrt{\sum\limits_{i=1}^{n}(x_i - \bar{x})^2 \sum\limits_{i=1}^{n}(y_i - \bar{y})^2}}$

因為依變項的模型預測值是自變項的線型函數，判定係數 R^2 也可以看作是觀察值 y_i 和模型預測值 $\hat{y}_i$ 的相關係數的平方。方程式（3-18）在手動計算中經常用到。

如果我們將迴歸係數標準化，則有 $\text{Beta}_1 = b_1 \times \frac{\sqrt{\text{Var}(x)}}{\sqrt{\text{Var}(y)}}$。我們在係數標準化時一般都採用樣本統計量，但為方便起見，我們這裡使用母體參數的符號。注意到由於方程式（3-8），$b_1 = \frac{\text{Cov}(x, y)}{\text{Var}(x)}$。故有，

$$\begin{aligned} \text{Beta}_1 &= b_1 \times \frac{\sqrt{\text{Var}(x)}}{\sqrt{\text{Var}(y)}} = \frac{\text{Cov}(x, y)}{\text{Var}(x)} \times \frac{\sqrt{\text{Var}(x)}}{\sqrt{\text{Var}(y)}} \\ &= \frac{\text{Cov}(x, y)}{\sqrt{\text{Var}(x)}\sqrt{\text{Var}(y)}} = \rho\,(X, Y) \end{aligned} \qquad (3\text{-}20)$$

這正好是兩變項間的相關係數。請注意，該式的平方即為 R^2。由於消除了變項單位的影響，標準化迴歸係數實際上是無單位的，因此可用於比較自變項對依變項影響作用的大小。由於簡單迴歸中只有一個自變項，因此一般不涉及需要對迴歸係數進行標準化的問題。但在稍後的多元迴歸討論中，我們還會提及標準化迴歸係數在比較多個自變項的相對作用大小時的用途。

前面講到，適合度測量指標 R^2 的值越接近於 1，意味著迴歸直線配適得越好或者迴歸模型的解釋力越大。不過，在社會科學中，R^2 通常都偏低，尤其是在橫斷面資料分析當中，情況更是如此。因此需要注意的是，低的 R^2 並不必然意味著 OLS 迴歸是無效的。比如，在教育對收入的簡單迴歸當中，一個較低的 R^2 並不能就此表明教育對收入沒有作用。

3.4　假設檢定

迴歸分析的目的在於對母體中自變項和依變項之間的關係加以描述或解釋，但是，迴歸直線或迴歸方程的配適卻是基於某一具體樣本資料進行的。那麼，接下來的問題在於，我們如何將基於樣本資料的變項之間的關係推論到研究母體中去呢？前面已經講過，這就涉及到統計推論問題。我們先討論假設檢定。

迴歸分析中的假設檢定包括兩方面的內容。其一，模型整體檢定，即檢定根據樣本資料建立的迴歸方程在母體中是否也有解釋力；其二，迴歸係數檢定，即檢定該方程中自變項 X 對依變項 Y 的影響在母體中是否存在。不過，由於簡單迴歸模

型只涉及單個自變項，模型整體檢定和迴歸係數檢定是一回事。

3.4.1 模型整體檢定

　　模型整體檢定關心的是，基於樣本資料所確立的自變項和依變項之間的線性關係在母體中是否真實存在，或者說迴歸方程在母體中是否也具有解釋力。我們已經知道，迴歸方程的解釋力是由判定係數 R^2 來測量的，所以，模型整體檢定就是透過對 R^2 進行檢定來實現的，或者說，對模型的檢定可以看成是對 R^2 的檢定。不過，R^2 並不是一個可以直接檢定的量，這就需要重新建構一個與 R^2 相聯繫的統計量。

　　回顧上文，我們將依變項 Y 的總變異分解成兩個部分：被解釋的變異和未被解釋的變異。這裡，被解釋的變異是迴歸模型中的結構項或系統性變動，反映著自變項和依變項之間的線性關係；而未被解釋的變異是迴歸模型中的隨機項，它體現了自變項之外的影響。利用這一關係，我們將解釋變異（SSR）和誤差變異（SSE）分別除以各自的自由度，就得到迴歸均方（mean square regression，簡稱 MSR）和誤差均方（mean square error，簡稱 MSE），即[6]

$$MSR = \frac{SSR}{1}$$
$$MSE = \frac{SSE}{n-2}$$

然後求兩者的比值，這就構成一個可以對模型進行整體檢定的統計量：

$$F = \frac{SSR/1}{SSE/(n-2)} = \frac{MSR}{MSE} \tag{3-21}$$

因為該統計量服從自由度為 1 和 $n-2$ 的 F 分配，因此可以直接用它做檢定[7]。

　　具體做法如下。首先根據方程式（3-21）計算出 F 值，然後，在選定的顯著水準下，根據方程式（3-21）中分子自由度 $df_1 = 1$ 和分母自由度 $df_2 = n-2$ 查 F 分配表，找到相應的臨界值 F_a。若 $F > F_a$，則表明兩個變項之間的線性關係顯著存在；若 $F < F_a$，則表明兩個變項之間的線性關係不顯著。請注意，這裡檢定的僅僅是線

[6] 在簡單迴歸的情況下，只有一個自變項，故解釋變異（SSR）的自由度為 1。而對於誤差變異（SSE），我們需要以迴歸直線為基準進行計算（即對 $y_i - \hat{y}_i$ 進行估計）。同時，由於決定這條直線需要截距 b_0 和斜率 b_1 兩個參數，故其自由度為 $n-2$。另外，MSE是母體誤差的變異數的不偏估計，稍後將會講到。
[7] 有關 F 檢定，在第 7 章變異數分析中還將有專門的論述。

性關係。即使 F 檢定不顯著，也不能認為兩個變項之間沒有關係，因為它們之間也可能存在其他非線性關係。

3.4.2 迴歸係數檢定

迴歸係數檢定就是單獨考查一個自變項對依變項的影響是否顯著。在簡單線性迴歸方程 $y = \beta_0 + \beta_1 x$ 中，如果 $\beta_1 = 0$，那麼 x 與 y 沒有線性關係。所以，我們需要檢定這種關係是否具有統計上的顯著性。

表 3-1　迴歸係數估計的統計量和標準誤

檢定值	估計量	估計標準誤[8]
截距 b_0, $\widehat{\beta}_0$	$b_0 = \bar{y} - b_1\bar{x}$	$S_{b_0} = \sigma_\varepsilon \times \sqrt{\dfrac{1}{n} + \dfrac{\bar{x}^2}{\Sigma(x_i - \bar{x})^2}}$
斜率 b_1, $\widehat{\beta}_1$	$b_1 = \dfrac{\Sigma(x_i - \bar{x})(y_i - \bar{y})}{\Sigma(x_i - \bar{x})^2}$	$S_{b_1} = \sigma_\varepsilon / \sqrt{\Sigma(x_i - \bar{x})^2}$

從表 3-1 中可以看出：第一，誤差項的標準差 σ_ε 越大，估計標準誤 $\sqrt{\mathrm{Var}(b_1)}$ 也越大。也就是說，如果誤差項的變異越大，那麼我們就越難準確地預測出 β_1。第二，當 X 有越多變異的時候，$\sqrt{\mathrm{Var}(b_1)}$ 將減小。也就是說，變異大的 X 能使我們更容易發現 Y 和 X 的關係，從而預測出的 β_1 更準確。另外，隨著樣本量的增加，估計準確性也會隨之增加。在大樣本情況下，我們更容易得到較小的 $\sqrt{\mathrm{Var}(b_1)}$。

由於母體中誤差的變異數 σ_ε^2 是未知的，這裡需要利用前面提到的誤差均方 MSE（mean square error）作為其不偏估計，即

$$\sigma_\varepsilon^2 = \mathrm{MSE} = \frac{\Sigma e_i^2}{n-2} = \frac{\Sigma(y_i - \widehat{y_i})^2}{n-2} = \frac{\mathrm{SSE}}{n-2}$$

這裡，$n - 2$ 為母體誤差變異數的自由度。因為我們需要以迴歸直線為基準來計算 e_i（即以 $y_i - \widehat{y_i}$ 進行估計），而決定這條直線需要估計截距和斜率兩個參數，所以消耗了兩個自由度。MSE 的正平方根叫做誤差標準差的樣本估計，記作 S_e。在虛

---

[8] 有關此估計標準誤的推導過程，有興趣的讀者可以參閱 Wooldridge（2009：55）。

無假設成立的條件下，估計量 b_0 和 b_1 均服從自由度為 $n-2$ 的分配。

注意，當檢定結果沒能拒絕虛無假設 $H_0: \beta_1 = 0$ 時，我們也並不能就此得出 Y 不受 X 影響的結論。首先，這種線性關係不存在僅僅是基於樣本資料中的 X，也就是一定的取值範圍內的 X。但在更寬的取值範圍內，X 與 Y 可能是存在線性關係的。其次，我們檢定的僅僅是線性關係，而 X 與 Y 之間還可能存在曲線關係。這時就需要借助散布圖來發掘這種可能。

3.5 對特定 X 下 Y 平均數的估計

在 3.2.1 中我們曾提到，對於每一個特定的 x_i，觀察值 y_i 實際上都來自於一個平均數為 $\beta_0 + \beta_1 x$、標準差為 σ_ε 的分配。對特定 x_i 下（記為 x^*）y_i 平均數的估計是 $\hat{y}_i = b_0 + b_1 x^*$。在一定條件（包括常態分配條件）下，可以對 y_i 平均數的估計進行統計推論，見表 3-2。

表 3-2 對 Y 平均數估計的統計量和標準誤

未知的母體參數	估計量	估計標準誤
給定 x^* 下的平均數	$\hat{y}_i = b_0 + b_1 x^*$	$S_{\hat{y}_i} = \sigma_\varepsilon \times \sqrt{\dfrac{1}{n} + \dfrac{(x^* - \bar{x})^2}{\Sigma(x_i - \bar{x})^2}}$

根據表 3-2，在 95% 信心水準下，平均數 $\hat{y}_i = b_0 + b_1 x^*$ 的區間估計為：

$$(b_0 + b_1 x^*) \pm t_{0.025} \times \sigma_\varepsilon \times \sqrt{\frac{1}{n} + \frac{(x^* - \bar{x})^2}{\Sigma(x_i - \bar{x})^2}} \qquad (3\text{-}22)$$

由於母體誤差的標準差 σ_ε 是未知的，用誤差標準差的樣本估計 $S_e = \sqrt{\mathrm{MSE}}$ 作為 σ_ε 的估計，則可以得到在 95% 信心水準下，對特定 X 下 Y 平均數的區間估計為：

$$(b_0 + b_1 x^*) \pm t_{0.025} \times S_e \times \sqrt{\frac{1}{n} + \frac{(x^* - \bar{x})^2}{\Sigma(x_i - \bar{x})^2}} \qquad (3\text{-}23)$$

需要注意的是，這裡的 n 是樣本的所有個案數，而不僅是 $x = x^*$ 時的個案數。

3.6 對特定 X 下 Y 單一值的預測

在 3.5 節中，我們根據樣本中的 X，對迴歸直線上相應的 Y 值進行估計。得到

的估計結果實際上是 Y 的條件平均數或條件期望值。如果我們希望基於一個新的 X 值預測對應的 Y 的取值，不難想像在這種情況下 Y 的取值將會有更大的信賴區間。由於隨機項 ε 的存在，特定 x_i 下（仍記為 x^*）下的 y^* 不落在迴歸直線 $\hat{y}_i = b_0 + b_1 x^*$ 上，而是服從於以迴歸直線 $\hat{y}_i = b_0 + b_1 x^*$ 為平均數、以 σ_ε^2 為變異數的分配。估計量和相應的估計標準誤見表 3-3：

表 3-3　對 Y 值預測的統計量和標準誤

未知的母體參數	估計量	估計標準誤
給定 x^* 下單一 y^* 值	$\hat{y}_i = b_0 + b_1 x^*$	$S_{\hat{y}_i} = \sigma_\varepsilon \times \sqrt{1 + \dfrac{1}{n} + \dfrac{(x^* - \bar{x})^2}{\Sigma(x_i - \bar{x})^2}}$

根據表 3-3，在 95% 信心水準下，預測某 x^* 下 y^* 的信賴區間為：

$$(b_0 + b_1 x^*) \pm t_{0.025} \times \sigma_\varepsilon \times \sqrt{1 + \frac{1}{n} + \frac{(x^* - \bar{x})^2}{\Sigma(x_i - \bar{x})^2}} \tag{3-24}$$

同樣地，由於母體誤差的標準差 σ_ε 是未知的，用誤差標準差的樣本估計 S_e 作為 σ_ε 的估計，則可以得到在 95% 信心水準下，對特定 X 下 Y 單一值的區間估計為：

$$(b_0 + b_1 x^*) \pm t_{0.025} \times S_e \times \sqrt{1 + \frac{1}{n} + \frac{(x^* - \bar{x})^2}{\Sigma(x_i - \bar{x})^2}} \tag{3-25}$$

例題 3-1

假設我們試圖對某一社區中個人教育程度（$X = edu$）對收入（$Y = earn$）的影響進行研究。我們從該社區中隨機地收集到 11 名個體的受教育年限（單位，年）和年收入（單位，千元）資料（見表 3-4）。

利用該資料：

(1) 判斷最佳配適直線方程；

(2) 計算直線的適合度；

(3) 檢定資料是否支持平均年收入受到個人教育程度的影響（顯著度 $\alpha = 0.05$）這一假設；

(4) 在信心水準 95% 時，估計受教育程度為 12 年者的平均年收入；

(5) 預測當 $edu = 20$ 時，某個人的年收入。

表 3-4　某社區 11 名個體的收入與受教育年數

受教育年限（年） $X = edu$	收入（千元） $Y = earn$
6	5
10	7
9	6
9	6
16	9
12	8
16	13
5	5
10	10
12	12
8	10

(1) 透過上表計算出：

$\bar{x} = 10.27$

$\bar{y} = 8.27$

$\Sigma (x - \bar{x})^2 = \Sigma x^2 - (\Sigma x)^2/n = 126.18$

$\Sigma (y - \bar{y})^2 = \Sigma y^2 - (\Sigma y)^2/n = 76.18$

$\Sigma (x - \bar{x})(y - \bar{y}) = \Sigma xy - (\Sigma x)(\Sigma y)/n = 70.18$

$b_1 = \dfrac{n\Sigma xy - \Sigma x \Sigma y}{n\Sigma x^2 - (\Sigma x)^2} = \dfrac{\Sigma xy - (\Sigma x)(\Sigma y)/n}{\Sigma x^2 - (\Sigma x)^2/n} = \dfrac{70.18}{126.18} = 0.56$

$b_0 = \bar{y} - b_1\bar{x} = 8.27 - 0.56 \times 10.27 = 2.56$

因此，迴歸直線為：$\hat{y}_i = 2.56 + 0.56x_i$。

(2) 適合度的判定係數 R^2 的計算，可以先計算受教育年限與年收入之間的相關係數，然後利用簡單迴歸情況下 $R^2 = r_{x,y}^2$ 這一關係式得到。相關係數：

$$r = \dfrac{\Sigma (x - \bar{x})(y - \bar{y})}{\sqrt{\Sigma(x - \bar{x})^2} \sqrt{\Sigma(y - \bar{y})^2}} = \dfrac{70.18}{\sqrt{126.78} \times \sqrt{76.18}} = 0.71$$

所以，上述直線迴歸適合度的判定係數 $R^2 = 0.51$。也就是說，迴歸方程能

夠解釋年收入總變異數中的 51%。

(3) 檢定教育對收入的影響是否顯著，實際上就是檢定 β_1 是否等於零。

虛無假設 $H_0 : \beta_1 = 0$

對立假設 $H_1 : \beta_1 \neq 0$

計算檢定統計量：

$$t = \frac{b_1}{S / \sqrt{\Sigma(x - \bar{x})^2}}$$

由於

$$\text{SSE} = \Sigma (y - \bar{y})^2 - \frac{[\Sigma(y - \bar{y})(x - \bar{x})]}{\Sigma(x - \bar{x})^2} = 76.18 - \frac{70.18^2}{126.18} = 37.15$$

那麼 $S = \sqrt{\text{MSE}} = \sqrt{\dfrac{\text{SSE}}{n - 2}} = \sqrt{\dfrac{37.15}{11 - 2}} = 2.03$ ，所以 $t = \dfrac{0.56 - 0}{2.03 / \sqrt{126.18}} = 3.10$ 。

因為在 $\alpha = 0.05$ 下，$t_{0.025}(9) = 2.26 < 3.10$，所以，拒絕虛無假設 $\beta_1 = 0$。這表明教育對收入有顯著影響。

(4) 當 $edu = 12$ 時，估計的期望值年收入為：

$$\text{E}(earn \mid edu = 12) = \hat{\beta}_0 + \hat{\beta}_1 x^* = 2.56 + 0.56 \times 12 = 9.28$$

並且估計標準誤 $S.E. = S\sqrt{\dfrac{1}{11} + \dfrac{(12 - 10.27)^2}{126.18}}$，另根據第 3 問求解中的計算結果 $S = 2.03$，所以，$S.E. = 0.687$。由方程式（3-23）可知，$t_{0.025}(9) = 2.26$，則受過 12 年教育的個體年收入（$earn$）的 95% 信賴區間為：

$$(9.28 - 2.26 \times 0.687, 9.28 + 2.26 \times 0.687) = (7.73, 10.83) 千元$$

(5) 由於 $edu = 20$ 已經超出樣本中自變項的取值範圍 [5, 16]，因此利用迴歸配適直線預測 $edu = 20$ 時個人年收入的取值是很危險的。

當預測值的範圍超出了樣本中 x 的取值範圍時，利用迴歸直線預測要千萬小心。這時，不僅因為預測值的信賴區間變得過大而不可靠，更重要的是自變項與依變項之間的關係可能在超出樣本取值範圍的某個 x 處突然轉變，如圖 3-7 所示。但是，我們無法從已有樣本資料中得知這種趨勢是否存在。

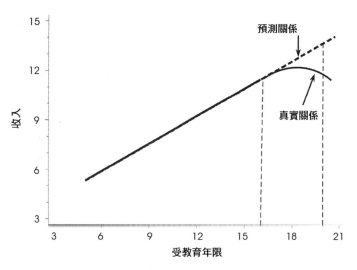

圖3-7 預測值與真實值之間可能出現的關係

在圖 3-7 的例子中我們可以看到，超出資料範圍 *edu* = 16 以後，教育程度與收入之間可能呈曲線關係，而不再是簡單的線性關係。如果這時仍然按照原有的配適直線對 *edu* = 20 進行估計，就會使預測結果出現很大的偏誤。

3.7 簡單線性迴歸中的非線性變換

前面我們討論了自變項和依變項為線性關係時的簡單迴歸方程，但是，如圖 3-7 所示那樣，依變項和自變項之間還可能存在非線性關係。透過某些恰當的轉換，這些非線性可以被表達為線性關係，從而可以應用線性迴歸作為研究工具。所以，在實際應用當中我們經常會碰到非線性變換的情形。這裡我們將簡要介紹迴歸分析中常見的兩種變換形式：對數變換和二次項變換。

3.7.1 對數變換

在例題 3-1 中，我們得到收入和教育之間的關係為 $\hat{y}_i = 2.56 + 0.56x_i$。這就是說，平均而言，受教育年數每增加 1 年，個人年收入增長 560 元。由於方程的線性性質，不管個人教育增長是從 6 年增長到 7 年，還是從 12 年增長到 13 年，年收入的平均增長量都是固定不變的 560 元。但是這種情況可能並不符合真實情況。另一種可能的情況是，教育對收入的相對影響不是一個固定的加減關係，而是一個穩定的比例關係。這可以理解為，在其他條件相同的情況下，例如個人受教育年數從 6

年增長到 7 年，收入平均增長 6%，而當教育年數從 12 年增加到 13 年的時候，個人年收入同樣平均增長 6%。這種描述穩定比例增長的理論模型可以表示為：

$$\log(y) = b_0 + b_1 x \tag{3-26}$$

這裡，$\log(\cdot)$ 表示對依變項取自然對數，也就是所謂的對數變換。

而當 $b_1 \Delta x$ 很小時，我們有如下的近似值

$$b_1 \Delta x = \log\left(\frac{y + \Delta y}{y}\right) \approx \frac{\Delta y}{y} \tag{3-27}$$

也就是說隨著每一個單位 x 的增加，y 會按 b_1 這一比例增加。

此外，對數變換還有其他的好處。比如，當 $Y > 0$ 的時候，Y 的分配出現正向偏倚，這種情況下，通常將 $\log(Y)$ 作為依變項更容易符合迴歸模型中依變項符合常態分配的假定。另外，對依變項取對數還可以縮小依變項的取值範圍，從而削弱一些很大的離群值對迴歸方程估計的影響。

在對依變項進行對數變換的時候，我們還需要注意以下兩個問題：第一，對數變換並不適用於依變項取值中的零和負值。對於那些包含少量零值的變項，我們可以採用 $\log(\alpha + Y)$ 的變換來保留零值，其中 α 是一個對依變項來說很小的常數（如 1 或 50）。當然，如果這些零值沒有什麼實際意義（比如因為隨機因素而產生的缺失值），我們也可以將這些觀察點忽略掉。第二，當依變項為 $\log(Y)$ 時，利用估計出的迴歸方程只能預測在特定 X 取值下 $\log(Y)$ 的平均數，即 $\log(Y)$ 的算術平均數；但如果我們將該值轉換成 Y 的時候，我們得到的是 Y 的幾何平均數。如果想得到 Y 的算術平均數，則需要進行一定的修正[9]。

3.7.2 二次項變換

前面講到的簡單線性方程適用於處理自變項 X 以固定量對依變項 Y 產生影響的情況，即無論 X 的取值如何，每增加（或減少）一個單位的 X，Y 的改變量都是固定的 b_1 個單位。但在有些情況下，這種固定影響並不符合實際情況。比如，Mincer（1958）在研究工作年數對個人收入對數的影響時就發現，個人年收入對數隨著工作年數的增長首先出現增加的趨勢，但增加的幅度逐漸降低，然後超過某一

---

[9] 對修正方法有興趣的讀者可以參閱 Jeffrey M. Wooldridge（2009：210-212）。

個時間點以後便開始出現下降的趨勢。為了描述出這種邊際效果遞增或者遞減的情況，我們可以將理論模型表示成為二次方程的形式，即：

$$y = b_0 + b_1x + b_2x^2 \qquad (3\text{-}28)$$

當 X 在整個取值範圍內變化時，負的 b_2 係數意味著二次函數是一個倒 U 型曲線。Mincer 發現的工作年數與收入對數之間的關係即屬於這一情形，即 X 對 Y 的邊際效果隨著 X 的增加逐漸減小。也就是說，總是存在當 X 為某一取值的時候，Y 取得最大值，此時 X 對 Y 的影響為零。而在這一點之前，X 對 Y 存在正影響；在這一點之後，X 對 Y 存在負影響。反過來，當係數 b_2 為正的時候，二次函數是一個 U 型曲線，Y 有最小值，在這一點之後，X 對 Y 的邊際效果隨著 X 的增加逐漸增加。

3.8 實例分析

下面我們將結合上述有關簡單迴歸模型的介紹，利用 TSCS 資料來討論 2010 年臺灣人教育與收入之間的關係。目前有關教育對收入影響的估計大都是在 Mincer（1958，1974）方程的基礎上發展起來的。該方程認為教育與收入的對數之間存在以下關係：

$$\log(earn) = b_0 + b_1educyr + b_2exp + b_2exp^2$$

其中，$educyr$ 代表受教育年數，exp 代表工作經驗，以工作年數進行測量，exp^2 代表工作年數的平方。考慮到本章的主題，下面的討論僅限於依變項為收入對數、自變項為受教育年數的情況。隨後的章節將會對更一般的情況加以討論。

3.8.1 變項處理策略

TSCS 資料的分析樣本由 1262 名臺灣民眾構成。對於教育這一變項，由於原始問卷中詢問的教育程度是類別變項，原則上可以更為保守地採用一組對應的虛擬變項。我們將在第 12 章中介紹如何將類別變項轉換成虛擬變項。這裡，我們把教育這一變項處理為受教育年數的間距變項。實際編碼方式是：無／不識字 = 0，自修（識字／私塾）= 2，小學 = 6，國（初）中 = 9，初職 = 9，高中 = 12，綜合高中 = 12，高職 = 12，士官學校 = 12，五專 = 14，二專 = 14，三專 = 15，軍警校專

修班 = 15，軍警校專科班 = 16，空中行（商）專 = 16，空中大學 = 16，軍警官學校／大學 = 16，技術學院／科大 = 16，大學 = 16，碩士 = 18，博士 = 21，其他 = 9[10]。此外，收入變項則以受訪者對問卷題目：「請問您現在個人平均每個月工作收入多少元？（如：薪資、紅利、加班費、執行業務收入、自營收入、退休金等））」的回答為依據。

考慮到收入變項（*earn*）的分配呈現右偏的情況（見圖 3-8），我們對依變項收入取自然對數，得到新變項 *logearn*，以使其服從常態分配（見圖 3-9）。這樣更有利於獲得可靠的分析結果。在模型基本假定部分我們曾提到過，經過這種轉換，最小平方估計仍然有效。

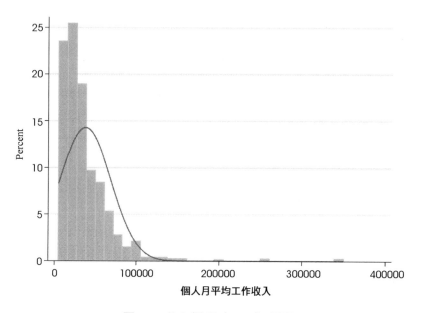

圖3-8　收入變項（*earn*）分配

---

10 實際上，這種編碼轉換是可以進行檢定的，具體說明請參見謝宇和韓怡梅（1996）的論文，或參考 Powers 和 Xie（2008）有關類別變項分析的專著。本書第 12 章也對此略有涉及。

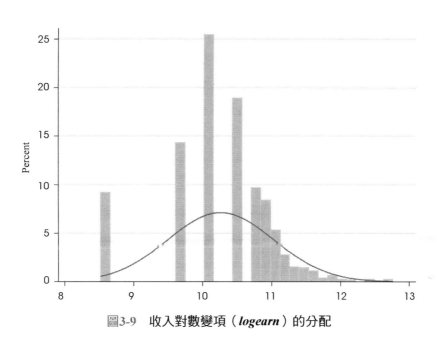

圖3-9　收入對數變項（*logearn*）的分配

3.8.2 迴歸結果分析

對資料進行適當處理後，經過迴歸分析就可以得到如下的輸出結果。

. reg logearn educyr

Source	SS	df	MS		Number of obs =	1262
					F(1, 1260) =	133.67
Model	71.441794	1	71.441794		Prob > F =	0.0000
Residual	673.445427	1260	.534480498		R-squared =	0.0959
					Adj R-squared =	0.0952
Total	744.887221	1261	.590711515		Root MSE =	.73108

logearn	Coef.	Std. Err.	t	P>|t|	[95% Conf. Interval]	
educyr	.0717924	.0062097	11.56	0.000	.0596099	.0839748
cons	9.340717	.0824448	113.30	0.000	9.178972	9.502461

　　輸出結果由三部分組成：變異數分析、模型檢定配適統計量和參數估計結果。我們看到，輸出結果基於 1,262 個觀察個案。模型的 *F* 值為 133.67，同時檢定結果（Prob > *F* = 0.0000）表明，個人月收入和受教育程度之間具有很強的線性關係。判定係數 R^2 顯示，受教育程度解釋了個人月收入總變異中的 9.59%。根據模型的參數估計結果，收入自然對數和受教育年數之間的迴歸方程可以寫作：

$$\widehat{logearn} = 9.34 + 0.072educyr$$

　　模型中受教育程度的迴歸係數為 0.072，這意味著，個人受教育年限每增加一年，個人月收入對數就增加 0.072。如果轉換成對收入的影響的話，也就是說，個人的受教育年數每增加 1 年，其收入就增加 7.2%。而且，對應的 *p* 值小於 0.001，這表明，教育的這一影響在 0.001 水準上統計顯著。所以，可以認為，教育對收入的影響在 2010 年臺灣人這一研究母體中也存在。圖 3-10 以圖形的形式直觀地展示了分別基於原始資料和所得迴歸方程，受教育年數與收入對數之間所呈現的關係。另外，迴歸方程模型的截距係數的估計值為 9.34，它表示，當受教育年數為 0 時，2010 年臺灣個人平均月收入的估計值為 11,384.41（即 $e^{9.34}$）元。

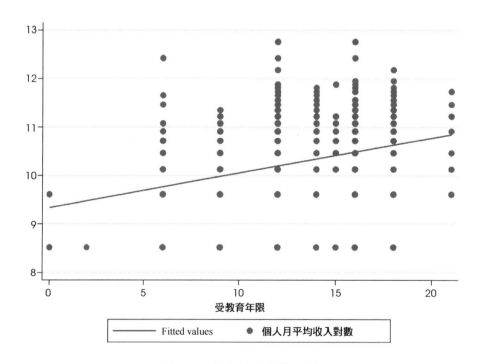

圖 3-10　迴歸直線與散布圖

3.8.3 估計與預測

輸出結果中 95% Conf. Interval 一欄代表迴歸係數的信賴區間。β_1 的信賴區間為 [0.0596, 0.084]。預測值 $\hat{y}$ 的 95% 的信賴區間如圖：

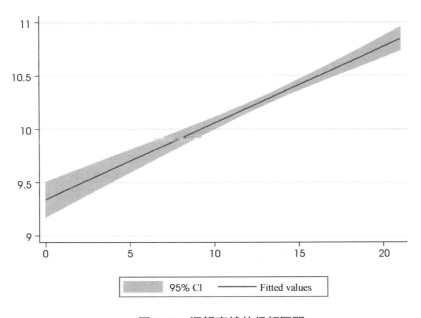

圖 3-11　迴歸直線的信賴區間

下面將基於 TSCS 樣本資料配適得到的迴歸直線，估計出收入對數 *logearn* 平均數的信賴區間，並對單一 *y* 值的信賴區間進行預測。利用 Stata 指令中的 predict xb 取得迴歸模型預測值，用 predict se1, stdp 取得估計值的標準誤，並用 predict se2, stdf 取得預測值的標準誤。所得結果（僅列出前 10 個個體的情況）如下：

. predict xb

. predict se1, stdp

. predict se2, stdf

. list logearn educyr xb se1 se2 in 1/10

```
     +----------------------------------------------------+
     | logearn   educyr      xb        se1        se2 |
     |----------------------------------------------------|
 1.  | 11.08214      16   10.48939   .0283643   .7316318 |
 2.  | 10.91509      16   10.48939   .0283643   .7316318 |
```

```
 3. |  10.4631      12   10.20222   .0212558   .7313907 |
 4. | 10.12663      12   10.20222   .0212558   .7313907 |
 5. | 10.12663      12   10.20222   .0212558   .7313907 |
    |-------------------------------------------------------|
 6. |  10.4631      12   10.20222   .0212558   .7313907 |
 7. |  10.4631      12   10.20222   .0212558   .7313907 |
 8. |  10.4631       6   9.771471   .0472898   .7326096 |
 9. | 10.12663      12   10.20222   .0212558   .7313907 |
10. | 11.81303      18   10.63298   .0379949   .7320684 |
    +-------------------------------------------------------+
```

注意，利用 -predict- 指令估計出的 se1, se2, xb 的缺失值個數等於變項 *educyr* 的缺失值個數，而不是沒有參與到迴歸中的缺失個案數。

如果我們要估計受教育年限為 12 年者月收入的平均數，那麼首先利用公式計算收入對數平均數的信賴區間 $10.20 \pm 1.96 \times 0.021 = 10.20 \pm 0.0412$，即 (10.18, 10.24)。取指數以後得到，月收入平均數的信賴區間為 (26,370, 28,001) 元。

如果對某個受教育年數為 12 的人的月收入進行預測，那麼收入對數的信賴區間為 $10.20 \pm 1.96 \times 0.73 = 10.20 \pm 1.43$，即 (8.77, 11.63)。取指數以後得到對此人月收入預測的信賴區間為 (6438.17, 112,420.32)。由此，可以看出對單一值預測所得的信賴區間要比對平均數估計的信賴區間大得多。

3.9　本章小結

本章主要介紹了簡單迴歸的原理及其在實際研究中的應用。為了幫助讀者對迴歸概念有一個清晰的理解，我們首先介紹了看待迴歸概念的三種視角：因果性、預測性和描述性。在社會科學研究中，我們傾向於使用第三種視角。這種視角的特點在於，它並不關注模型是否「真實」，而更在意它是否符合觀察到的事實。但是對「事實」的強調並不意味著我們可以為了追求精確而把現實生活中能夠找到的影響因素都納入到迴歸模型中，相反，研究者應該利用盡可能少的參數來估計盡可能精確的模型。因此，迴歸應用的一個重要方面就是研究者需要在精確性和簡約性之間進行權衡，從而找出最佳模型。

對於迴歸模型的原理及其應用，需要掌握的主要內容有以下五個方面：模型的表達形式、模型的基本假設、模型的估計、模型的檢定以及利用迴歸結果進行預

測。迴歸模型由概括項和殘差兩部分組成。根據線性假定、正交假定和獨立且同分配之假定這三個假定建立模型後，首先基於樣本資料採用最小平方估計得到模型參數的估計值，接著可以對模型和迴歸係數進行假設檢定，從而判斷自變項對依變項的影響作用是否顯著，並進一步估計和預測在自變項的特定取值下依變項的取值範圍。在模型配適評價中，判定係數 R^2 是用來判斷迴歸模型適合度的指標。R^2 越大，表明迴歸直線配適越好，也意味著模型對實際資料的解釋能力越強。此外，儘管我們可以根據基本假定估計出迴歸模型，但是我們不知道這些假定是否成立。診斷資料仍然是必不可少的一個環節。這部分內容我們將留到第 17 章「迴歸診斷」中進行詳細討論。

最後需要提醒的是，OLS 迴歸方法找出的是兩個變項間最佳的線性關係，但實際情況中兩個變項間可能並不是簡單的線性關係。這時，儘管我們仍然可以估計出迴歸方程，但它並不能恰當地反映兩者間的真實關係。最後，我們提醒讀者，在經驗研究中，簡單迴歸的應用是非常有限的。因為，社會現象往往受到諸多因素的共同影響。單一因素造成某一社會現象的情況幾乎不存在。但是，瞭解簡單迴歸的原理是學習多元迴歸乃至其他更複雜統計方法的基礎。

參考文獻

Kutner, Michael H, Christopher J. Nachtsheim, John Neter and William Li. 2004. *Applied Linear Regression Models* (Fourth Edition). Boston: McGraw-Hill/lrwin.

Lehmann, Erich. L. and George Casella. 1998. *Theory of Point Estimation* (Second Edition). New York: Springer.

Mincer, Jacob. 1958. "Investment in Human Capital and Personal Income Distribution." *Journal of Political Economy* 66:281-302.

Mincer, Jacob. 1974. *Schooling, Experience and Earnings*. New York: Columbia University Press.

Powers, Daniel A. and Yu Xie. 2008. *Statistical Methods for Categorical Data Analysis* (Second Edition). Howard House, England: Emerald.

Wooldridge, Jeffrey M. 2009. *Introductory to Econometrics: A Modern Approach* (Fourth Edition). Mason, OH: Thomson/South–Western.

Xie, Yu and Emily Hannum. 1996. "Regional Variation in Earnings Inequality in Reform-Era Urban China." *American Journal of Sociology* 101:950–992.

線性代數基礎

作為初等線性代數的核心內容，矩陣的應用非常廣泛。在統計學中，尤其是多元迴歸中，矩陣簡化了對資料及運算的表達。鑒於矩陣在多元迴歸中的重要作用，本章將對矩陣的基本知識及應用進行介紹，從而為後面介紹迴歸分析的各個章節打下基礎。

4.1 定義

4.1.1 矩陣

簡單地講，矩陣（matrix）就是一張長方型的元素表，通常用大寫字母表示，而其中的元素則用小寫字母表示。例如：

$$\mathbf{X} = \begin{bmatrix} x_{11} & x_{12} & \cdots & x_{1m} \\ x_{21} & x_{22} & \cdots & x_{2m} \\ \vdots & \vdots & \ddots & \vdots \\ x_{n1} & x_{n2} & \cdots & x_{nm} \end{bmatrix}$$

表示一個包含 n 列、m 行的矩陣 $\mathbf{X}$。此時，矩陣 $\mathbf{X}$ 的維數是 $n \times m$。我們稱 $\mathbf{X}$ 為 $n \times m$ 矩陣，它實際上是一張 $n \times m$ 的長方形表。

一個矩陣包含的元素個數就等於其列數乘以行數所得的積，即 $n \times m$ 維的矩陣共有 $n \times m$ 個元素。每個元素都有其列和行的確定位置。通常在元素的右下角標以相應的數位來表明該元素在矩陣中的列行位置，其中，第一個數位表示該元素所處的列號，第二個數位表示該元素所處的行號。比如，在上面的示例矩陣 $\mathbf{X}$ 中，元素 x_{12} 中的下角標 12 表明該元素位於矩陣的第 1 列第 2 行。

4.1.2 向量

向量（vector）是一種特殊的矩陣。向量可以分為列向量（row vector）和行向量（column vector）。僅由一行元素構成的矩陣為列向量，而僅由一列元素構成的矩陣為行向量。

向量可以用小寫字母表示，如

$$\mathbf{y} = \begin{bmatrix} y_1 \\ y_2 \\ y_3 \end{bmatrix}$$

就是一個欄向量。$\mathbf{x'} = [x_1 \quad x_2 \quad x_3]$ 就是一個列向量。它可以由欄向量

$$\mathbf{x} = \begin{bmatrix} x_1 \\ x_2 \\ x_3 \end{bmatrix}$$

轉置而成。也就是說，一個列（行）向量透過轉置可以變成一個行（列）向量。矩陣的轉置透過在向量右上角添加一個撇號來表示。比如，上面的 $\mathbf{x'}$ 就表示對欄向量 $\mathbf{x}$ 進行轉置。下面具體介紹矩陣的轉置。

4.1.3 轉置

轉置是對矩陣所做的一種行列變換，從而使得一個矩陣變成一個新的矩陣。具體而言：假設有一個 $n \times m$ 維的矩陣 $\mathbf{X}$，我們將其中的列變換成行、行變換成列，從而得到一個新矩陣。用 $\mathbf{X'}$ 表示這個新矩陣，它是一個 $m \times n$ 維的矩陣。矩陣轉置其實就是把原矩陣的第 i 列第 j 行元素作為新矩陣的第 j 列第 i 行元素。簡單地講，就是對原矩陣進行行列對調。

例如，假設有：

$$\mathbf{X} = \begin{bmatrix} x_{11} & x_{12} & \cdots & x_{1m} \\ x_{21} & x_{22} & \cdots & x_{2m} \\ \vdots & \vdots & \ddots & \vdots \\ x_{n1} & x_{n2} & \cdots & x_{nm} \end{bmatrix}$$

那麼透過矩陣的轉置可以得到：

$$\mathbf{X'} = \begin{bmatrix} x_{11} & x_{12} & \cdots & x_{n1} \\ x_{21} & x_{22} & \cdots & x_{n2} \\ \vdots & \vdots & \ddots & \vdots \\ x_{1m} & x_{2m} & \cdots & x_{nm} \end{bmatrix}$$

其中，$\mathbf{X}$ 是 $n \times m$ 維的矩陣，而 $\mathbf{X'}$ 是 $m \times n$ 維的矩陣。

向量作為特殊的矩陣，可以進行同樣的操作。下面，我們再舉一個對向量進行轉置的例子。設有向量：

$$\mathbf{x} = \begin{bmatrix} 1 \\ 2 \\ 3 \end{bmatrix}$$

則轉置之後，得到：

$$\mathbf{x'} = \begin{bmatrix} 1 & 2 & 3 \end{bmatrix}$$

這也就是之前所說的欄向量轉置後就變為列向量。反之，列向量轉置後就變為欄向量。

4.2　矩陣的運算

矩陣的可運算性擴大了矩陣的用途。後面的章節會大量涉及到矩陣的運算，所以，熟練掌握矩陣的運算規則是十分必要的。最基本的矩陣運算包括加法、減法與乘法。

4.2.1 加法與減法

矩陣的加法與減法要求參與運算的兩個矩陣具有相同的維數。不同維數的矩陣之間不能進行加減法運算。

對具有相同維數的矩陣進行加法與減法運算時，只需在相應的行列位置對元素進行加法或者減法運算，得到的和或差就是結果矩陣中相應位置上的元素。

假設有兩個 $n \times m$ 維的矩陣 $\mathbf{X}$ 與 $\mathbf{Y}$：

$$\mathbf{X} = \begin{bmatrix} x_{11} & x_{12} & \cdots & x_{1m} \\ x_{21} & x_{22} & \cdots & x_{2m} \\ \vdots & \vdots & \ddots & \vdots \\ x_{n1} & x_{n2} & \cdots & x_{nm} \end{bmatrix}, \text{和 } \mathbf{Y} = \begin{bmatrix} y_{11} & y_{12} & \cdots & y_{1m} \\ y_{21} & y_{22} & \cdots & y_{2m} \\ \vdots & \vdots & \ddots & \vdots \\ y_{n1} & y_{n2} & \cdots & y_{nm} \end{bmatrix}$$

則：

$$\mathbf{X} \pm \mathbf{Y} = \begin{bmatrix} x_{11} \pm y_{11} & x_{12} \pm y_{12} & \cdots & x_{1m} \pm y_{1m} \\ x_{21} \pm y_{21} & x_{22} \pm y_{22} & \cdots & x_{2m} \pm y_{2m} \\ \vdots & \vdots & \ddots & \vdots \\ x_{n1} \pm y_{n1} & x_{n2} \pm y_{n2} & \cdots & x_{nm} \pm y_{nm} \end{bmatrix}$$

舉一個具體的例子。假設有：

$$\mathbf{X} = \begin{bmatrix} 1 & 2 \\ 3 & 4 \end{bmatrix}, \text{和 } \mathbf{Y} = \begin{bmatrix} 5 & 6 \\ 7 & 8 \end{bmatrix}$$

則：

$$\mathbf{X} - \mathbf{Y} = \begin{bmatrix} 1-5 & 2-6 \\ 3-7 & 4-8 \end{bmatrix} = \begin{bmatrix} -4 & -4 \\ -4 & -4 \end{bmatrix}$$

4.2.2 矩陣的乘法

1. 矩陣的數乘

顧名思義，矩陣的數乘就是用一個數去乘矩陣，運算得到的結果就是用這個數與矩陣中的每個元素相乘。一般地，假設有常數 c 和矩陣

$$\mathbf{X} = \begin{bmatrix} x_{11} & x_{12} & \cdots & x_{1m} \\ x_{21} & x_{22} & \cdots & x_{2m} \\ \vdots & \vdots & \ddots & \vdots \\ x_{n1} & x_{n2} & \cdots & x_{nm} \end{bmatrix}$$

則：

$$c\mathbf{X} = \begin{bmatrix} cx_{11} & cx_{12} & \cdots & cx_{1m} \\ cx_{21} & cx_{22} & \cdots & cx_{2m} \\ \vdots & \vdots & \ddots & \vdots \\ cx_{n1} & cx_{n2} & \cdots & cx_{nm} \end{bmatrix}$$

舉一個具體的例子：

$$2\begin{bmatrix} 1 & 2 & -1 \\ 2 & 1 & -1 \\ 0 & 1 & 0 \end{bmatrix} = \begin{bmatrix} 2\times 1 & 2\times 2 & 2\times(-1) \\ 2\times 2 & 2\times 1 & 2\times(-1) \\ 2\times 0 & 2\times 1 & 2\times 0 \end{bmatrix} = \begin{bmatrix} 2 & 4 & -2 \\ 4 & 2 & -2 \\ 0 & 2 & 0 \end{bmatrix}$$

2. 矩陣相乘

假設有維數是 $n\times m$ 的矩陣 $\mathbf{X}$，以及維數是 $l\times k$ 的矩陣 $\mathbf{Y}$，則

(1) 當 $m = l$ 時，矩陣 $\mathbf{X}$ 乘以矩陣 $\mathbf{Y}$ 才是可行的，結果矩陣 $\mathbf{XY}$ 才存在；

(2) 當 $k = n$ 時，矩陣 $\mathbf{Y}$ 乘以矩陣 $\mathbf{X}$ 才是可行的，結果矩陣 $\mathbf{YX}$ 才存在。

也就是說，兩個矩陣相乘時，只有當左矩陣行的數目等於右矩陣列的數目時，它們才是可乘的。否則，無法對它們進行乘法運算。

下面假設 $m = l$ 成立，則矩陣 $\mathbf{Y}$ 的維數可以表示成 $m\times k$。設矩陣 $\mathbf{X}$ 乘以矩陣

Y 得到的結果矩陣為 **C**；矩陣 **C** 的維數為 $n \times k$，其第 i 列第 j 行元素遵循如下計算公式：

$$c_{ij} = \sum_{h=1}^{m} x_{ih} y_{hj}$$

即結果矩陣 **C=XY** 的第 i 列第 j 行元素為矩陣 **X** 的第 i 列和矩陣 **Y** 的第 j 行的對應元素的乘積之和。

這種運算需要左矩陣行的數目等於右矩陣列的數目，它同時也決定了結果矩陣的維數：列的數目等於左矩陣列的數目，行的數目等於右矩陣行的數目。

所以在進行矩陣乘法運算之前，需要判斷矩陣是否可乘，即需考慮左矩陣的行數和右矩陣的列數是否相等。

下面，我們舉一個矩陣乘法運算的具體例子。假設有矩陣 **A** 和矩陣 **B**：

$$\mathbf{A} = \begin{bmatrix} 1 & -1 \\ 0 & 2 \\ 3 & -1 \end{bmatrix}, \ 和 \ \mathbf{B} = \begin{bmatrix} 1 & -1 \\ -1 & 1 \end{bmatrix}$$

由於 **A** 的維數是 3×2，**B** 的維數是 2×2，因而矩陣 **A** 乘以矩陣 **B** 是可行的，且結果矩陣的維數應為 3×2。矩陣 **A** 乘以矩陣 **B** 的結果為

$$\mathbf{AB} = \begin{bmatrix} 1 \times 1 + (-1) \times (-1) & 1 \times (-1) + (-1) \times 1 \\ 0 \times 1 + 2 \times (-1) & 0 \times (-1) + 2 \times 1 \\ 3 \times 1 + (-1) \times (-1) & 3 \times (-1) + (-1) \times 1 \end{bmatrix} = \begin{bmatrix} 2 & -2 \\ -2 & 2 \\ 4 & -4 \end{bmatrix}$$

注意，矩陣 **B** 乘以矩陣 **A** 是不可行的，因為 **B** 矩陣的行數（為 2）和矩陣 **A** 的列數（為 3）不相等。因此，矩陣乘法中左右矩陣的順序是不能任意顛倒的。

4.2.3 矩陣的分塊

從一個矩陣中抽取若干列、若干行位置上的元素並按原有順序排成的新矩陣即構成了這個矩陣的某一子矩陣。於是，我們可以利用子矩陣把一個矩陣分成若干塊。而這種由子矩陣組成的矩陣就是分塊矩陣。

實際上，分塊矩陣只是矩陣的一種表達方式，分塊的選擇一般以計算處理中的方便為標準，而矩陣在本質上沒有任何的變化。儘管我們將矩陣的分塊放在矩陣的運算這一節中進行介紹，但必須注意的是，矩陣的分塊並不是一種運算，而是一種

為了方便運算而採取的表示矩陣的方法。

下面，我們提供一個用分塊矩陣表示乘法運算的例子。設矩陣

$$\mathbf{A} = \begin{bmatrix} 1 & 2 & 3 \\ 0 & 1 & 0 \\ 1 & 0 & 4 \end{bmatrix}、\mathbf{B} = \begin{bmatrix} 1 & 0 \\ 0 & 1 \\ 2 & 0 \end{bmatrix}，則矩陣 \mathbf{AB} = \begin{bmatrix} 7 & 2 \\ 0 & 1 \\ 9 & 0 \end{bmatrix}。$$

分別用分塊矩陣表示矩陣 **A** 和矩陣 **B**，則：

$$\mathbf{A} = \begin{bmatrix} \mathbf{A_1} & \mathbf{A_2} \\ \mathbf{A_3} & \mathbf{A_4} \end{bmatrix}，\mathbf{B} = \begin{bmatrix} \mathbf{B_1} \\ \mathbf{B_2} \end{bmatrix}$$

其中：$\mathbf{A_1} = \begin{bmatrix} 1 & 2 \\ 0 & 1 \end{bmatrix}$，$\mathbf{A_2} = \begin{bmatrix} 3 \\ 0 \end{bmatrix}$，$\mathbf{A_3} = [1 \quad 0]$，$\mathbf{A_4} = [4]$，$\mathbf{B_1} = \begin{bmatrix} 1 & 0 \\ 0 & 1 \end{bmatrix}$，$\mathbf{B_2} = [2 \quad 0]$。

然後，我們可以這樣來進行矩陣的乘法運算：先計算 $\mathbf{A_1B_1}$、$\mathbf{A_2B_2}$、$\mathbf{A_3B_1}$ 和 $\mathbf{A_4B_2}$，再分別計算 $\mathbf{A_1B_1} + \mathbf{A_2B_2}$ 和 $\mathbf{A_3B_1} + \mathbf{A_4B_2}$，則

$\mathbf{A_1B_1} + \mathbf{A_2B_2} = \begin{bmatrix} 1 & 2 \\ 0 & 1 \end{bmatrix} + \begin{bmatrix} 6 & 0 \\ 0 & 0 \end{bmatrix} = \begin{bmatrix} 7 & 2 \\ 0 & 1 \end{bmatrix}$，$\mathbf{A_3B_1} + \mathbf{A_4B_2} = [1 \quad 0] + [8 \quad 0] = [9 \quad 0]$，於是

合在一起就得到了 $\mathbf{AB} = \begin{bmatrix} 7 & 2 \\ 0 & 1 \\ 9 & 0 \end{bmatrix}$。上面的例子演示了如何用分塊矩陣表示矩陣和如

何用分塊矩陣進行乘法運算。分塊矩陣相乘時需要滿足如下條件（注意，前提是兩矩陣本來就是可以相乘的）：

(1) 左矩陣的行組數等於右矩陣的列組數；

(2) 左矩陣的每個行組所含的行數等於右矩陣的相應的列組所含的列數。

總而言之，左矩陣行的分法應當與右矩陣列的分法相同。在適當進行分組之後，

可以把子矩陣看作新的元素進行乘法運算，就如同上面的例子中計算 $\begin{bmatrix} \mathbf{A_1} & \mathbf{A_2} \\ \mathbf{A_3} & \mathbf{A_4} \end{bmatrix}\begin{bmatrix} \mathbf{B_1} \\ \mathbf{B_2} \end{bmatrix}$

時，就可以看作是兩個維度為 2×2 和 2×1 的矩陣相乘。

4.3　特殊矩陣

本節主要介紹幾種具有特殊性質的矩陣。

4.3.1 方陣

具有相同列數和行數的矩陣就是方陣。方陣是一張正方形的數表。$n \times n$ 維方

陣稱為 n 階方陣。比如，

$$\mathbf{A} = \begin{bmatrix} 1 & 2 & 3 \\ 0 & 1 & 0 \\ 1 & 0 & 4 \end{bmatrix}$$

就是一個 3×3 維方陣，或稱為 3 階方陣。

4.3.2 對稱矩陣

對稱矩陣滿足：對於所有 i, j，矩陣的第 i 列第 j 行元素與矩陣的第 j 列第 i 行元素相等。由此不難看出，對稱矩陣必須是方陣，而且對稱矩陣的轉置與原矩陣相等。

4.3.3 對角矩陣

對角矩陣是指除主對角線元素之外，其他元素均為 0 的方陣。其中，主對角線元素是指那些矩陣中列數等於行數的元素。設維數為 5×5 的矩陣 $\mathbf{D}$ 為對角矩陣，則 $\mathbf{D}$ 為

$$\mathbf{D} = \begin{bmatrix} d_1 & 0 & 0 & 0 & 0 \\ 0 & d_2 & 0 & 0 & 0 \\ 0 & 0 & d_3 & 0 & 0 \\ 0 & 0 & 0 & d_4 & 0 \\ 0 & 0 & 0 & 0 & d_5 \end{bmatrix}$$

也可以將其簡記為：$\mathbf{D} = diag\{d_1, d_2, d_3, d_4, d_5\}$。

此外根據矩陣乘法法則，不難發現對角矩陣的乘法具有特殊的性質。設有維數為 $n \times m$ 的矩陣 $\mathbf{X}$：

$$\mathbf{X} = \begin{bmatrix} x_{11} & x_{12} & \cdots & x_{1m} \\ x_{21} & x_{22} & \cdots & x_{2m} \\ \vdots & \vdots & \ddots & \vdots \\ x_{n1} & x_{n2} & \cdots & x_{nm} \end{bmatrix}$$

則：

$$\mathbf{DX} = \begin{bmatrix} d_1x_{11} & d_1x_{12} & \cdots & d_1x_{1m} \\ d_2x_{21} & d_2x_{22} & \cdots & d_2x_{2m} \\ \vdots & \vdots & \ddots & \vdots \\ d_nx_{n1} & d_nx_{n2} & \cdots & d_nx_{nm} \end{bmatrix}$$

即把矩陣 $\mathbf{X}$ 的第 1 列都乘 d_1，第 2 列都乘 d_2，以此類推，直到第 n 列都乘 d_n，則為相乘得到的矩陣。

同理，如果矩陣 $\mathbf{X}$ 右乘一個對角陣 $\mathbf{C}$（注意，由於此時 $\mathbf{X}$ 是 $n \times m$ 維，所以右乘的對角陣 $\mathbf{C}$ 應該 $m \times m$ 是維，不妨設 $\mathbf{C} = diag\{c_1, c_2, \cdots, c_m\}$），則有：

$$\mathbf{XC} = \begin{bmatrix} c_1x_{11} & c_2x_{12} & \cdots & c_mx_{1m} \\ c_1x_{21} & c_2x_{22} & \cdots & c_mx_{2m} \\ \vdots & \vdots & \ddots & \vdots \\ c_1x_{n1} & c_2x_{n2} & \cdots & c_mx_{nm} \end{bmatrix}$$

即把矩陣 $\mathbf{X}$ 的第 1 行都乘 c_1，第 2 行都乘 c_2，以此類推，直到第 m 行都乘 c_m，則為相乘得到的矩陣。

4.3.4 純量矩陣

主對角線上的元素都相等的對角矩陣被定義為純量矩陣，比如對角矩陣 $\mathbf{D} = diag\{c, c, \cdots, c\}$，其中 c 為實數。

4.3.5 單位矩陣

對角元素都為 1 的對角矩陣被定義為單位矩陣。不難看出，單位矩陣是一種特殊的對角陣。一般用字母 $\mathbf{I}$ 來表示單位矩陣。根據前面提到的對角矩陣左乘和右乘的性質，不難得知，對任何矩陣 $\mathbf{X}_{n\times m}$，都有 $\mathbf{I}_{n\times n} \times \mathbf{X}_{n\times m} = \mathbf{X}_{n\times m} \times \mathbf{I}_{m\times m} = \mathbf{X}_{n\times m}$。也就是說，只要原矩陣與單位矩陣可以進行矩陣乘法，無論進行左乘或右乘，所得矩陣仍為原矩陣。

4.3.6 零矩陣與零向量

所有元素都為 0 的矩陣是零矩陣。向量，作為一種特殊矩陣，當其所有元素都為 0 時，該向量就是零向量。不難證明，在可以進行矩陣乘法時，零矩陣或零向量與任何矩陣相乘的結果都是零矩陣。

4.3.7 冪等矩陣

如果 n 級方陣 $\mathbf{A}$ 滿足 $\mathbf{A}^2 = \mathbf{A}$，則稱矩陣 $\mathbf{A}$ 為冪等矩陣。

4.3.8 元素全部為1的矩陣與向量

有一個各元素均為 1 的 n 欄向量，

$$\mathbf{1}_{n \times 1} = \begin{bmatrix} 1 \\ \vdots \\ 1 \end{bmatrix}$$

另有一個各元素均為 1 的 $n \times n$ 矩陣，

$$\mathbf{J}_{n \times n} = \begin{bmatrix} 1 & 1 & \cdots & 1 & 1 \\ 1 & 1 & \cdots & 1 & 1 \\ \vdots & \vdots & \ddots & \vdots & \vdots \\ 1 & 1 & \cdots & 1 & 1 \\ 1 & 1 & \cdots & 1 & 1 \end{bmatrix}$$

很明顯，

$$\mathbf{1}'\mathbf{1} = n$$

同時

$$\mathbf{1}\mathbf{1}' = \mathbf{J}_{n \times n} = \begin{bmatrix} 1 & 1 & \cdots & 1 & 1 \\ 1 & 1 & \cdots & 1 & 1 \\ \vdots & \vdots & \ddots & \vdots & \vdots \\ 1 & 1 & \cdots & 1 & 1 \\ 1 & 1 & \cdots & 1 & 1 \end{bmatrix}$$

4.4　矩陣的秩

在矩陣中，線性無關的最大列數等於線性無關的最大行數，這個數目就是矩陣的秩。注意，這種定義同時保證了矩陣的秩不大於矩陣列的數目且不大於行的數目。讀者對由此定義得出的推論應當並不陌生。比如

$$\mathbf{B} = \begin{bmatrix} 1 & 2 & 3 & 4 \\ 1 & 0 & 1 & 1 \\ 2 & 2 & 4 & 5 \end{bmatrix}$$

由於第 3 列 = 第 1 列 + 第 2 列，所以第 3 列與第 1 列和第 2 列線性相關。同時，第 1 列與第 2 列明顯不成比例，因此該矩陣中真正獨立的只有 2 列。另外，我們也可以透過行的最大線性無關數目來看矩陣的秩。由於第 3 行 = 第 1 行 + 第 2 行，第 4 行 = 第 1 行 + 第 2 行的 1.5 倍，而第 1 行和第 2 行彼此不成線性關係，於是線性無關的最大行數也是 2 行。這樣我們就透過一個例子驗證了矩陣線性無關的最大列數等於線性無關的最大行數，這個數目即為矩陣的秩。

當 $n \times n$ 維方陣 $\mathbf{A}$ 的秩等於 n 時，我們稱這個矩陣為非奇異矩陣（nonsingular）或滿秩矩陣。如果 $\mathbf{A}$ 的秩小於 n，那麼這個矩陣就是奇異的（singular）。

4.5　矩陣的逆

只有當一個 n 階方陣 $\mathbf{A}$ 為非奇異矩陣時，其反矩陣才存在，此時可稱 $\mathbf{A}$ 是可逆的，且其反矩陣是唯一的。其反矩陣 $\mathbf{A}^{-1}$ 定義為：

$$\mathbf{A}^{-1}\mathbf{A} = \mathbf{A}\mathbf{A}^{-1} = \mathbf{I}$$

反矩陣是否存在可以用如下三個條件中的任何一個條件來判斷：(1)$\mathbf{A}$ 的秩為 n，(2) 矩陣的 n 列之間線性無關，和 (3) 矩陣的 n 行之間線性無關。

設有矩陣 $\mathbf{X}_{n \times p}$ 且 $n > p$，即矩陣的列數大於矩陣的行數。我們來看矩陣 $(\mathbf{X'X})_{p \times p}$ 的情況。當矩陣 $\mathbf{X}_{n \times p}$ 不是滿秩矩陣的時候，即當矩陣 $\mathbf{X}_{n \times p}$ 的最大無關行數小於 p 時，矩陣 $(\mathbf{X'X})_{p \times p}$ 是奇異的。讀者應當牢記這個結論，在後面的多元共線性問題中會再次涉及。注意，我們之所以假定 $n > p$ 是因為如果 $n < p$，根據前面關於矩陣秩的定義，我們已經說明秩不會超過列的數目和行的數目中的任何一個，所以在這裡，矩陣秩的數目不超過列的數目必然造成矩陣的最大無關行的數目小於 p，因而也會造成矩陣 $(\mathbf{X'X})_{p \times p}$ 是奇異的。

求反矩陣是個很複雜的操作，我們可以用統計軟體來進行。這裡只介紹一個簡單的特例。對於 2 階方陣 $\mathbf{A} = \begin{pmatrix} a & b \\ c & d \end{pmatrix}$，有 $\mathbf{A}^{-1} = \dfrac{1}{ad-bc}\begin{pmatrix} d & -b \\ -c & a \end{pmatrix}$，其中 $ad - bc$ 是方陣 $\mathbf{A}$ 的行列式。下面我們對行列式加以介紹。

4.6 行列式

行列式的具體定義有著更深的線性代數背景，這裡只做簡單描述，讀者學會應用即可。具體計算可透過軟體來進行。

首先必須指出，只有方陣才有行列式。對行與列數目不相等的矩陣不存在行列式的概念。矩陣的行列式是某一矩陣的一個值，它是這一矩陣的一個尺度。需要注意的是，只有非奇異矩陣才有非零的行列式。

下面具體來看 2×2 矩陣行列式的求法。設有 2 階方陣 $\mathbf{A} = \begin{pmatrix} a & b \\ c & d \end{pmatrix}$，則 $\mathbf{A}$ 的行列式為 $ad - bc$，也就是主對角線（從左上至右下的對角線）上兩個元素的乘積減去非主對角線上（從右上到左下的對角線）兩個元素的乘積。矩陣 $\mathbf{A}$ 的行列式通常用符號 $|\mathbf{A}|$ 或 $\mathbf{D(A)}$ 表示。在本例中，$|\mathbf{A}| = \det(\mathbf{A}) = \begin{vmatrix} a & b \\ c & d \end{vmatrix} = ad - bc$。

行列式有一些基本的性質，下面逐一加以介紹。

(1) 行列互換，行列式的值不變。即：

$$\det \begin{bmatrix} a_{11} & a_{12} & \cdots & a_{1n} \\ a_{21} & a_{22} & \cdots & a_{2n} \\ \vdots & \vdots & \ddots & \vdots \\ a_{n1} & a_{n2} & \cdots & a_{nn} \end{bmatrix} = \det \begin{bmatrix} a_{11} & a_{12} & \cdots & a_{n1} \\ a_{21} & a_{22} & \cdots & a_{n2} \\ \vdots & \vdots & \ddots & \vdots \\ a_{1n} & a_{2n} & \cdots & a_{nn} \end{bmatrix}$$

即對任何方陣 $\mathbf{A}$，有 $|\mathbf{A}| = |\mathbf{A'}|$。例如，

$$\det \begin{bmatrix} 1 & 0 \\ 1 & 2 \end{bmatrix} = \det \begin{bmatrix} 1 & 1 \\ 0 & 2 \end{bmatrix} = 2$$

(2) 行列式一列的公因數可以提出去。即：

$$\det \begin{bmatrix} a_{11} & a_{12} & \cdots & a_{1n} \\ ka_{21} & ka_{22} & \cdots & ka_{2n} \\ \vdots & \vdots & \ddots & \vdots \\ a_{n1} & a_{n2} & \cdots & a_{nn} \end{bmatrix} = k \det \begin{bmatrix} a_{11} & a_{12} & \cdots & a_{1n} \\ a_{21} & a_{22} & \cdots & a_{2n} \\ \vdots & \vdots & \ddots & \vdots \\ a_{n1} & a_{n2} & \cdots & a_{nn} \end{bmatrix}$$

例如，

$$\det \begin{bmatrix} 1 & 0 \\ 2 & 4 \end{bmatrix} = 2 \det \begin{bmatrix} 1 & 0 \\ 1 & 2 \end{bmatrix} = 4$$

由行列式的性質 (1) 和 (2) 不難得知，行列式一行的公因數同樣可以提出去。

(3) 行列式中若有某一列是兩組數的和，則此行列式等於兩個行列式的和，且這兩個行列式的這一列分別是第一組數和第二組數，而其餘各行與原來行列式相應的各行相同，即：

$$\det\begin{bmatrix} a_{11} & a_{12} & \cdots & a_{1n} \\ \vdots & \vdots & \ddots & \vdots \\ b_1+c_1 & b_2+c_2 & \cdots & b_n+c_n \\ \vdots & \vdots & \ddots & \vdots \\ a_{n1} & a_{n2} & \cdots & a_{nn} \end{bmatrix} = \det\begin{bmatrix} a_{11} & a_{12} & \cdots & a_{1n} \\ \vdots & \vdots & \ddots & \vdots \\ b_1 & b_2 & \cdots & b_n \\ \vdots & \vdots & \ddots & \vdots \\ a_{n1} & a_{n2} & \cdots & a_{nn} \end{bmatrix} = \det\begin{bmatrix} a_{11} & a_{12} & \cdots & a_{1n} \\ \vdots & \vdots & \ddots & \vdots \\ c_1 & c_2 & \cdots & c_n \\ \vdots & \vdots & \ddots & \vdots \\ a_{n1} & a_{n2} & \cdots & a_{nn} \end{bmatrix}$$

(4) 兩列互換，則行列式反號。即：

$$\det\begin{bmatrix} a_{11} & a_{12} & \cdots & a_{1n} \\ \vdots & \vdots & \ddots & \vdots \\ a_{i1} & a_{i2} & \cdots & a_{in} \\ \vdots & \vdots & \ddots & \vdots \\ a_{k1} & a_{k2} & \cdots & a_{kn} \\ \vdots & \vdots & \ddots & \vdots \\ a_{n1} & a_{n2} & \cdots & a_{nn} \end{bmatrix} = -\det\begin{bmatrix} a_{11} & a_{12} & \cdots & a_{1n} \\ \vdots & \vdots & \ddots & \vdots \\ a_{k1} & a_{k2} & \cdots & a_{kn} \\ \vdots & \vdots & \ddots & \vdots \\ a_{i1} & a_{i2} & \cdots & a_{in} \\ \vdots & \vdots & \ddots & \vdots \\ a_{n1} & a_{n2} & \cdots & a_{nn} \end{bmatrix}$$

(5) 兩列相同，則行列式的值為 0。即：

$$\det\begin{bmatrix} a_{11} & a_{12} & \cdots & a_{1n} \\ \vdots & \vdots & \ddots & \vdots \\ a_{i1} & a_{i2} & \cdots & a_{in} \\ \vdots & \vdots & \ddots & \vdots \\ a_{i1} & a_{i2} & \cdots & a_{in} \\ \vdots & \vdots & \ddots & \vdots \\ a_{n1} & a_{n2} & \cdots & a_{nn} \end{bmatrix} = 0$$

(6) 兩列成比例，則行列式的值為 0。即：

$$\det\begin{bmatrix} a_{11} & a_{12} & \cdots & a_{1n} \\ \vdots & \vdots & \ddots & \vdots \\ a_{i1} & a_{i2} & \cdots & a_{in} \\ \vdots & \vdots & \ddots & \vdots \\ la_{i1} & la_{i2} & \cdots & la_{in} \\ \vdots & \vdots & \ddots & \vdots \\ a_{n1} & a_{n2} & \cdots & a_{nn} \end{bmatrix} = 0$$

(7) 把一列的倍數加到另一列上，行列式的值不變。即：

$$\det\begin{bmatrix} a_{11} & a_{12} & \cdots & a_{1n} \\ \vdots & \vdots & \ddots & \vdots \\ a_{i1} & a_{i2} & \cdots & a_{in} \\ \vdots & \vdots & \ddots & \vdots \\ a_{k1}+la_{i1} & a_{k2}+la_{i2} & \cdots & a_{kn}+la_{in} \\ \vdots & \vdots & \ddots & \vdots \\ a_{n1} & a_{n2} & \cdots & a_{nn} \end{bmatrix} = \det\begin{bmatrix} a_{11} & a_{12} & \cdots & a_{1n} \\ \vdots & \vdots & \ddots & \vdots \\ a_{i1} & a_{i2} & \cdots & a_{in} \\ \vdots & \vdots & \ddots & \vdots \\ a_{k1} & a_{k2} & \cdots & a_{kn} \\ \vdots & \vdots & \ddots & \vdots \\ a_{n1} & a_{n2} & \cdots & a_{nn} \end{bmatrix}$$

這個性質能夠透過性質 (3) 和性質 (6) 推導得出，讀者可以自己嘗試。

4.7 矩陣的運算法則

矩陣的加法與數乘滿足以下 8 條運算法則。對於數域 $\mathbf{K}$ 上任意 $s \times n$ 矩陣 $\mathbf{A}$, $\mathbf{B}$, $\mathbf{C}$，以及任意 $k, l \in \mathbf{K}$，有：

(1) $\mathbf{A} + \mathbf{B} = \mathbf{B} + \mathbf{A}$；

(2) $(\mathbf{A} + \mathbf{B}) + \mathbf{C} = \mathbf{A} + (\mathbf{B} + \mathbf{C})$；

(3) 零矩陣 $\mathbf{0}$ 使得 $\mathbf{A} + \mathbf{0} = \mathbf{0} + \mathbf{A} = \mathbf{A}$；

(4) 設 $\mathbf{A} = (a_{ij})$，矩陣 $(-a_{ij})$ 稱為矩陣 $\mathbf{A}$ 的負矩陣記作 $-\mathbf{A}$，且有 $\mathbf{A} + (-\mathbf{A}) = (-\mathbf{A}) + \mathbf{A} = \mathbf{0}$；

(5) $1\mathbf{A} = \mathbf{A}$；

(6) $(kl)\mathbf{A} = k(l\mathbf{A})$；

(7) $(k + l)\mathbf{A} = k\mathbf{A} + l\mathbf{A}$；

(8) $k(\mathbf{A} + \mathbf{B}) = k\mathbf{A} + k\mathbf{B}$。

矩陣的相乘滿足：

(1) 結合律：設 $\mathbf{A} = (a_{ij})_{s \times n}$，$\mathbf{B} = (b_{ij})_{n \times m}$，$\mathbf{C} = (c_{ij})_{m \times r}$，則 $(\mathbf{AB})\mathbf{C} = \mathbf{A}(\mathbf{BC})$；

(2) 在相應矩陣乘法可行的情況下，左分配律：$\mathbf{A}(\mathbf{B} + \mathbf{C}) = \mathbf{AB} + \mathbf{AC}$，和右分配律：$(\mathbf{B}+\mathbf{C})\mathbf{D} = \mathbf{BD} + \mathbf{CD}$；

(3) 矩陣的乘法與數乘滿足下述關係式：$k(\mathbf{AB}) = (k\mathbf{A})\mathbf{B} = \mathbf{A}(k\mathbf{B})$。

矩陣的加法、數乘、乘法三種運算與矩陣轉置的關係如下：

(1) $(\mathbf{A}')' = \mathbf{A}$；

(2) $(\mathbf{A} + \mathbf{B})' = \mathbf{A}' + \mathbf{B}'$；

(3) $(k\mathbf{A})' = k\mathbf{A}'$；

(4) $(\mathbf{AB})' = \mathbf{B}'\mathbf{A}'$。

有關矩陣逆運算的關係如下：

(1) $(\mathbf{A}^{-1})^{-1} = \mathbf{A}$；

(2) 在矩陣 $\mathbf{A}$ 和 $\mathbf{B}$ 均為滿秩矩陣的情況下，$(\mathbf{AB})^{-1} = \mathbf{B}^{-1}\mathbf{A}^{-1}$；

(3) $(k\mathbf{A})^{-1} = k^{-1}\mathbf{A}^{-1}$；

(4) $(\mathbf{A}')^{-1} = (\mathbf{A}^{-1})'$。

4.8 向量的期望值和共變數矩陣的介紹

在第 1 章中，我們介紹了隨機變項的期望值和變異數。對於隨機向量，也就是每一個元素都是隨機變項的向量，具有類似的概念。

設 $\mathbf{b} = (b_1, b_2 \cdots b_p)'$，其中 $b_1, b_2 \cdots b_p$ 都是隨機變項。不難看出，$\mathbf{b}$ 是一個欄向量，且因其每一個元素都是隨機變項，那麼 $\mathbf{b}$ 就是一個隨機向量。

我們定義 $\mathbf{E}(\mathbf{b}) = (E(b_1), E(b_2), \cdots, E(b_p))'$（即認定隨機向量的期望值存在），即對隨機向量求期望值就是對它的每一個隨機元素求期望值。

對於隨機向量也有類似變異數的概念。對隨機向量 $\mathbf{b} = (b_1, b_2 \cdots b_p)'$ 求變異數 $\text{Var}(\mathbf{b})$，其中 $b_1, b_2 \cdots b_p$ 都是隨機變項。將隨機變項 b_i 的變異數記為 $\text{Var}(b_i)$，兩個不同的隨機變項 b_i 和 $b_j (i \neq j)$ 的共變數記為 $\text{Cov}(b_i, b_j)$。則 $\text{Var}(\mathbf{b})$ 是隨機向量 $\mathbf{b}$ 中各變項的變異數、共變數構成的矩陣，為：

$$\text{Var}(\mathbf{b}) = \begin{bmatrix} \text{Var}(b_1) & \text{Cov}(b_1, b_2) & \cdots & \text{Cov}(b_1, b_p) \\ \text{Cov}(b_2, b_1) & \text{Var}(b_2) & \cdots & \text{Cov}(b_2, b_p) \\ \vdots & \vdots & \ddots & \vdots \\ \text{Cov}(b_p, b_1) & \text{Cov}(b_p, b_2) & \cdots & \text{Var}(b_p) \end{bmatrix}$$

不難看到，當 $i = j$ 時，共變數矩陣的第 (i, j) 元素為隨機變項 b_i 的變異數；當

$i \neq j$ 時，第 (i, j) 元素是隨機變項 b_i 和 b_j 的共變數。換句話說，對角線元素為相應隨機變項的變異數，而非對角線元素則為相應兩個隨機變項的共變數。值得注意的是，由於對於任意 $i \neq j$，都有 $\text{Cov}(b_i, b_j) = \text{Cov}(b_j, b_i)$，所以共變數矩陣是對稱矩陣。

4.9　矩陣在社會科學中的應用

矩陣的優點在於它是一種方便的表示方法，一個矩陣可以用來表示很多資訊，所以它在包括社會科學在內的很多學科中都有著大量的應用。在本節，我們舉兩個具體的應用例子。

矩陣在社會關係網路分析中是基本的表示方式。如果這種關係是無向的，比如兩個人之間是否存在朋友關係（這裡默認如果 **A** 是 **B** 的朋友，則 **B** 也是 **A** 的朋友），用 1 表示這種關係存在、0 表示這種關係不存在，那麼可以將若干人關係的網路圖用一個僅由 0、1 元素組成的矩陣表示出來。比如，第 2 個人和第 3 個人是朋友關係、和第 4 個人不是朋友關係，那麼在矩陣中，第 2 列第 3 行和第 3 列第 2 行的元素都用 1 表示、第 2 列第 4 行和第 4 列第 2 行的元素都用 0 表示。這樣，一個系統中所有人之間的朋友關係就可以用一個矩陣來表達。注意，這種表達無向關係的矩陣一定是對稱矩陣。如果關係是有向的，比如調查的問題是「向誰尋求幫助」，那麼得到的關係矩陣就不一定是對稱矩陣。

此外矩陣在應用隨機過程理論的研究中也會經常出現。一個矩陣可以表示在一個瑪律科夫鏈中從一個狀態轉移到下一個狀態的轉移機率分配，這種矩陣被稱為轉移機率矩陣。這在隨機過程的研究中很常見。比如，可以用第 i 列第 j 行的元素表示當現在的狀態為 i 時，下一時刻狀態變為 j 的機率。顯然，轉移機率矩陣的元素都不小於零且不大於 1，並且每列元素之和為 1（因為每列為某一時刻某一狀態下的條件機率）。比如人口學中關於人口結構變化的研究（Keyfitz，1985）、傳染病學以及語音辨識等研究都會用到這種轉移機率矩陣。

4.10　本章小結

與其他章節不同，本章並沒有涉及統計學，而是就矩陣以及線性代數的知識向讀者進行了簡單的介紹。由於我們接下來將介紹多元迴歸的內容，而多元迴歸的學習需要一定的矩陣和線性代數的基礎，所以本章實際上是稍後講述內容的背景知

識。讀者也許不一定需要學習非常多的關於矩陣以及線性代數的知識，但是要想學好多元統計學，本章提供的內容是值得掌握的。

　　簡單地講，矩陣就是一張長方型的元素表。列向量與欄向量都可以看作是特殊的矩陣。矩陣的運算需要遵守特殊的運算法則。並不是任何兩個矩陣都可以進行運算，因而要注意進行矩陣的加法、減法、乘法及逆運算的條件。

　　矩陣的秩在一定程度上反映了矩陣的信息量，它等於矩陣最大線性無關行數或列數。這個概念在後面討論多元共線性問題時很有用。滿秩的方陣就是可逆矩陣，也即非奇異矩陣。矩陣的求逆在多元迴歸模型的求解中很有用。另外，我們介紹了與隨機變項的期望值和變異數相對應的概念——即由若干隨機變項組成的隨機向量的期望值與共變數矩陣。在本章的最後，我們簡略地介紹了矩陣在社會科學中的一些應用。

參考文獻

Keyfitz, Nathan. 1985. *Applied Mathematical Demography* (Second Edition). New York: Springer.

多元線性迴歸

在第 3 章我們介紹了簡單線性迴歸,並以教育和收入之間的關係為例對其應用加以說明。然而,在實際研究中,僅含有一個自變項的模型往往不能對我們所研究的問題給出恰當的描述,因為任何一個社會現象總是同時受到多個因素的影響。譬如,在第 3 章的例子中,除了教育之外,性別、工作年數、族群、地區等因素都會對個人收入產生影響。如果我們僅考慮個別因素(比如,教育)對結果變項(比如,收入)的影響,而忽略了其他有關變項的影響,則迴歸模型的參數估計可能是有偏誤的,至少是不夠精確的。換句話說,在社會研究中,由於許多變項之間都存在一定程度的相關,所以簡單迴歸分析無法確定某一自變項對結果變項的淨效果(net effect)或者偏效果(partial effect)。而偏效果對於社會研究而言是非常重要的,因為它表達了某個因素對結果變項的獨立貢獻。因此,本章將介紹包含多個自變項的多元迴歸模型(multiple regression model)。我們將利用第 4 章所介紹的線性代數知識來進行討論,這將大大簡化有關的推導過程。

5.1 多元線性迴歸模型的矩陣形式

多元線性迴歸模型適用於分析一個依變項和多個自變項之間的關係。假設一個迴歸模型具有 $p-1$ 個自變項,即 $x_1, x_2, \cdots, x_{p-1}$,那麼該迴歸模型可以表達為:

$$y_i = \beta_0 + \beta_1 x_{i1} + \beta_2 x_{i2} + \cdots + \beta_k x_{ik} + \cdots + \beta_{(p-1)} x_{i(p-1)} + \varepsilon_i \tag{5-1}$$

這裡,y_i 表示個體 i($i = 1, 2, \cdots, n$)在依變項 y 中的取值,β_0 為截距的母體參數,β_1, $\beta_2, \cdots, \beta_k, \cdots, \beta_{p-1}$ 為斜率的母體參數。由於該迴歸模型包含多個自變項,因此將方程式(5-1)稱作多元迴歸模型,以便於與第 3 章所講到的簡單迴歸模型相區別。

如果我們定義以下矩陣:

$$
\mathbf{y}_{n \times 1} = \begin{bmatrix} y_1 \\ y_2 \\ \vdots \\ y_i \\ \vdots \\ y_n \end{bmatrix}
\qquad
\mathbf{X}_{n \times p} = \begin{bmatrix}
1 & x_{11} & x_{12} & \cdots & x_{1(p-1)} \\
1 & x_{21} & x_{22} & \cdots & x_{2(p-1)} \\
\vdots & \vdots & \vdots & \ddots & \vdots \\
1 & x_{i1} & x_{i2} & \cdots & x_{i(p-1)} \\
\vdots & \vdots & \vdots & \ddots & \vdots \\
1 & x_{n1} & x_{n2} & \cdots & x_{n(p-1)}
\end{bmatrix}
$$

$$\boldsymbol{\beta}_{p \times 1} = \begin{bmatrix} \beta_0 \\ \beta_1 \\ \vdots \\ \beta_k \\ \vdots \\ \beta_{p-1} \end{bmatrix} \qquad \boldsymbol{\varepsilon}_{n \times 1} = \begin{bmatrix} \varepsilon_1 \\ \varepsilon_2 \\ \vdots \\ \varepsilon_i \\ \vdots \\ \varepsilon_n \end{bmatrix}$$

那麼，採用矩陣的形式，一般線性迴歸模型（5-1）就可以簡單地表達成：

$$\mathbf{y}_{n \times 1} = \mathbf{X}_{n \times p} \boldsymbol{\beta}_{p \times 1} + \boldsymbol{\varepsilon}_{n \times 1} \tag{5-2}$$

該式也常常簡記為：$\mathbf{y} = \mathbf{X}\boldsymbol{\beta} + \boldsymbol{\varepsilon}$。這裡，$\mathbf{y}$ 表示依變項的向量，$\boldsymbol{\beta}$ 表示母體參數的向量，$\mathbf{X}$ 表示由所有自變項和一行常數 1 所組成的矩陣，$\boldsymbol{\varepsilon}$ 則表示一個隨機誤差變項的向量。

5.2 多元迴歸的基本假定

與簡單迴歸一樣，我們對多元迴歸方程（5-2）進行參數估計時仍採用普通最小平方法（ordinary least squares method，OLS）。同樣地，使用這種估計方法進行迴歸參數估計需要滿足以下幾個基本假定：

A0 模型設定假定（線性假定）

這不是一個統計假定，而是一個模型設定。該假定要求 Y 的條件平均數是所有自變項 X 的線性函數：

$$E(\mathbf{y} \mid \mathbf{X}) = \mathbf{X}\boldsymbol{\beta} \tag{5-3}$$

其中，$\mathbf{y}$ 是由依變項觀察值組成的 $n \times 1$ 的欄向量，$\mathbf{X}$ 是自變項觀察值組成的一個 $n \times p$ 的矩陣，且 $p < n$。也就是說，$\mathbf{y}$ 在 $\mathbf{X}$ 下的條件期望值可以表達為 $\mathbf{X}$ 的線性組合。這個條件期望值式即所謂的迴歸方程。注意，模型要求 $\mathbf{X'X}$ 必須是非奇異矩陣，下面會對此進行解釋。

A1 正交假定

我們假定誤差項矩陣 $\boldsymbol{\varepsilon}$ 與 $\mathbf{X}$ 中的每一個 $\mathbf{x}$ 向量都不相關。也就是說：

$$\text{Cov}(\mathbf{X}, \boldsymbol{\varepsilon}) = 0 \tag{5-4}$$

注意 **X** 的第一行都是 1，使（5-4）等價於

$$E(\varepsilon) = 0 \qquad (5\text{-}5)$$

和

$$E(\mathbf{X}'\varepsilon) = 0 \qquad (5\text{-}6)$$

該假定保證了我們對迴歸模型參數的 OLS 估計是不偏的。這點在後面還將談到。

A2　獨立且同分配之假定（i.i.d. 假定）

該假定是針對母體迴歸模型的誤差項，要求它們滿足彼此之間相互獨立，並且服從同一分配的條件。具體來說，

(1) 獨立分配：每一個誤差項 ε_i 為獨立分配，即 $Cov(\varepsilon_i, \varepsilon_j) = 0$，其中 $i \neq j$；

(2) 同變異數性：$\mathbf{Var}(\varepsilon_i) = \sigma^2_i = \sigma^2$，其中，$i = 1, 2, \cdots, n$。

以矩陣形式，這兩個性質也可以表示成，

$$Var(\varepsilon \mid \mathbf{X}) = \sigma^2\mathbf{I} \qquad (5\text{-}7)$$

其中，**I** 為 $n \times n$ 階單位矩陣。

高斯馬可夫定理（Gauss-Markov Theorem）

該定理表明，若滿足 A1 和 A2 假定，則採用最小平方法得出的迴歸參數估計 **b** 將是所有估計中的最佳線性不偏估計式（best linear unbiased estimator，簡稱 BLUE）。

線性估計值是指，估計值 θ 可以表示成依變項的線性函數，即：

$$\theta = \sum_{i=1}^{n} \mathbf{w}_i y_i \qquad (5\text{-}8)$$

這裡，w_i 可以為樣本中自變項的函數。下面我們很快就會知道，OLS 的估計結果為，$\mathbf{b} = (\mathbf{X}'\mathbf{X})^{-1}\mathbf{X}'\mathbf{y}$，因此滿足線性估計的條件。至於如何得到這個估計結果，我們將在下一節中演示推導過程。

在 A1 假定下，利用最小平方法可以得到迴歸參數的不偏估計 **b**，也就是 E(**b**) = **β**。線性不偏估計可能會有多個，那麼，如何選出其中最佳的估計呢？這就需要用到我們在前面提到的另一個評判標準——有效性（efficiency)。在滿足 A2 假定的

情況下，依據高斯馬可夫定理，我們可以證明 OLS 估計結果是所有線性不偏估計中變異數最小的。

小結：如果樣本違反 A1 假定，那麼得到的估計值將是有偏誤的。如果 A1 假定成立，但 A2 假定不成立，那麼得到的雖然是不偏估計，卻不是最有效的。本書第 14 章會專門對這一問題及相應的解決辦法加以討論。

A3　常態分配假定

在 A2 假定的基礎上，這個假定進一步要求 ε_i 服從常態分配 $N(0, \sigma^2)$。常態分配假定使得 OLS 估計可以理解成最大概似估計——即最佳不偏估計。

但常態分配假定主要應用於對迴歸參數的 OLS 估計值進行統計檢定，而且只有在小樣本情況下才需要特別注意這個問題。對於大樣本來說，根據中央極限定理，即使誤差項不滿足常態分配，我們仍然可以對迴歸參數的估計值進行統計推論。

5.3　多元迴歸參數的估計

對於迴歸模型 $\mathbf{y} = \mathbf{X\beta} + \mathbf{\varepsilon}$，我們可將其誤差變異表達為：

$$
\begin{aligned}
\mathbf{SSE} &= \mathbf{\varepsilon'\varepsilon} \\
&= (\mathbf{y} - \mathbf{X\beta})'(\mathbf{y} - \mathbf{X\beta}) \\
&= \mathbf{y'y} - \mathbf{\beta'X'y} - \mathbf{y'X\beta} + \mathbf{\beta'X'X\beta} \\
&= \mathbf{y'y} - 2\mathbf{y'X\beta} + \mathbf{\beta'X'X\beta}
\end{aligned}
\tag{5-9}
$$

根據最小平方估計（OLS）的原理，透過對上述誤差變異進行最小化，就可得到母體參數的最小平方估計 $\mathbf{b}$。對方程式（5-9）求 $\mathbf{\beta}$ 的一階導數並令其等於 0，即，

$$
\frac{\partial(\mathbf{SSE})}{\partial(\mathbf{\beta})} = -2\mathbf{X'y} + 2\mathbf{X'X\beta} = 0
$$

解出上式，就可得到迴歸參數的 OLS 估計量為：$\mathbf{b} = (\mathbf{X'X})^{-1}\mathbf{X'y}$。

接下來，我們來證明在滿足 A1 假定的情況下，上述 $\mathbf{b}$ 為方程式（5-2）中母體參數 $\mathbf{\beta}$ 的不偏估計。我們知道所謂不偏估計就是 $E(\mathbf{b}) = \mathbf{\beta}$。根據前面得到的迴歸參數的估計向量，我們可以將其期望值表達成

$$E(\mathbf{b}) = E[(\mathbf{X'X})^{-1}\mathbf{X'y}]$$
$$= E[(\mathbf{X'X})^{-1}\mathbf{X'}(\mathbf{X\beta} + \mathbf{\epsilon})] \qquad (5\text{-}10)$$
$$= E[(\mathbf{X'X})^{-1}\mathbf{X'X\beta}] + E[(\mathbf{X'X})^{-1}\mathbf{X'\epsilon}]$$
$$= (\mathbf{X'X})^{-1}\mathbf{X'X}E(\mathbf{\beta}) + (\mathbf{X'X})^{-1}E(\mathbf{X'\epsilon})$$

根據我們前面的 A1 正交假定，我們有 $E(\mathbf{X'\epsilon}) = 0$，因此方程式（5-10）可進一步簡化為，

$$E(\mathbf{b}) = (\mathbf{X'X})^{-1}\mathbf{X'X}E(\mathbf{\beta}) = \mathbf{\beta} \qquad (5\text{-}11)$$

這意味著，從樣本估計得到的最小平方估計 $\mathbf{b}$ 是母體迴歸模型中 $\mathbf{\beta}$ 的不偏估計。

5.4　OLS迴歸方程的解讀

假設迴歸模型中只包含兩個自變項，我們可以把估計後的迴歸方程表達成：

$$\hat{y}_i = b_0 + b_1 x_{i1} + b_2 x_{i2} \qquad (5\text{-}12)$$

該方程中的截距項 b_0 是 $x_{i1} = 0$ 且 $x_{i2} = 0$ 時，y_i 的預測值。在實際研究中，截距項並非總是有意義的，因為社會研究中自變項取 0 值在很多情況下是沒有意義的。譬如我們在研究教育、年齡對收入的影響時，假設 x_1 為受教育年數，x_2 為年齡，那麼迴歸估計的截距則表示一個受教育年數為 0 且年齡為 0 歲的人的平均收入。很顯然，這種情況沒有任何實際意義。儘管如此，在迴歸方程估計中，截距項仍然是必不可少的。

與簡單迴歸的情況有所不同，我們將方程的估計值 b_1 和 b_2 稱作偏迴歸係數，它們被看作是相應自變項對 y 的一種偏效果（partial effect）。所謂偏效果，是指在控制其他變項的情況下，或者說在其他條件相同的情況下，各自變項 x 對 y 的淨效果（net effect）或獨特效果（unique effect）。從方程式（5-12）我們可以得到，

$$\Delta \hat{y}_i = b_1 \times \Delta x_{i1} + b_2 \times \Delta x_{i2}$$

也就是說我們可以從自變項 x_{i1} 和 x_{i2} 的改變量來計算出依變項 y 的改變量。請注意，這裡 y 的改變量與截距項無關。當我們控制住 x_2，即讓 x_{i2} 保持在某一取值處（比如，0 或者樣本平均數）不變，則有 $\Delta x_{i2} = 0$，那麼

$$\Delta \hat{y}_i = b_1 \times \Delta x_{i1}$$

也就是說，當我們在迴歸模型中加入多個自變項以後，我們就可以得到在控制其他變項情況下某個自變項對依變項 y 的淨效果，該淨效果的大小和方向由對應自變項偏迴歸係數的數值和符號決定。注意，偏效果的前提條件是，其他自變項保持在某一取值處不變。這一點是簡單迴歸情況下不曾涉及的，下面我們對此舉例說明。

例題 5-1

教育、工作經驗對收入的偏效果

我們用 TSCS2010 年資料來考察教育程度和工作經驗（以「年齡減教育年數減六」來估計工作經驗）對月收入的影響。依變項為個人月收入 *earn*（單位，元），自變項包括受教育年數 *erducyr*（單位，年）和工作年數 *exp*（單位，年）。在 Stata 中我們可以估計得到以下迴歸方程：

$$\widehat{earn} = -38315.7 + 4455.939 educyr + 806.7099 exp$$

. reg earn educyr exp

Source	SS	df	MS		
Model	1.7313e+11	2	8.6565e+10		
Residual	1.0452e+12	1259	830221220		
Total	1.2184e+12	1261	966200447		

Number of obs = 1262
F(2, 1259) = 104.27
Prob > F = 0.0000
R-squared = 0.1421
Adj R-squared = 0.1407
Root MSE = 28814

earn	Coef.	Std. Err.	t	P>|t|	[95% Conf. Interval]
educyr	4455.939	313.7307	14.20	0.000	3840.446 5071.431
exp	806.7099	73.86185	10.92	0.000	661.8041 951.6158
_cons	-38315.7	5320.016	-7.20	0.000	-48752.78 -27878.63

如何解讀這個迴歸結果呢？首先，截距項 −38315.7 表示當一個人沒有受過正式教育並且沒有工作經驗的情況下，他／她的預期月收入為 −38315.7 元。接下來，我們從教育與工作年數的迴歸係數發現，這兩者對收入都有正向影響，因為對應的迴歸係數都為正數。在控制了工作年數的影響後，個人受教育年數每增加 1年，個人的月收入就平均增加 4455.939 元。換句話說，若兩個人工作年數相同，其中一個人比另外一個人多受過 1 年教育，那麼他 / 她的月收入將會高出 4455.939元。但是請注意，我們並不是針對現實生活中的兩個人，這個結果只是我們的最好預測，是一個平均概念。同樣地，我們可以知道，在控制了教育年數以後，個人的工作經驗每增加 1 年，個人的月收入平均增加 806.7099 元。

由此可見，多元迴歸的優勢在於它能夠提供控制其他因素以後某一自變項對依變項的偏效果或淨效果，即便我們的資料並不能像試驗那樣真的是在控制其他所有因素後收集得到的。也就是說，我們在抽樣的時候並沒有在控制個人的受教育程度以後，再收集關於他們工作經驗和收入的資料。但在非實驗設計的條件下，社會科學家只能夠對觀察性資料進行統計控制，進而分析兩個變項之間的淨關係。

5.5　多元迴歸模型誤差變異數的估計

殘差（residual）與誤差項（error）的區別在於：誤差項或干擾項（ε）是針對母體真實迴歸模型而言的，它是由一些不可觀察的因素或者測量誤差所引起的；而殘差（e）是針對具體模型而言的，它被定義為樣本迴歸模型中觀察值與預測值之差。

我們可以將基於樣本資料配適得到的迴歸方程寫成以下形式：

$$\begin{aligned} \hat{\mathbf{y}} &= \mathbf{Xb} \\ &= \mathbf{X(X'X)^{-1}X'y} \\ &= \mathbf{Hy} \end{aligned} \qquad (5\text{-}13)$$

這裡，$\mathbf{H} = \mathbf{X(X'X)^{-1}X'}$ 為一個冪等矩陣（idempotent matrix），始終滿足 $\mathbf{H} = \mathbf{HH}$。$\mathbf{H}$ 又被稱作帽子矩陣（hat matrix），因為它能夠實現觀察值和預測值之間的轉換（即給觀察值戴上「帽子」）。那麼，樣本估計模型的殘差為：

$$\begin{aligned} \mathbf{e} &= \mathbf{y} - \hat{\mathbf{y}} \\ &= \mathbf{y} - \mathbf{Hy} = \mathbf{(I-H)y} \end{aligned}$$

這裡，$(\mathbf{I} - \mathbf{H})$ 也是一個冪等矩陣。

進一步，我們還可以估計誤差項 ε 的變異數。假設母體誤差項的變異數為 σ^2，是不可觀察的。但前面講到，我們可以用樣本中的 e 的變異數來對 σ^2 進行估計。樣本中計算殘差變異數的公式為

$$S_e^2 = \frac{1}{n}\sum_{i=1}^{n} e_i^2$$
$$= \frac{1}{n}\sum_{i=1}^{n} (y_i - \widehat{y_i})^2$$
$$= \frac{1}{n}\sum_{i=1}^{n} [y_i - (b_0 + b_1 x_{i1} + b_1 x_{i2} y_i + \cdots + b_{p-1} x_{i(p-1)}))]^2$$

採用矩陣形式，可將該式簡要表達成：$S_e^2 = \dfrac{\mathbf{e}'\mathbf{e}}{n}$。但為了得到不偏估計量，我們還必須要算出正確的自由度。模型配適時，估計了 p 個參數（即 $p-1$ 個斜率係數和 1 個截距係數），這導致用於估計母體誤差項的自由度只剩下 $n-p$ 個。因此，我們得到樣本對母體誤差項變異數的不偏估計為，

$$\text{MSE} = \frac{1}{n-p}\sum_{i=1}^{n} e_i^2 = \frac{1}{n-p}\mathbf{e}'\mathbf{e} \tag{5-14}$$

這被稱作誤差均方（mean square error，記作 MSE）。它之所以是不偏的，是因為它對參數估計中損失的自由度做了修正。

5.6 多元迴歸參數估計量變異數的估計

我們已經知道，在滿足 A1 假定的情況下，對於迴歸模型 $\mathbf{y} = \mathbf{X\beta} + \varepsilon$，迴歸參數最小平方估計量的期望值就等於該參數本身，即它是一個不偏估計。但是，為了衡量該估計量的好壞，我們還需要知道其變異數的大小。請注意，所謂迴歸參數估計量的變異數其實就是其抽樣變異數。雖然我們無法從某個樣本資料中直接計算得到抽樣變異數，但我們可以根據樣本資訊對其進行估計。

前面已經給出，迴歸參數的最小平方估計量為 $\mathbf{b} = (\mathbf{X'X})^{-1}\mathbf{X'y}$，那麼其變異數為（視 $\mathbf{X}$ 為常量）：

$$\text{Var}(\mathbf{b}) = \text{Var}[(\mathbf{X'X})^{-1}\mathbf{X'y}]$$
$$= \text{Var}[(\mathbf{X'X})^{-1}\mathbf{X'}(\mathbf{X\beta} + \varepsilon)]$$
$$= \text{Var}[(\mathbf{X'X})^{-1}\mathbf{X'X\beta} + (\mathbf{X'X})^{-1}\mathbf{X}\varepsilon]$$

由於 $(\mathbf{X'X})^{-1}\mathbf{X'X\beta}$ 為一常數,因此

$$\begin{aligned}\text{Var}(\mathbf{b}) &= \text{Var}[(\mathbf{X'X})^{-1}\mathbf{X'\epsilon}]\\ &= (\mathbf{X'X})^{-1}\mathbf{X'}[\text{Var}(\epsilon)]\mathbf{X}(\mathbf{X'X})^{-1}\end{aligned}$$

根據 A2 假定,$\text{Var}(\epsilon) = \sigma^2\mathbf{I}_{n\times n}$,所以,

$$\text{Var}(\mathbf{b}) = (\mathbf{X'X})^{-1}\mathbf{X'}(\sigma^2\mathbf{I}_{n\times n})\mathbf{X}(\mathbf{X'X})^{-1} = \sigma^2(\mathbf{X'X})^{-1} \tag{5-15}$$

注意,如 4.8 節所述,$\text{Var}(\mathbf{b})$ 是個矩陣,含有如下的元素:

$$\text{Var(b)} = \begin{bmatrix}
\text{Var}(b_0) & \text{Cov}(b_0, b_1) & \text{Cov}(b_0, b_2) & \cdots & \text{Cov}(b_0, b_k) & \cdots & \text{Cov}(b_0, b_{p-1})\\
\text{Cov}(b_1, b_0) & \text{Var}(b_1) & \text{Cov}(b_1, b_2) & \cdots & \text{Cov}(b_1, b_k) & \cdots & \text{Cov}(b_1, b_{p-1})\\
\text{Cov}(b_2, b_0) & \text{Cov}(b_2, b_1) & \text{Var}(b_2) & \cdots & \text{Cov}(b_2, b_k) & \cdots & \text{Cov}(b_2, b_{p-1})\\
\vdots & \vdots & \vdots & \ddots & \vdots & \ddots & \vdots\\
\text{Cov}(b_k, b_0) & \text{Cov}(b_k, b_1) & \text{Cov}(b_k, b_2) & \cdots & \text{Var}(b_k) & \cdots & \text{Cov}(b_k, b_{p-1})\\
\vdots & \vdots & \vdots & \ddots & \vdots & \ddots & \vdots\\
\text{Cov}(b_{p-1}, b_0) & \text{Cov}(b_{p-1}, b_1) & \text{Cov}(b_{p-1}, b_2) & \cdots & \text{Cov}(b_{p-1}, b_k) & \cdots & \text{Var}(b_k)
\end{bmatrix}$$

它被稱作迴歸係數 $\mathbf{b}$ 的變異數—共變數矩陣。很明顯,變異數 $\text{Var}(b_k)$ 都處於對角線上,將其開平方後即為 b_k 的標準誤;而共變數 $\text{Cov}(b_k, b_{k'})(k \neq k')$ 都處在對角線之外。這一變異數—共變數矩陣在迴歸係數的統計推論中非常有用。

5.7 模型設定中的一些問題

　　迴歸分析首先依賴於所設定的模型是正確的,模型參數估計和假設檢定都是建立在這一大前提之下的。在實際研究中,研究者通常根據某個理論或某些經驗研究結果設定迴歸模型。事實上,社會研究中,我們總是沒法有十足的把握認為所設定的模型是正確的。一旦模型設定存在問題,那麼,由此所進行的參數估計和假設檢定也都是成問題的。這裡,我們介紹其中兩類與模型設定有關的錯誤,以提高對模型設定本身是否正確這一潛在假定的敏感和警覺。第一類是模型中納入了某些無關自變項,第二類是模型中遺漏了某些相關之自變項。前者是針對本不該納入卻納入模型的自變項,後者則是針對本該納入卻未納入模型的自變項。

5.7.1 納入無關自變項

　　迴歸分析中,在進行模型設定的時候,可能加入了無關的自變項(irrelevant

independent variable）。也就是說，儘管在母體中一個或多個自變項對依變項沒有偏效果存在（即其母體迴歸係數為零），但它們還是被納入到模型當中。

假設母體中的模型為：

$$y_i = \beta_0 + \beta_1 x_{i1} + \beta_2 x_{i2} + \beta_3 x_{i3} + \varepsilon_i \qquad (5\text{-}16)$$

且該模型滿足假設 A1、A2，然而在控制住 x_1 和 x_2 以後，x_3 對 y 沒有影響，即 $\beta_3 = 0$。但是在估計模型之前，我們並不知道這一點，使得配適得到的迴歸模型包括了無關自變項 x_3，即：

$$\hat{y}_i = b_0 + b_1 x_{i1} + b_2 x_{i2} + b_3 x_{i3} \qquad (5\text{-}17)$$

那麼，無關自變項 x_3 的納入會對模型參數估計會產生怎樣的影響呢？就 b_1 和 b_2 的不偏性而言，包括 x_3 是不產生危害的。根據高斯馬可夫定理，最小平方估計是對母體參數的不偏估計，即 $E(\mathbf{b}) = \boldsymbol{\beta}$，這一結論對於 $\boldsymbol{\beta}$ 的任意取值都是成立的，包括取值為 0 的時候。所以，在多元迴歸中包含了無關自變項並不影響 OLS 估計結果的不偏性。當然，我們基於某個樣本資料得到的估計值 b_3 可能並不恰好等於零，儘管它在所有隨機樣本中的平均取值為零。

但是，納入無關自變項並非完全無害。假設我們的模型中沒有 x_3，僅包含 x_1 和 x_2 兩個自變項，即

$$\tilde{y}_i = b_0^* + b_1^* x_{i1} + b_2^* x_{i2} \qquad (5\text{-}18)$$

我們可以證明[1]，方程式（5-17）和（5-18）中的迴歸係數 b_0、b_1、b_2 和 b_0^*、b_1^*、b_2^* 的變異數是不同的。除非無關自變項 x_3 與 x_1、x_2 均不相關，否則 b_0^*、b_1^*、b_2^* 的變異數將比 b_0、b_1、b_2 的變異數更小。換句話說，如果無關自變項 x_3 與 x_1、x_2 存在相關，則會導致相應迴歸係數（即 b_1、b_2）的標準誤增大，增大的程度取決於無關自變項 x_3 與 x_1、x_2 之間的相關程度。也就是說，如果母體中的 x_3 對 y 沒有偏效果，那麼把它加入模型只可能增加多元共線性的問題，從而減弱估計的有效性。因此，當 $\beta_3 = 0$ 的時候，我們更傾向於不將無關自變項 x_3 納入模型中。

也許我們總是有很好的理由加入更多的自變項，但是，不要加入無關自變

1　有關證明過程可以參見 Wooldridge（2009：100）。我們在第 10 章中也會講到這一問題。

項。因為這樣做，我們 (1) 有可能錯過理論上有意義的發現，(2) 違背了簡約原則，(3) 浪費自由度，和 (4) 導致估計精確度的下降。

5.7.2 遺漏有關自變項

如果在模型設定中遺漏了某些本該納入卻未納入的有關自變項（relevant inde-pendent variable），可能有兩種情況：(1) 所遺漏的變項與模型中的其他變項無關；(2) 所遺漏的變項與模型中的其他變項相關。前一情形下，不會發生遺漏變項產生之偏誤（omitted variable bias）；後一情形下，則有可能發生遺漏變項產生之偏誤。

如真實的模型應該是包含 x_1、x_2 和 x_3 的，記為：

$$\mathbf{y} = \mathbf{X_1}\hat{\boldsymbol{\beta}} + \boldsymbol{\varepsilon} \tag{5-19}$$

但我們只包含了 x_1 和 x_2，遺漏了 x_3，模型記為：

$$\mathbf{y} = \mathbf{X_2}\tilde{\boldsymbol{\beta}} + \boldsymbol{\mu} \tag{5-20}$$

當我們在方程式（5-20）中遺漏了相關之自變項 x_3 時，x_3 實際變成了誤差項 $\boldsymbol{\mu} = \beta_3 \mathbf{x_3} + \boldsymbol{\varepsilon}$ 的一部分。針對第一種情況，由於 x_3 與 x_1、x_2 都不相關，A1 假定不變，最小平方估計不偏：

$$E(\tilde{\boldsymbol{\beta}}) = (\mathbf{X_2'X_2})^{-1}\mathbf{X_2'X_2}E(\boldsymbol{\beta}) + (\mathbf{X_2'X_2})^{-1}E(\mathbf{X_2'x_3}) + (\mathbf{X_2'X_2})^{-1}E(\mathbf{X_2'\varepsilon}) = E(\boldsymbol{\beta})$$

但對於第二種情況，若 x_3 與 x_1 呈相關，被遺漏的自變項 x_3 成為了誤差項 μ 的一部分，就會使得 $\mathbf{X_2}$ 與誤差項之間不再保持獨立。這意味著，此時，A1 假定不再得到滿足，因此，迴歸係數 $\tilde{\boldsymbol{\beta}}$ 將是母體參數的有偏估計。偏誤的方向取決於遺漏變項 x_3 對依變項效果的方向以及該變項與 x_1 之間關係的方向。我們用下表來說明遺漏 x_3 變項對 β_1 估計偏誤的各種情形。而偏誤的大小則直接取決於該遺漏自變項與模型中其他自變項之間的關係，它們之間的相關性越強，則遺漏變項產生之偏誤越大。

表 5-1

	Corr $(x_1, x_3) > 0$	Corr $(x_1, x_3) < 0$
$\beta_3 > 0$	正向偏誤	負向偏誤
$\beta_3 < 0$	負向偏誤	正向偏誤

在例題 5-1 當中，我們的模型遺漏了個人能力對收入的正向影響。個人能力與個人受教育年數之間應該是正相關的，因此模型中教育的係數 4455.939 很可能高估了教育對收入的影響。注意，這僅僅是一種可能性推測。在實際研究當中，我們常常無法知道被遺漏的自變項的作用以及它與模型中已納入的自變項之間的相關關係，因此也很難確定偏誤的方向和大小。第 8 章中，我們還會對這一問題進行討論。

由此，我們看到，模型設定中遺漏有關自變項並不一定導致遺漏變項產生之偏誤。遺漏變項產生之偏誤的產生需要滿足兩個條件：一是有關性條件，即遺漏自變項要對依變項有影響；二是相關性條件，即遺漏自變項與已納入模型的其他自變項存在相關。

5.8　標準化迴歸模型

從例題 5-1 的模型結果中，我們已經知道，在控制其他變項的情況下，個人教育年數每增加 1 年，個人收入增加 4455.939 元；而個人的工作經驗每增加 1 年，個人的收入增加 806.7099 元。那麼，我們是否可以就此認為教育對個人月收入的影響要大於工作經驗呢？沒有這麼簡單。儘管這兩個自變項的測量單位都是年，但是 1 年的工作經驗和 1 年的受教育所具有的實質含義並不相同，所以我們無法直接比較教育和工作經驗對個人收入的影響。在更多的情況下，迴歸模型中所涉及的自變項具有不同的測量單位。由於迴歸係數會受到各自變項自身測量單位的影響，因此，迴歸係數之間並不具有直接的可比性。然而，多元迴歸經常涉及到對各自變項對依變項的相對作用的大小進行比較的問題，因為我們總是希望能從多個影響因素中找出一些「首要因素」和「次要因素」。對於這個問題，我們在第 3 章中已經提到，解決的方法之一就是採用標準化迴歸係數。這是因為，將自變項轉變成一個無單位的變項，所得的不同標準化迴歸係數之間就具有了可比性。

我們可以透過建立標準化迴歸模型來得到標準化迴歸係數。為此，我們需要將模型中所有的自變項和依變項都進行標準化。按照第 1 章中介紹過的標準化

方法，將所有變項都減去其平均數以後再除以其標準差，則可得到它們的標準 Z 值。然後基於標準化後的變項進行迴歸，就得到了標準化迴歸模型，其中的迴歸係數也就是標準化迴歸係數。設真實的迴歸模型為：

$$y_i = \beta_0 + \beta_1 x_{i1} + \beta_2 x_{i2} + \cdots + \beta_{p-1} x_{i(p-1)} + \varepsilon_i \qquad (5\text{-}21)$$

對方程式（5-21）兩邊的變項進行如下的標準化轉換，

$$y_i^* = \frac{y_i - \bar{y}}{S_y}$$

$$x_{ik}^* = \frac{x_{ik} - \bar{x}_k}{S_{x_k}}$$

其中，$\bar{y}$ 和 $\bar{x}_k$ 分別為樣本中變項 y 和 x_k 的平均數，S_y 和 S_{x_k} 則分別為樣本中變項 y 和 x_k 的標準差。於是，迴歸模型（5-21）就變成：

$$y_i^* = \beta_1^* x_{i1}^* + \beta_2^* x_{i2}^* + \cdots + \beta_{p-1}^* x_{i(p-1)}^* + \varepsilon_i^* \qquad (5\text{-}22)$$

這就得到了標準化迴歸模型，模型中的係數 β_k^* 就是可用來比較各自變項相對作用大小的標準化迴歸係數。注意，經過標準化轉換之後，模型中的常數項變成了 0，所以，標準化迴歸模型中沒有截距項係數。

根據前面的標準化轉換公式，我們不難發現，標準化轉換其實是對原始變項做了兩件事情。一是進行中心化（centering），以變項的觀察值減去其平均數，即改變原始變項的位置（location），使轉換後變項的平均數為 0；二是改變尺度（rescaling），使轉換後變項的變異數為 1。所以經過標準化轉換，變項的位置和尺度都一致了。這就是為什麼我們可以用標準化係數來比較多個迴歸係數相對作用的大小的原因。

實際上，要想得到標準化迴歸係數，並非一定要事先將依變項和自變項進行標準化轉化後再進行迴歸得到。我們也可以利用標準化迴歸係數與非標準化迴歸係數之間的關係來得到。如果我們對方程式（5-21）中的變項均進行中心化處理，就得到

$$y_i - \bar{y} = \beta_1 (x_{i1} - \bar{x}_1) + \beta_2 (x_{i2} - \bar{x}_2) + \cdots + \beta_{p-1} (x_{i(p-1)} - \bar{x}_{p-1}) + (\varepsilon_i - \bar{\varepsilon}) \qquad (5\text{-}23)$$

將方程式（5-23）除以依變項的樣本標準差 S_y，則有

$$\frac{y_i - \bar{y}}{S_y} = \frac{\beta_1}{S_y}(x_{i1} - \bar{x}_1) + \frac{\beta_2}{S_y}(x_{i2} - \bar{x}_2) + \cdots + \frac{\beta_{p-1}}{S_y}(x_{i(p-1)} - \bar{x}_{p-1}) + \frac{\varepsilon_i - \bar{\varepsilon}}{S_y}$$

$$= \beta_1 \frac{S_{x_1}}{S_y}\left(\frac{x_{i1} - \bar{x}_1}{S_{x_1}}\right) + \beta_2 \frac{S_{x_2}}{S_y}\left(\frac{x_{i2} - \bar{x}_2}{S_{x_2}}\right) + \cdots + \beta_{p-1} \frac{S_{x_{p-1}}}{S_y}\left(\frac{x_{i(p-1)} - \bar{x}_{p-1}}{S_{x_{p-1}}}\right) + \frac{\varepsilon_i - \bar{\varepsilon}}{S_y}$$

$$= \beta_1^* x_{i1}^* + \beta_2^* x_{i2}^* + \cdots + \beta_{p-1}^* x_{i(p-1)}^* + \varepsilon_i^* \qquad (5\text{-}24)$$

由此，我們可以看到，標準化迴歸係數 β_k^* 與非標準化迴歸係數 β_k 之間存在如下數量關係，

$$\beta_k^* = \beta_k \frac{S_{x_k}}{S_y} \qquad (5\text{-}25)$$

其中，S_y 和 S_{x_k} 分別為樣本中變項 y 和 x_k 的標準差。此式提供了得到標準化迴歸係數的另一種途徑。

相對於非標準化迴歸係數，標準化迴歸係數具有以下屬性：(1) 迴歸參數估計值處於 $-1 \sim 1$ 之間，(2) 可在標準化尺度上進行比較。但是，一般來說，非標準化迴歸係數要更好，因為它提供了更多關於資料的資訊，並且提供了基於實際單位的自變項對依變項的效果。當然，迴歸分析中到底是使用非標準化係數還是使用標準化係數主要取決於所需要回答的研究問題。

例題 5-2

教育、工作經驗對收入的影響作用比較

將例題 5-1 中的模型進行標準化，使用 Stata 計算自變項的標準化迴歸係數，由此得到的標準化迴歸方程為：

. reg earn educyr exp, beta

Source	SS	df	MS		
				Number of obs =	1262
				F(2, 1259) =	104.27
Model	1.7313e+11	2	8.6565e+10	Prob > F =	0.0000
Residual	1.0452e+12	1259	830221220	R−squared =	0.1421
				Adj R−squared =	0.1407
Total	1.2184e+12	1261	966200447	Root MSE =	28814

```
--------------------------------------------------------------------------
   earn |     Coef.     Std. Err.      t      P>|t|             Beta
--------+-----------------------------------------------------------------
  educyr |  4455.939    313.7307    14.20    0.000          .4752761
    exp |   806.7099    73.86185    10.92    0.000          .3654778
   _cons | −38315.7     5320.016    −7.20    0.000                 .
--------------------------------------------------------------------------
```

$$\widehat{earn}^* = 0.4752761\ educyr^* + 0.3654778 exp^*$$

這一結果表明，在控制其他變項的情況下，個人受教育年數每增加一個標準差，個人月收入就平均增加 0.4752761 個標準差；同時個人的工作經驗每增加一個標準差，個人月收入平均增加 0.3654778 個標準差。因此，個人的受教育年數對收入的影響相對大於工作經驗對收入的影響。

5.9　TSCS實例分析

這部分我們討論多元迴歸模型在實際研究中的應用，基於人力資本模型，以 2010 年 TSCS 中的臺灣民眾平均月收入對數為依變項，教育與工作經驗以及工作經驗的平方為自變項，進行標準化迴歸分析。這裡，模型不包含交互作用效果，有關交互作用效果的內容將在第 13 章中專門討論。本模型修正了 Mincer 的人力資本模型，認為臺灣居民人力資本對收入的影響存在如下關係：

$$logearn = \beta_0 + \beta_1 educyr + \beta_2 exp + \beta_3 exp^2 + \beta_4 fethnic\_2 + \beta_5 fethnic\_3 + \beta_6 fethnic\_4$$
$$+ \beta_7 female + \varepsilon \qquad\qquad (5\text{-}26)$$

其中，依變項 *logearn* 表示月收入的自然對數形式，*educyr* 表示教育年數，*exp* 表示工作年數，*fethnic_2* 是客家人的虛擬變項（1 = 客家人，0 = 非客家人），*fethnic_3* 是外省人的虛擬變項，*fethnic_4* 是原住民的虛擬變項（福佬人 *fethnic_1* 為對照組)[2]，*female* 是性別的虛擬變項（1 = 女性，0 = 男性）。對依變項取自然對數 log 的作用在於，一方面根據經濟學理論我們關注的焦點應該是自變項導致依變項

---

[2] 有關迴歸分析中虛擬變項的運用，將會在第 12 章中加以介紹。

改變的比例，而不是絕對量；另一方面，取自然對數以後依變項的分配更趨近於常態分配，這將有助於減小樣本中離群值對迴歸估計的影響。另外，根據人力資本理論，現實生活中工作經驗對收入的作用應該是一條倒 U 字形曲線：先隨著工作年數的增加而增加，然後在臨近退休的時候開始下降（Mincer，1974：84），因此我們在模型中納入了工作經驗的平方這一項。

. reg logearn educyr exp exp2 fethnic_2 fethnic_3 fethnic_4 female, beta

Source	SS	df	MS			
Model	203.703405	7	29.1004864			
Residual	541.183816	1254	.431566042			
Total	744.887221	1261	.590711515			

Number of obs = 1262
F(7, 1254) = 67.43
Prob > F = 0.0000
R−squared = 0.2735
Adj R−squared = 0.2694
Root MSE = .65694

logearn	Coef.	Std. Err.	t	P>|t|	Beta
educyr	.0981432	.0074079	13.25	0.000	.4233631
exp	.07351	.0047866	15.36	0.000	1.346902
exp2	−.0012024	.0000968	−12.43	0.000	−1.116007
fethnic_2	.0102845	.0530146	0.19	0.846	.0047348
fethnic_3	−.0486233	.330379	−0.15	0.883	−.0035575
fethnic_4	−.0862782	.0615852	−1.40	0.161	−.0344825
female	−.225394	.0374313	−6.02	0.000	−.1458595
_cons	8.296516	.1245724	66.60	0.000	.

根據 Stata 的迴歸結果，我們可以基於方程式（5-26）的模型設定得到以下經驗迴歸方程：

$$\widehat{logearn} = 8.296516 + 0.0981432educyr + 0.07351exp - 0.0012024exp^2$$
$$+ 0.0102845fethnic\_2 - 0.0486233fethnic\_3 - 0.0862782fethnic\_4$$
$$- 0.225394female$$

根據這個結果，在控制住其他因素的情況下，個人受教育年數每增加 1 年，月收入平均增長 9.8%，也就是我們通常所說的教育回報率。此外，在其他條件相同的情況下，女性比男性的月收入少 $(e^{-0.225394} - 1)*100\%$，即 20.18%。如果對照組變成女性，那麼男性比女性的月收入平均高，為 25.28%。我們不建議在這一例子中用標準迴歸係數，因為我們很難解釋性別變化一個標準差的意義。因此標準迴歸係數的應用也是有限的。在實際研究中，為了得到直觀的解讀，儘量使用非標準化的迴歸係數。

在第 3 章簡單迴歸的例子中，月收入對數和受教育年數的簡單迴歸方程為：

$$\widehat{logearn} = 9.34 + 0.072educyr$$

將其與這裡得到的多元迴歸方程相比，我們發現，使用多元迴歸控制住其他自變項（性別、族群、工作經驗）以後，教育對收入的影響增強了。正如 5.7.2 節中所提到的，這種情形的出現是由於簡單迴歸時存在遺漏變項產生之偏誤的問題，從而導致對教育迴歸係數的低估。圖 5-1 將兩條迴歸直線進行比較，其中虛線表示在沒有控制其他因素的情況下教育對收入的影響，實線則表示控制了其他因素（取樣本平均數）時教育對收入的影響。可以發現，實線的斜率略微大於虛線的斜率。

下面我們比較一下在這一模型（5-26）下教育對收入的影響在不同性別間的差異。性別虛擬變項的建構決定了該差異僅為截距上的差異，即教育和收入自然對數迴歸直線的斜率在男女兩個子樣本中都是相同的。在圖 5-2 中，左圖表示當 *female* = 0 時（即男性）教育對收入對數的影響。右圖表示女性的教育和收入對數之間的關係。比較兩個圖我們可以發現，兩條迴歸直線的斜率是相同的，均為多元迴歸方程中教育對收入對數的迴歸係數 0.098；不同之處在於它們的截距，截距之差等於性別的迴歸係數 −0.225394。

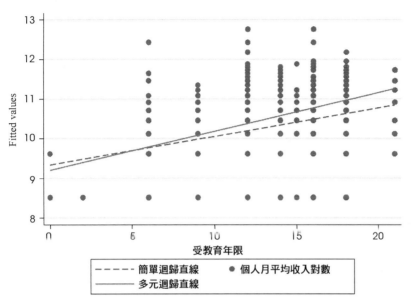

圖5-1　教育和收入自然對數的迴歸直線與散布圖

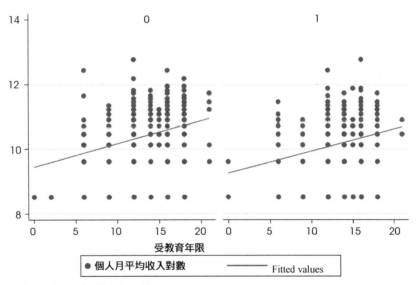

Graphs by gender (female = 1)

圖5-2　不同性別間教育和收入的關係圖

　　除此之外，由於這裡設定了工作經驗的二次項，這意味工作經驗和收入對數之間是一種二次曲線關係。基於前述配適得到的迴歸方程，我們還可以在 Stata 中畫

出工作經驗對收入對數影響的曲線。而且，利用指令 wherext[3]可以找出這個曲線的
最高點大約在工作經驗為 30.567862 左右。

. wherext exp exp2

range of exp :	[0 , 57]
linear+quadratic terms in exp has maximum in	30.567862
Std Error of argext :	.92449405
95% confidence interval for argext :	(28.755887 , 32.379838)

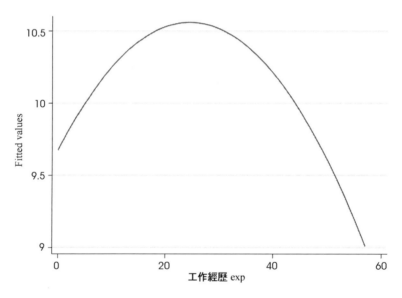

圖5-3　工作經驗和收入對數之間的二次關係配適曲線

5.10　本章小結

　　本章討論了多元迴歸模型的一些關鍵問題。首先，我們使用矩陣的形式來重新
表達了一般迴歸模型及其基本假定。基於 A1 正交假定，我們可以由最小平方估計
（OLS）得到母體迴歸參數的不偏估計。加上 A2 獨立且同分配之假定，我們可以

---

[3] 我們需要在 Stata 中安裝 wherext 指令。在指令視窗輸入 findit wherext 以從網路上搜索該指令的下載網址。
　然後點擊提供的超連結，根據 Stata 的提示一步步安裝即可。

確保母體參數的最小平方估計是最佳線性不偏估計量。最後，A3 常態分配假定則
保證了在小樣本的情況下，常用的統計分配（t 分配，Z 分配等）能夠用來對估計值
進行假設檢定，但對於大樣本來說，A3 常態分配假定並不是必需的。接下來，我
們討論了如何估計迴歸參數，並說明了在假定條件滿足的情況下最小平方估計就是
母體參數的不偏估計量。其中，參數估計量變異數的估計問題在下一章討論多元迴
歸模型的統計檢定時會再度涉及。此外，在迴歸分析的模型設定中，可能遇到兩類
問題：納入無關自變項或者遺漏相關之自變項。前一類問題並不會影響 OLS 估計
的不偏性質，但是會影響到估計的有效性。至於後一類問題是否會影響到估計量的
不偏性，則需要根據具體情況來看——如果被遺漏變項與其他自變項相關，由於違
反了 A1 正交假定則會導致有偏估計；如果被遺漏變項與其他自變項無關，那麼估
計結果仍然是不偏的。最後，我們討論了建立標準化迴歸模型的問題。所得標準化
迴歸係數的作用在於，它使我們可以比較一個多元模型之內不同自變項對依變項的
相對影響。

參考文獻

Mincer, Jacob. 1974. *Schooling, Experience and Earnings*. New York: Columbia University Press.

Wooldridge, Jeffrey M. 2009. *Introductory to Econometrics: A Modern Approach* (Second Edition). Mason, OH: Thomson/South-Western.

Xie, Yu and Emily Hannum. 1996. "Regional Variation in Earnings Inequality in Reform-Era Urban China." *American Journal of Sociology* 101:950-992.

chapter

06

多元迴歸中的統計推論
與假設檢定

透過前一章對多元迴歸模型基本原理的介紹，我們已經知道如何透過樣本資料計算得到多元迴歸模型的參數估計值，也明白如何去解讀迴歸參數估計值所代表的實質含義，即樣本中多個自變項和依變項之間的關係。然而，對於樣本所代表的母體來說，我們仍然無法判斷這些變項之間的關係是否存在，以及如果存在的話，這些關係到底有多強。統計分析的一個重要目的就在於透過樣本資料來認識母體狀況。根據前面章節對統計推論知識的介紹，我們知道，要想到達這個目的，就需要進行統計推論與假設檢定。本章將對多元迴歸中的統計推論與假設檢定進行介紹，從而說明我們利用樣本中的統計關係來認識母體中變項之間的關係。

與簡單迴歸中的檢定類似，多元迴歸中的檢定一般包括兩個方面的內容：(1) 對迴歸模型的整體檢定，(2) 對迴歸係數的檢定。不過，在多元迴歸中，迴歸係數的檢定不但涉及對單個係數的檢定，還包括對多個係數甚至其線性組合進行檢定。本章只討論對迴歸係數的檢定，對迴歸模型的整體檢定將在下一章中加以介紹。另外，迴歸分析中有可能涉及到與虛擬變項有關的檢定，我們將在後面的章節中另行介紹。

6.1 統計推論基本原理簡要回顧

能夠進行統計推論的道理其實很簡單。因為樣本是從母體中隨機抽取的，所以具有母體的特徵，或者說樣本是母體的代表，因此，我們可以根據樣本觀察結果來推論母體的情況[1]。

樣本的特徵稱為「點估計」，比如，前一章中得到的受教育程度和工作年數的迴歸係數，都只是反映兩者與收入之間關係的點估計而已。由於存在抽樣誤差，幾乎可以肯定，樣本特徵與母體特徵之間總是會有一定差別的。但是由於樣本是從母體中隨機抽取的，所以樣本特徵與母體特徵不應該「差別很大」。那麼，如何來衡量「差別很大」？要回答這個問題，我們需要一種距離測量（或離散程度測量），它被稱為統計量的標準誤（standard error）。第 2 章講過，標準誤是一種特殊的標準差，也就是某一統計量（比如，樣本平均數或者變異數）在抽樣分配中的標準差。

---

[1] 我們在這裡做統計推論時假定簡單隨機抽樣。在實際抽樣調查中，樣本抽偏的情形時有發生，因此經常會出現樣本和母體之間存在很大差異，這時就需要考慮具體情況對標準的統計推論加以調整，比如，統計分析中常見的加權處理等。

進行統計推論與假設檢定，我們需要知道在抽樣分配中統計量服從哪種分配。但是，在實際研究中，通常我們並不確切地知道這一資訊，因而只能借助一些假定來給定這一分配。這就是前一章提到的 A3 假定（即假定殘差 ε_i 服從常態分配）的來源。換句話說，在一般情況下，A3 假定並不是模型參數估計所必須的，而只是出於統計檢定的考慮。不過，對於社會研究而言，由於我們往往採用大樣本資料，很多情況下可以忽略這一假定。根據中央極限定理，隨著一個獨立且同分配（其平均數為 μ、變異數為 σ^2）的隨機變項的樣本規模增大，該隨機變項的平均數的分配趨近於常態分配。具體表達為：

$$當\ n \to \infty, \overline{X}_n \to N\left(\mu, \frac{\sigma^2}{n}\right)$$

特別是，統計上可以證明，對於一個服從常態分配的變項，其線性轉換仍然服從常態分配。也就是說，哪怕一個隨機變項本身並不服從常態分配，其所有可能樣本的統計量的抽樣分配在樣本規模足夠大時也會趨近於常態分配。在迴歸分析中，如果我們有很大的樣本就無需再假定 ε_i 服從常態分配，因為所有參數估計值的分配都將趨近於常態分配。

總而言之，統計推論有三個步驟：(1) 進行點估計（即計算樣本統計量），(2) 計算點估計的標準誤，得到在某種假設抽樣分配中樣本統計量的離散程度，(3) 透過點估計值和標準誤，得到檢定統計量，常用到的如 t 值和 Z 值。我們還會介紹 F 檢定方法。因此，統計推論的實質就在於去驗證樣本中體現出的自變項與依變項之間的關係是確實反映了母體中的關係，還是只是由於抽樣誤差造成的。或者說，迴歸係數點估計值是否統計顯著地不等於 0 或某個特定值。

6.2 統計顯著性的相對性，以及效果幅度

上面我們提到，多元迴歸的統計推論經常要回答這樣一個問題：偏迴歸係數的點估計值是否統計顯著地區別於 0 或某個特定的假設值。回答這個問題就要涉及到統計推論中的一個重要概念：統計顯著性（statistical significance）。

統計顯著性的設定不是絕對的。在社會研究中，習慣上將顯著水準設定成 0.05 或 0.01。在呈現迴歸結果時，一種常見的做法是：用 * 表示處於 0.05 的統計顯著水準，用 ** 表示處於 0.01 的統計顯著水準，用 *** 表示處於 0.001 的統計顯著水準。比如有一個如下的以收入為依變項的迴歸方程：

自變項：	係數
父親受教育水準	0.900*
母親受教育水準	0.501***
鞋子尺碼	−2.160

這樣設定顯著性的缺點在於可能會造成對統計檢定的盲目依賴。我們應當對顯著水準有一個數量上的評價，比如：

自變項：	係數	標準誤
父親受教育水準	0.900*	(0.450)
母親受教育水準	0.501***	(0.010)
鞋子尺碼	−2.160	(1.100)

在這種情況下來看，父親受教育水準的影響是否比鞋子尺碼的影響更為顯著呢？並不真是如此。從下面給的值來看，它們非常接近。相比之下，母親受教育水準的影響要比這兩個解釋變項的影響在統計上顯著得多。因此，這就有了第二種做法，即報告 t 值或 Z 值，比如：

自變項：	係數	t 值
父親受教育水準	0.900	2.000
母親受教育水準	0.501	50.000
鞋子尺碼	−2.160	−1.960

第二種方法要好些。但是，我們的假設檢定經常會涉及到與其他特定假設值的離差，而不是與 0 的離差。所以，統計顯著性的表述也是相對於一個假設的標準而言的。比如，我們所感興趣的可能是父親多受 1 年教育是否能使子女的受教育年數也增加 1 年。於是，這裡的假設值就是 1 而不是 0。所以，更好的呈現方式是同時給出迴歸係數對應的標準誤，這樣，讀者可以自己透過迴歸係數和標準誤得到適當的檢定統計量，如 t 值和 Z 值，再選擇一定的顯著水準來判斷該迴歸係數是否統計顯著，比如：

自變項：	係數	標準誤
父親受教育水準	0.900	(0.450)
母親受教育水準	0.501	(0.010)
鞋子尺碼	−2.160	(1.100)

有關統計顯著性的表述，文獻中存在著誤用。研究者可能會不加限定地說，這個變項是高度顯著的，或那個變項是不顯著的。這是不全面的。在上面的例子

中，我們可以說母親的教育是高度顯著地區別於 0，但它並不是顯著區別於 0.5，即如果我們假設母親受教育程度的參數是 0.5，那麼這一統計結果與該假設是一致的。也就是說，統計顯著性應當總是與某個假設聯繫起來加以表達，即：

$$z = (b_k - \beta_k^0)/SE_{b_k}$$

這裡，b_k 是某一變項迴歸係數的點估計值，β_k^0 是研究者假設的該變項迴歸係數的母體參數值，$b_k - \beta_k^0$ 反映著點估計值與假設的對應參數值之間的差異。該式所表達的意思是，以點估計值的標準誤為尺度，來衡量該點估計值與研究者對其所假設的母體參數值之間差異的幅度。如果該差異的幅度相對於標準誤而言較小，即 Z 值較小，那麼我們就認為點估計值 b_k 與假設的參數值 β_k^0 是一致的；反之，如果該差異的幅度相對於標準誤而言大到一定程度，比如說 1.96 或者 2.68，我們就認為點估計值 b_k 顯著地有別於假設的參數值 β_k^0。

在統計顯著性的問題上，還有另一種常見錯誤，就是將統計顯著性與效果幅度（size of effect）相混淆。一個變項的係數可能在統計上顯著地區別於 0，但是該係數的值卻不大。比如，在上例中，儘管父親教育對依變項的效果是大於母親教育的，但是母親教育效果比父親教育效果區別於 0 的統計顯著性更高。所以，在實際研究中，我們應當時刻對這種統計顯著性與實質顯著性之間的差別保持警覺。只要有可能，我們就應當同時看到迴歸係數及其標準誤，而不是僅僅依賴統計軟體給出的顯著水準 p 值或 α 值。

6.3　單個迴歸係數 $\beta_k = 0$ 的檢定

與簡單迴歸中對迴歸係數的檢定一樣，當我們對多元迴歸情況下單個迴歸參數 β_k 是否顯著地區別於 0 進行檢定時，就有如下虛無假設和對立假設：

$$H_0: \beta_k = 0$$
$$H_1: \beta_k \neq 0$$

對此，可以採用 Z 檢定對其進行檢定，

$$z = (b_k - 0)/SE(b_k)$$

如果 Z 值位於 (−1.96, 1.96) 這一區間之外，那麼就要在 0.05 水準上拒絕虛無

129

假設 H_0。反之，我們就不能拒絕 $\beta_k = 0$ 這個虛無假設。

比如，在前一章（例題 5–1）中我們對教育和工作經驗對月收入的影響進行了迴歸分析。我們得到教育的迴歸係數估計值為 4455.939，相應的標準誤為 313.7307，如果我們要檢定該係數是否顯著區別於 0，我們可以計算得到此時的 Z 檢定統計量為，

$$z = (4455.939 - 0)/313.7307 = 14.20307$$

該值顯然遠遠大於 1.96，因此，我們可以認為，在控制工作經驗的情況下，教育經歷在 0.05 水準上統計顯著。實際上，統計軟體一般都會直接給出該檢定統計量的值以及實際計算得到的顯著水準，不過，Stata 將該統計檢定量顯示成 t 值而不是 Z 值。但我們知道，在大樣本情況下，兩者其實是一回事。比如，本例中，前面給出的 Stata 輸出結果顯示，該係數的 t 檢定統計量數值為 14.20，與上面我們計算得到的 Z 檢定統計量完全相同。此外，Stata 還給出了實際計算的顯著水準 0.000。

6.4　多個迴歸係數的聯合檢定

在多元迴歸中，我們有時候會對若干迴歸係數是否同時統計顯著感興趣，或者對是否可以刪除迴歸模型中的若干自變項感興趣。這就涉及到多元迴歸中對多個迴歸係數進行聯合檢定的情況。

為了理解如何進行聯合檢定，我們考慮教育（*eduyr*）、工作經驗（*exp*）和工作經驗平方（*exp²*）對收入對數（*logearn*）的迴歸模型：

$$logearn = \beta_0 + \beta_1\, educyr + \beta_2\, exp + \beta_3\, exp^2 + \varepsilon \tag{6-1}$$

我們將該模型稱作非限制模型（unrestricted model），記為 U，因為模型允許對三個自變項的係數進行自由估計。現在，假設我們想要對工作經驗和工作經驗平方是否同時為 0 加以檢定。如果它們同時為 0，方程式（6-1）被簡化為：

$$logearn = \beta_0 + \beta_1\, educyr + \varepsilon \tag{6-2}$$

我們稱該模型為限制模型（restricted model），記為 R，因為該模型將工作經驗和工作經驗平方的迴歸係數均限定為 0。換句話說，這裡，我們對於母體的虛無假設

為 $H_0 : \beta_2 = \beta_3 = 0$；而對立假設 H_1 則為 β_2 和 β_3 不同時為零。

由於去掉了兩個自變項，因此，限制模型（6-2）的誤差變異（SSE）肯定不小於非限制模型（6-1）的誤差變異（SSE）。如果上述虛無假設 H_0 成立，那麼去掉工作經驗和工作經驗平方後，迴歸模型（6-2）對收入的解釋能力與模型（6-1）之間的差別應該不大，或者從誤差變異的角度說，SSE 將只是略大於模型（6-1）的 SSE。這時候我們可以建構以下檢定統計量來對虛無假設進行檢定：

$$\frac{(\text{SSE}_R - \text{SSE}_U)/q}{\text{SSE}_U/(N-K)} \tag{6-3}$$

這裡，q 是虛無假設 H_0 所限制的自由度，即限制模型和非限制模型之間相差的迴歸係數的數量，K 是非限制模型所包含的迴歸係數的數量。此式中，分子是誤差平方和的增量與虛無假設所隱含的參數限制條件數之比，而分母是非限制模型的誤差平方和與該模型的自由度之比。如果 H_0 成立，則方程式（6-3）所表達的統計量服從自由度為 $(q, N-K)$ 的 F 分配。

我們以 TSCS 資料來運行上述兩個模型，模型（6-1）的結果為：

```
. reg logearn educyr exp exp2
```

Source	SS	df	MS		
				Number of obs = 1262
				F(3, 1258) – 140.17
Model	186.615189	3	62.2050629	Prob > F = 0.0000
Residual	558.272032	1258	.44377745	R-squared = 0.2505
				Adj R-squared = 0.2487
Total	744.887221	1261	.590711515	Root MSE = .66617

logearn	Coef.	Std. Err.	t	P>|t|	[95% Conf. Interval]	
educyr	.1005108	.0074381	13.51	0.000	.0859182	.1151033
exp	.0725944	.004823	15.05	0.000	.0631324	.0820564
exp2	-.0011758	.0000976	-12.04	0.000	-.0013674	-.0009843
cons	8.159386	.1235406	66.05	0.000	7.917018	8.401755

131

模型（6-2）的結果為：

. reg logearn educyr

```
      Source |      SS       df       MS              Number of obs =    1262
-------------+------------------------------          F(  1,  1260) =  133.67
       Model |  71.441794      1   71.441794          Prob > F      =  0.0000
    Residual |  673.445427   1260  .534480498          R-squared     =  0.0959
-------------+------------------------------          Adj R-squared =  0.0952
       Total |  744.887221   1261  .590711515          Root MSE      =  .73108


      logearn |     Coef.    Std. Err.      t     P>|t|    [95% Conf. Interval]
-------------+----------------------------------------------------------------
       educyr |   .0717924   .0062097    11.56   0.000    .0596099    .0839748
         cons |   9.340717   .0824448   113.30   0.000    9.178972    9.502461
```

據此，我們可以計算對 $H_0 : \beta_2 = \beta_3 = 0$ 進行檢定的 F 統計量為：

$$F = \frac{(\text{SSE}_R - \text{SSE}_U)/q}{\text{SSE}_U/(N-K)}$$

$$= \frac{(673.445427 - 558.272032)/2}{558.272032/(1262-4)}$$

$$= 107.74331$$

顯然，該 F 值表明結果在 0.001 水準上統計顯著，我們應當拒絕虛無假設 H_0，而認為 β_2 和 β_3 不同時為零。

也許有讀者會注意到，在模型（6-1）的輸出結果中，針對工作經驗和工作經驗平方各自的檢定都在 0.000 水準上統計顯著。那麼，我們是否可以認為，該聯合檢定的結果與分別對兩者進行 t 或 Z 檢定所組成的一組檢定結果是等價的呢？答案是否定的。因為聯合檢定所檢定的是一組自變項的迴歸係數是否同時顯著地不等於零或某個假設值，而不是組中某一個變項是否顯著。實際上，即使一組自變項中絕

大多數 t 或 Z 檢定都不顯著，聯合 F 檢定也可能會是統計顯著的。另外，後面講到多元迴歸模型的整體檢定時，讀者還會發現，對多個係數的聯合 F 檢定其實是對模型整體或判定係數 R^2 檢定的一個特例。

6.5 迴歸係數線性組合的檢定

實際研究中，我們有時候會就多個迴歸係數之間的某一線性組合形式提出一些理論假設。比如，$\beta_1 - \beta_2 = 0$，被稱作相等假設；$\beta_1 - 10\beta_2 = 0$，被稱作等比例假設；或者，$\beta_1 - \beta_2 = 2$，被稱作盈餘假設。更一般地，我們可以假設 $c_1\beta_1 + c_2\beta_2 = c$，這裡 c_1、c_2 和 c 均為研究者所假設的常數。在這種情況下，我們可以把 $c_1\beta_1 + c_2\beta_2$ 看成一個新的綜合參數，它應該落在（下限，上限）這樣一個區間內。在樣本足夠大時，可以透過以下步驟來實現對該假設的檢定：

第一步：根據迴歸係數估計值，計算 $c_1b_1 + c_2b_2$，作為 $c_1\beta_1 + c_2\beta_2$ 的點估計值。

第二步：計算 $c_1b_1 + c_2b_2$ 的標準誤。首先根據

$$\mathrm{Var}(c_1b_1 + c_2b_2) = c_1^2\mathrm{Var}(b_1) + c_2^2\mathrm{Var}(b_2) + 2c_1c_2\mathrm{Cov}(b_1, b_2)$$

求得 $c_1b_1 + c_2b_2$ 的變異數，然後計算 $\mathrm{Var}(c_1b_1 + c_2b_2)$ 的正平方根。為此，需要求出參數向量 **b** 的變異數共變數矩陣，注意：b_1 和 b_2 的變異數 $\mathrm{Var}(b_1)$ 和 $\mathrm{Var}(b_2)$ 位於該矩陣對角線上，而二者的共變數 $\mathrm{Cov}(b_1, b_2)$ 則位於對角線之外。

第三步：計算 t 值，公式為 $t = (c_1b_1 + c_2b_2 - c)/\sqrt{\mathrm{Var}(c_1b_1 + c_2b_2)}$。然後選定顯著水準，將統計量的數值與 t 分配的臨界值進行比較。如果該值大於臨界值，那麼，應當拒絕虛無假設，認為該線性組合在選定的顯著水準上顯著地不等於 c。否則，將無法拒絕虛無假設。

下面，以 TSCS 資料為例，對「有人說，在臺灣這個文憑主義的社會，每 1 年的教育水平可以抵得過 2 年的社會經驗」加以檢定，$H_0: \beta_{educyr} - 2\beta_{exp} = 0$，此時對立假設為 $H_1: \beta_{educyr} - 2\beta_{exp} \neq 0$。首先我們基於樣本資料估計以下迴歸模型：

$$\widehat{logearn} = b_0 + b_1\,educyr + b_2\,exp \tag{6-4}$$

根據以下 Stata 結果，我們得到的模型是

$$\widehat{logearn} = 8.298662 + 0.1203508 \times educyr + 0.0182717 \times exp$$

. reg logearn educyr exp

Source	SS	df	MS		Number of obs =	1262
					F(2, 1259) =	123.59
Model	122.247598	2	61.1237988		Prob > F =	0.0000
Residual	622.639623	1259	.494550932		R-squared =	0.1641
					Adj R-squared =	0.1628
Total	744.887221	1261	.590711515		Root MSE =	.70324

logearn	Coef.	Std. Err.	t	P>|t|	[95% Conf. Interval]	
educyr	.1203508	.0076571	15.72	0.000	.1053286	.1353729
exp	.0182717	.0018027	10.14	0.000	.0147351	.0218084
_cons	8.298662	.1298439	63.91	0.000	8.043928	8.553396

第一步：計算得到 $\beta_{educyr} - 2\beta_{exp}$ 的點估計值為

$$b_{educyr} - 2b_{exp} = 0.1203508 - 2 \times 0.0182717 = 0.0838074$$

第二步：計算 $b_{educyr} - 2b_{exp}$ 的標準誤。為此，我們需要得到迴歸係數 b_{educyr} 和 b_{exp} 的變異數共變數矩陣。在 Stata 中，我們可以在模型配適之後，通過以下方式得到：

. vce

Covariance matrix of coefficients of regress model

```
e(V) |    educyr          exp      _cons
-------------+----------------------------------
    educyr |   .00005863
       exp |   8.637e-06   3.250e-06
     _cons | -.00095127  -.00018534   .01685944
```

那麼，$b_{educyr} - 2b_{exp}$ 的標準誤為：

$$\sqrt{b_{educyr} - 2b_{exp}} = \sqrt{\text{Var}(b_{educyr}) + 2^2\,\text{Var}(b_{exp}) - 2\times 2\text{Cov}(b_{educyr}, b_{exp})}$$
$$= \sqrt{(0.00005863 + 2^2\times(3.250e-06) - (2\times 2\times 8.637e-06))}$$
$$= 0.0060895$$

第三步：計算 t 檢定統計量，如下

$$t = 0.0838074/0.0060895$$
$$= 13.762608$$

這裡的自由度為 $df = n - 3 = 1262 - 3 = 1259$。由於 t 值為 13.762608，因此，在 0.01 的顯著水準上，我們可以拒絕這一假設，而接受對立假設。這意味著，沒有證據表明 1 年的受教育經歷與 2 年的工作經驗所帶來的收入回報是等價的。

6.6 本章小結

本章在回顧統計推論基本原理的基礎上，強調了避免在統計顯著性方面的兩種常見錯誤。第一，忽略統計顯著性的表達總是與某個具體假設聯繫起來的；第二，統計顯著性與效果幅度（或實質顯著性）之間是有差別的。然後，我們對多元迴歸中與迴歸係數有關的統計檢定進行了詳細介紹，包括單個迴歸係數的檢定、多個迴歸係數的聯合檢定以及對迴歸係數某一線性組合的檢定。

135

變異數分析和 F 檢定

在前一章，我們提到多元迴歸中的統計推論和假設檢定涉及到兩種情形：模型整體檢定和迴歸係數的檢定。我們已經對迴歸係數的假設檢定進行了介紹。在這一章，我們將對模型整體檢定加以介紹。模型整體檢定的目的在於確定迴歸模型的統計可信度，即我們在多大程度上可以將基於樣本資料所得到的多個自變項與依變項的迴歸模型推論至研究母體中。與簡單迴歸一樣，迴歸模型的整體檢定透過變異數分析（ANOVA）和 F 檢定來進行。變異數分析所要做的，就是將依變項的變異分解成組內部分和組間部分，然後比較組間部分和組內部分的相對大小，據此來判斷基於樣本資料所得的迴歸模型是反映了母體中具實的變異還是只反映了抽樣誤差的影響。具體地說，變異數分析是將總變異（SST）分解成解釋變異（SSR）與誤差變異（SSE）；然後，在考慮各自自由度影響的基礎上，得到迴歸均方和誤差均方，以誤差均方為度量單位來測量迴歸均方的相對大小，從而建構出一個 F 統計量來判斷模型整體是否統計顯著。由變異數分析和 F 檢定來進行的模型整體檢定其實是對模型所涉及的所有迴歸係數是否同時為零的聯合檢定。沿用這一思路，我們還可以利用 F 檢定來處理前一章講到的對多個迴歸係數單獨及聯合檢定的問題。下面將對迴歸模型中的變異數分析和 F 檢定進行介紹。

7.1 簡單線性迴歸中的變異數分析

7.1.1 變異數的分解

假設簡單線性迴歸模型為：

$$y = \beta_0 + \beta_1 x + \varepsilon \tag{7-1}$$

OLS 估計得到的迴歸模型為

$$y_i = b_0 + b_1 x_i + e_i \tag{7-2}$$

則該簡單線性模型的預測值為 $\hat{y}_i = b_0 + b_1 x_i$。

第 1 章講過，變項 Y 的變異數是此變項的不同取值 y_i 與其平均數 $\overline{Y}$ 的離差平方和的平均數。與此相應的平方和稱為總變異 SST（sum of squares total），即如圖 7-1(a) 所示依變項的觀察值 y_i 與平均數 $\overline{Y}$ 之間距離的平方和。從圖中我們可以看出，如果所有依變項的觀察值 y_i 相同，則 SST 為 0；而觀察值 y_i 越分散，SST 越

大。

那麼，

$$SST = \Sigma \ [y_i - \overline{Y}]^2$$
$$= \Sigma \ [y_i - (b_0 + b_1 x_i) + (b_0 + b_1 x_i) - \overline{Y}]^2$$
$$= \Sigma \ [y_i - (b_0 + b_1 x_i)]^2 + \Sigma[(b_0 + b_1 x_i) - \overline{Y}]^2 + 2\Sigma \ [y_i - (b_0 + b_1 x_i)][(b_0 + b_1 x_i) - \overline{Y}]$$
$$= \Sigma \ [e_i]^2 + \Sigma[(b_0 + b_1 x_i) - \overline{Y}]^2$$
$$= SSE + SSR$$

其中，誤差變異（sum of squares error）SSE $= \Sigma[e_i]^2$ 代表迴歸方程不能解釋的平方和，即如圖 7-1(b) 所示依變項的觀察值 y_i 與估計值 $\widehat{y_i}$ 之間的距離的平方和。如果所有的觀察值 y_i 都在迴歸直線 $\widehat{y} = b_0 + b_1 x$ 上，則 SSE 為 0；而如果 y_i 分配距離迴歸直線越遠，則 SSE 越大。解釋變異（sum of squares regression）SSR $= \Sigma[(b_0 + b_1 x_i) - \overline{Y}]^2$ 代表迴歸方程能夠解釋的平方和，即如圖 7-1(c) 中所示依變項的估計值 $\widehat{y_i}$ 和平均數 $\overline{Y}$ 之間的距離的平方和。如果迴歸直線是水平的（即 $\widehat{y_i} - \overline{Y} \equiv 0$），則 SSR 為 0；而如果迴歸直線的斜率的絕對值越大，則 SSR 越大。SSR 相對於 SST 越大，則迴歸直線能解釋的依變項的平方和也越大。

這裡我們需要注意，根據 OLS 估計，我們可以證明

$$\Sigma \ [y_i - (b_0 + b_1 x_i)][(b_0 + b_1 x_i) - \overline{Y}] = \Sigma e_i[(b_0 + b_1 x_i) - \overline{Y}] = 0$$

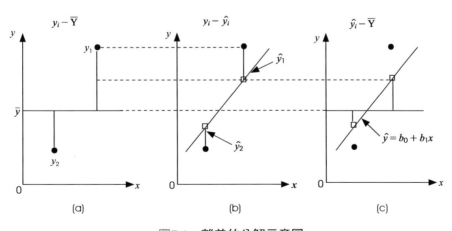

圖7-1 離差的分解示意圖

於是，依變項的總變異因此才可以分解為解釋變異與誤差變異。也就是說，我們利用普通最小平方法求解時，總有：

$$SST = SSE + SSR \qquad (7\text{-}3)$$

我們還可以從另一個角度來理解變異數分析。在任何一個母體中，如果把自變項 X 看作一個隨機變項，就可以把依變項的總變異數 $Var(Y)$ 分解為 X 組內變異數和 X 組間變異數，具體如下式所示：

$$Var(Y) = E_x[Var(Y \mid X)] + Var_x[E(Y \mid X)] \qquad (7\text{-}4)$$

其中，$E_x[Var(Y \mid X)]$ 是平均組內變異數，$Var_x[E(Y \mid X)]$ 是組間變異數。方程式（7-4）中的下標在 1.3.7 節中已說明過了。由於在任一特定母體內，總變異數是保持不變的，則從方程式（7-4）可以看出，組間變異越大，則組內變異越小。

7.1.2 矩陣形式的變異數分析

這裡我們簡單介紹一下矩陣形式的變異數分析。

$$
\begin{aligned}
SST &= \Sigma \, [y_i - \overline{Y}]^2 \\
&= \Sigma \, (y_i^2 + \overline{Y}^2 - 2\overline{Y}y_i) \\
&= \Sigma y_i^2 + \Sigma \overline{Y}^2 - \Sigma 2\overline{Y}y_i \\
&= \Sigma y_i^2 + n\overline{Y}^2 - 2n\overline{Y}^2 \\
&= \Sigma y_i^2 - n\overline{Y}^2 \\
&= \mathbf{y'y} - n\overline{Y}^2 \\
&= \mathbf{y'y} - (1/n)\mathbf{y'Jy}
\end{aligned}
\qquad (7\text{-}5)
$$

$$SSE = \mathbf{e'e}$$

$$
\begin{aligned}
SSR &= \Sigma \, [\mathbf{x}_i'\mathbf{b} - \overline{Y}]^2 \\
&= \Sigma [(\mathbf{x}_i'\mathbf{b})^2 + \overline{Y}^2 - 2 \, (\mathbf{x}_i'\mathbf{b})\overline{Y}] \\
&= \Sigma [(\mathbf{x}_i'\mathbf{b})^2] + n\overline{Y}^2 - 2\overline{Y}\Sigma \, (\mathbf{x}_i'\mathbf{b}) \\
&= \Sigma [(\mathbf{x}_i'\mathbf{b})^2] + n\overline{Y}^2 - 2\overline{Y}\Sigma \, (y_i - e_i) \\
&= \Sigma [(\mathbf{x}_i'\mathbf{b})^2] + n\overline{Y}^2 - 2n\overline{Y}^2
\end{aligned}
\qquad (7\text{-}6)
$$

$$= \Sigma[(\mathbf{x}_i'\mathbf{b})^2] - n\overline{Y}^2$$
$$= \mathbf{b}'\mathbf{X}'\mathbf{X}\mathbf{b} - n\overline{Y}^2$$
$$= \mathbf{b}'\mathbf{X}'\mathbf{y} - (1/n)\mathbf{y}'\mathbf{J}\mathbf{y}$$

其中，$\mathbf{J} = \begin{bmatrix} 1 & 1 & \cdots & 1 \\ 1 & 1 & \cdots & 1 \\ \vdots & \vdots & \ddots & \vdots \\ 1 & 1 & \cdots & 1 \end{bmatrix}_{n \times n}$，$\Sigma y_i = n\overline{Y}$，$\Sigma e_i = 0$。我們可以用矩陣證明方程式

（7-3）成立。由於

$$\mathbf{y}'\mathbf{y} = (\mathbf{X}\mathbf{b} + \mathbf{e})'\mathbf{y}$$
$$= \mathbf{b}'\mathbf{X}'\mathbf{y} + \mathbf{e}'\mathbf{y}$$
$$= \mathbf{b}'\mathbf{X}'\mathbf{y} + \mathbf{e}'(\mathbf{X}\mathbf{b} + \mathbf{e})$$

其中，最小平方法保證了 $\mathbf{e}'\mathbf{X}\mathbf{b} = 0$。從而，我們可以得到

$$\text{SST} = \mathbf{y}'\mathbf{y} - (1/n)\mathbf{y}'\mathbf{J}\mathbf{y}$$
$$= \mathbf{b}'\mathbf{X}'\mathbf{y} + \mathbf{e}'\mathbf{e} - (1/n)\mathbf{y}'\mathbf{J}\mathbf{y}$$
$$= [\mathbf{b}'\mathbf{X}'\mathbf{y} - (1/n)\mathbf{y}'\mathbf{J}\mathbf{y}] + \mathbf{e}'\mathbf{e}$$
$$= \text{SSR} + \text{SSE}$$

7.1.3 自由度的分解

因為我們採用最小平方法估計法，方程式（7-3）永遠成立。但在一個樣本中，方程式（7-4）是需要估計的。估計變異數需要知道與不同平方和所相應的自由度。SST 的自由度為 $n - 1$。這裡損失了一個自由度是因為依變項的離差（$y_i - \overline{Y}$）有一個限制條件：$\Sigma(y_i - \overline{Y}) = 0$，也就是說，這個自由度的損失是因為我們利用樣本平均數來估計母體平均數。

SSE 的自由度為 $n - 2$。這裡損失了兩個自由度是因為得到依變項的估計值需要估計兩個參數 β_0 和 β_1。

SSR 的自由度為 1。這裡雖然有 n 個離差，但是所有的估計值 $\hat{y}_i$ 都是從相同的迴歸直線計算得到的，而這條迴歸直線只有兩個自由度：截距 β_0 和斜率 β_1。這兩個自由度中其中一個損失了是因為所有的迴歸離差 $\hat{y}_i - \overline{Y}$ 之和必須為 0，即 $\Sigma(\hat{y}_i - \overline{Y}) = 0$。

這裡我們需要注意，SST 的自由度是 SSE 和 SSR 的自由度之和，即

$$n - 1 = (n - 2) + 1 \qquad (7\text{-}7)$$

7.1.4 均方

平方和除以其相應的自由度即可得到均方（mean square，簡寫為 MS）。均方的概念其實對於我們並不陌生。實際上，一般的樣本變異數就是一個均方，因為樣本變異數等於平方和 $\Sigma\, [y_i - \overline{Y}]^2$ 除以其自由度（$n - 1$）。現在我們感興趣的是迴歸均方（mean square regression，簡寫為 MSR）和誤差均方（mean square error，簡寫為 MSE）。在簡單線性迴歸中，

$$\text{MSR} = \frac{\text{SSR}}{1} = \text{SSR} \qquad (7\text{-}8)$$

$$\text{MSE} = \frac{\text{SSE}}{n - 2} \qquad (7\text{-}9)$$

這裡需要注意，迴歸均方 MSR 和誤差均方 MSE 相加不等於總變異數的均方 $\frac{\text{SST}}{n - 1}$。MSE 和 MSR 分別是對方程式（7-4）中平均組內變異數 $\mathrm{E}_x[\mathrm{Var}(Y \mid X)]$ 和組間變異數 $\mathrm{Var}_x[\mathrm{E}(Y \mid X)]$ 的不偏估計。

7.1.5 變異數分析表

變異數分析表是用來呈現依變項的總變異 SST 及其自由度的分解的。一般情況下，均方也會出現在變異數分析表中。變異數分析表透過樣本來估計母體中依變項的總變異數分解，即方程式（7-4）中的三個變異數。隨著樣本規模不斷增大，變異數分析表中的各個變異數將越來越趨近等式（7-4）的值。通常統計軟體輸出的變異數分析表如表 7-1 所示。

表 7-1　**變異數分析表格式**

Source of Variation	SS	DF	MS	F	with
Regression	SSR	DF(R)	SSR/DF(R)	MSR/MSE	[DF(R), DF(E)]
Error	SSE	DF(E)	SSE/DF(E)		
Total	SST	DF(T)	SST/ DF(T)		

下面我們透過介紹一個例子來討論簡單迴歸模型的變異數分析。假設有一個簡單線性迴歸模型：

$$\hat{y} = -1.7 + 0.84x$$

且已知 $\Sigma x_i = 100$，$\Sigma y_i = 50$，$\Sigma x_i^2 = 509.12$，$\Sigma y_i^2 = 134.84$，$\Sigma x_i y_i = 257.66$，SST 的自由度為 19，那麼我們就可以求出變異數分析表（表 7-1）中的各項結果：

由於 SST 的自由度為 19，所以，配適模型所用的樣本數為 $n = 19 + 1 = 20$

依變項的平均數為 $\overline{Y} = \dfrac{\Sigma y_i}{n} = \dfrac{50}{20} = 2.5$

根據方程式（7-5）、方程式（7-6）和方程式（7-3），分別可以得到

$$SST = \Sigma y_i^2 - n\overline{Y}^2 = 134.84 - 20 \times 2.5 \times 2.5 = 9.84$$

$$\begin{aligned}
SSR &= \Sigma[(\mathbf{x}_i'\mathbf{b})^2] - n\overline{Y}^2 \\
&= \Sigma[(-1.7 + 0.84x_i)^2] - 20 \times 2.5 \times 2.5 \\
&= \Sigma[(-1.7)^2 + (0.84x_i)^2 - 2 \times 1.7 \times (0.84x_i)] - 125 \\
&= 20 \times (-1.7)^2 + (0.84)^2 \times \Sigma (x_i)^2 - 2 \times 1.7 \times 0.84 \times \Sigma x_i - 125 \\
&= 20 \times 1.7 \times 1.7 + 0.84 \times 0.84 \times 509.12 - 2 \times 1.7 \times 0.84 \times 100 - 125 \\
&= 6.44
\end{aligned}$$

$$SSE = SST - SSR = 9.84 - 6.44 = 3.40$$

以上是關於總變異的分解。現在將其按自由度進行分解。SST 的自由度為 19，SSR 的自由度為迴歸模型的參數個數減 1，即 $2 - 1 = 1$，SSE 的自由度為 $20 - 2 = 18$。從而我們可以計算出均方 MS。

$$MSE = SSE/(n-2) = 3.40/(20-2) = 0.19$$

$$MSR = SSR/1 = SSR = 6.44$$

從而，我們可以得到這個模型的變異數分析表，如表 7-2 所示。

表 7-2　模型 $y = -1.70 + 0.840x$ 的變異數分析表

Source of Variation	SS	DF	MS	F	with
Regression	6.44	1	6.44	6.44/0.19 = 33.89	(1,18)
Error	3.40	18	0.19		
Total	9.84	19			

143

7.2　多元線性迴歸中的變異數分析

前面介紹了簡單線性迴歸的變異數分析，這一節我們將介紹多元線性迴歸中的變異數分析。多元線性迴歸中的變異數分析與簡單線性迴歸基本上相同，其主要差別在於其解釋變異（SSR）還能繼續分解為附加平方和（extra sum of squares，簡稱 ESS）。

7.2.1 變異數的基本分解

假設多元線性迴歸模型為：

$$\mathbf{y} = \mathbf{X}\boldsymbol{\beta} + \boldsymbol{\varepsilon} \tag{7-10}$$

其中 $\mathbf{X} = \begin{bmatrix} 1 & x_{11} & \cdots & x_{1,p-1} \\ \vdots & \vdots & \ddots & \vdots \\ 1 & x_{i1} & \cdots & x_{i,p-1} \\ \vdots & \vdots & \ddots & \vdots \\ 1 & x_{n1} & \cdots & x_{n,p-1} \end{bmatrix}$，$\mathbf{Y} = \begin{bmatrix} y_1 \\ \vdots \\ y_i \\ \vdots \\ y_n \end{bmatrix}$，$\boldsymbol{\beta} = \begin{bmatrix} \beta_0 \\ \beta_1 \\ \vdots \\ \beta_{p-1} \end{bmatrix}$，$\boldsymbol{\varepsilon} = \begin{bmatrix} \varepsilon_1 \\ \vdots \\ \varepsilon_i \\ \vdots \\ \varepsilon_n \end{bmatrix}$，

假設 $\mathbf{x}_i$ 是表示自變項的第 i 個觀察值的 p 維行向量，即 $\mathbf{x_i} = \begin{bmatrix} 1 \\ x_{i1} \\ \vdots \\ x_{i,p-1} \end{bmatrix}$，則

$$y_i = \mathbf{x'_i}\boldsymbol{\beta} + \varepsilon_i \tag{7-11}$$

這個多元線性模型的預測值為 $\mathbf{x'_i}\boldsymbol{\beta}$。

在多元線性模型中，方程式（7-3）仍然成立。同樣地，我們可以得到[1]

$$SST = SSE + SSR \tag{7-12}$$

$$SST = \Sigma\,[y_i - \overline{Y}]^2 = \Sigma y_i^2 - n\overline{Y}^2 = \mathbf{y'y} - (1/n)\mathbf{y'Jy} \tag{7-13}$$

$$SSE = \mathbf{e'e} \tag{7-14}$$

---

[1] 這些等式的證明與前面簡單線性回歸中的證明相同。

$$SSR = \Sigma\ [\ \mathbf{x}'_i\mathbf{b} - \overline{Y}]^2 = \Sigma[(\ \mathbf{x}'_i\mathbf{b})^2] - n\overline{Y}^2 = \mathbf{b}'\mathbf{X}'\mathbf{y} - (1/n)\mathbf{y}'\mathbf{J}\mathbf{y} \qquad (7\text{-}15)$$

其中，$\mathbf{J} = \begin{bmatrix} 1 & 1 & \cdots & 1 \\ 1 & 1 & \cdots & 1 \\ \vdots & \vdots & \ddots & \vdots \\ 1 & 1 & \cdots & 1 \end{bmatrix}_{n \times n}$ ，$\Sigma y_i = n\overline{Y}$, $\Sigma e_i = 0$。

　　多元線性迴歸中，SST 的自由度仍然為 $n - 1$，這裡損失了一個自由度是因為我們利用了樣本平均數來估計母體平均數。SSE 的自由度為 $n - p$，損失了 p 個自由度是因為依變項的估計值 $\hat{y}$（基於多元線性迴歸模型）需要估計 p 個參數。SSR 的自由度為 $p - 1$，這裡雖然有 n 個離差 $\hat{y}_i - \overline{Y}$，但是所有的估計值 $\hat{y}_i$ 都是基於相同的迴歸直線計算得到的，而這條迴歸直線只有 p 個自由度，其中一個自由度損失了是因為所有的迴歸離差 $\hat{y}_i - \overline{Y}$ 之和必須為 0，即 $\Sigma(\hat{y}_i - \overline{Y}) = 0$。這裡我們仍然可以得到，SST 的自由度是 SSE 和 SSR 的自由度之和，即

$$n - 1 = (n - p) + (p - 1) \qquad (7\text{-}16)$$

那麼，迴歸均方（MSR）和誤差均方（MSE）分別為

$$MSR = \frac{SSR}{p - 1} \qquad (7\text{-}17)$$

$$MSE = \frac{SSE}{n - p} \qquad (7\text{-}18)$$

這裡要注意，迴歸均方 MSR 和誤差均方 MSE 相加不等於總的均方 $\frac{SST}{n - 1}$。多元線性迴歸中的基本變異數分析表也與表 7-1 所示相同。

7.2.2 巢套模型

　　在介紹附加平方和之前，我們首先來介紹巢套模型（nested models）的概念。如果一個模型（模型一）中的自變項為另一個模型（模型二）中自變項的子集或子集的線性組合，我們就稱這兩個模型是巢套模型。模型一稱為限制模型（restricted model），模型二稱為非限制模型（unrestricted model）。限制模型巢套於非限制模型中。

　　假設模型 A 中有自變項 $(1, X_1, X_2)$，模型 B 中有自變項 $(1, X_1, X_2, X_3)$，模型 C

中自變項為 $(1, X_1, X_2 + X_3)$，模型 D 中自變項為 $(1, X_2 + X_3)$，那麼

- 模型 A 和模型 B 是巢套模型。模型 A 稱為限制模型（restricted model），模型 B 稱為非限制模型（unrestricted model）。稱模型 A 為限制模型是因為相對於模型 B，模型 A 將自變項 X_3 的迴歸係數限定為 0，即 $\beta_3 = 0$。
- 模型 C 和模型 A 不是巢套模型。因為模型 A 中的自變項不是模型 C 中自變項的子集或線性組合，反之亦然。
- 模型 C 和模型 B 是巢套模型。模型 C 為限制模型，模型 B 為非限制模型，因為相對於模型 B，模型 C 將 X_2, X_3 的係數設定為相等，即 $\beta_2 = \beta_3$。
- 模型 C 和模型 D 是巢套模型。模型 D 為限制模型，模型 C 為非限制模型，因為相對於模型 C，模型 D 將 X_1 的係數設定為 0，即 $\beta_1 = 0$。
- 模型 D 和模型 A 不是巢套模型。因為模型 D 中的自變項不是模型 A 中自變項的子集或線性組合，反之亦然。
- 模型 D 和模型 B 是巢套模型。模型 D 為限制模型，模型 B 為非限制模型，因為相對於模型 B，模型 D 將 X_1 的係數設定為 0，並將 X_2, X_3 的係數設為相等，即 $\beta_1 = 0$ 和 $\beta_2 = \beta_3$。

7.2.3 附加平方和

附加平方和（ESS）是指透過在已有的迴歸模型中增加一個或多個自變項而減少的誤差變異，或增加的解釋變異。只有當兩個模型巢套時才能計算附加平方和。假設依變項為 Y，自變項為 X_1、X_2 和 X_3，有以下四個迴歸模型

模型一：$Y = \beta_0 + \beta_1 X_1 + \varepsilon$

模型二：$Y = \beta_0 + \beta_2 X_2 + \varepsilon$

模型三：$Y = \beta_0 + \beta_1 X_1 + \beta_2 X_2 + \varepsilon$

模型四：$Y = \beta_0 + \beta_1 X_1 + \beta_2 X_2 + \beta_3 X_3 + \varepsilon$

可以看出，模型一巢套於模型三中，也巢套於模型四中；模型二巢套於模型三中，也巢套於模型四中；模型三巢套於模型四中；模型一和模型二不是巢套模型。將模型一、二、三、四的解釋變異、誤差變異分別標注為 $SSR(X_1)$，$SSE(X_1)$；$SSR(X_2)$，$SSE(X_2)$；$SSR(X_1, X_2)$，$SSE(X_1, X_2)$ 和 $SSR(X_1, X_2, X_3)$，$SSE(X_1, X_2, X_3)$。從模型一到模型三，X_2 為附加變項，其附加平方和定義為

$$SSR(X_2 \mid X_1) = SSR(X_1, X_2) - SSR(X_1)$$
$$或 SSR(X_2 \mid X_1) = SSE(X_1) - SSE(X_1, X_2)$$

對於模型二和模型三，X_1 為附加變項，其附加平方和定義為

$$SSR(X_1 \mid X_2) = SSR(X_1, X_2) - SSR(X_1)$$
$$或 SSR(X_1 \mid X_2) = SSE(X_2) - SSE(X_1, X_2)$$

對於模型三和模型四，附加變項為 X_3，其附加平方和定義為

$$SSR(X_3 \mid X_1, X_2) = SSR(X_1, X_2, X_3) - SSR(X_1, X_2)$$
$$或 SSR(X_3 \mid X_1, X_2) = SSE(X_1, X_2) - SSE(X_1, X_2, X_3)$$

對於模型　和模型四，附加變項組為 X_2, X_3，其附加平方和定義為

$$SSR(X_2, X_3 \mid X_1) = SSR(X_1, X_2, X_3) - SSR(X_1)$$
$$或 SSR(X_2, X_3 \mid X_1) = SSE(X_1) - SSE(X_1, X_2, X_3)$$

對於模型二和模型四，附加變項組為 X_1, X_3，其附加平方和定義為

$$SSR(X_1, X_3 \mid X_2) = SSR(X_1, X_2, X_3) - SSR(X_2)$$
$$或 SSR(X_1, X_3 \mid X_2) = SSE(X_2) - SSE(X_1, X_2, X_3)$$

7.2.4 解釋變異的分解

在多元線性迴歸中，我們可以將解釋變異 SSR 繼續分解為幾項附加平方和之和，下面以兩個自變項 X_1 和 X_2 的模型（模型三）為例來加以說明。這個模型的總變異可以分解為

$$SST = SSR(X_1, X_2) + SSE(X_1, X_2) \tag{7-19}$$

我們再看單個自變項 X_1 模型（模型一）的總變異為

$$SST = SSR(X_1) + SSE(X_1) \tag{7-20}$$

根據前面的定義

$$SSR(X_2 \mid X_1) = SSE(X_1) - SSE(X_1, X_2)$$

我們可把方程式（7-20）改寫為

$$SST = SSR(X_1) + SSR(X_2 \mid X_1) + SSE(X_1, X_2) \tag{7-21}$$

比較方程式（7-19）和（7-21）得到

$$SSR(X_1, X_2) = SSR(X_2 \mid X_1) + SSR(X_1) \tag{7-22}$$

從而，我們把模型三的解釋變異分解成兩個部分：簡單線性模型中 X_1 的貢獻 $SSR(X_1)$，和在已有 X_1 的模型中加入 X_2 的附加貢獻 $SSR(X_2 \mid X_1)$。

當然，僅包含 X_1 和 X_2 的模型的解釋變異也可分解為

$$SSR(X_1, X_2) = SSR(X_1 \mid X_2) + SSR(X_2)$$

當迴歸模型有三個自變項（如模型四）時，$SSR(X_1, X_2, X_3)$ 可以有多種分解方式。下面列出其中的四種：

$$\begin{aligned}
SSR(X_1, X_2, X_3) &= SSR(X_1) + SSR(X_2 \mid X_1) + SSR(X_3 \mid X_1, X_2) \\
&= SSR(X_2) + SSR(X_3 \mid X_2) + SSR(X_1 \mid X_2, X_3) \\
&= SSR(X_3) + SSR(X_1 \mid X_3) + SSR(X_2 \mid X_1, X_3) \\
&= SSR(X_1) + SSR(X_2, X_3 \mid X_1)
\end{aligned}$$

從中我們可以看出，當模型的自變項個數增加時，SSR 可能的分解方式也快速增加。

7.2.5 變異數分析表（包括解釋變異 SSR 的分解）

在多元迴歸分析中，我們可以繼續分解變異數分析表，即把表 7-1 中的 SSR 繼續分解為 ESS 的組合，下面我們以三個自變項 X_1、X_2 和 X_3 的多元線性模型（模型四）為例來介紹。模型四的總變異為

$$SST = SSR(X_1, X_2, X_3) + SSE(X_1, X_2, X_3) \tag{7-23}$$

我們已知方程式（7-23）可以被分解成

$$SST = SSR(X_1) + SSR(X_2 \mid X_1) + SSR(X_3 \mid X_1, X_2) + SSE(X_1, X_2, X_3) \tag{7-24}$$

也就是說，模型四的總變異可以分解為以下四項：

$$\text{SSR}(X_1) \cdot \text{SSR}(X_2 \,|\, X_1) \cdot \text{SSR}(X_3 \,|\, X_1, X_2) \text{ 和 SSE}(X_1, X_2, X_3)$$

這裡我們需要注意，前面三個附加平方和的自由度都是 1，而後面誤差變異為 n $-$ 4。因此，各項附加平方和的均方為

$$\text{MSR}\,(X_1) = \frac{\text{SSR}(X_1)}{1}$$

$$\text{MSR}\,(X_2 | X_1) = \frac{\text{SSR}(X_2 \,|\, X_1)}{1}$$

$$\text{MSR}\,(X_3 | X_1, X_2) = \frac{\text{SSR}(X_3 \,|\, X_1, X_2)}{1}$$

$$\text{MSE}\,(X_1, X_2, X_3) = \frac{\text{SSE}(X_1, X_2, X_3)}{n - 4}$$

根據以上分析，我們可以得到如表 7-3 的變異數分析表。

表 7-3　**三個自變項模型的變異數分析表（包括 SSR 的分解）**

Source of Variation	SS	DF	MS
Regression	$\text{SSR}(X_1, X_2, X_3)$	3	$\text{SSR}(X_1, X_2, X_3)/3$
X_1	$\text{SSR}(X_1)$	1	$\text{SSR}(X_1)/1$
$X_2	X_1$	$\text{SSR}(X_2 | X_1)$	1	$\text{SSR}(X_2 | X_1)/1$
$X_3	X_1, X_2$	$\text{SSR}(X_3 | X_1, X_2)$	1	$\text{SSR}(X_3 | X_1, X_2)/1$
Error	$\text{SSE}(X_1, X_2, X_3)$	$n - 4$	$\text{SSE}/(n - 4)$
Total	SST	$n - 1$	$\text{SST}/(n - 1)$

現在，我們以 TSCS 資料為例來計算包括 SSR 分解的變異數分析表。我們將研究性別、教育對收入的影響，透過 Stata 我們可以計算得到表 7-4(a)(b)(c) 中各項結果[2]。根據前三個模型，可以得到

$$\text{SSR}(X_1) = 20.839725 \cdot \text{SSR}(X_2) = 71.441794 \cdot \text{SSR}(X_1, X_2) = 86.6729353$$

---

[2] 在計算過程中，我們可能發現Stata的輸出結果和常用的稍微不同。一般我們使用 SSE 來指代 Sum of Squares Error，但是 Stata 是使用 SSR 來指代這一數值的，指 Sum of Squares Residual。此外，在經濟學的很多書裡面都用 SSE 來表示 Sum of Squares Explained，也就是我們這裡的解釋變異 SSR（sum of squares regression），這剛好與我們使用的名稱相反。

從而我們得到

$$SSR(X_2 \mid X_1) = SSR(X_1, X_2) - SSR(X_1) = 88.6729353 - 20.8397259 = 67.8332094$$
$$SSR(X_1 \mid X_2) = SSR(X_1, X_2) - SSR(X_2) = 88.6729353 - 71.441794 = 17.2311413$$

我們可以畫一個示意圖來表示包括 SSR 分解的變異數分析，如圖 7-2。

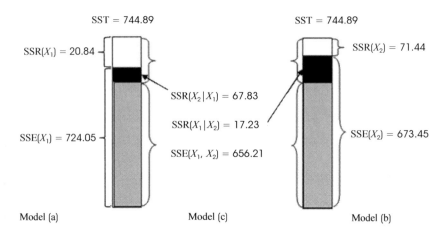

圖7-2　包括SSR分解的變異數分析示意圖——以TSCS資料為例

基於前面的計算結果，我們可以得到表 7-4(d)(e)，即包括 SSR 分解的變異數分析表。注意 $SSR(X_2 \mid X_1)$、$SSR(X_1 \mid X_2)$ 的自由度都是 1。從表 7-4 可以看出，基於已有模型，加到模型中的新變項能解釋的附加平方和 ESS 一般來說要比此變項獨立作解釋變項時的解釋變異 SSR 小。這是因為模型中已有變項和新加入的變項相關，即教育與性別相關。

表 7-4　**變異數分析表（包括 SSR 的分解）**

(a) 迴歸模型（Y 收入、X_1 性別）

Source of Variation	SS	DF	MS
Regression	20.8397259	1	20.8397259
Error	724.047495	1260	0.574640869
Total	744.887221	1261	0.590711515

(b) 迴歸模型（Y 收入、X_2 受教育程度）

Source of Variation	SS	DF	MS
Regression	71.441794	1	71.441794
Error	673.445427	1260	0.534480498
Total	744.887221	1261	0.590711515

(c) 迴歸模型（Y 收入、X_1 性別、X_2 受教育程度）

Source of Variation	SS	DF	MS
Regression	88.6729353	2	44.3364676
Error	656.214286	1259	0.521218654
Total	744.887221	1261	0.590711515

(d) 迴歸模型（Y 收入、X_1 性別、X_2 受教育程度）

Source of Variation	SS	DF	MS
Regression	88.6729353	2	44.3364676
X_1	20.8397259	1	20.8397259
$X_2 \mid X_1$	67.833209	1	67.833209
Error	656.21428	1259	0.521218654
Total	744.887221	1261	0.590711515

(e) 迴歸模型（Y 收入、X_1 性別、X_2 受教育程度）

Source of Variation	SS	DF	MS
Regression	88.6729353	2	44.3364676
X_2	71.441794	1	71.441794
$X_1 \mid X_2$	17.231141	1	17.231141
Error	656.214286	1259	0.521218654
Total	744.887221	1261	0.590711515

151

7.3 變異數分析的假定條件

我們可以看出變異數分析是建立在對迴歸方程使用最小平方法估計的基礎上的。所以，變異數分析的假定條件和最小平方法估計的假定條件是一致的，即以下幾個假定：

‧假定 $\mathbf{X'X}$ 是非奇異的矩陣，從而保證最小平方估計的解存在；

- 正交假定（A1）：$\mathbf{X'\varepsilon} = 0$，從而保證變異數分析表能得到關於母體變異數分析的不偏估計（方程式（7-4））。因為只有當 X 和 ε 之間的共變數為 0，從而 b 是 β 的不偏估計時，才能得到母體變異數分析的不偏估計。
- 獨立且同分配之假定（A2）：對於估計 $Var(\varepsilon_i)$，需要同分配假定和無序列相關假定。
- 常態分配假定（A3）：對於小樣本，還需要假定 ε_i 服從於常態分配。

7.4　F 檢定（F Test）

前面介紹的迴歸變異數分析主要目的在於對迴歸方程進行檢定。我們可以透過 F 檢定來檢定依變項 Y 和自變項 $X_1, X_2, X_3, \cdots$ 的線性關係是否顯著，即判斷所有的迴歸係數中是否至少有一個不等於 0。我們不僅可以利用 F 檢定來檢定迴歸模型，還可以用它來檢定模型中的某個迴歸係數是否為 0。F 檢定是比 t 檢定更為一般的統計檢定。F 檢定透過比較迴歸均方 MSR 與誤差均方 MSE 來建構檢定統計量：

$$F_{df_1, df_2} = \frac{\text{MSR}}{\text{MSE}} \tag{7-25}$$

可以看到，F 統計量有兩個自由度，即分子的自由度 df_1 和分母的自由度 df_2。df_1 等於 SSR 的自由度，df_2 等於 SSE 的自由度。虛無假設（null hypothesis）認為迴歸方程解釋的變異數是出於偶然性，而 F 統計量正是用來檢定由對立假設（alternative hypothesis）所解釋的變異數是否出於偶然性，這裡偶然性的程度是用 MSE 來衡量的。F 檢定值通常都大於 1。F 值越大於 1，虛無假設就越可能不真實（即拒絕虛無假設的可能性越大）。我們可以比較計算出來的 F 統計量和 F 檢定表中的 F 值，然後決定是否拒絕虛無假設。

我們可以透過 F 檢定來進行線性迴歸中的許多檢定，這是因為我們可以用第 7.2.2 節介紹的巢套模型做 F 檢定。在兩個巢套模型中，我們可以用 F 檢定來檢定限制模型中的限定假設。而 F 檢定也只能檢定巢套模型，兩個不巢套的模型是不能用 F 統計量進行檢定的。

首先，我們運行兩個巢套模型：限制模型（restricted model，簡稱 R）和非限制模型（unrestricted model，簡稱 U）。這兩個模型的 SST 相同，但 SSE 和 SSR 不同。F 統計量為

$$F_{(df_R - df_U), df_U} = \frac{(\text{SSE}_R - \text{SSE}_U) / [df(\text{SSE}_R) - df(\text{SSE}_U)]}{\text{SSE}_U / df_U} \qquad (7\text{-}26)$$

$$\text{或} F_{(df_U - df_R), df_R} = \frac{(\text{SSR}_U - \text{SSR}_R) / [df(\text{SSR}_U) - df(\text{SSR}_R)]}{\text{SSE}_U / df_U} \qquad (7\text{-}27)$$

其中 $df(\text{SSE}_R) - df(\text{SSE}_U) = df(\text{SSR}_U) - df(\text{SSR}_R) = \Delta df$。這個自由度增量是限制模型中約束條件的數目，也就是參數個數的變化。式（7-27）也可以表示為

$$F_{(df_U - df_R), df_U} = \frac{(R^2_U - R^2_R) / \Delta df}{(1 - R^2_U) / df_U} \qquad (7\text{-}28)$$

注意，當 F 統計量的第一自由度等於 1 時，有

$$t_{df}^2 = F_{1, df} \qquad (7\text{-}29)$$

也就是說，當 F 統計量的第一自由度等於 1 時，我們既可以採用 F 檢定，也可以採用 t 檢定，兩者的結論完全相同。換句話說，t 檢定是 F 檢定在分子自由度等於 1 時的一種特例。

7.5 判定係數增量（Incremental R²）

在第 3 章我們簡單介紹了判定係數（coefficient of determination）。判定係數指解釋變異占總變異的比例，記為 R^2。通常我們把它理解為迴歸方程解釋掉的平方和占其總變異的比例。

$$R^2 = \frac{\text{SSR}}{\text{SST}} \qquad (7\text{-}30)$$

當我們在迴歸模型中加入新的自變項時，R^2 會增加。我們將增加的 R^2 稱為判定係數增量。這一增量意味著有更多的平方和被模型所解釋，或者說 SSR 增加而 SSE 減少了。

當迴歸方程中加入更多的自變項時，我們會發現

(1) SST 保持不變；

(2) SSR 會增加（至少不減少）；

(3) SSE 會減少（至少不增加）；

(4) R^2 會增加（至少不減少）；

(5) MSR 一般情況下會增加；

(6) MSE 一般情況下會減少；

(7) 迴歸方程 F 檢定值一般情況下會增加。

需要注意的是，對於上述的第 (5) 項和第 (7) 項，當迴歸模型中加入了不相關的變項時，對解釋平方和沒有貢獻，卻消耗了更多的自由度，此時可能導致不好的模型。

7.6 適合度的測量

第 3 章介紹了評價迴歸直線適合度的方法，這裡我們介紹幾種迴歸模型適合度（goodness-of-fit）的測量方法。

1. 判定係數 R^2

判定係數 R^2 對模型整體的適合度來說是一個有啟發意義的測量。但是它沒有相應的檢定統計量。R^2 測量了依變項的平方和中被模型所「解釋」的比例：

$$R^2 = \frac{SSR}{SST} = \frac{SSR}{SSR + SSE}$$

R^2 越大，說明模型配適得越好。

2. 模型的 F 檢定

模型的 F 檢定是對一個聯合假設進行檢定，即模型中除常數項以外的所有迴歸係數都是 0。與 F 檢定相對應的自由度為：分子的自由度為 $p - 1$，分母的自由度為 $n - p$。即

$$F(p - 1, n - p) = \frac{MSR}{MSE}$$

3. 對單個參數的 t 檢定

t 檢定用於對單個參數的檢定，其假設是模型的某個迴歸係數等於某個特定值（通常為 0）。

$$t_k = (b_k - \beta_{k0})/\sqrt{SE_k}$$

其中，SE_k 是 $MSE(\mathbf{X'X})^{-1}$ 中對角線上的元素，其自由度為 $n - p$。

4. 判定係數增量（incremental R^2）

相對於一個限制模型 R，非限制模型 U 的 R^2 增量為：

$$\Delta R^2 = R_U^2 - R_R^2 \tag{7-31}$$

5. 巢套模型的 F 檢定

巢套模型的 F 檢定是 F 檢定和 t 檢定的最一般形式。

$$F_{(df_R - df_U), df_U} = \frac{(SSE_R - SSE_U) / [df(SSE_R) - df(SSE_U)]}{SSE_U / df_U}$$

如果非限制模型與限制模型之間只相差一個參數的話，F 檢定與 t 檢定是等價的。如果將只有截距的模型作為限制模型，而將某一被考慮到的模型作為非限制模型的話，那麼這一模型的 F 檢定可看成是對這組特殊的巢套模型的 F 檢定。

7.7 實例分析

社會學經常研究高中生數學成績的社會影響因素，下面我們就以此為例來說明變異數分析。研究的樣本數為 400 個高中生[3]，它包括以下幾個變項：

Y：數學成績

X_1：父親的受教育程度

X_2：母親的受教育程度

X_3：家庭的社會地位

X_4：兄弟姐妹數

X_5：班級排名

X_6：父母總受教育程度（注意 $X_6 = X_1 + X_2$）

從迴歸模型的計算中，我們可以得到表 7-5 中所有空白處的資料。

---

[3] 這個資料是選取了真實資料的一小部分來舉例說明。

表 7-5　變異數分析表──以高中生數學成績為例

Model	SST	SSR	SSE	DF(SSE)	R^2
(a)$Y \mid (1\ X_1\ X_2\ X_3\ X_4)$	34863	4201			
(b)$Y \mid (1\ X_3\ X_4\ X_6)$	34863			396	0.1065
(c)$Y \mid (1\ X_3\ X_4\ X_5\ X_6)$	34863	10426	24437	395	0.2991

從這些表中已有的資料，我們可以計算出所有空白處的資料：

$\text{SSE}_a = \text{SST}_a - \text{SSR}_a = 34863 - 4201 = 30662$

$\text{DF}_a = 400 - 5 = 395$

$R_a^2 = \dfrac{\text{SSR}}{\text{SST}_a} = \dfrac{4201}{34683} = 0.1205$

$\text{SSR}_b = \text{SST}_b \times R_b^2 = 34863 \times 0.1065 = 3713$

$\text{SSE}_b = \text{SST}_b - \text{SSR}_b = 34863 - 3713 = 31150$

我們可以透過表 7-5 檢定父母總受教育程度、家庭的社會地位和兄弟姐妹數對數學成績是否都沒有影響，也就是檢定模型 (b) 中 X_3、X_4 和 X_6 的係數是否全為 0，即 $H_0: \beta_3 = \beta_4 = \beta_6 = 0$。根據方程式（7-25）

$$F_{3,396} = \frac{\text{MSR}}{\text{MSE}} = \frac{3713/3}{31150/396} = 15.73$$

查 F 分配表可以得到 $F_{3,396} = 15.73$ 對應的 p 值為 1.098×10^{-9}，這表明模型在 0.001 水準上是顯著的，也就是我們可以拒絕原假設，而得出結論 X_3、X_4 和 X_6 的係數至少有一個不為 0。

表 7-5 中的模型 (a) 和模型 (b) 是巢套模型，其中模型 (a) 為非限制模型，模型 (b) 為限制模型。模型 (b) 限制了自變項 X_1 和 X_2 的係數相同，也就是說模型 (b) 假定父親的教育程度對子女數學分數的效果與母親的教育程度相同。根據這兩個模型，我們可以檢定假設：在控制了家庭的社會地位和兄弟姐妹數時，父親和母親的受教育程度對子女數學分數的效果是相同的，即 $H_0: \beta_1 = \beta_2$。利用方程式（7-26）可以得到

$$F_{1,395} = \frac{(\text{SSE}_R - \text{SSE}_U)/[df(\text{SSE}_R) - df(\text{SSE}_U)]}{\text{SSE}_U/df_U} = \frac{(31150 - 30662)/(396 - 395)}{30662/395} = 6.29$$

查 F 分配表可以得到 $F_{1,395} = 6.29$ 對應的 p 值為 0.0125，這表明結果在 0.05 水準上

統計顯著，也就是說在 0.05 的顯著水準上我們應當拒絕父母親教育程度的效果相同的虛無假設，從而推出父親的受教育程度對子女數學成績的效果和母親的受教育程度的效果不同。

在這裡需要注意，我們不能把 X_6 增加到模型 (a) 中，因為 X_6 是 X_1 和 X_2 的線性組合，加入它會使矩陣 **X'X** 奇異，從而無法計算最小平方估計的 b 解。

表 7-5 中模型 (b) 和模型 (c) 也是巢套模型，其中模型 (b) 為限制模型，模型 (c) 為非限制模型。模型 (b) 限制了自變項 X_5 的係數為 0，也就是假設班級等級對數學成績的影響為 0，即 $H_0: \beta_5 = 0$。利用方程式（7-26）可以得到

$$F_{1,395} = \frac{(\text{SSE}_R - \text{SSE}_U)/[df(\text{SSE}_R) - df(\text{SSE}_U)]}{\text{SSE}_U/df_U} = \frac{(31150 - 24437)/(396 - 395)}{24437/395} = 108.50$$

顯然，該 F 值表明結果在 0.001 水準上統計顯著，我們應該拒絕原假設，即認為 β_5 不為 0，也就是說班級等級對數學成績有影響。

由於 t 檢定是 F 檢定在分子自由度等於 1 時的一種特例：

$$t = \sqrt{F} = \sqrt{108.50} = 10.42$$

顯然，t 檢定給我們完全一樣的結果，也表明我們應該拒絕原假設，也就是說班級等級對數學成績有影響。

模型 (c) 是模型 (b) 加入新的自變項（班級等級）得到的，我們可以根據這兩個模型計算判定係數增量。根據方程式（7-31），可以得到

$$\Delta R^2 = R_U^2 - R_R^2 = 0.2991 - 0.1065 = 0.1926$$

可以看出，當模型 (b) 中加入新的自變項時，R^2 會增加，這意味著有更多的平方和被新模型所解釋。從表 7-5 中模型 (b) 和模型 (c) 可以看出，當迴歸方程中加入更多的自變項時，SST 保持不變，SSR 總是增加，SSE 總是減少，R^2 總是增加。

7.8　本章小結

本章主要介紹了變異數分析、F 檢定和模型的適合度等。變異數分析的本質就是將依變項的總變異 SST 分解為解釋變異 SSR 與誤差變異 SSE，並將自由度做相應的分解，計算相應的迴歸均方 MSR 和誤差均方 MSE，從而建構變異數分析表。

多元線性迴歸中的變異數分析與簡單線性迴歸基本上相同，其主要差別在於

多元線性迴歸中解釋變異 SSR 還能繼續分解為附加平方和 ESS。附加平方和是指透過在已有的迴歸模型中增加一個或多個自變項而減少的誤差變異或增加的解釋變異。只有兩個模型巢套時才能計算附加平方和。當一個模型中的自變項為另一個模型中自變項的子集或子集的線性組合，則稱這兩個模型是巢套模型。第一個模型稱為限制模型（restricted model），第二個模型稱為非限制模型（unrestricted model），限制模型巢套於非限制模型中。多元迴歸模型的變異數分析表可以繼續分解為包括附加平方和 ESS 的變異數分析表。

變異數分析的主要目的在於檢定迴歸模型。透過變異數分析，我們可以建構 F 統計量來檢定迴歸模型，或模型中的某個迴歸係數是否為零等假設。F 檢定透過比較迴歸均方 MSR 與誤差均方 MSE 來建構檢定統計量。F 檢定是比 t 檢定更為一般的統計檢定。我們可以透過 F 檢定來進行線性迴歸中的所有檢定，其原因在於 F 檢定使用了巢套模型。在兩個巢套模型中，我們總是可以用 F 檢定來檢定限制模型中的限定假設。而 F 檢定也只能檢定巢套模型，兩個不巢套的模型是不能用 F 統計量進行檢定的。當 F 統計量的第一自由度等於 1 時，我們既可以採用 F 檢定，也可以採用 t 檢定，兩者會得到相同的結論。也就是說，t 檢定是 F 檢定在分子自由度等於 1 時的一種特例。

當迴歸方程中加入更多的自變項時，SST 保持不變，SSR 增加，SSE 減少，R^2 增加，MSR 一般情況下會增加，MSE 一般情況下會減少，F 檢定值一般情況下會增加。需要注意的是，對於 MSR 和 F 檢定，當迴歸模型中加入了不相關的變項時，不僅對解釋變異數沒有貢獻，而且會消耗更多的自由度，此時可能導致不好的模型。

本章最後還提到幾種迴歸模型的適合度的測量方法：判定係數 R^2，模型的 F 檢定，單個參數的 t 檢定，判定係數增量以及巢套模型的 F 檢定。

輔助迴歸和偏迴歸圖

　　前面幾章討論了多元線性迴歸及有關統計推論和假設檢定的內容。本章將透過輔助迴歸（auxiliary regression）和偏迴歸圖（partial regression plot）來探討是否應該在模型中加入其他自變項，並分析自變項對依變項的「淨」影響。

8.1　迴歸分析中的兩個常見問題

　　在多元迴歸分析中，選擇自變項時經常遇到以下兩個問題。

1. 加入了不相關的自變項

　　在多元迴歸分析中，有些研究者為了提高模型的解釋力（由 R^2 來反映）可能會盡可能地往模型中添加自變項。但是，這種做法是不恰當的。因為，如果在迴歸方程中加入了不相關的自變項，容易產生以下問題：

　　第一，錯過有理論價值的發現；

　　第二，違背奧康精簡律（Ockham's razor）[1]，即簡約原則（Law of Parsimony）。根據奧康精簡律，萬事萬物應儘量簡單，用最簡單的方式來表達規律，儘量避免加入不相關的自變項；

　　第三，損耗自由度。模型中多增加一個自變項將多損耗一個自由度，當樣本量較少時，過度損耗自由度可能會造成迴歸方程無法求解；

　　第四，降低估計精確度。加入的自變項增多，自變項之間的相關程度就可能增加，這容易造成多元共線性，從而降低估計精確度。

　　總而言之，在多元迴歸中，盲目地為追求解釋力而增加模型中的自變項是不可取的。我們應當根據理論框架和研究假設來選擇自變項，儘量避免加入不相關的自變項，從而確保模型的簡約性。

2. 遺漏了關鍵的自變項

　　假設真實的迴歸模型為：

$$y_i = \beta_0 + \beta_1 x_{i1} + \beta_2 x_{i2} + \beta_3 x_{i3} + \varepsilon_i \tag{8-1}$$

---

[1] 奧康精簡律（Occam's razor，或 Ockham's razor），又稱簡約原則（Law of Parsimony），是由 14 世紀英國神學家和哲學家 William of Ockham 提出的，主要是指「如無必要，勿增實體」（Entities should not be multiplied needlessly），也可以理解為「對於現象最簡單的解釋往往比複雜的解釋更正確」，或者「如果有兩種類似的解決方案，選擇最簡單的」。

但是，如果在實際調查中只收集到 y、x_1 和 x_2 三個變項的資料而在實際的迴歸模型中遺漏了自變項 x_3，則這種情況可能導致迴歸模型的參數估計值有偏誤。即使主要興趣在於研究變項 x_1 或 x_2 對 y 的影響，遺漏關鍵的自變項 x_3 也會影響到對參數 β_1、β_2 估計的不偏性。例如，假設我們想研究 20 至 30 歲之間的年輕人的教育程度對收入的影響。如果遺漏了年齡變項，那麼估計出來的教育程度變項對收入的影響就可能是有偏誤的。這是因為，在這個年齡段，年齡較大的人更可能接受更多的教育，且年齡較大的人比年輕人的平均收入高，也就是說，教育對收入影響的估計也與是否控制了年齡有關。

下面，我們將透過輔助迴歸的方法來對這兩個問題做具體分析。

8.2 輔助迴歸

在多元迴歸中，我們經常遇到被稱作共變項（covariate）的一類變項。共變項是指影響依變項的伴隨變項，在實驗設計中，它指實驗者不進行操作處理但仍然需要加以考慮的因素，因為它會影響到實驗結果。例如，在研究自變項 x 對依變項 y 的影響時，自變項 M 對依變項 y 也存在影響，則稱自變項 M 為共變項。根據其出現在自變項 x（即實驗處理）之前還是之後，共變項 M 可分為：測前共變項（pre-treatment covariate）和測後共變項（post-treatment covariate)。如果共變項出現在作為實驗處理的自變項 x 之前，則稱其為測前共變項（pre treatment covariate）；如果出現在之後，則稱其為測後共變項（post-treatment covariate)。當共變項 M 是測前變項時，它可以作為自變項 x 和依變項 y 的一個共同解釋原因或一個調節變項（moderator variable）。調節變項是指影響自變項和依變項之間關係的方向或強弱的質性或量化的變項（即交互作用，見第 13 章）。當共變項是測後變項時，共變項 M 就可以作為中介變項（intervening variable）[2]。中介變項是指在自變項 x（即施測變項）發生之後、依變項 y 產生之前發生的變項，這個變項難於預測甚至無法預測，但可能影響到依變項。在輔助迴歸中，我們經常遇到測前變項，所以下面將著重討論測前共變項，即必須發生在自變項 x 之前的共變項。不過，下面介紹的公式同樣適用於存在測後共變項的情形。

---

[2] 國外一些統計文獻將中介變項稱為 mediator。另外，這種中介可以是完全（full）中介或者部分（partial）中介。

8.2.1 輔助迴歸

假設真實的迴歸模型為

$$y_i = \beta_0 + \beta_1 x_{i1} + \cdots + \beta_{(p-2)} x_{i(p-2)} + \beta_{(p-1)} x_{i(p-1)} + \varepsilon_i \tag{8-2}$$

這裡,假如我們關注的是 β_k 且 $k \in (1, \cdots, p-2)$,即自變項 x_k 對依變項 y 的影響。在不失一般性的情況下,假定自變項 x_{p-1} 被遺漏了,則實際得到的迴歸模型為

$$y_i = \alpha_0 + \alpha_1 x_{i1} + \cdots + \alpha_{(p-2)} x_{i(p-2)} + \delta_i \tag{8-3}$$

此時,我們想知道 β_k 和 α_k 是否相等,也就是遺漏變項 x_{p-1} 是否導致其他迴歸參數估計值出現偏誤。如果 β_k 和 α_k 不相等,則意味著產生了遺漏變項產生之偏誤;如果 β_k 和 α_k 相等,則意味著未產生遺漏變項產生之偏誤,此時模型中加入被遺漏的變項 x_{p-1} 對迴歸係數沒有影響。

我們可以用輔助迴歸來探究遺漏變項產生之偏誤問題。輔助迴歸方法將遺漏自變項 x_{p-1} 作為依變項,對其他全部自變項 $x_1, \cdots, x_{p-2}$ 進行迴歸,即

$$x_{i(p-1)} = \tau_0 + \tau_1 x_{i1} + \cdots \tau_{(p-2)} x_{i(p-2)} + \mu_i \tag{8-4}$$

將方程式(8-4)代入方程式(8-2),得到

$$y_i = \beta_0 + \beta_1 x_{i1} + \cdots + \beta_{(p-2)} x_{i(p-2)} + \beta_{(p-1)}[\tau_0 + \tau_1 x_{i1} + \cdots + \tau_{(p-2)} x_{i(p-2)} + \mu_i] + \varepsilon_i \tag{8-5}$$
$$= \beta_0 + \beta_{(p-1)}\tau_0 + [\beta_1 + \beta_{(p-1)}\tau_1]x_{i1} + \cdots + [\beta_{(p-2)} + \beta_{(p-1)}\tau_{(p-2)}]x_{i(p-2)} + \beta_{(p-1)}\mu_i + \varepsilon_i$$

比較方程式(8-3)和方程式(8-5),可以得到

$$\alpha_k = \beta_k + \beta_{p-1}\tau_k \tag{8-6}$$

這裡,$\beta_{p-1}\tau_k$ 就是遺漏變項產生之偏誤。

從方程式(8-6)中可以看出,遺漏變項產生之偏誤是遺漏自變項 x_{p-1} 對依變項 y 的效果 β_{p-1} 和關鍵自變項 x_k 對遺漏自變項 x_{p-1} 的效果 τ_k 的乘積。由此還可以看出,產生遺漏變項產生之偏誤需要兩個條件:

第一個條件為有關條件(relevance condition):遺漏變項會影響依變項,即 $\beta_{p-1} \neq 0$;

第二個條件為相關條件(correlation condition):遺漏變項與關鍵自變項相

關，即 $\tau_k \neq 0$。

只有這兩個條件同時滿足時才會產生遺漏變項產生之偏誤，β_{p-1} 和 τ_k 中只要有一個為零都不會產生遺漏變項產生之偏誤。如圖 8-1 所示，只有第一個有關條件和第二個相關條件同時滿足時，從模型中遺漏 x_2 才會產生遺漏變項產生之偏誤；當只有其中一個條件滿足時，遺漏掉變項 x_2 並不會導致對自變項 x_1 效果的估計產生偏誤，即不會產生遺漏變項產生之偏誤。

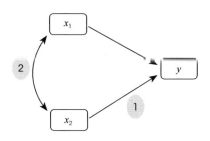

圖8-1　遺漏變項產生之偏誤產生條件的示意圖

根據方程式（8-6），我們不僅能判斷是否會產生遺漏變項產生之偏誤；而且，當發生了遺漏變項產生之偏誤時，我們還可以判斷遺漏變項產生之偏誤的方向。如果遺漏變項 x_{p-1} 對依變項 y 的效果 β_{p-1} 和關鍵自變項 x_k 對遺漏自變項 x_{p-1} 的效果 τ_k 方向相同，即 β_{p-1} 和 τ_k 同為正或同為負，那麼實際配適得到的迴歸參數估計值 α_k 將被高估，即估計值 α_k 大於真實值 β_k；如果兩者的方向相反，則 α_k 將被低估，即估計值 α_k 小於真實值 β_k。

8.2.2 加入和刪除自變項的標準

在多元迴歸分析中，經常需要選擇「最優」的迴歸方程，這涉及到迴歸模型中自變項的取捨問題。那麼應該根據什麼標準來加入和刪除自變項呢？很多研究者僅僅根據迴歸方程中的自變項是否顯著來選擇自變項，這樣有可能導致很荒謬的結論。例如，我們想研究不同年級的小學生的統考數學成績和他們鞋子尺寸之間的關係，如果僅根據變項的顯著情況來判斷，可能會得出「鞋子尺寸越大數學成績越好」的結論。這是因為學生的學習成績與年齡緊密相關（年齡越大的學生學習成績有可能越好），而鞋子尺寸與年齡也有關（年齡越大的學生鞋子尺寸也越大）。所以，如果用數學成績對鞋子尺寸進行迴歸，統計上很可能會顯著，但是得出的結論卻是錯誤的。原因就在於數學成績和鞋子尺寸的顯著關係實際上是由於遺漏了年齡

這個關鍵自變項而產生的。

在多元迴歸分析中，正確的做法應該是根據理論及以往的研究結論提出研究問題，然後依據研究問題和理論框架來選擇自變項，最後才是利用資料來檢定加入的這些自變項是否統計顯著。一般地，在加入和刪除自變項時，應該遵循以下兩個標準：

第一，加入自變項要有理論依據；

第二，用 F 檢定來排除那些不相關的自變項。

8.2.3 偏迴歸估計

假設真實的迴歸模型為

$$y_i = \beta_0 + \beta_1 x_{i1} + \cdots + \beta_{(p-1)} x_{i(p-1)} + \varepsilon_i \tag{8-7}$$

其矩陣形式可以表達為

$$\mathbf{y} = \mathbf{X}\boldsymbol{\beta} + \boldsymbol{\varepsilon} \tag{8-8}$$

其中，$\mathbf{y} = \begin{bmatrix} y_1 \\ y_2 \\ \vdots \\ y_n \end{bmatrix}$，$\mathbf{X} = \begin{bmatrix} 1 & x_{11} & \cdots & x_{1(p-1)} \\ 1 & x_{21} & \cdots & x_{2(p-1)} \\ \vdots & \vdots & \ddots & \vdots \\ 1 & x_{n1} & \cdots & x_{n(p-1)} \end{bmatrix}$，$\boldsymbol{\beta} = \begin{bmatrix} \beta_0 \\ \beta_1 \\ \vdots \\ \beta_{(p-1)} \end{bmatrix}$，$\boldsymbol{\varepsilon} = \begin{bmatrix} \varepsilon_1 \\ \varepsilon_2 \\ \vdots \\ \varepsilon_n \end{bmatrix}$。

方程式（8-8）也可以寫成

$$\mathbf{y} = \mathbf{X}_1\boldsymbol{\beta}_1 + \mathbf{X}_2\boldsymbol{\beta}_2 + \boldsymbol{\varepsilon} \tag{8-9}$$

其中 $\mathbf{X}_1 = \begin{bmatrix} 1 & x_{11} & \cdots & x_{1(p_1-1)} \\ 1 & x_{21} & \cdots & x_{2(p_1-1)} \\ \vdots & \vdots & \ddots & \vdots \\ 1 & x_{n1} & \cdots & x_{n(p_1-1)} \end{bmatrix}$，$\mathbf{X}_2 = \begin{bmatrix} x_{1p_1} & x_{1(p_1+1)} & \cdots & x_{1(p-1)} \\ x_{2p_1} & x_{2(p_1+1)} & \cdots & x_{2(p-1)} \\ \vdots & \vdots & \ddots & \vdots \\ x_{np_1} & x_{n(p_1+1)} & \cdots & x_{n(p-1)} \end{bmatrix}$，

$\boldsymbol{\beta}_1 = \begin{bmatrix} \beta_0 \\ \beta_1 \\ \vdots \\ \beta_{(p_1-1)} \end{bmatrix}$，$\boldsymbol{\beta}_2 = \begin{bmatrix} \beta_{p_1} \\ \beta_{(p_1+1)} \\ \vdots \\ \beta_{(p-1)} \end{bmatrix}$，

$\mathbf{X}_1$ 和 $\mathbf{X}_2$ 分別是維度為 $n \times p_1$ 和 $n \times p_2$ 的矩陣（這裡，$p_1 + p_2 = p$），其中 $\mathbf{X}_1$ 是實

際模型中的自變項組，$\mathbf{X}_2$ 是遺漏自變項組；$\boldsymbol{\beta}_1$ 和 $\boldsymbol{\beta}_2$ 分別是維度為 p_1 和 p_2 的參數向量。

首先，我們來證明對迴歸方程式（8-9）中 $\boldsymbol{\beta}_2$ 估計的迴歸三步估計法（以下簡稱「三步估計法」）：

第一步，用 $\mathbf{y}$ 對 $\mathbf{X}_1$ 迴歸，得到殘差 $\mathbf{y}^*$；

第二步，把 $\mathbf{X}_2$ 當作依變項，對 $\mathbf{X}_1$ 進行迴歸，得到殘差 $\mathbf{X}_2^*$；

第三步，把第一步中得到的殘差 $\mathbf{y}^*$ 作為依變項，對第二步中得到的殘差 $\mathbf{X}_2^*$ 進行迴歸，得到 $\boldsymbol{\beta}_2$ 的最小平方估計 $\mathbf{b}_2$，這一結果與真實模型中一步迴歸所得到 $\boldsymbol{\beta}_2$ 的的最小平方估計相同。

這是另一種估計 $\boldsymbol{\beta}_2$ 的方法，需要注意的是利用輔助迴歸方法不能得到 $\boldsymbol{\beta}_1$ 的估計。下面給出三步估計法與迴歸一步計算法（以下簡稱「一步計算法」）等價的證明：

用 $\mathbf{X}_1(\mathbf{X}_1'\mathbf{X}_1)^{-1}\mathbf{X}_1'$ 左乘方程式（8-9），得到

$$\mathbf{X}_1(\mathbf{X}_1'\mathbf{X}_1)^{-1}\mathbf{X}_1'\mathbf{y} = \mathbf{X}_1(\mathbf{X}_1'\mathbf{X}_1)^{-1}\mathbf{X}_1'\mathbf{X}_1\boldsymbol{\beta}_1 + \mathbf{X}_1(\mathbf{X}_1'\mathbf{X}_1)^{-1}\mathbf{X}_1'\mathbf{X}_2\boldsymbol{\beta}_2 + \mathbf{X}_1(\mathbf{X}_1'\mathbf{X}_1)^{-1}\mathbf{X}_1'\boldsymbol{\varepsilon} \quad (8\text{-}10)$$

接下來，我們令 $\mathbf{H}_1 = \mathbf{X}_1(\mathbf{X}_1'\mathbf{X}_1)^{-1}\mathbf{X}_1'$，這裡的 $\mathbf{H}_1$ 矩陣是基於 $\mathbf{X}_1$ 的帽子矩陣（hat matrix）。同時，根據多元線性迴歸的正交假定（即 $\mathbf{X}_1'\boldsymbol{\varepsilon} = 0$）推出方程式（8-10）中最後一項為 0。因此，得到

$$\mathbf{H}_1\mathbf{y} = \mathbf{X}_1\boldsymbol{\beta}_1 + \mathbf{H}_1\mathbf{X}_2\boldsymbol{\beta}_2 \quad (8\text{-}11)$$

用方程式（8-9）減去方程式（8-11），得到

$$(\mathbf{I} - \mathbf{H}_1)\mathbf{y} = 0 + (\mathbf{I} - \mathbf{H}_1)\mathbf{X}_2\boldsymbol{\beta}_2 + \boldsymbol{\varepsilon} \quad (8\text{-}12)$$

根據殘差的計算公式 $\mathbf{y}^* = (\mathbf{I} - \mathbf{H}_1)\mathbf{y}$，我們有

$$\mathbf{y}^* = \mathbf{X}_2^*\boldsymbol{\beta}_2 + \boldsymbol{\varepsilon} \quad (8\text{-}13)$$

從上面的證明可以看出，由方程式（8-13）求出的 $\boldsymbol{\beta}_2$ 估計值與由方程式（8-9）直接求出的 $\boldsymbol{\beta}_2$ 估計值完全相同。由此可知，透過三步估計法估計出的遺漏變項的偏迴歸係數與一步計算法得到的偏迴歸係數相同。值得注意的是，方程式（8-13）中的殘差 $\boldsymbol{\varepsilon}$ 與方程式（8-9）中的殘差也相同。

我們可以按如下的步驟去理解和運用三步估計法：

第一步是消除 $\mathbf{X}_1$ 對 $\mathbf{y}$ 的線性效果，得到殘差 $\mathbf{y}^*$；

第二步是消除 $\mathbf{X}_1$ 對 $\mathbf{X}_2$ 的線性效果，得到殘差 $\mathbf{X}_2^*$；

第三步用殘差 $\mathbf{y}^*$ 對殘差 $\mathbf{X}_2^*$ 進行迴歸，注意殘差 $\mathbf{y}^*$ 和 $\mathbf{X}_2^*$ 已消除 $\mathbf{X}_1$ 對 $\mathbf{y}$ 和 $\mathbf{X}_2$ 的線性效果，即殘差 $\mathbf{y}^*$ 和 $\mathbf{X}_2^*$ 反映了 $\mathbf{y}$、$\mathbf{X}_2$ 被 $\mathbf{X}_1$ 線性解釋以外的變異。

應用輔助迴歸時要注意以下幾點：

第一，$\mathbf{X}_2$ 可以是一個包括多個自變項的矩陣，此時每一次只就 $\mathbf{X}_2$ 中的一行對 $\mathbf{X}_1$ 做迴歸，直到 $\mathbf{X}_2$ 中所有的行都做完迴歸。

第二，輔助迴歸中第三步得到的 MSE 的自由度不正確，這是唯一需要調整的結果。MSE 的自由度應該是 $n - p$，而不是 $n - p_2$。這一點非常重要，卻常常被忽略。

第三，輔助迴歸與一步迴歸的點估計和殘差相同，而 MSE 不相同是因為輔助迴歸的自由度為 $n - p_2$，必須調整為 $n - p$。所以，按輔助迴歸進行估計時不能直接使用電腦輸出結果來推論。例如，假設 $\mathbf{y}$ 為依變項，$\mathbf{x}_1$ 和 $\mathbf{x}_2$ 為自變項，分別用一步迴歸法和輔助迴歸法進行迴歸，得到以下四個模型：

表 8-1　一步迴歸與輔助迴歸的估計比較

模型	描述	SSE	DF	MSE
1	$\mathbf{y}$對1、$\mathbf{x}_1$和$\mathbf{x}_2$迴歸	SSE_1	$n - 3$	$SSE_1/(n-3)$
2	$\mathbf{y}$對1、$\mathbf{x}_1$迴歸，取得$\mathbf{y}^*$	SSE_2	$n - 2$	$SSE_2/(n-2)$
3	$\mathbf{x}_2$對1、$\mathbf{x}_1$迴歸，取得$\mathbf{x}_2^*$	SSE_3	$n - 2$	$SSE_3/(n-2)$
4	$\mathbf{y}^*$對$\mathbf{x}_2^*$迴歸	SSE_4[1]	$n - 3$[2]	$SSE_4/(n-3)$

註：[1] $SSE_4 = SSE_1$。

　　 [2] $df_4 = df_1$，電腦輸出結果為 $n - 1$，須調整為 $n - 3$。

如果只知道模型 2 和模型 4，可以透過將模型 2 與模型 4 巢套的方法來檢定「在控制 $\mathbf{x}_1$ 的條件下 $\mathbf{x}_2$ 對 $\mathbf{y}$ 沒有影響」的假設，公式為

$$F(1, n-3) = (SSE_2 - SSE_4) \,/\, [SSE_4/(n-3)]$$

如果 $F(1, n-3)$ 顯著，則說明 $\mathbf{x}_2$ 對 $\mathbf{y}$ 有影響。

8.3 變項的中心化

輔助迴歸不僅能用於對遺漏變項產生之偏誤的判斷和對遺漏變項迴歸係數的估計，還可以用於變項的中心化。在方程式（8-9）中，令 $\mathbf{X}_1$ 為元素為 1 的行向量，$\mathbf{X}_2$ 為各自變項 $\mathbf{x}$ 的行向量組成的矩陣，利用輔助迴歸：

第一步，用 $\mathbf{y}$ 對 $\mathbf{X}_1$ 迴歸，得到殘差 $\mathbf{y}^* = \mathbf{y} - \overline{\mathbf{y}}$（其中 $\overline{\mathbf{y}}$ 是 $\mathbf{y}$ 的平均數）；

第二步，用 $\mathbf{X}_2$ 中所有行 $\mathbf{x}_k\,(k = 1, \cdots, p - 1)$ 對 $\mathbf{X}_1$ 迴歸，得到各殘差 $\mathbf{x}_k^* = \mathbf{x}_k - \overline{\mathbf{x}_k}$（其中 $\overline{\mathbf{x}_k}$ 是 $\mathbf{x}_k$ 的平均數），於是得到了殘差矩陣 $\mathbf{X}_2^*$，它是由所有的行 $\mathbf{x}_k^*\,(k = 1, \cdots, p - 1)$ 組成的；

第三步，用 $\mathbf{y}^*$ 對 $\mathbf{X}_2^*$ 迴歸，注意 $\mathbf{y}^*$ 和 $\mathbf{X}_2^*$ 中都已經消除了元素為 1 的行向量（即截距項）的線性效果。

第一步是對依變項 $\mathbf{y}$ 的中心化，第二步是對 $\mathbf{X}_2$ 中所有自變項的中心化，這就實現了對所有變項的中心化。注意，第三步是一個不含截距的迴歸模型，即估計出的迴歸方程截距為 0。最後，在進行統計推論前需要調整 MSE 的自由度，即 $df = n - p$，而不是 $df = n - (p - 1)$。

8.4 偏迴歸圖

偏迴歸圖（partial regression plots），也稱為附加變項圖（added-variable plots）或調整變項圖（adjusted variable plots），被用來展示在控制其他自變項的條件下某個自變項對依變項的淨效果，即反映出這個自變項與依變項的邊際關係。偏迴歸圖也反映出自變項 x_k 對於進一步減少殘差的重要性，並為是否應將自變項 x_k 加入到迴歸模型中提供相關資訊。下面來具體介紹偏迴歸圖。

將方程式（8-8）中的 $\mathbf{X}$ 分為 $\mathbf{x}_k$ 和 $\mathbf{X}_{-k}$ 兩部分，其中 $\mathbf{x}_k$ 是我們關注的自變項，而 $\mathbf{X}_{-k}$ 為除 $\mathbf{x}_k$ 之外的自變項組成的矩陣。我們想知道控制了 $\mathbf{X}_{-k}$ 時 $\mathbf{x}_k$ 的迴歸效果。根據輔助迴歸

第一步，用 $\mathbf{y}$ 對 $\mathbf{X}_{-k}$ 迴歸，得到殘差 $\mathbf{y}^*$；

第二步，用 $\mathbf{x}_k$ 對 $\mathbf{X}_{-k}$ 迴歸，得到殘差 $\mathbf{x}_k^*$；

第三步，用 $\mathbf{y}^*$ 對 $\mathbf{x}_k^*$ 迴歸，得到 $\mathbf{x}_k$ 真實的偏迴歸係數。

將第一步中的殘差 $\mathbf{y}^*$ 作為縱座標，第二步中的殘差 $\mathbf{x}_k^*$ 作為橫座標，畫出的關於兩個殘差之間的關係圖就是偏迴歸圖。偏迴歸圖反映了控制 $\mathbf{X}_{-k}$ 之後 $\mathbf{y}$ 與 $\mathbf{x}_k$ 之間的「淨」關係。

　　偏迴歸圖的幾種形式如圖 8-2 所示。圖 8-2(a) 顯示一個水準的直線帶，表明 $\mathbf{x}_k$ 對於 $\mathbf{y}$ 沒有影響，因此不必在迴歸方程中加入 $\mathbf{x}_k$。圖 8-2(b) 顯示一個斜率不等於零的直線帶，表明在已有 $\mathbf{X}_{-k}$ 的迴歸模型中有必要加入 $\mathbf{x}_k$ 的線性組合；從圖中還看出通過原點畫出的最小平方直線的斜率為 b_1（即 β_k 的估計值），也就是模型加入 $\mathbf{x}_k$ 後 $\mathbf{x}_k$ 的偏迴歸係數。圖 8-2(c) 表示一個曲線帶，表明有必要把 $\mathbf{x}_k$ 加到模型中，但 $\mathbf{x}_k$ 與 $\mathbf{y}$ 之間是曲線關係。

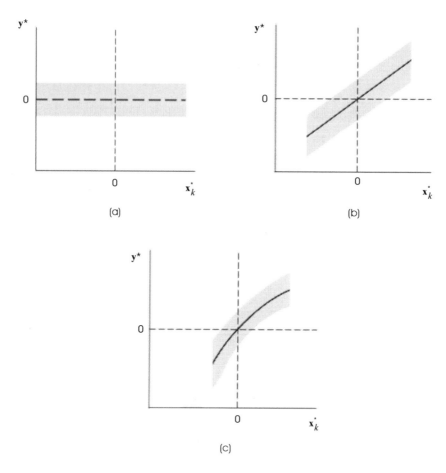

圖8-2　偏迴歸圖的幾種形式

　　從偏迴歸圖中，除了能看出控制了其他變項之後自變項 $\mathbf{x}_k$ 的邊際效果，還能看出這種效果的強弱，即可以得到誤差變異 SSE，如圖 8-3 所示。圖 8-3 表示該模型中 $\mathbf{x}_k$ 在其他變項受到控制情況下的偏迴歸圖，點與過原點的水平線的垂直距離

的平方和為用 $\mathbf{y}$ 對 $\mathbf{X}_{-k}$ 迴歸時的誤差變異 SSE($\mathbf{X}_{-k}$)（如圖 8-3(a)），而點與迴歸直線的垂直距離的平方和為 $\mathbf{y}$ 對 $\mathbf{X}$ 迴歸時的誤差變異 SSE($\mathbf{X}$) 或 SSE($\mathbf{x}_k$, $\mathbf{X}_{-k}$)（如圖 8-3(b)）。SSE($\mathbf{X}_{-k}$) 與 SSE($\mathbf{X}$) 之間的差異為邊際 SSR（也就是附加平方和），即 $\mathbf{x}_k$ 在控制其他變項情況下解釋 $\mathbf{y}$ 上變異的程度。如果這些點圍繞迴歸直線的分散程度（如圖 8-3(b)）比圍繞水準直線的分散程度明顯小，那麼在迴歸模型中加入 $\mathbf{x}_k$ 變項將會進一步減少誤差變異 SSE，因此需要在模型中加入 $\mathbf{x}_k$。

　　偏迴歸圖也有助於發現在模型控制了其他變項時，離群值對於估計自變項 $\mathbf{x}_k$ 與依變項 $\mathbf{y}$ 之間關係的影響，也如下圖 8-3 所示。

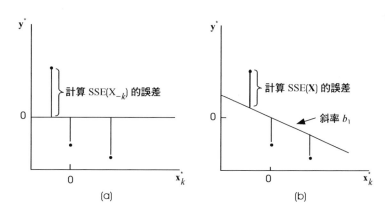

圖8-3　偏迴歸圖中的殘差

8.5　排除遺漏變項產生之偏誤的方法

　　我們前面討論了如何利用輔助迴歸來識別遺漏變項產生之偏誤。當發現模型中存在遺漏變項產生之偏誤時，可以透過兩種方法來加以排除：實驗法和固定效果模型。

　　實驗法利用實驗設計讓導致遺漏變項產生之偏誤的第二個條件（即相關條件）無法滿足。透過使用隨機分組的辦法使得受測組和未受測組除了施測變項之外其他情況都相同，從而消除遺漏變項產生之偏誤。如果沒有實驗條件，我們就不能保證不存在遺漏變項產生的偏誤。這時，我們只能在模型中盡可能地包括能考慮到且能測量到的相關變項。

　　固定效果模型主要利用巢套的資料結構消除組間層次上的遺漏變項產生之偏誤。固定效果模型的原理是對自變項和依變項組內變異作迴歸，即把依變項和自變

項分別減去組內平均數，然後用中心化的依變項對中心化的自變項進行迴歸。自變項中心化和依變項中心化消除了組間變異，從而消除了組間層次上的遺漏變項——即未觀察到的組間變異（如地區間經濟水準的差異）——的影響。在具體應用中，可以把遺漏變項分組成為類別變項，處理成一套虛擬變項納入模型。例如，在 Xie 和 Hannum（1996）的「中國改革時期收入不平等的地區差異」一文中，如果要研究教育對收入的影響，他們注意到不能遺漏了地區之間經濟水準對教育和收入之間關係的影響。為了消除地區這個遺漏變項的影響，可以把城市作為一組虛擬變項加入迴歸模型中，這樣就能消除地區之間的遺漏變項（如經濟水準等因素）的影響。

8.6 應用舉例

這裡，我們利用 TSCS2010 年的資料，以 20 歲到 65 歲的勞動力樣本來討論出生世代的偏迴歸效果。假定個人收入會受到其教育程度和出生世代影響。

y = 收入的對數形式（*logearn*）

x_1 = 教育程度（*educyr*）

x_2 = 出生世代（*bircoh*）

我們下面將透過輔助迴歸的方法來檢定是否需要把出生世代這個變項加入到模型中。方程式（8-14）至（8-17）給出了包括輔助迴歸和一步迴歸的四個模型。模型一是收入對教育程度的迴歸模型，為三步估計法的第一步。模型二是用出生世代對教育程度的迴歸模型，為三步估計法的第二步。模型三是用模型一的殘差對模型二的殘差迴歸的模型，為三步估計法的第三步。模型四是收入對於教育程度和出生世代迴歸的模型，為一步計算法的情況。

$$y_i = \alpha_0 + \alpha_1 x_{i1} + \delta_i \qquad (8\text{-}14)$$
$$x_{i2} = \tau_0 + \tau_1 x_{i1} + \mu_i \qquad (8\text{-}15)$$
$$y_i^* = \gamma x_{i2}^* + \varepsilon_i \qquad (8\text{-}16)$$
$$y_i = \beta_0 + \beta_1 x_{i1} + \beta_2 x_{i2} + \varepsilon_i \qquad (8\text{-}17)$$

以下為採用 Stata 配適上述四個模型，具體結果如下：

. *model1:8-14

. reg logearn educyr

```
      Source |      SS          df       MS                Number of obs  =    1262
-------------+------------------------------------         F( 1,  1260)   =  133.67
       Model |   71.441794        1   71.441794            Prob > F       =  0.0000
    Residual |  673.445427     1260  .534480498            R-squared      =  0.0959
-------------+------------------------------------         Adj R-squared  =  0.0952
       Total |  744.887221     1261  .590711515            Root MSE       =  .73108
```

```
------------------------------------------------------------------------------------
      lninc1 |     Coef.     Std. Err.       t     P>|t|    [95% Conf. Interval]
-------------+----------------------------------------------------------------------
      educyr |   .0717924    .0062097      11.56   0.000    .0596099    .0839748
       _cons |   9.340717    .0824448     113.30   0.000    9.178972    9.502461
------------------------------------------------------------------------------------
```

predict yresid, residual

. *model2:8-15

. reg bircoh educyr

```
      Source |      SS          df       MS                Number of obs =    1262
-------------+------------------------------------         F( 1,  1260)  =  315.95
       Model |  38365.5686       1   38365.5686            Prob > F      =  0.0000
    Residual |   153002.01    1260   121.430167            R-squared     =  0.2005
-------------+------------------------------------         Adj R-squared =  0.1998
       Total |  191367.578    1261   151.758587            Root MSE      =  11.02
```

```
------------------------------------------------------------------------------------
      bircoh |     Coef.     Std. Err.        t     P>|t|    [95% Conf. Interval]
-------------+----------------------------------------------------------------------
      educyr |   1.663692    .0935977       17.77   0.000    1.480067    1.847317
```

```
      _cons |   1946.912   1.242684   1566.70   0.000    1944.474    1949.35
-----------------------------------------------------------------------------------
```

predict x3yresid, residual

. *model3:8-16

. reg yresid x3yresid, nocon


```
      Source |      SS          df       MS              Number of obs =    1262
-------------+------------------------------------         F( 1,  1261)  =  104.81
       Model |  51.6812522       1  51.6812522            Prob > F       =  0.0000
    Residual |  621.764174    1261   .493072303           R-squared      =  0.0767
-------------+------------------------------------         Adj R-squared  =  0.0760
       Total |  673.445426    1262   .53363346            Root MSE       =  .70219
```


```
      yresid |     Coef.    Std. Err.       t    P>|t|    [95% Conf. Interval]
-------------+---------------------------------------------------------------------
    x3yresid | −.0183788   .0017952    −10.24   0.000    −.0219007   −.014857
-----------------------------------------------------------------------------------
```

*model4: full model

. reg logearn educyr bircoh


```
      Source |      SS          df       MS              Number of obs =    1262
-------------+------------------------------------         F( 2,  1259)  =  124.65
       Model |  123.123046       2  61.5615229           Prob > F       =  0.0000
    Residual |  621.764175    1259   .49385558           R-squared      =  0.1653
-------------+------------------------------------         Adj R-squared  =  0.1640
       Total |  744.887221    1261   .590711515          Root MSE       =  .70275
```


```
-----------------------------------------------------------------------------------
```

```
     lninc1 |     Coef.    Std. Err.      t     P>|t|    [95% Conf. Interval]
------------+--------------------------------------------------------------
     educyr |  .1023691   .0066756    15.33   0.000     .0892726    .1154655
     bircoh | −.0183788   .0017966   −10.23   0.000    −.0219035   −.0148542
      _cons |  45.12268   3.498719    12.90   0.000     38.25872    51.98665
------------------------------------------------------------------------------
```

根據上述 Stata 輸出的 model2 和 model4 結果，我們可以得到 $\tau_1 = 1.663992$（$S.E. = 0.0935977$）和 $\beta_2 = \gamma = -0.0183788$（$S.E. = 0.0017966$）。這裡，$\beta_2 < 0$ 且顯著不為零，意味著出生世代對收入有負影響，即越晚出生的人的收入較高，滿足遺漏變項產生之偏誤的「有關條件」。而 $\tau_1 > 0$ 且顯著不為零，則反映出教育程度與出生世代有關，如果忽略控制出生世代，則會導致教育程度對收入效果的估計有偏誤，這個例子說明滿足遺漏變項產生之偏誤的「相關條件」。

另外，我們可以利用模型一和模型三的模型配適資訊（見表 8-2）來對「在控制了教育程度的條件下，出生世代對收入無影響」這一假設加以檢定，即

$$F = \frac{(\text{SSE}_1 - \text{SSE}_3)/(df_1 - df_3)}{\text{MSE}_3} = \frac{673.445427 - 621.764175}{0.49385558} = 104.64851$$

查表可以得到當 $\alpha = 0.001$，$F(1,1259) = 10.87862$。顯然，$F > F(1,1259)$，從而拒絕虛無假設。即應該在模型中引入出生世代變項。也就是說，在控制了教育程度的條件下，出生世代對收入有影響，若遺漏了出生世代變項將會產生遺漏變項產生之偏誤。

表 8-2　教育程度和出生世代對收入的影響

模型	描述	SSE	DF	MSE
①	$\mathbf{y}$ 對 1、$\mathbf{x}_1$、$\mathbf{x}_2$ 迴歸，取得 $\mathbf{y}^*$	673.445427	1260	0.534480498
②	$\mathbf{x}_3$ 對 1、$\mathbf{x}_1$、$\mathbf{x}_2$ 迴歸，取得 $\mathbf{x}_3^*$	153002.01	1260	121.430167
③	$\mathbf{y}^*$ 對 $\mathbf{x}_3^*$ 迴歸	621.764175	1259	0.49385558
④	$\mathbf{y}$ 對 1、$\mathbf{x}_1$、$\mathbf{x}_2$、$\mathbf{x}_3$ 迴歸	621.764175	1259	0.49385558

註：1. $\text{SSE}_3 = \text{SSE}_4$；
　　2. $\text{DF}_3 = \text{DF}_4 = 1259$，而不是 Stata 分析結果中顯示的 1260；
　　3. $\text{MSE}_3 = \text{SSE}_3/\text{DF}_3$，而不是 Stata 分析結果中顯示的 0.49346363。

下面，我們根據 Stata 給出的模型配適結果來驗證方程式（8-6），即 $\alpha_k = \beta_k + \beta_{p-1}\tau_k$。根據模型一、模型二和模型四的配適結果，可以得到

$$\tau_0 = 1946.912, \tau_1 = 1.663692$$
$$\alpha_0 = 9.340717, \alpha_1 = 0.0717924$$
$$\beta_0 = 45.12268, \beta_1 = 0.1023691, \beta_2 = -0.0183788$$

透過計算，我們有

$$\beta_0 + \beta_2\tau_0 = 45.12268 + (-0.0183788) \times 1946.912 = 9.34077 = \alpha_0$$
$$\beta_1 + \beta_2\tau_1 = 0.1023691 + (-0.0183788) \times 1.663692 = 0.0717924 = \alpha_1$$
$$即 \alpha_k = \beta_k + \beta_3\tau_k \ (k = 0, 1, 2)。$$

此外，因為 $\tau_1 > 0$ 和 $\beta_2 < 0$，可以得出 $\beta_2\tau_1 < 0$。根據方程式（8-6）可以得出：$\beta_1 > \alpha_1$，即真實模型中教育程度變項的迴歸係數 β_k 要比遺漏了出生世代的模型中的係數 α_k 要大。因此，模型一將低估教育程度對收入的影響，即實際上教育程度對收入的影響其實更大，其中一部分是由出生世代造成的。

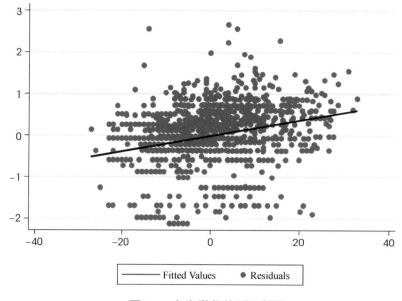

圖8-4　出生世代的偏迴歸圖

對於出生世代變項是否可以從實際模型中被忽略，我們也可以根據模型三畫出

出生世代的偏迴歸圖加以判斷。出生世代變項的偏迴歸圖如圖 8-4 所示。偏迴歸圖中迴歸直線的斜率不為零，表明在已有教育程度的迴歸模型中有必要加入出生世代變項的線性組合。從圖中還可以看到，點圍繞迴歸直線的分散程度比圍繞水平直線的分散程度小，說明在迴歸模型中加入出生世代變項將進一步減少誤差變異 SSE。這與前面的結論一致，即不能忽略出生世代變項。圖 8-4 中通過原點的迴歸直線的斜率是 b_2（β_2 的估計值），即出生世代的偏迴歸係數，為 -0.0183788（見模型三的參數配適結果）。

8.7　本章小結

　　多元迴歸分析選擇變項時，我們可能會加入不相關的自變項或者遺漏有關的自變項。前者容易導致係數估計精確度降低等問題，後者可能導致迴歸模型的估計有偏誤，產生遺漏變項產生之偏誤。我們在這一章主要利用輔助迴歸來討論遺漏變項產生之偏誤。輔助迴歸是用遺漏自變項作依變項，其他自變項作自變項進行的迴歸。從輔助迴歸中我們可以看出遺漏變項產生之偏誤是遺漏自變項對依變項的效果和關鍵自變項對遺漏自變項的效果的乘積。所以，產生遺漏變項產生之偏誤需要兩個條件：有關條件和相關條件。有關條件指遺漏變項影響依變項，相關條件指遺漏變項與關鍵自變項相關，只有這兩個條件同時存在時才會產生遺漏變項產生之偏誤。輔助迴歸不僅能判斷是否產生遺漏變項產生之偏誤，還可以判斷遺漏變項產生之偏誤的方向。如果遺漏變項對依變項的效果和關鍵自變項對遺漏自變項的效果作用方向相同，則係數將被高估；如果作用方向相反，則係數將被低估。

　　輔助迴歸可以用於偏迴歸估計，即利用迴歸三步估計法對係數進行估計，這與迴歸一步計算法得到的偏迴歸係數相同。輔助迴歸還可以用於變項的中心化和偏迴歸圖的繪製。偏迴歸圖可以看成是在控制其他自變項的條件下某個自變項對依變項的淨效果。

　　我們還介紹了兩種排除遺漏變項產生之偏誤的方法：實驗法和固定效果模型。實驗法利用實驗設計使得相關條件不滿足，從而消除遺漏變項產生之偏誤。固定效果模型利用巢套的資料結構消除組間的遺漏變項的影響。本章最後利用 TSCS 資料為例討論了輔助迴歸及偏迴歸圖。

參考文獻

Xie, Yu and Emily Hannum. 1996. "Regional Variation in Earnings Inequality in Reform-Era Urban China." *American Journal of Sociology* 101:950-992.

Chapter

09

因果推論和因徑分析

在前面的章節中，我們介紹了線性迴歸。線性迴歸是量化社會科學研究中最重要的方法之一，可以用來研究因果關係。因果關係是所有科學研究的基本目標。因為透過研究因果關係，我們可以預測未來，為政策干預提供科學根據，還可以驗證和創新理論。

從形式上看，因果關係問題並不複雜，僅研究兩個理論性概念——原因和結果——之間的關係。原因是否一定導致結果呢？如果把原因變項定義為 X，把結果變項定義為 Y，是不是有 $X \Rightarrow Y$？在實際研究中，我們會發現一種原因可能導致好幾種結果，或一種結果可能是由好幾種原因引起的，或兩個變項可能互為因果等情況。這就要求我們正確地理解因果關係。首先，我們需要區分因果關係和相關關係。

9.1　相關關係

相關關係是指在同一個母體中兩個變項之間的統計關係。相關關係的模型就是體現同一母體中的兩個變項在不同的具體個體中相關聯的統計模型。假設存在一個母體 U，由 N 個個體 u 組成，其中 N 可能趨向於無窮大。變項 Y 是個體 u 的一個實數函數，透過測量個體 u 來賦值。假設對個體 u，變項 Y 的值為 $Y(u)$。假設 Y 是我們感興趣的依變項，如收入。相關推論是關注 Y 的值和其他變項的值是怎樣相關的。假設 A 為 U 的第二個變項，而且 A 為個體 u 的特性，如性別。需要注意的是，Y 和 A 是同一母體的兩個變項，它們的地位相同。

相關推論主要是根據收集到的 Y 和 A 的數據，對 Y 和 A 之間的相關性做統計推論，如參數估計、參數檢定等。Y 和 A 之間的相關性是由 Y 和 A 之間的聯合分配來決定的，如用 Y 對 A 進行迴歸。這裡迴歸就是指條件期望值 $E(Y \mid A = a)$，如男性收入的平均數。注意，相關關係的推論僅僅是描述性統計。

9.2　因果推論

相關關係並不意味著因果關係。一個設計得很好的隨機試驗能有效幫助建立因果關係，但實驗並不是討論因果關係的唯一途徑，只是一種比較可靠的途徑。而且，在實際的社會科學應用中，能採用隨機試驗的可能性實在太小了。假設我們感興趣的自變項是 D，為簡化起見，假設 D 只有兩個數值：$D = 1$ 表示施測（treatment），$D = 0$ 表示控制（control），即不施測。例如依變項 Y 為收入，自變項 D

為「是否讀大學」，其中 $D = 1$ 表示讀大學、$D = 0$ 表示沒有讀大學。假定一個母體中，任何個體要麼是讀完大學的，要麼是沒有讀大學的。在這裡，需要注意的是每個個體必須受施測或者不受施測。

在這種情況下，施測作為原因會引起怎樣的結果？此時，需要注意時間因素，因為原因應該發生在某個特定時點或某個特定時期。而做相關推論時，時間因素並不太重要。我們把其他變項依時間先後分為前置變項（即變項值在施測前確定的變項）和後置變項（即變項值在施測後確定的變項）。依變項 Y 是原因的結果（effects of causes），因此依變項必須為後置變項。且依變項的值受自變項值 D 的影響，這就是因果關係，即原因導致結果。此時，單個變項 Y 難以表示測量的結果，而需要 Y^t 和 Y^c 兩個變項來表示兩個潛在的反應結果。對於給定個體 u，我們用 $Y^t(u)$ 來表示如果個體 u 受到施測時依變項的值，$Y^c(u)$ 表示同一個體 u 沒有受到施測時依變項的值。那麼，原因 t 對於 u 的效果為 $Y^t(u)$ 和 $Y^c(u)$ 之間的差異，即 $Y^t(u) - Y^c(u)$。這是統計推論模型中因果關係最基本的表達形式。

9.3　因果推論的問題

在實際觀察中，我們會遇到一個統計推論的基本問題，即反事實問題：我們不可能在同一個體上同時觀察到 $Y^t(u)$ 和 $Y^c(u)$ 的值，因此不可能觀察到 t 對於 u 的效果。也就是說，對某個個體 u 存在著一個反事實的效果（counterfactual effect），我們只能得到個體 u 受到施測的資料 $Y^t(u)$，或者個體 u 沒有受到施測的資料 $Y^c(u)$，但不能同時得到這兩個資料。因此，在沒有假設的前提下，不可能在個體層面上進行因果推論。

實際上，因果關係就是一個反事實問題。在你做某件事的時候，會反過來想一想，如果你沒有做這件事，情形會是什麼樣的？在做因果推理的時候，也必須考慮反事實的問題：對於那些受到施測的個體，如果沒有受到施測會是什麼情況？對於那些沒有受到施測的個體，如果它們受到施測又將是什麼情況？對於相同的個體而言，受到施測和沒有受到施測，會有什麼差別？因此，我們在思考問題的時候不僅要考慮組與組之間的差別，更要考慮同一組人在兩種不同情況下的差別。因為這是一個反事實的問題，我們不可能透過觀察資料得到驗證。例如，想知道讀大學對收入的影響，就應該考慮對一個人來說接受大學教育和沒有接受大學教育的收入差距，而且這一差距必須是大學教育的影響，而不是其他因素的影響。對每一個人，我們都要得到兩個收入資料：一個是讀大學之後的，另一個是不讀大學的。這

樣才能知道讀大學對一個人收入的影響。但實際上，對每個人而言，我們只能看到其中一個：要麼是讀了大學之後的收入，要麼是沒有讀大學的收入。也就是說，對於同一個體而言，觀察資料只能告訴我們其中一種情況。可以看出，在個體層面上根本不可能得到因果關係，因為無法找到反事實情況下的同一個體同時作為對照組的情況。

反事實問題暗示著因果推論是非常困難的，但是我們不應這麼快就完全放棄。不可能同時觀察到 $Y^t(u)$ 和 $Y^c(u)$ 並不意味著我們對這些資料完全缺乏資訊。我們可以透過邏輯思維來思考這個問題。為簡化起見，首先需要引入假設。但是需要注意，引入假設也是有代價的。因為假設是否合理直接影響到結論的正確與否。因此，必須從最牢靠、最基本的現象來看問題，必須把假設建立在事實的基礎上。否則，可能會因為假設出現了問題而得到錯誤的結論。但是由於我們無法獲得反事實現象的全部資料，我們不得不透過引入假設來推進邏輯思維。

9.4　因果推論的假設

下面將討論兩種解決反事實問題的方法：科學方法和統計方法。

9.4.1 科學方法

首先，我們介紹科學方法。科學方法實質上是使用同質性假設來解決反事實問題，這在自然科學實驗和我們的日常生活中經常用到。

1. 時間穩定性（temporal stability）和短暫因果關係（causal transience）

第一種解決反事實問題的科學方法是同時假設：(a) 時間穩定性，指 $Y^c(u)$ 的值不隨時間變化；(b) 短暫因果關係，指個體 u 之前是否受過控制或施測對 $Y^t(u)$ 的值無影響，即 u 受控制結束與以前有沒有受控制無關，或 u 受施測後與以前有沒有受施測無關，控制或施測的效果是短暫的，不會影響到以後的控制或施測效果。如果這兩個假設是合理的，那麼透過先對 u 進行控制 c 來測量 Y 得到 $Y^c(u)$，然後再對 u 進行施測 t 來測量 Y 得到 $Y^t(u)$，這樣就能得到 t 的效果 $Y^t(u) - Y^c(u)$。例如，u 表示一個房間，t 表示打開那個房間燈的開關，c 表示不打開，Y 表示應用 t 或 c 後這個房間的燈是否亮，我們就可以利用這兩個假設，先測量不打開開關時得到的 $Y^c(u)$，然後測量打開開關時得到的 $Y^t(u)$，這樣就可以得到打開開關 t 的效果 $Y^t(u) - Y^c(u)$。

2. 個體同質性

　　第二種解決反事實問題的科學方法是假設個體同質性，即假設兩個個體 u_1 和 u_2 是相同的，那麼它們的 $Y^t(u)$ 和 $Y^c(u)$ 也相同，即 $Y^t(u_1) = Y^t(u_2)$ 和 $Y^c(u_1) = Y^c(u_2)$。如果這個假設成立，則我們可以施測其中一個個體得到 $Y^t(u_1)$，控制另一個個體得到 $Y^c(u_2)$，施測 t 的效果則為 $Y^t(u_1) - Y^c(u_2)$。例如，研究溫度對於電燈泡壽命 Y 的影響。如果一個房間溫度很高 t，而另一個房間溫度很低 c，則可以透過觀察燈泡壽命在這兩個房間是否一樣來研究溫度對燈泡壽命的影響。我們可以假設其中一個房間的電燈泡 u_1 和另一個房間的電燈泡 u_2 是一樣的，那麼，就可以用 $Y^t(u_1) - Y^c(u_2)$ 來測量溫度對燈泡壽命的影響。然而，事實上這一假設在很多情況下是不成立的，對於社會科學而言，情況尤其如此。

9.4.2 統計方法

　　在社會科學研究中，我們不能接受科學方法所要求的假設。首先，個體隨著時間是會發生變化的，即 $Y^c(u)$ 的值隨著時間變化。其次，對 u 施測 t 後，u 很難還原到沒有施測過的狀態，即施測對 u 的將來會有影響，因為在社會科學研究中個體 u 往往具有記憶功能。因此，如果對個體 u 進行施測 t 後再控制 c 得到的 $Y^c(u)$ 和沒有施測 t 而得到的 $Y^c(u)$ 是不同的。也就是說，在社會科學研究中時間穩定性和短暫因果關係的假設都不滿足。

　　如果個體同質性假設成立的話，那麼所有的人都是一樣的，我們根本沒有必要去抽樣和做大型的調查，而只要研究兩個個體就可以了。如果我們要研究讀大學對收入的影響，根據個體同質性假設，任何讀了大學的人和任何沒有讀大學的人沒有本質上的差異，它們的差異只是反映在有沒有讀大學上，並且任何讀大學的人之間也沒有本質上的差異，任何沒有讀大學的人之間也沒有本質上的差異。那我們只需要找一個讀了大學的人和一個沒有讀大學的人，他們之間收入的差異就是讀大學對收入的影響。這樣做顯然是行不通的。在本書的第 1 章中已經提到，社會現象最重要的特性是異質性，即人與人之間存在著很大的差異，所以我們不能把兩個人的差異看成是社會性的差異。因此，我們不能接受個體同質性假設。

　　從上面的分析可以看出，在社會科學中，難以利用科學方法解決反事實問題。那麼，我們是否就無能為力了呢？當然不是。我們可以利用統計方法來處理反事實問題。

　　假設母體為 U，施測 t 對母體 U 的平均效果 T 是施測 t 作用在母體 U 中個體 u

上的差異 $Y^t(u) - Y^c(u)$ 的期望值，即 $T = E(Y^t - Y^c)$。根據數學期望值的性質，我們可以得到

$$T = E(Y^t - Y^c) = E(Y^t) - E(Y^c) \tag{9-1}$$

從方程式（9-1）可以看出，我們可以透過統計估計 $E(Y^t)$ 和 $E(Y^c)$ 來得到施測 t 對母體 U 的平均效果 T。例如，可以讓一些個體受施測得到 $E(Y^t)$，讓其他個體不受施測得到 $E(Y^c)$。由此可見，統計解決方法是估計施測對母體（或某一子母體）的平均效果，但不可能得到施測對個體的效果 $Y^t(u) - Y^c(u)$。

哪些個體受到施測、哪些個體受到控制是一個非常重要的問題。我們需要認真考慮個體分配到受測組和控制組的機制。下面我們將基於前面提到的大學教育和收入關係的例子來具體分析分組過程中需要考慮的因素。

把母體 U 劃分為兩個部分 U_0 和 U_1，其中 U_0 是未被施測的（或未受到控制的），即沒有讀大學的（$D = 0$）；U_1 是被施測的，即讀了大學的（$D = 1$）；q 為 U_0 在母體 U 中的比例。$E(Y_1^t) = E(Y^t \mid D = 1)$ 表示已經讀了大學的人的平均收入，$E(Y_1^c) = E(Y^c \mid D = 1)$ 表示已經讀了大學的人如果沒有讀大學的平均收入；$E(Y_0^c) = E(Y^c \mid D = 0)$ 表示沒有讀大學的人的平均收入，$E(Y_0^t) = E(Y^t \mid D = 0)$ 表示沒有讀大學的人如果讀了大學的平均收入。根據總期望值規則（Total Expectation Rule），讀大學對收入的平均效果 T 為

$$\begin{aligned} T &= E(Y^t - Y^c) \\ &= E(Y_1^t - Y_1^c)(1 - q) + E(Y_0^t - Y_0^c)q \\ &= E(Y_1^t - Y_0^c) - E(Y_1^c - Y_0^c) - (\delta_1 - \delta_0)q \end{aligned} \tag{9-2}$$

其中，$\delta_1 = E(Y_1^t - Y_1^c)$，$\delta_0 = E(Y_0^t - Y_0^c)$。

從方程式（9-2）可以看出，讀大學對收入的平均效果 T 是 $E(Y^t - Y^c)$，它可以分解成 $E(Y_1^t - Y_0^c)$、$E(Y_1^c - Y_0^c)$ 和 $(\delta_1 - \delta_0)q$。其中，$E(Y_1^t - Y_0^c)$ 是讀了大學的和沒有讀大學的兩組人平均收入之間的簡單比較。由此可以發現，通常情況下的簡單比較其實包含兩種偏誤：$E(Y_1^c - Y_0^c)$ 和 $(\delta_1 - \delta_0)q$。

其中，$E(Y_1^c - Y_0^c)$ 是兩組人如果都不讀大學的平均收入的差異。在社會科學研究中，我們常常假設 $E(Y_1^c) = E(Y_0^c)$。但當這種假設不成立時，我們往往容易高估大學回報率。因為能力強的人收入往往會比較高，讀大學的可能性也比較大。因

此，讀了大學的人即使沒有讀大學的話，他們的平均收入也可能比沒有讀大學的人高。所以，讀了大學的人平均收入比沒有讀大學的人高，可能不是因為讀大學增加了收入，而是因為讀了大學的人本來就具有更強的能力，而這種能力又和讀大學是相關的。這就是兩組人之間的未觀察到的測前異質問題（pre-treatment heterogeneity），即 $E(Y_1^c) \neq E(Y_0^c)$。此時，如果我們假設 $E(Y_1^c) = E(Y_0^c)$，得到的估計值就會有偏誤，由此所產生的偏誤我們稱之為測前異質之偏誤（pre-treatment heterogeneity bias）。

對於偏誤 $(\delta_1 - \delta_0)q$ 而言，$\delta_1 = E(Y_1^t - Y_1^c)$ 是讀大學對於讀大學的這組人收入的平均影響，$\delta_0 = E(Y_0^t - Y_0^c)$ 是沒有讀大學的這組人如果上了大學平均增加的收入，$\delta_1 - \delta_0$ 即讀大學那組人讀大學增加的收入減去不讀大學那組人如果上大學增加的收入。在同樣讀了大學的情況下，這兩組人的平均收入可能相同（$\delta_1 = \delta_0$），也可能不同（$\delta_1 \neq \delta_0$）。換言之，讀大學對這兩組人的回報率可能不同，這經常被忽略。如果假設讀大學對兩組人的影響相同，而實際上可能不同，那麼由此產生的偏誤叫做施測效果異質性偏誤（treatment-effect heterogeneity bias）。

只有在上述兩種偏誤都不存在的情況下，我們才可以用 $E(Y_1^t - Y_0^c)$ 來代替 $E(Y^t - Y^c)$。那麼在什麼情況下這兩種偏誤才不存在呢？我們可以利用隨機分派（random assignment）的方法，即把個體隨機分到兩個組裡，從而保證這兩組個體不僅在沒有受到施測之前相等，而且施測效果也相等。可以看出，隨機分派能夠解決測前異質之偏誤和施測效果異質性偏誤的雙重問題。

我們可以用迴歸模型來說明這個問題。下面是個簡單迴歸模型：

$$Y_i = \alpha + \delta_i D_i + \varepsilon_i \tag{9-3}$$

其中，D_i 是指施測或控制，$D_i = 0$ 表示沒有受到施測，$D_i = 1$ 表示受到施測。在實際研究中，我們經常採用的兩種假設的含義如下：

測前異質性：ε_i，如果 $Corr(\varepsilon, D) = 0$，則無測前異質性之偏誤，就是說被遺漏的變項（兩組人能力上的差異）和讀大學或不讀大學沒有關係；

施測效果異質性：δ_i，如果 $Corr(\delta, D) = 0$，則無施測效果異質性偏誤，就是說回報率和讀大學或者不讀大學沒有關係。

在社會科學研究中，我們可以用社會分組來控制異質性。比如，我們可以假定 $\varepsilon \perp D \,|\, x$，即組內無測前異質性。這一做法比前面的假設要弱一些。也就是說，在控制了某些可以觀察到的變項之後再作假設，而不是在控制這些變項之前就做假

設。例如，我們不假定任何讀大學的人和任何不讀大學的人是完全一樣的，而是假定家境相似的人無論讀或沒有讀大學都沒有異質性差異。這種社會分組的方法就是多元分析的方法。透過控制社會分組以後我們再做無測前異質性之偏誤和無施測效果異質性偏誤的假設，這樣的假設比直接做的假設要弱一些，因而更符合實際。我們可以把方程式（9-3）擴展為[1]：

$$Y_i = \alpha + \delta D_i + \beta' x_i + \varepsilon_i \qquad\qquad (9\text{-}4)$$

從方程式（9-4）可以看出，多元分析可以讓我們控制一些和 D 相關的自變項。同時我們要注意，x 除了要滿足第 8 章提到的兩個條件——相關條件（與 D 相關）和有關條件（影響 Y）——之外，x 應該發生在施測 D 之前。

9.5　因果推論中的原因

任何事情都可能是原因，或者至少是一個潛在的原因。亞里斯多德曾提出事物形成的四種原因：物質因（material cause）、形式因（formal cause）、效力因（efficient cause）和目的因（final cause）。在這四種原因中，效力因與我們研究的因果關係最接近，它是指改變事物的原因。值得注意的是，亞里斯多德強調的是事物的原因（causes of a thing），而不是原因的結果（effects of causes）。但我們使用統計方法只能研究原因的結果（effects of causes），而不是結果的原因（causes of effects）。這裡存在著識別問題（identification problem），也就是說一個事情的發生，它可能是由不同的原因造成的。例如可能有十個原因會引起某件事情的發生，那到底是由其中一個原因造成的還是由十個原因一起造成的呢？這個很難弄清楚。我們能做的就是解釋一個特定的原因會有什麼樣的結果，比如說教育對收入會有什麼影響。但是如果問為什麼有些人很有錢，這就沒法解釋。

下面舉例來說明什麼能作為我們所研究的原因。例如：

(1) 她考試成績很好是因為她是女生；

(2) 她考試成績很好是因為她好好學習；

(3) 她考試成績很好是因為她得到老師的指導。

在這三個例子中，結果相同，都是「考試成績很好」；而原因不同，雖然都用

---

[1] 為了識別的需要，我們這裡進一步設 δ 為常數。

到「因為」這個詞，但意思相差很大。(1) 中的原因是她個體的一個特徵，(2) 中的原因是她個人的一些主動行為，(3) 中的原因是施加到她身上的一種行為。

在這裡，個體的特徵不能作為原因，只能表示個體的特徵與依變項之間的相關關係。因為如果改變個體特徵的值，那麼個體在某些方面就會發生改變，就不再是同一個體，這就不能探討引起依變項變化的原因。所以，(1) 中的性別不能作為原因，只能說明在考試方面女生的表現在某種程度上比男生好，即性別與考試成績的相關關係。在社會科學研究中經常把特徵和原因混淆，這需要引起我們的注意。

(3) 是指如果她沒有得到老師的指導，那她的成績就沒有現在那麼好。這意味著兩對原因的結果之間的比較，這就是我們所研究的因果關係。

(2) 的問題出在所假設的原因——好好學習——是一個主動行為。學習實際上是一個過程，不是一個可以從外部改變的原因[2]。如果我們能不讓她學習，就可能把 (2) 變成像 (3) 那樣的因果關係。我們可以將學習操作化定義為看書的小時數，但這僅僅定義了學習的一個特性，透過這種方式來做因果推論有時候會出問題。這種由主動行為導致的因果關係難以界定，這也是探討因果關係困難的原因之一。

探討因果關係的一個主要問題是要弄清想要研究的「原因」什麼時候僅僅是個體的特徵，而什麼時候才是可以在個體上改變的原因。前者是相關關係，而後者是因果關係。

9.6　因徑分析

在一定的理論支持和統計假定的條件下，我們可以透過模型來探討因果關係。前面章節討論的線性迴歸就可以理解為一種簡單的因果關係模型。簡單線性迴歸模型是最簡單的因果關係模型，透過簡單線性迴歸，我們可以分析自變項（原因）對於依變項（結果）的作用方向、作用大小和解釋程度。多元線性迴歸模型分析多個自變項對於依變項的影響。到現在為止，自變項都是外生變項（exogenous variables）。外生變項是指在模型的所有方程中只做自變項的變項。而在實際研究中，我們可能會遇到這樣的情況：一個變項對於某些變項而言是自變項，而對於另一些變項而言則是依變項，這種變項稱為內生變項（endogenous variables）。內生變項在模型中受到外生變項或其他內生變項的影響。如果模型中存在內生變項，則

---

[2] 當然，也有社會學家把過程作為因果關係來考慮的（Goldthorpe，2001）。

可以利用結構方程式或因徑圖來分析。

因徑分析是一種探索因果關係的統計方法，其優點在於能夠分解變項之間的各種效果。

9.6.1 標準化模型

出於方便考慮，因徑分析經常採用標準化係數，因此，在討論因徑分析之前，我們先來介紹模型的標準化。

1. 模型的標準化

假設真實模型為

$$y_i = \beta_0 + \beta_1 x_{i1} + \cdots + \beta_{p-1} x_{i(p-1)} + \varepsilon_i \tag{9-5}$$

如果對模型中的 x, y 做如下變換

$$\begin{aligned} y'_i &= (y_i - \overline{y})/S_y \\ x'_{ik} &= (x_{ik} - \overline{x_k})/S_{x_k} \end{aligned} \tag{9-6}$$

其中，S_y 和 S_{x_k} 分別為樣本變項 y 和 x_k 的標準差。

方程式（9-6）其實並不陌生，在前面章節中也提到過，就是變項的標準化轉換。因此，可以看到，標準化其實就是透過中心化（centering）和尺度改變（rescaling）來實現的。中心化是將變項的位置加以改變，使其平均數為 0，即 $E(x'_k) = E(y') = 0$。注意，在變項中心化的同時誤差項也中心化了，即在沒有截距時還有 $E(\varepsilon') = 0$。尺度改變是使中心化變項的變異數為 1，即 $Var(x'_k) = Var(y') = 1$。把模型進行標準化後，模型變為

$$y'_i = \beta'_1 x'_{i1} + \cdots + \beta'_{p-1} x'_{i(p-1)} + \varepsilon'_i \tag{9-7}$$

我們可以透過對方程式（9-5）取平均數，得出方程式（9-8）

$$\overline{y} = \beta_0 + \beta_1 \overline{x_1} + \cdots + \beta_{p-1} \overline{x_{(p-1)}} \tag{9-8}$$

注意，這裡假設 $\overline{\varepsilon} = 0$，省略。再用方程式（9-5）減去方程式（9-8），得到方程式（9-9）

$$y_i - \overline{y} = \beta_1 (x_{i1} - \overline{x_1}) + \cdots + \beta_{p-1} [x_{i(p-1)} - \overline{x_{(p-1)}}] + \varepsilon_i \qquad (9\text{-}9)$$

最後，將方程式（9-9）除以 S_y，即可得到方程式（9-7）

$$
\begin{aligned}
(y_i - \overline{y})/s_y &= (\beta_1/s_y)(x_{i1} - \overline{x_1}) + \cdots + (\beta_{p-1}/s_y)[x_{i(p-1)} - \overline{x}_{(p-1)}] + \varepsilon_i/s_y \\
&= (\beta_1 s_{x1}/s_y)(x_{i1} - \overline{x_1})/s_{x1} + \cdots + [\beta_{p-1} s_{x(p-1)}/s_y][x_{i(p-1)} - \overline{x}_{(p-1)}]/s_{x(p-1)} + \varepsilon_i/s_y \\
&= \beta_1' x_{i1}' + \cdots + \beta_{p-1}' x_{i(p-1)}' + \varepsilon_i' \\
&= y_i'
\end{aligned}
$$

由此，我們還可以推知，標準化係數與非標準化係數具有如下關係

$$\beta_k' = \beta_k S_{x_k}/S_y \qquad (9\text{-}10)$$

2. 標準化係數和非標準化係數的區別

一般情況下，我們都是報告非標準化係數，因為它們提供了更多有關資料的資訊，且提供了自變項變化一單位引起依變項實際變化的情況。我們還可以比較不同母體的非標準化係數。但是，由於不同變項有不同單位，在同一迴歸模型中，各變項的非標準化係數之間不能相互比較。而且，在因徑分析中如果採用非標準化係數會比較複雜。

因此，在因徑分析中，經常使用標準化係數。本章中，因徑分析也都是使用標準化係數。標準化係數沒有測量單位，可以透過同一標準比較同一方程中的不同變項的係數。而且，標準化係數容易計算，並能簡化因徑分析中的效果分解和表達形式。在因徑模型中，標準化的使用不僅反映在自變項對依變項的影響程度（即迴歸係數）上，也反映在模型中各變項的變異數、共變數，以及模型中誤差項變異數的計算上。

9.6.2 因徑模型

因徑模型可以用因徑圖來表示，如圖 9-1 所示。在圖 9-1(a) 中，x_1 為外生變項，x_2 為內生變項，x_3 為最終反應變項（ultimate response variable）。最終反應變項是指模型中不影響其他變項的依變項。在這個模型中，需要區分兩種原因：一是模型中能夠識別的引起依變項變化的原因，如 x_1 和 x_2；二是模型中不能識別的引起依變項變化的其他原因，也稱為誤差項（disturbance），如 x_u 和 x_v。在因徑分析

中，相關關係用雙箭頭的曲線來表示，因果關係則用單箭頭的直線來表示。在圖 9-1(b) 中，x_1 和 x_2 都是外生變項，它們之間存在相關關係，而如圖 9-1(a) 所示，x_1 對 x_2 具有因果關係，這點在後面的效果分解中需要注意。

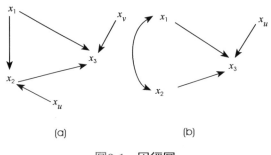

(a)　　　　　　　(b)

圖9-1　因徑圖

因徑模型實際上是一組聯立方程組。對應圖 9-1(a) 的因徑模型可以表示為如下方程組

$$x_2 = p_{21}x_1 + x_u \tag{9-11a}$$
$$x_3 = p_{32}x_2 + p_{31}x_1 + x_v$$

其中，p 為因徑係數（path coefficients）。因徑係數的第一個下標是相應方程中的依變項（即因徑箭頭所指的結果變項），第二個下標是指該方程的自變項（即因徑箭頭的箭尾所指的原依變項），它反映了自變項對依變項的影響。如 p_{21} 表示 x_1 對 x_2 的影響作用。

類似地，圖 9-1(b) 可以用聯立方程組的形式表示為

$$x_3 = p_{32}x_2 + p_{31}x_1 + x_u \tag{9-11b}$$

9.6.3 遞迴模型與非遞迴模型

因徑模型分為兩種：遞迴模型（recursive model）和非遞迴模型（nonrecursive model）。

1. 遞迴模型

遞迴模型是指模型中所有變項依賴於前置變項，它有以下兩種描述形式。

一種是表格的描述形式。遞迴模型中的因果鏈都是透過理論來決定的，沒有理

論我們無法判斷變項之間的因果關係及因果次序，也無法建立遞迴模型。如果要建立四個變項的遞迴模型，就必須利用理論來說明這四個變項之間可能出現的 12（即 P_4^2）條因果鏈中起碼有 6 條不存在（即 $p = 0$），而且這些缺失的因果鏈必須落入一個三角陣內，如表 9-1 所示。表 9-1 中，0（如第一排第二列）表示 x_2 不會影響 x_1，×（如第二排第一列）表示 x_1 可能影響 x_2。任意一個 × 是否為 0 並不重要。這個方陣必須能化為三角陣後才是遞迴模型，如果不能化為三角陣則是非遞迴模型。在這裡，我們需要利用理論來判斷哪些因果關係存在（×），哪些因果關係不存在（0）。這是外加的、非統計的識別條件。

表 9-1　遞迴模型表

結果	原因			
	x_1	x_2	x_3	x_4
x_1	...	0	0	0
x_2	×	...	0	0
x_3	×	×	...	0
x_4	×	×	×	...

　　遞迴模型的另一種描述形式是因徑圖。遞迴模型是指模型中的所有外生變項對於所有依變項來說都是前置變項，而每個依變項對於任何出現在後面的因果鏈上的其他依變項來說都是前置變項。也就是說，所有的外生變項與方程中所有的誤差項無關，而且模型中每個方程的前置變項與這個方程的誤差項無關。這兩個假設是建立在理論的基礎上，如果存在問題，就要重建一個更好的模型。在遞迴模型中，所有的因果鏈都是單向的，不存在兩個變項直接或間接地互為因果的情況，也不存在變項有任何形式的自回饋現象。因此，第一個內生變項僅僅受外生變項的影響，第二個內生變項僅僅受外生變項和第一個內生變項的影響，依次類推。如本例中第一個內生變項 x_2 僅僅受到外生變項 x_1 的影響，第二個內生變項 x_3 僅僅受到外生變項 x_1 和第一個內生變項 x_2 的影響等等。表 9-1 所示的四個變項的遞迴因徑模型可以表示成如圖 9-2 的因徑圖。

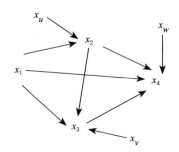

圖9-2　四個變項的遞迴因徑圖

如前所述，這個因徑模型也可表示為如下聯立方程組：

$$x_2 = p_{21}x_1 + p_{2u}x_u$$
$$x_3 = p_{32}x_2 + p_{31}x_1 + p_{3v}x_v \qquad (9\text{-}12)$$
$$x_4 = p_{43}x_3 + p_{42}x_2 + p_{41}x_1 + p_{4w}x_w$$

由於模型中的所有變項都事先經過標準化，即有 $E(x_h) = 0$ 和 $E(x_h^2) = 1$（這裡，$h = 1, 2, 3, 4, u, v, w$）。因此，x_h 和 x_j 之間的相關係數 $\rho_{hj} = E(x_h x_j)$（這裡，$j = 1, 2, 3, 4, u, v, w$）。

在因徑模型中，誤差項要滿足以下假設：

(1) 外生變項與誤差項無關

$$E(x_1 x_u) = E(x_1 x_v) = E(x_1 x_w) = 0 \qquad (9\text{-}13)$$

(2) 任一方程的誤差項與該方程的任何前置變項無關

$$E(x_2 x_v) = E(x_2 x_w) = E(x_3 x_w) = 0 \qquad (9\text{-}14)$$

利用上面的兩個假設和 x_2 的方程，我們可以得到

$$E(x_2 x_v) = p_{21}E(x_1 x_v) + p_{2u}E(x_u x_v) \qquad (9\text{-}15)$$

因此有 $\rho_{uv} = 0$。同樣可以得到 $\rho_{uw} = \rho_{vw} = 0$，即模型中所有誤差項之間都是不相關的。但是需要注意，每個方程的誤差項與這個方程中的依變項及後面方程的依變項之間的相關係數不為 0。

遞迴模型的優點是此類模型都是可識別的，而且可以方便地採用普通最小平方

法（OLS）得到因徑係數的不偏估計。但是，在一些情形下，遞迴模型的假設可能不成立。例如，如果存在遺漏變項產生之偏誤，則會導致前置變項與誤差項無關的假設不成立。而測量誤差也可能使不同依變項的誤差項相關，如用相似的測量工具測量模型中的幾個依變項，因為測量工具產生的系統性誤差導致誤差項相關。更具威脅的是內生變項之間互為因果的可能。在這些情形下，使用遞迴模型將導致模型估計的因徑係數有偏誤。遇到這些情況時應該考慮非遞迴模型。

2. 非遞迴模型

　　非遞迴模型是指不滿足遞迴模型假設條件的因徑模型。因此，在非遞迴模型中，不再假設特定方程的誤差與方程的原依變項無關，實際上這個假設經常不成立。我們可能遇到如下的模型，這種模型是「無法識別的」。我們將在後面再來討論識別的問題。

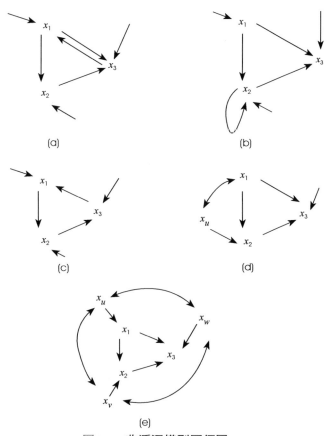

圖9-3　非遞迴模型因徑圖

非遞迴模型有下面幾種形式：

(1) 存在兩個變項直接互為因果（或者說直接回饋）的情形，如圖 9-3(a) 中 x_1 與 x_3。在這裡，需要注意非遞迴關係與相關關係在因徑圖中的標註方法不同，如果存在兩個變項互為因果時，應該用兩個單項箭頭來表示，而兩個外生變項之間的相關則用曲線的雙箭頭表示，注意不要混淆。

(2) 存在某個變項自回饋的情形，如圖 9-3(b) 中 x_2。

(3) 存在間接回饋的情形，如圖 9-3(c) 中 x_1 通過 x_2、x_3 之後又回饋回來。

(4) 存在外生變項與誤差項相關的情形，如圖 9-3(d)x_1 與 x_u 中。產生這種情況有可能是沒有將影響 x_1 與 x_u 的共同原依變項（遺漏變項）納入到模型中。如果能夠找到這個遺漏變項並放入模型中，內生變項誤差項 x_u 與外生變項 x_1 的相關部分便可以從 x_u 中剝離出去，使新得到的誤差項與 x_1 無關，此時模型便成為遞迴模型。

(5) 存在不同誤差項之間相關的情形，如圖 9-3(e)，這類非遞迴模型是識別不足的。我們將在後面具體討論模型的識別問題。

當非遞迴模型可識別時，非遞迴模型可以用間接最小平方法（indirect least squares）和工具變項法（instrumental variables）等來進行參數估計。但是，這些估計過程較複雜，並且模型所需要的假設也無法檢定，我們在這裡不再繼續討論，感興趣的讀者可以參考 Heise（1975）或 Berry（1984）的有關著作。下面討論的模型都是遞迴模型。

9.6.4 效果分解

遞迴模型都是可識別的，我們可以透過普通最小平方法（OLS）來得到模型中的因徑係數。這是因為遞迴模型的假設條件實際上滿足了迴歸分析的正交假定（即 A1 假定），從而使得最小平方估計得到的聯立方程組中的各係數不偏。我們可對模型中每個方程進行迴歸，所得到的迴歸係數就是相應的因徑係數，例如聯立方程組（9-12）中的各個 p 值。

1. 簡約形式（reduced form）與結構方程式（structural equation）

聯立方程組可以分為簡約形式和結構方程式兩種。結構方程式是一組往往包含內生變項作為自變項並根據理論推導出的方程組，如方程組（9-12），其因徑圖如圖 9-2 所示。簡約形式是一組所有自變項都是外生變項的方程組，如方程組（9-16），其因徑圖如圖 9-4 所示。

$$x_3 = p_{32}x_2 + p_{31}x_1 + p_{3u}x_u \qquad (9\text{-}16)$$

$$x_4 = p_{42}x_2 + p_{41}x_1 + p_{4v}x_v$$

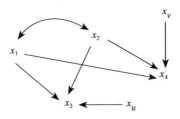

圖9-4　簡約形式因徑圖

2. 效果分解

現在以圖 9-2 的遞迴模型為例來討論效果的分解問題。對於方程式（9-12），用 x_2 乘 x_3 的方程並取期望值，得到

$$E(x_2x_3) = p_{32}E(x_2x_2) + p_{31}(x_2x_1) + p_{3v}E(x_2x_v) \qquad (9\text{-}17)$$

由於 $E(x_2x_2) = 1$ 和 $E(x_2x_v) = 0$，方程式（9-17）可以簡化為

$$\rho_{23} = p_{32} + p_{31}\rho_{21} \qquad (9\text{-}18)$$

利用同樣方法，可以得到

$$\rho_{12} = p_{21}$$
$$\rho_{13} = p_{31} + p_{32}\rho_{12}$$
$$\rho_{23} = p_{31}\rho_{12} + p_{32} \qquad (9\text{-}19)$$
$$\rho_{14} = p_{41} + p_{42}\rho_{12} + p_{43}\rho_{13}$$
$$\rho_{24} = p_{41}\rho_{12} + p_{42} + p_{43}\rho_{23}$$
$$\rho_{34} = p_{41}\rho_{13} + p_{42}\rho_{23} + p_{43}$$

如果我們已知相關係數 ρ，則可以根據方程式（9-19）解出模型的因徑係數 p。在實際研究中，我們可以得到相關係數的估計值，進而得到 p 的估計值。這與前面提到的用最小平方法得到的 p 值是一樣的。

根據方程式（9-19），我們可以把方程式右邊的相關係數代換掉，得到

$$\rho_{12} = p_{21}$$

$$\rho_{13} = p_{31} + p_{32}p_{21}$$

$$\rho_{23} = p_{31}p_{21} + p_{32} \qquad\qquad (9\text{-}20)$$

$$\rho_{14} = p_{41} + p_{42}p_{21} + p_{43}(p_{31} + p_{32}p_{21})$$

$$\rho_{24} = p_{41}p_{21} + p_{42} + p_{43}(p_{31}p_{21} + p_{32})$$

$$\rho_{34} = p_{41}(p_{31} + p_{32}p_{21}) + p_{42}(p_{31}p_{21} + p_{32}) + p_{43}$$

下面我們將根據方程式（9-20）來一一說明兩個變項之間的相關係數的分解。

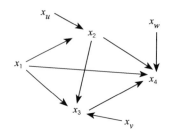

　　(1) x_2 與 x_1 的相關係數 ρ_{12} 完全由直接效果（direct effect）p_{21} 產生。直接效果指結構方程式中原依變項不是透過插入變項對結果變項產生的效果。

　　(2) x_3 與 x_1 的相關係數 ρ_{13} 由兩條不同的因徑產生：直接效果 p_{31} 和間接效果（indirect effect）$p_{32}p_{21}$。間接效果是指結構方程式中原依變項透過插入變項對結果變項產生的效果。也就是說，原依變項的變化引起插入變項的變化，再透過這個插入變項的變化引起的結果變項的變化量即間接效果。當插入變項保持不變時，間接效果為零。

　　(3) x_3 與 x_2 的相關係數 ρ_{23} 也由兩條不同因徑產生：直接效果 p_{32} 和由共同原因 x_1 引起的相關 $p_{31}p_{21}$。

　　(4) x_4 與 x_1 的相關係數 ρ_{14} 由四條不同因徑產生：直接效果 p_{41}，透過插入變項 x_2 的間接效果 $p_{42}p_{21}$，透過 x_3 的間接效果 $p_{43}p_{31}$ 和透過 x_2、x_3 的間接效果 $p_{43}p_{32}p_{21}$。

　　(5) x_4 與 x_2 的相關係數 ρ_{24} 也由四條不同因徑產生：直接效果 p_{42}，透過插入變項 x_3 的間接效果 $p_{43}p_{32}$，由共同原因 x_1 引起的直接相關 $p_{41}p_{21}$ 和由共同原因 x_1 引起的透過插入變項 x_3 的間接相關 $p_{43}p_{31}p_{21}$。

　　(6) x_4 與 x_3 的相關係數 ρ_{34} 由五條不同因徑產生：直接效果 p_{43}，由共同原因 x_1

引起的直接相關 $p_{41}p_{31}$，由共同原因 x_2 引起的直接相關 $p_{43}p_{32}$，由共同原因 x_1 引起的透過插入變項 x_2 的兩條間接相關因徑 $p_{42}p_{31}p_{21}$ 和 $p_{41}p_{32}p_{21}$。

在一個模型中，變項 x_h 對變項 x_j 的總效果為變項 x_h 對變項 x_j 的直接效果和間接效果之和。這個總效果僅是這兩個變項之間的總相關 ρ_{hj} 的一部分，它不包括由於共同原因引起的兩變項間相關。總效果是原依變項變化引起的結果變項的變化量，不管這個變化量是透過什麼機制引起的。這裡需要注意的是，變項 x_h 對變項 x_j 的總效果、直接效果和間接效果都是針對某一特定的遞迴模型，它們可能會隨著遞迴模型的改變而變化。當模型增加其他變項時，變項 x_h 對變項 x_j 的直接效果可能部分或全部地透過附加的變項傳遞，或者是由於附加的變項是 x_h 和 x_i 的共同原因產生的。因此，在效果分解的時候一定要具體說明所使用的模型。在圖 9-2 的遞迴模型中，x_1 對 x_2 的總效果為 x_1 對 x_2 的直接效果 p_{21}，因為 x_1 對 x_2 的間接效果為 0。x_1 對 x_3 的總效果為直接效果 p_{31} 與間接效果 $p_{32}p_{21}$ 之和，即 $p_{31} + p_{32}p_{21}$。x_1 對 x_4 的總效果為直接效果 p_{41} 以及間接效果 $p_{43}p_{31}$、$p_{42}p_{21}$ 與 $p_{43}p_{32}p_{21}$ 之和，即

$$p_{41} + p_{42}p_{21} + p_{43}p_{31} + p_{43}p_{32}p_{21}$$

x_2 對 x_3 的總效果為直接效果 p_{32}，這裡需要注意 $p_{31}p_{21}$ 是由共同原因 x_1 引起的 x_2 和 x_3 之間的相關，不包括在總效果之內（參考 Duncan，1975：25）。x_2 對 x_4 的總效果為直接效果 p_{42} 加上間接效果 $p_{43}p_{32}$，x_3 對 x_4 的總效果為直接效果 p_{43}。

當遞迴模型中存在兩個或兩個以上外生變項時（如圖 9-5 所示），兩個變項之間的相關係數可以分解為總效果和由共同原因引起的相關，以及沒有分析的外生變項之間相關引起的相關。在圖 9-5 的遞迴模型中，

(1) x_3 與 x_1 的相關係數 ρ_{13} 可以分解為 x_1 對 x_3 的直接效果 p_{31}，及沒有分析的 x_1 和 x_3 的另一個原依變項 x_2 相關引起的相關 $p_{32}p_{21}$。在這個模型中，因為 x_1 對 x_3 沒有間接效果，所以 p_{31} 既是 x_1 對 x_3 的直接效果，也是 x_1 對 x_3 的總效果。

(2) x_3 與 x_2 的相關係數 ρ_{23} 可以分解為 x_2 對 x_3 的直接效果 p_{32}，及沒有分析的 x_2 和 x_3 的另一個原依變項 x_1 相關引起的相關 $p_{31}\rho_{12}$。

(3) x_4 與 x_1 的相關係數 ρ_{14} 可以分解為直接效果 p_{41}，透過插入變項 x_3 的間接效果 $p_{43}p_{31}$，沒有分析的 x_1 和 x_4 的另一個原依變項 x_2 相關引起的相關 $p_{42}\rho_{21}$，和沒有分析的 x_1 和 x_2 相關和插入變項 x_3 的相關 $p_{43}p_{32}\rho_{21}$。此時，x_1 對 x_4 的總效果為直接效果和間接效果之和 $p_{41} + p_{43}p_{31}$。

(4) x_4 與 x_2 的相關係數 ρ_{24} 可以分解為直接效果 p_{42}，透過插入變項 x_3 的間接

效果 $p_{43}p_{32}$，由 x_1 和 x_2 相關引起的相關 $p_{41}\rho_{21}$，由 x_1 和 x_2 相關並透過插入變項 x_3 的間接相關 $p_{43}p_{31}\rho_{21}$。此時，x_2 對 x_4 的總效果為直接效果和間接效果之和 p_{42} + $p_{43}p_{32}$。

(5) x_4 與 x_3 的相關係數 ρ_{34} 可以分解為 x_3 對 x_4 的直接效果 p_{43}，由共同原因 x_1 引起的相關 $p_{41}p_{31}$，由共同原因 x_2 引起的相關 $p_{42}p_{32}$，由沒有分析的 x_3 的原依變項 x_1 和 x_4 的原依變項 x_2 相關引起的相關 $p_{42}p_{31}\rho_{21}$ 和 $p_{41}p_{32}\rho_{21}$。此時，p_{43} 也是 x_3 對 x_4 的總效果。

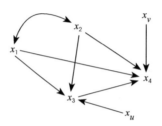

圖9-5　兩個外生變項的四變項因徑圖

注意，把總效果分解為直接效果和間接效是應用了我們前一章介紹的輔助迴歸的一個重要公式——方程式（8-6）。它們的差別在於輔助迴歸方程式（8-6）是一個一般公式，不一定要求知道模型中各變項之間的因果關係。而我們現在討論的是遞迴模型中的效果分解，是一個特例，下面以圖 9-5 的遞迴模型為例來介紹。這個遞迴模型可以表示為：

$$x_3 = p_{31}x_1 + p_{32}x_2 + p_{3u}x_u \qquad (9\text{-}21)$$
$$x_4 = p_{41}x_1 + p_{42}x_2 + p_{43}x_3 + p_{4v}x_v$$

將方程式（9-21）中 x_3 代入 x_4，可以得到

$$\begin{aligned}
x_4 &= p_{41}x_1 + p_{42}x_2 + p_{43}x_3 + p_{4v}x_v \\
&= p_{41}x_1 + p_{42}x_2 + p_{43}(p_{31}x_1 + p_{32}x_2 + p_{3u}x_u) + p_{4v}x_v \qquad (9\text{-}22)\\
&= (p_{41} + p_{43}p_{31})x_1 + (p_{42} + p_{43}p_{32})x_2 + (p_{43}p_{3u}x_u + p_{4v}x_v) \\
&= p'_{41}x_1 + p'_{42}x_2 + p'_{4v}x'_v
\end{aligned}$$

從方程式（9-21）和（9-22）可以看出，把 x_4 對 x_1, x_2, x_3 進行迴歸時得到的係數 p_{41}, p_{42}, p_{43}（如方程式（8-6）中 β_k）即為 x_1, x_2, x_3 對 x_4 的直接效果，x_1, x_2 對 x_4 的

間接效果 $p_{43}p_{31}$、$p_{43}p_{32}$(如方程式（8-6）中 $\beta_{p-1}\tau_k$）可以透過 x_4 對 x_1, x_2 進行迴歸時得到的 x_1, x_2 係數（如方程式（8-6）中 α_k）與 x_4 對 x_1, x_2, x_3 進行迴歸時得到的 x_1, x_2 係數相減得到，即 x_4 對 x_1 的間接效果為 $p'_{41} - p_{41}$，x_4 對 x_2 的間接效果為 $p'_{42} - p_{42}$。

下面，我們以 Blau 和 Duncan(1967：170) 的地位獲得模型為例來說明各種效果。

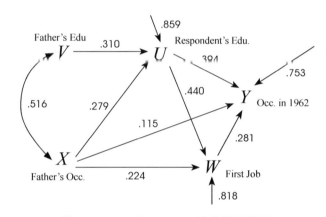

圖9-6　**Blau 和 Duncan 地位獲得模型**

從圖 9-6 中可以看出，父親教育對兒子 1962 年的職業（簡稱職業）的直接效果是 0。父親教育對兒子教育的直接效果為 0.310，兒子教育對其職業的直接效果為 0.394，兒子教育對其第一份工作的直接效果為 0.440，父親職業對兒子教育的直接效果為 0.279，父親職業對兒子職業的直接效果為 0.115，父親職業對兒子第一份工作的直接效果為 0.224，兒子第一份工作對其職業的直接效果為 0.281。

父親教育透過兒子教育對兒子職業的間接效果為 0.122（= 0.310×0.394）；父親教育透過兒子教育、兒子第一份工作對兒子職業的間接效果為 0.038（= 0.310×0.440×0.281）；父親職業透過兒子教育對兒子職業的間接效果為 0.110（= 0.279×0.394）；父親職業透過兒子教育、兒子第一份工作對兒子職業的間接效果為 0.034（= 0.279×0.440×0.281）；父親職業透過兒子第一份工作對兒子職業的間接效果為 0.063（= 0.224×0.281）。

父親教育和兒子職業的相關係數可以分解為：

(1) 父親教育透過兒子教育對兒子職業的間接效果 0.122（= 0.310×0.394）；

(2) 父親教育透過兒子教育、兒子第一份工作對兒子職業的間接效果為 0.038

（$= 0.310 \times 0.440 \times 0.281$）；

(3) 父親教育和父親職業相關直接引起的效果 0.059（$= 0.516 \times 0.115$）；

(4) 父親教育和父親職業相關，並間接透過兒子教育引起的效果 0.057（$= 0.516 \times 0.279 \times 0.394$）；

(5) 父親教育和父親職業相關，並間接透過兒子教育、兒子第一份工作引起的效果 0.018（$= 0.516 \times 0.279 \times 0.440 \times 0.281$）；

(6) 父親教育和父親職業相關，並間接透過兒子第一份工作引起的效果 0.032（$= 0.516 \times 0.224 \times 0.281$）。

則父親教育和兒子職業的相關係數等於上述六項之和

$$\rho_{VY} = 0.310 \times 0.394 + 0.310 \times 0.440 \times 0.281 + 0.516 \times 0.115 + 0.516 \times 0.279 \times 0.394$$
$$+ 0.516 \times 0.279 \times 0.440 \times 0.281 + 0.516 \times 0.224 \times 0.281$$
$$= 0.327$$

我們也可以用同樣的方式分解得到父親職業和兒子職業的相關係數，請讀者自行分解，最終得到的父親職業和兒子職業的相關係數應為

$$\rho_{XY} = 0.115 + 0.279 \times 0.394 + 0.279 \times 0.440 \times 0.281 + 0.224 \times 0.281 + 0.516 \times 0.310$$
$$\times 0.394 + 0.516 \times 0.310 \times 0.440 \times 0.281$$
$$= 0.405$$

父親教育對兒子職業的總效果為父親教育對兒子職業的直接效果和所有間接效果之和：0.160（$= 0 + 0.122 + 0.038$）。父親職業對兒子職業的總效果為父親職業對兒子職業的直接效果和所有間接效果之和：0.322（$= 0.115 + 0.110 + 0.034 + 0.063$）。

我們還可以利用 Wright 的乘法原則（Wright's multiplication rule）解讀因徑圖得到方程式（9-20）：如果要得到 x_h 和 x_j（x_j 在遞迴模型繼 x_h 之後的方程中出現）之間的相關係數 ρ_{hj}，則從 x_j 開始讀，沿著每條不同的直接或間接（混合）因徑讀到 x_h，把所有得到的 x_h 和 x_j 之間因果鏈的乘積相加即得到 ρ_{hj}。也可以從 x_h 開始讀到 x_j，但是需要注意無論從哪個變項開始，只能按一個箭頭方向讀，不允許來回讀。如果出現兩個外生變項相關的情形，即出現雙箭頭的情形，則可以來回讀。

透過上面的分析可以看出：

· 兩個變項之間的相關係數經常不是一個變項對於另一個變項的總效果的正確測量，因為相關係數可能包括直接效果和間接效果之外的成份。

· 遞迴模型的任一方程顯示前置變項對於這個方程的依變項的直接效果，不管

前置變項之間的因果關係如何。

· 理論的一個主要目標就在於提供一個模型能使一些外生變量變成內生變項。

9.6.5 因徑模型的識別

模型的識別問題是指模型中的因徑係數是否能被估計出來，也就是說是否可以根據相關係數 ρ 解出因徑係數 p。模型可分為可識別模型（identifiable model）和識別不足之模型（under-identified model）。當模型能根據相關係數 ρ 解出因徑係數 p，表示這個模型是可識別的（identifiable）。其中，可識別的模型又分為兩種，一種是適足認定（just-identified）模型，另一種是過度認定（over-identified）模型。如果相關係數和因徑係數的數量相等，並且能根據相關係數解出因徑係數，則模型是適足認定模型。在遞迴模型的方程中，如果所有前置變項都影響內生變項，那麼這個方程就是適足認定的方程；如果所有的方程都適足認定，那麼這個模型就是適足認定的，如圖 9-7(a) 所示。

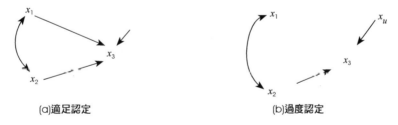

(a)適足認定　　　　　　　　　　　　　(b)過度認定

圖9-7　模型的識別

根據 Wright 乘法原則，我們可以得到

$$\rho_{13} = p_{31} + p_{32}\rho_{21} \tag{9-23}$$
$$\rho_{23} = p_{31}\rho_{21} + p_{32}$$

方程式（9-23）中如果所有的 ρ 已知，則我們只有兩個未知參數和兩個方程，因此可以解出 p，此時稱這個模型是適足認定。

如果相關係數的數量多於因徑係數，模型將會過度認定（over-identified），如圖 9-7(b)。根據 Wright 乘法原則，我們可以得到

$$\rho_{13} = p_{32}\rho_{21} \tag{9-24}$$
$$\rho_{23} = p_{32}$$

根據方程式（9-24），可以得到

$$p_{32} = \rho_{23} = \frac{\rho_{13}}{\rho_{21}} \tag{9-25}$$

方程式（9-25）給出過度的識別限制，此時稱這個模型是過度認定的。

當模型的因徑係數數量大於相關係數時，則模型不能根據相關係數求解因徑係數，此時稱模型是識別不足（under-identified）的，如圖 9-3(e)。即使已知所有相關係數，我們也無法估計一個識別不足之方程中的因徑係數，這在非遞迴模型中經常遇見。

9.7 本章小結

在這一章，我們主要透過線性迴歸研究因果關係。在研究變項之間的關係時，經常遇到的是相關關係或因果關係。相關關係是指在同一個母體中兩個變項之間的統計關係，但並不意味著因果關係。因果關係是原依變項和結果變項之間的關係，也就是自變項對依變項的影響。在研究因果關係時，我們通常需要兩個潛在的響應結果，即同一個體受到施測時依變項的值 $Y^t(u)$ 和沒有受到施測時依變項的值 $Y^c(u)$，兩者之差就是原因（施測）對於個體的效果。

然而，社會研究避免不了反事實問題，即不可能在同一個體上同時觀察到 $Y^t(u)$ 和 $Y^c(u)$ 的值，因此不可能觀察到施測對於個體的效果。但是，我們可以透過科學方法和統計方法來解決反事實問題。科學解決方法假設時間穩定性、短暫因果關係或個體同質性。這在自然科學中經常使用。然而在社會科學中，個體往往會隨著時間發生變化或受到施測影響，同時，個體之間會存在很大異質性，這使得科學解決方法不能得到使用。而此時就需要利用統計解決方法來解決反事實問題。統計解決方法是用施測對母體的平均效果來替代施測對個體的效果。但此時可能遇到測前異質之偏誤和施測效果異質性偏誤，可以利用隨機賦值的方法來消除這兩種偏誤。

在探討因果關係時，要注意區分外生變項和內生變項：外生變項是指在模型的所有方程中只做自變項的變項；內生變項是指模型中對於某些變項是自變項，而對

於另一些自變項是依變項的變項。內生變項在模型中受到外生變項和其他內生變項影響。我們可以利用因徑分析來探討因果關係，並分解各種變項之間的效果。因徑分析經常採用標準化係數，因為標準化係數沒有測量單位，可比較同一方程中不同變項的係數。

因徑模型可分為遞迴模型和非遞迴模型。遞迴模型是指模型中所有變項僅依賴於前置變項的因徑模型，可以用表格或因徑圖來描述。在遞迴模型中，需要滿足外生變項與誤差項無關、任一方程的誤差項與該方程的所有前置變項無關這兩個假設。所有的遞迴模型都是可識別的，即可以使用 OLS 迴歸得到因徑係數的不偏估計。常遞迴模型的假設不成立時，我們就需要使用非遞迴模型。非遞迴模型是指不滿足遞迴模型假設條件的因徑模型。非遞迴模型有下面幾種形式：兩個變項直接互為因果；某個變項自回饋；間接回饋；外生變項與誤差項相關；不同誤差項之間相關。非遞迴模型的識別需要用到不可驗證的模型假定，估算可以用間接最小平方、工具變項等方法。模型可識別是指模型中的未知係數能被估計出來的情況。

在遞迴模型中，兩個變項之間的相關係數可以分解為總效果，由共同原因引起的相關，以及沒有分析的外生變項之間相關引起的相關。總效果又可以分為直接效果和間接效果。在這裡需要注意，在效果分解的時候一定要具體說明所使用的模型，這是因為變項 x_h 對變項 x_j 的總效果、直接效果和間接效果可能隨著遞迴模型的改變而變化。最後，本章以 Blau 和 Duncan（1978）的地位獲得模型為例介紹了遞迴模型的效果分解。

參考文獻

Alwin, Duane F. and Robert M. Hauser. 1975. "The Decomposition of Effects in Path Analysis." *American Sociological Review* 40:37-47.

Berry, William D. 1984. *Nonrecursive Causal Models*. Thousand Oaks, CA: Sage Publications.

Blau, Peter M. and Otis Dudley Duncan. 1967. *The American Occupational Structure*. New York: Wiley.

Duncan, Otis Dudley. 1975. *Introduction to Structural Equation Models*. New York: Academic Press.

Goldthorpe, John. H. 2001. "Causation, Statistics, and Sociology." *European Sociological*

Review 17:1-20.

Heise, David R. 1975. *Causal Analysis*. New York:Wiley.

Holland, Paul W. 1986. "Statistics and Causal Inference (with discussion)." *Journal of American Statistical Association* 81:945-960.

Kutner, Michael H, Christopher J. Nachtsheim, John Neter, and William Li. 2004. *Applied Linear Regression Models* (Fourth Edition). Boston: McGraw-Hill/lrwin.

謝宇，2006，《社會學方法與定量研究》，北京：社會科學文獻出版社。

Chapter

10

多元共線性問題

當自變項之間存在某種線性關係或高度相關的時候，就會發生多元共線性問題。用矩陣來解釋，即：如果矩陣 **X** 的某些行之間具有線性關係，那麼矩陣 **X** 就不是滿秩的。值得注意的是，我們在這裡採用多元共線性（multicollinearity）而非共線性（collinearity）是為了強調：我們不能僅憑自變項之間的兩兩簡單線性相關來判斷是否存在共線性問題。根據前面有關矩陣的知識，我們知道，不滿秩是由於某些行向量是其他多個行向量的線性組合。所以判斷共線性問題要基於整個自變項矩陣 **X** 來檢查行向量組。

多元共線性問題會給迴歸模型的參數估計帶來一系列問題。例如，導致迴歸方程的解不再是唯一的，使得迴歸參數估計值的標準誤增大，進而使得估計值的信賴區間變得更寬，顯著性檢定的值變小，等等。因此，我們需要解決多元共線性問題。我們可以透過減少自變項、增加樣本量甚至換用其他資料等途徑來消除或緩解多元共線性問題，從而得到有效的迴歸參數估計。

10.1 多元共線性問題的引入

在第 5 章中我們介紹模型的參數估計時假定矩陣 **X'X** 為非奇異矩陣。那麼我們為什麼需要這個假定呢？這是因為如果這一假定不成立，就不能求出矩陣 **X'X** 的反矩陣，因而也就無法求解迴歸參數的最小平方估計值 $\mathbf{b} = (\mathbf{X'X})^{-1}\mathbf{X'y}$。這也是本章要講的完全多元共線性的情況。現實中，我們有時還會遇到另一種情況：矩陣 **X'X** 並非嚴格不可逆，而是近似不可逆，即矩陣 **X'X** 雖然是滿秩矩陣，但是矩陣的某些列或行可以被其他列或行近似地線性組合出來。此時，我們依然可以求解出迴歸參數估計值 $\mathbf{b} = (\mathbf{X'X})^{-1}\mathbf{X'y}$，但是得到的結果會不穩定，即估計值的標準誤過大。這就是本章要討論的近似多元共線性的情況。對於社會科學而言，完全多元共線性的情況極少見，而且會直接導致無解。但近似多元共線性的情況卻很常見，因此我們在實際研究中需要給予足夠的重視。

在轉入對多元共線性問題及其度量與處理的介紹之前，需要強調幾點：第一，多元共線性並不一定導致多元共線性問題，我們需要明確區分多元共線性和多元共線性問題。對於社會科學而言，多元共線性幾乎是不可避免的，因為自變項之間總是會存在某種程度的相關。但只有當自變項之間存在的線性關係高到一定程度的時候，才會發生多元共線性問題。第二，多元共線性是由於在資料中自變項之間存在某種線性關係或自變項高度相關而產生的，即它是某一特定樣本中的問題。如

果我們能夠透過特定方式（比如有控制的實驗方法）來收集資料的話，樣本中自變項之間的線性關係就可以減弱。第三，除完全多元共線性的情況之外，即使是較強的多元共線性也並沒有違背多元迴歸分析所需的假定，也就是說，迴歸參數的 OLS 估計仍然是不偏的和一致的。當樣本極大時，多元共線性一般不會導致大的危害。但是，一般而言，多元共線性會導致如參數估計值的標準誤增大[1]等問題。

10.2 完全多元共線性

完全多元共線性是指矩陣 $\mathbf{X'X}$ 嚴格不可逆的情形。在這裡強調嚴格兩字，主要是為了與後面的近似不可逆加以區分。第 4 章中，我們在介紹矩陣的逆時強調了一個結論：假設有矩陣 $\mathbf{X}_{n \times p}$，且 $n > p$，當矩陣 $\mathbf{X}_{n \times p}$ 不是滿秩矩陣，即矩陣 $\mathbf{X}_{n \times p}$ 的最大線性無關行數小於 p 時，矩陣 $(\mathbf{X'X})_{p \times p}$ 是奇異的，是不可逆的。在下面的討論中，我們假定對於矩陣 $\mathbf{X}_{n \times p}$ 有 $n > p$。矩陣 $(\mathbf{X'X})_{p \times p}$ 是奇異的就意味著 $(\mathbf{X'X})^{-1}$ 不存在，這便出現了不能求出參數估計值向量 $\mathbf{b} = (\mathbf{X'X})^{-1}\mathbf{X'y}$ 唯一解的情況。所以，我們必須對資料矩陣 $\mathbf{X}_{n \times p}$ 進行處理，只保留 $\mathbf{X}_{n \times p}$ 中行的最大線性無關組，使得矩陣 $\mathbf{X}_{n \times p}$ 在刪去若干行之後成為滿秩矩陣，從而保證矩陣 $\mathbf{X'X}$ 是可逆（即非奇異矩陣）的。我們知道，矩陣 $\mathbf{X}_{n \times p}$ 的行對應著不同的自變項向量，所以刪去矩陣 $\mathbf{X}_{n \times p}$ 的若干行實際上意味著刪去若干自變項。那麼哪些自變項應當刪去，哪些自變項應當保留呢？這不僅是一個統計學問題，也是一個社會科學研究設計問題。這可以參考前面第 8 章有關輔助迴歸和偏迴歸圖的部分內容。

舉個例子，如果在資料中同時包含了被調查者父親的教育程度和母親的教育程度，以及父母教育程度的平均數。即使父親和母親的教育程度之間不存在線性關係，如果在模型中同時包含這三個自變項，就會發生完全多元共線性。因為父母教育程度的平均數＝（父親的教育程度＋母親的教育程度）/2，也就是說這三個變項之間有完全線性關係，所以把這三個變項都納入同一個模型時就會造成自變項矩陣 $\mathbf{X'X}$ 不滿秩，即嚴格不可逆，從而不能求出參數估計值向量 $\mathbf{b} = (\mathbf{X'X})^{-1}\mathbf{X'y}$ 的唯一解，所以這三個變項必須刪去一個。我們這裡可以刪去三個變項中的任意一個，因為它們中的任意兩個都可以作為這三個變項中的最大線性無關組。實際上，這種變項間的相互替換在某種意義上是等價的。無論保留這三個變項中的哪兩個，模型都

205

---

[1] 當然，迴歸參數估計值的標準誤增大並不一定就是由多元共線性問題所致。

會有相同的線性配適程度和相同的殘差估計。但是，係數的估計和解釋是有所區別的。這個結論值得仔細思考，也會加深我們對線性迴歸和最小平方法的理解。

實際上，在資料矩陣的行向量中（即在模型自變項中）選出的不同行向量的最大線性無關組是線性等價的，它們是可以互相線性表達的。這種線性等價性保證了線性模型在線性迴歸中配適程度或模型解釋力上的等價性。

完全共線性問題對類別變項轉化為虛擬變項的處理也具有指導意義（見第 12 章）。當包含 K 個類別的類別變項轉化為一組虛擬變項時，必須將其中一個類別所對應的虛擬變項作為對照類別不加入模型，也就是說，只需要使用 $K-1$ 個虛擬變項就能夠代表原類別變項的完整資訊，否則就會出現完全共線性問題。這是因為如果加入 K 個虛擬變項來分別表示一個類別，這些變項的和必然是常數向量 1，換句話說，$\mathbf{X}_{n \times p}$ 的常數向量可以被這些虛擬變項線性表出（將這些虛擬變項全部相加即可）。這時，如果納入全部 K 個虛擬變項就勢必導致完全多元共線性問題，所以必須在模型中刪除其中一個類別所對應的虛擬變項，以此作為對照類。

10.3　近似多元共線性

當資料矩陣中一個或幾個行向量可以近似表示成其他行向量的線性組合時，就會出現近似多元共線性問題。與完全多元共線性不同的是，此時模型是可以估計的，只是估計的誤差很大，即迴歸參數估計值的標準誤過大，而迴歸係數估計的標準誤過大會造成統計檢定和推論的不可靠。

多元共線性問題是一個相對識別問題。它表現為，當樣本量不夠時，理論上能夠識別的自變項可能實際上出現識別不足，即資料無法表現出某個變項與其他變項的某些線性組合之間的明顯的區別。如果我們在理論上已經做到自變項的識別，但由於資料量不夠而沒有在現實中表現出這種可識別性，那麼我們就需要收集更多的資料，獲得更多的樣本，把這個沒有被識別出的變項和其他變項的某個線性組合之間的差別表現出來。

關於識別不足問題與樣本數的關係，我們可以這樣看待：識別不足 = 低效性 = 樣本個案數的效能削弱。正因如此，擴大樣本規模可以補償識別不足問題。

較之完全共線性問題，近似多元共線性問題或者說識別不足問題不是一個「是否」判斷，而是一個程度問題。因此，我們希望能夠度量識別不足的程度，下一節就將會給出幾種描述多元共線性程度的統計量。

在本節的最後，我們還想指出，正如前面已經講過的，近似多元共線性會導致參數估計值的標準誤過大。所以，如果統計輸出中的標準誤很小，就可不必擔心多元共線性問題。

10.4　多元共線性的度量

本節將給出幾個基於複相關係數（multiple correlation coefficient）的多元共線性度量指標。如果我們想知道近似多元共線性是由哪個變項引起的，可以借助在輔助迴歸中提到的複相關係數。比如我們想考察變項 x_k 所引起的近似多元共線性的程度，在輔助迴歸中，我們以自變項 x_k 作為依變項，以模型中其餘的所有自變項作為新的自變項來做迴歸，可以得到複相關係數 $R_{x_k}^2$。當 $R_{x_k}^2$ 很大（比如，接近 1）的時候，可以認為自變項 x_k 在很大程度上可以在線性意義下被其他自變項所解釋，即自變項 x_k 與其他自變項之間存在多元共線性問題，導致識別不足問題。當 $R_{x_k}^2$ 嚴格等於 1 的時候說明自變項 x_k 可以被完全解釋，此時產生的多元共線性就是完全多元共線性。這裡，我們可以看出，多元共線性問題的存在使得我們不能在模型中無限度地增加自變項數目。因為隨著變項的增加，每個自變項能被模型中其他自變項所解釋的程度就越來越高，複相關係數也就越來越大，多元共線性問題就會越來越嚴重。

類似的，利用複相關係數的概念，我們還可以定義容許度（tolerance，簡記為 *TOL*）的概念。同樣基於複相關係數 $R_{x_k}^2$ 對每一個變項 x_k，定義 $TOL_{x_k} = 1 - R_{x_k}^2$。顯然，當 TOL_{x_k} 越小，越接近 0 時，多元共線性就越嚴重。當 TOL_{x_k} 嚴格等於 0 時，也就是 $R_{x_k}^2$ 嚴格等於 1 時，就意味著完全多元共線性的存在。

利用容許度，我們可以進一步定義變異數膨脹因素 *VIF*（variance inflation factor），這是反映多元共線性程度的另一個指標。對於某個自變項 x_k，我們定義：

$$VIF_{x_k} = 1/TOL_{x_k} = 1/(1 - R_{x_k}^2) \tag{10-1}$$

此時可以看出，如果近似多元共線性問題很嚴重，則 $R_{x_k}^2$ 接近於 1，TOL_{x_k} 接近於 0，變得很大。當完全多元共線性發生的時候，VIF_{x_k} 變為正無窮。

利用變異數膨脹因素，我們可以清楚地看到，多元共線性問題是如何導致估計不準與標準誤過大的。回顧一下偏迴歸的估計。假設真實的迴歸模型為：

$$y_i = \beta_0 + \beta_1 x_{i1} + \cdots + \beta_{(p-1)} x_{i(p-1)} + \varepsilon_i \tag{10-2}$$

採用矩陣形式，方程式（10-2）也可以表達為

$$\mathbf{y} = \mathbf{X\boldsymbol{\beta}} + \boldsymbol{\varepsilon} \qquad (10\text{-}3)$$

一般地，這個模型總可以寫為：

$$\mathbf{y} = \mathbf{X_1\boldsymbol{\beta}_1} + \mathbf{X_2\boldsymbol{\beta}_2} + \boldsymbol{\varepsilon} \qquad (10\text{-}4)$$

這裡，$\mathbf{X} = [\mathbf{X_1}, \mathbf{X_2}]$，$\boldsymbol{\beta} = \begin{bmatrix} \boldsymbol{\beta}_1 \\ \boldsymbol{\beta}_2 \end{bmatrix}$。其中 $\mathbf{X_1}$ 和 $\mathbf{X_2}$ 分別是 $n \times p_1$ 維和 $n \times p_2$ 維的矩陣，且有 $p_1 + p_2 = p$。$\boldsymbol{\beta}_1$ 和 $\boldsymbol{\beta}_2$ 分別是 p_1 維和 p_2 維的迴歸參數向量。

在輔助迴歸的章節中我們曾經證明過迴歸方程（10-4）可以採用下列三步估計法得到等價於一步計算法的 $\boldsymbol{\beta}_2$ 最小平方估計結果：

(1) 用 $\mathbf{y}$ 對 $\mathbf{X_1}$ 迴歸，取得殘差 $\mathbf{y}^*$；

(2) 用 $\mathbf{X_2}$ 對 $\mathbf{X_1}$ 迴歸，取得殘差 $\mathbf{X_2^*}$；

(3) 用 $\mathbf{y}^*$ 對 $\mathbf{X_2^*}$ 迴歸，取得正確的 $\boldsymbol{\beta}_2$ 最小平方估計 $\mathbf{b_2}$，這一結果實際上與一步計算法所得結果相同。

我們令 $[1, \mathbf{x}_1, ..., \mathbf{x}_{(p-2)}]$ 為 $\mathbf{X_1}$，令 $\mathbf{x}_{(p-1)}$ 為 $\mathbf{X_2}$。於是，基於上述三步估計法及下式（10-5），我們能夠估計出 $\boldsymbol{\beta}_{(p-1)}$：

$$\mathbf{y}^* = \mathbf{X}^*_{(p-1)}\boldsymbol{\beta}_{(p-1)} + \boldsymbol{\varepsilon} \qquad (10\text{-}5)$$

其中，$\mathbf{y}^*$ 和 $\mathbf{X}^*_{(p-1)}$ 分別是當 $\mathbf{y}$ 和 $\mathbf{x}_{(p-1)}$ 對 $[1, \mathbf{x}_1, ..., \mathbf{x}_{(p-2)}]$ 進行迴歸後所得殘差。請注意：$\mathbf{y}^*$ 和 $\mathbf{X}^*_{(p-1)}$ 這兩個殘差的平均數都是 0，即方程式（10-5）不應包含截距項參數。根據簡單迴歸公式可以推出：

$$b_{(p-1)} = \sum y_i^* x_{i(p-1)}^* \Big/ \sum [x_{i(p-1)}^*]^2$$

$$\begin{aligned}
\text{Var}\,(b_{(p-1)}) &= \frac{\sigma^2}{\sum [x_{i(p-1)}^*]^2} \\
&= \frac{\sigma^2}{\text{SST}_{X(p-1)}(1 - \text{R}^2_{(p-1)})} \\
&= VIF_{(p-1)}\,\frac{\sigma^2}{\text{SST}_{X(p-1)}}
\end{aligned}$$

我們可以看到，自變項 $\mathbf{x}_{(p-1)}$ 的變異數膨脹因素 VIF 越大，估計所得的自變項迴歸係數變異數也就越大。變異數膨脹因素有效地度量了由某個自變項導致的多元共線

性程度。常用的統計軟體都能給出該統計量的估計值。

在 Stata 中，對於模型每個自變項的變異數膨脹因素 *VIF* 也可以透過簡單的指令得到。以 TSCS 資料為例，我們先輸入迴歸指令：

. reg logearn educyr female fethnic_2 fethnic_3 fethnic_4 exp

Source	SS	df	MS		
Model	137.076841	6	22.8461401		
Residual	607.81038	1255	.48431106		
Total	744.887221	1261	.590711515		

Number of obs = 1262
F(6, 1255) = 47.17
Prob > F = 0.0000
R-squared = 0.1840
Adj R-squared = 0.1801
Root MSE = .69592

logearn	Coef.	Std. Err.	t	P>|t|	[95% Conf. Interval]	
educyr	.1179047	.0076645	15.38	0.000	.102868	.1329414
female	−.2174624	.039647	−5.48	0.000	−.2952442	−.1396807
fethnic_2	.002559	.0561571	0.05	0.964	−.1076132	.1127311
fethnic_3	.1722033	.3494794	0.49	0.622	−.513425	.8578317
fethnic_4	−.0256292	.0650349	−0.39	0.694	−.1532184	.1019599
exp	.0178865	.0017948	9.97	0.000	.0143654	.0214077
_cons	8.437884	.1314139	64.21	0.000	8.180069	8.695699

然後輸入計算變異數膨脹因素 *VIF* 的指令：

. vif

就可以得到以下結果：

Variable	VIF	1/VIF
educyr	1.68	0.594783
exp	1.66	0.601205

```
    fethnic_4 |    1.04    0.962376
    fethnic_2 |    1.03    0.972718
       female |    1.01    0.987706
    fethnic_3 |    1.01    0.994489
--------------+------------------------
     Mean VIF |    1.24
```

一個判斷是否存在嚴重近似共線性問題的經驗性原則是：

(1) 自變項中最大的變異數膨脹因素 *VIF* 大於 10；

(2) 平均變異數膨脹因素 *VIF* 明顯大於 1。

這裡，我們看到，工作經驗（*exp*）、受教育年數（*educyr*）、族群（*fethnic_2, fethnic_3, fethnic_4*）和性別（*female*）變項的 *VIF* 都遠小於 10，雖然它們的平均 *VIF* 為 1.24，大於 1，但是並不明顯大於 1。所以我們不認為這裡存在嚴重的近似多元共線性問題。如果我們確定存在嚴重的近似多元共線性問題時，就需要對自變項加以處理，以消除或減弱多元共線性問題對參數估計值標準誤的影響。

10.5 多元共線性問題的處理

當多元共線性問題發生時，我們需要加以處理才能保證模型本身的有效性。

如果發生的是完全多元共線性，那麼直接刪除在資料中不必要的變項即可。這些變項可能是虛擬變項中的對照組，也可能是包含了某些變項或其線性組合而生成的新變項。只要保證刪除變項後無完全多元共線性問題即可。完全多元共線性問題的發現也是比較容易的，因為當完全多元共線性問題發生時，軟體根本無法正常求解，並會自動報告發生了共線性問題。手工計算的時候也會在矩陣求逆的步驟中發現矩陣 $\mathbf{X'X}$ 不可逆，從而導致迴歸參數估計值向量 $\mathbf{b} = (\mathbf{X'X})^{-1}\mathbf{X'y}$ 不存在唯一解的問題。

如果發生的是近似多元共線性，就沒有特別簡單的方法來解決。在第 10.3 節中我們已經說明，如果在理論上我們可以識別某些自變項，即自變項在理論上都是有意義且意義不重複或每個變項都不可以被其他自變項線性解釋，那麼當在實際中出現近似共線性問題時，我們可以透過增大樣本量來解決多元共線性問題。

但是當沒有明確的理論，不能在理論上識別某些自變項的時候，可以利用一些技術上的處理方法來減少自變項的數目。比較典型的方法是把彼此之間存在一定相

關性的變項綜合成較少的幾個變項。這樣綜合變項資訊的方法包括偏最小平方迴歸分析、主成份分析法以及由主成份分析法推廣得到的因素分析。因素分析在現實中有很多應用，不只局限在處理多元共線性問題上，它在證券投資學、心理學和醫學理論中都有應用。比如從關於生長與衰老的醫學資料中可以透過因素分析將相關變項綜合成影響身高體重的更本質的生長因素，以及支配各種器官、組織衰老的衰老因素。由於因素分析恰恰認為許多觀察變項之間的高度相關是由某些共同的潛在特性所致，所以使用因素代表更本質的潛在特性可以減少變項個數並同時解決多元共線性的問題。

以上這些解決近似多元共線性問題的技術方法需要更高的統計技巧和理論，上面只進行了概要性的介紹，具體的理論與操作請讀者參考專門書籍，例如《應用多元統計分析》（高惠璇，2005）與《多元統計分析引論》（張堯庭、方開泰，1982）。

儘管上節中我們給出了判斷近似多元共線性問題的經驗性原則，但是近似多元共線性顯然不如完全多元共線性問題那麼容易識別。而在此之前我們已反覆指出，這是一個程度問題。正如我們討論的，近似多元共線性問題造成的問題是參數估計的不穩定，標準誤太大。所以我們可以說，如果統計輸出中的標準誤很小，甚至於所估計係數依然顯著時，就不用過多擔心多元共線性問題。

10.6 本章小結

在本章中我們主要討論了兩種多元共線性問題：完全多元共線性問題和近似多元共線性問題，前者造成了模型的不可估計，後者則導致參數估計的不穩定。隨後我們給出了三種度量近似多元共線性問題的統計量。這三種統計量都是透過複相關係數 $R^2_{x_k}$ ——以自變項 x_k 作為依變項對其他自變項做迴歸得到的判定係數——來定義的。透過這些統計量，我們說明了完全多元共線性與近似多元共線性在本質上的一致性。此外，透過複相關係數 $R^2_{x_k}$，我們進一步說明了在模型中不能無限度增加自變項數目的統計原因。在本節的最後，我們給出了處理完全共線性與近似共線性的幾種方法。當完全多元共線性發生時，我們應當刪去不必要的自變項。在近似多元共線性發生的時候，可能需要收集更多資料以增加樣本量，或透過因素分析等方法將存在高度相關的變項加以合併，或採用可能的新資料。值得注意的是，與完全多元共線性不同，近似多元共線性的發生是一個程度上的問題而非「是否」

211

的問題。因此，不會有明確的指示告訴我們模型中是否存在這樣的問題。但當我們得到了穩定的、標準誤不是很大的參數估計，或更理想的，且依然顯著的估計參數時，我們就不必過多擔心共線性問題的影響。

參考文獻

高惠璿，2005，《應用多元統計分析》，北京：北京大學出版社。

張堯庭、方開泰，1982，《多元統計分析引論》，2006 年第六次印刷，北京：科學出版社。

多項式迴歸、分段迴歸和階距迴歸

前面幾章主要介紹了線性迴歸及其參數估計、統計推論等內容。在一般線性迴歸中，自變項 x 對依變項 y 的影響不隨 x 取值的改變而改變。這是因為通常情況下，我們都假定依變項和自變項之間的關係是線性的。但是，在實際研究中，研究者經常會發現事實並非如此，依變項和自變項之間的關係常常是非線性的。這時，就需要對一般線性迴歸方法加以調整或改進，以更準確地描述依變項 y 和自變項 x 之間的關係。本章將介紹可以表示這類關係的三種迴歸方法：多項式迴歸（polynomial regression）、分段函數迴歸（spline function regression）和階距函數迴歸（step function regression）。雖然這三種迴歸方法使用了三種不同的假設：多項式迴歸假設配適的函數是連續並（多次）可微的（全部參數函數），分段函數迴歸假設局部線性且整體連續（局部參數函數），階距函數迴歸假設局部同質性（全部非參數函數）。但它們都能配適依變項 y 和自變項 x 之間的非線性關係。不過，在改進模型配適程度的同時，由於引入了更多的待估參數，導致消耗了更多的自由度，使得模型變得更不簡潔。所以，使用這些迴歸方法時需要在模型配適度和簡潔性兩者之間進行權衡。

11.1　多項式迴歸

我們首先介紹多項式迴歸模型。多項式是由常數和一個或多個變項透過加、減、乘以及變項的正整數次冪構成的運算式。多項式迴歸模型就是利用多項式對資料進行配適得到的迴歸模型。多項式迴歸模型中最常用的是曲線迴歸模型，因為它是一般多元線性模型，所以可以根據一般多元線性模型來處理。當真實的曲線反應函數（response function）是多項式函數時，或者當真實的曲線反應函數未知（或很複雜）而多項式函數能夠很好地近似（approximation）真實函數時，我們可以使用多項式迴歸模型。在實際研究中，我們經常遇到真實的曲線響應函數未知而用多項式迴歸模型做近似配適的情況。使用多項式模型可以找到一個配適數據較好的曲線，從而更好地描述依變項和自變項之間的關係。

使用多項式迴歸也存在一些缺點。多項式迴歸模型將消耗更多的自由度，可能違反簡約原則。而且，利用多項式迴歸模型得到的內插值和外插值可能會出現問題[1]，尤其當多項式的次數較高時，情況更是如此。多項式迴歸模型可能對於現有

---

[1] 內插值是指在某個資料區域內根據已有資料配適出一個函數，在同一區域內根據這個函數對非觀察值求得的新函數值。這個函數可以是線性函數、多項式函數和分段函數等。外插值是指在某個資料區域內根據已

資料配適得很好,但是對利用模型得到的外插值卻是不確定的。

11.1.1 多項式迴歸的基本概念

　　與一般線性迴歸模型相比較,多項式迴歸模型的一個不同點就是需要從同一資料中基於已有自變項來創造出新的自變項。多項式迴歸模型可能包括一個、兩個或更多基本自變項的不同高次項。在多項式迴歸模型中,二次以上的項都是從原資料中創造出來的,可以作為新自變項來處理。例如,當真實的反應函數不是直線模型而是拋物線模型時,則可採用二次多項式模型,模型包括一個基本自變項和根據這個基本自變項創造的二次項。

　　多項式模型一般形式為:

$$y = \beta_0 + \beta_1 x + \beta_2 x^2 + \cdots + \beta_k x^k + \varepsilon \tag{11-1}$$

這裡,$x^2, \cdots, x^k$ 是根據基本自變項 x 得到的,可以把它們作為新自變項。比如,令 $x_2 = x^2, \cdots, x_k = x^k$,則方程式(11-1)變為

$$y = \beta_0 + \beta_1 x_1 + \beta_2 x_2 + \cdots + \beta_k x_k + \varepsilon \tag{11-2}$$

這與前面章節介紹的一般多元線性模型在形式上並無不同。實際上,多項式模型就是一般多元線性模型的　個特例。因此,多項式模型的配適和推論與多元線性模型一樣。但需要注意的是,多項式模型中自變項 $x_2, \cdots, x_k$ 是基本自變項 x 的函數,因此,自變項 $x_1, x_2, \cdots, x_k$ 之間有較高的統計相關性,很容易產生多元共線性問題。即由於 $x_1, x_2, \cdots, x_k$ 之間的高度相關導致矩陣 $\mathbf{X'X}$ 的逆不可求,或使迴歸參數的估計不精確。此時,我們可以利用變項中心化和正交多項式等方法來解決可能產生的多元共線性問題。變項中心化的方法適用於二次多項式模型,而對於二次以上的多項式模型,變項中心化只能部分消除多元共線性問題,此時需要利用後面介紹的正交多項式來解決。但是如果 $x_1, x_2, \cdots, x_k$ 之間的相關不會導致嚴重的多元共線性問題,則不必採用變項中心化和正交多項式處理,因為採用原始變項建立的模型比較容易解釋。

　　如果模型需要,我們也可以增加自變項 x 的三次項或三次以上的項。但需要特

　　有資料配適出一個函數,在這個資料區域外根據這個函數得到的新函數值。

別注意的是，包含三次及以上項的多項式模型其迴歸係數很難解釋，而且用這個模型作內插和外插估計時很可能得到錯誤的結果。還需要注意的是，只要資料沒有重複觀察值[2]，那麼總能找到一個足夠高次的多項式模型可以完全配適數據。例如，對於 n 個沒有重複觀察值的資料，可以利用 $n - 1$ 次多項式模型來配適，該模型將透過所有觀察值。因此，我們不能僅僅為了很好地配適數據而使用高次多項式模型，因為這樣的多項式模型可能不能清晰地表示 x 和 y 之間的關係，並可能得到錯誤的內插值和外插值。

通常，一個二次多項式迴歸模型可以表達為

$$y = \beta_0 + \beta_1 x + \beta_2 x^2 + \varepsilon \tag{11-3}$$

這個方程稱為一個自變項的二次多項式迴歸模型，因為模型中只有一個基礎自變項 x，但還包括這個自變項的二次項。這裡，β_0 表示當 x 取 0 值時 y 的平均數，β_1 稱為一次效果係數，β_2 稱為二次效果係數。直接解釋該二次多項式模型的迴歸係數 β_1 和 β_2 比較困難，可以對二次多項式模型做一個變換，從而可以更便捷地對係數的含義加以解釋。方程式（11-3）可以轉換為方程式（11-4），這兩個等式是二次多項迴歸模型的不同表達形式：

$$y = \left(\beta_0 - \frac{\beta_1^2}{4\beta_2}\right) + \beta_2 \left(x + \frac{\beta_1}{2\beta_2}\right)^2 + \varepsilon \tag{11-4}$$

從方程式（11-4）可以看到，$\beta_0 - \dfrac{\beta_1^2}{4\beta_2}$ 是 y 的最值，其中，當 $\beta_2 > 0$ 時，是最小值，當 $\beta_2 < 0$ 時，是最大值；而 $-\dfrac{\beta_1}{2\beta_2}$ 則是 y 取最值時 x 的值。

二次多項式迴歸中，依變項 y 與自變項 x 之間的關係較複雜。x 對 y 的效果依賴於 x 的值，有時是正的，有時是負的。從圖 11-1 中可以看出，當 $\beta_2 < 0$ 時，x 對 y 的效果（即對 y 的斜率）是隨 x 減少的；當 $\beta_2 > 0$ 時，x 對 y 的效果（即對 y 的斜率）是隨 x 增加的。從圖中例子還可以看出利用多項式模型得到外插值可能出現的問題。如果原資料只包含 $x < 1$ 的情況，用二次多項式模型對原資料進行配適之後，就配適的二次多項式模型來預測 $x > 1$ 時的 $\hat{y}$ 很有可能和沒有觀察到的實際值

---

[2] 重複觀察值是指同一個 x 值有多於一個觀察值。

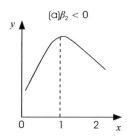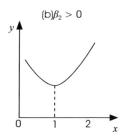

圖11-1　二次曲線圖

相差太大。如圖 11-1(a) 顯示，在 $x > 1$ 之後圖形明顯向下，與 $x < 1$ 時的趨勢不同。但如果此時沒有觀察到 $x > 1$ 的資料，那麼用配適得到的二次多項式預測的 $\hat{y}$ 值則不符合實際資料。圖 11-1(b) 也會出現同樣情況。

下面我們稍加修改 Xie 和 Hannum（1996）一文中的人力資本模型（方程式（11-5）），並以 TSCS 為例說明二次多項式模型的應用。模型的設定如下

$$\log y = \beta_0 + \beta_1 x_1 + \beta_2 x_2 + \beta_3 x_2^2 + \beta_4 x_4 + \beta_5 x_5 + \beta_6 x_6 + \beta_7 x_7 + \beta_8 x_1 x_4 + \varepsilon \qquad (11\text{-}5)$$

其中，y 是收入，x_1 是受教育年限，x_2 是工作經驗，x_4 是表示性別的虛擬變項（1 = 女性，0 = 男性），x_5-x_7 是表示族群的虛擬變項（x_5：客家人，x_6：外省人，x_7：原住民）。

. reg logearn educyr female fethnic_2 fethnic_3 fethnic_4 exp exp2 female_edu

Source	SS	df	MS
Model	209.698091	8	26.2122614
Residual	535.18913	1253	.427126201
Total	744.887221	1261	.590711515

Number of obs = 1262
F(8, 1253) = 61.37
Prob > F = 0.0000
R-squared = 0.2815
Adj R-squared = 0.2769
Root MSE = .65355

logearn	Coef.	Std. Err.	t	P>|t|	[95% Conf. Interval]	
educyr	.0793758	.0089111	8.91	0.000	.0618935	.0968582

female	−.7620291	.1480044	−5.15	0.000	−1.052393	−.4716653
fethnic_2	.0095397	.0527416	0.18	0.856	−.093932	.1130113
fethnic_3	−.0402009	.3286828	−0.12	0.903	−.6850303	.6046285
fethnic_4	−.0769064	.0613187	−1.25	0.210	−.197205	.0433922
exp	.0734396	.0047619	15.42	0.000	.0640973	.0827818
exp2	−.0011918	.0000963	−12.37	0.000	−.0013807	−.0010028
female_edu	.0418365	.0111674	3.75	0.000	.0199277	.0637453
_cons	8.533715	.1391669	61.32	0.000	8.260689	8.806741

該模型使用了二次多項式迴歸，即將收入的對數與工作經驗、工作經驗的平方做迴歸。因此，收入的對數與工作經驗之間為非線性關係。估計該模型之後，得到 β_3 = −0.0011918。由此可以看出，工作經驗對收入的對數的效果會隨著工作經驗增加而先增加後變小。當其他自變項控制在平均數水準上時，依變項 $\log y$ 與自變項 x_2 之間的迴歸線不再是直線，而是一條二次曲線，如圖 11-2 所示。

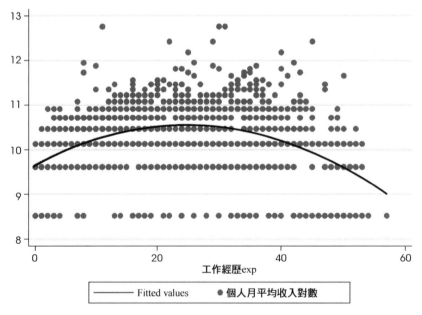

圖11-2　收入的對數與工作經驗的二次多項式迴歸圖

11.1.2 多項式迴歸的係數解釋

在多項式迴歸中，因為納入了某個或某幾個自變項的高次項，依變項 y 與該自變項 x 的關係是非線性的。假設一個二次多項式迴歸模型為

$$y = \beta_0 + \beta_1 x_1 + \cdots + \beta_{k-1} x_{k-1} + \lambda x_k + \gamma x_k^2 + \varepsilon \qquad (11\text{-}6)$$

在這個模型中，依變項 y 與自變項 x_h（這裡，$h = 1, \cdots, k-1$）之間是線性關係。線性函數的一個特性是：x_h 對 y 的影響不隨 x_h 取值的變化而變化，即 β_h 是一個常數，如方程式（11-7）所示

$$\frac{\partial y}{\partial x_h} = \beta_h \,(h = 1, \cdots, k-1) \qquad (11\text{-}7)$$

而對於依變項 y 與自變項 x_k，這一簡單關係不再成立，因為這是一個二次多項式迴歸。如果對方程式（11-6）求關於 x_k 的導數，則有

$$\frac{\partial y}{\partial x_k} = \lambda + 2\gamma x_k \qquad (11\text{-}8)$$

由此可以看出，x_k 對 y 的效果是 x_k 的函數。這意味著，x_k 對 y 的影響會隨著 x_k 取值的變化而變化。

方程式（11-7）中的簡單線性關係不成立的情況被稱為「交互作用（interaction）」，我們將在第 13 章具體討論。現在，我們暫時把「交互作用」定義為一個自變項對依變項的效果依賴於另一個自變項的取值[3]。在多項式迴歸中，可以把由包含自變項高次項而產生的如方程式（11-8）的情況解釋為一個自變項與它自身產生的一種隱含交互作用。

例如，在 Xie 和 Hannum（1996）的研究中，收入是工作經驗的二次函數。如果這個函數正確，我們就能找到一個使收入最大化的工作經驗，雖然這個工作經驗既可能出現在工作者實際工作經驗的區間內，也可能出現在這個區間外。用方程式（11-8）來計算使收入最大化的工作經驗

$$\frac{\partial y}{\partial x_k} = \lambda + 2\gamma x_k = 0 \qquad (11\text{-}9)$$

---

[3] 有時也被稱作調節效果（moderation effect）或條件效果（conditional effect）。

求解此式，得到，最大化的條件為

$$x_k = -\frac{\lambda}{2\gamma} \qquad\qquad (11\text{-}10)$$

在 TSCS 資料中，$\lambda = 0.0734396$，$\gamma = -0.0011918$，從而可以求出最優工作經驗為 30.81 年。在美國，最優工作經驗為 33.8 年（Xie & Hannum，1996）。注意，在到達這個臨界值（30.81 年）之前，x_k 對 y 的效果都是正的（即工作經驗增加使得收入增加），但其增長率在不斷降低（即多工作 1 年所帶來的收入的增長隨著工作經驗的增加而減少）。

11.1.3 多項式模型的推論

因為多項式模型是一般多元線性模型的一個特例，所以可以採用前面介紹的多元線性模型的配適和推論方法來對多項式模型進行配適和推論。下面我們將以二次多項式模型（方程式（11-11））為例說明多項式的推論問題。這種推論和檢定方法同樣適用於二次以上的多項式模型。多項式模型中自變項高次項的選擇依賴於研究問題、資料數量和資料類型。社會科學研究通常考慮是否可以用一個單調函數（即函數總是上升或下降）來描述迴歸關係。如果僅對單調函數感興趣，一次項模型可能就足夠了。對於多項式模型，還考慮了可能的彎曲數目（即可能的極值個數）。直線模型沒有極值，單自變項二次多項式模型至多有一個極值，模型每增加一個高次項則可能會增加一個極值，即對應的曲線增加一個拐彎。實際上，配適一個三次以上多項式模型經常導致模型並不是單調增加或單調減少，如果要使用這樣複雜的模型，應該有理論或經驗證據的支持。同時，資料的性質也常常限制多項式模型的最高次數。

設只包含一個自變項的二次多項式模型為：

$$y = \beta_0 + \beta_1 x + \beta_2 x^2 + \varepsilon \qquad\qquad (11\text{-}11)$$

在二次多項式模型的推論過程中經常遇到三個問題：

(1) 模型的檢定是否顯著？也就是說，x 的二次多項式模型是否比沒有 x 的模型更能解釋 y 的變化？

(2) 二次多項式模型是否能提供比直線模型更好的預測？

(3) 如果二次多項式模型比直線模型更合適，模型是否需要增加更高次項 (x^3, x^4, …)？

下面我們依次對這三個問題進行解答。

1. 模型的檢定

當我們決定使用一個二次多項式模型時，要先檢定模型（11-11）中是否需要加入這個自變項 x 本身以及它的二次多項式（$H_0: \beta_1 = \beta_2 = 0$）。對於這個假設，可以用 F 統計量來檢定，即透過計算虛無假設成立情況下的 F 值來看該 F 值是否顯著，從而決定是否使用二次多項式模型。

例如，在修改過後的 Xie 和 Hannum（1996）的人力資本模型中，如果使用二次多項式模型，則需計算下面兩個模型的 F 值來決定是否加入變項 x_2 及它的二次多項式：

$$\log y = \beta_0 + \beta_1 x_1 + \beta_2 x_2 + \beta_3 x_2^2 + \beta_4 x_4 + \beta_5 x_5 + \beta_6 x_6 + \beta_7 x_7 + \beta_8 x_1 x_4 + \varepsilon \qquad (11\text{-}12\text{a})$$

$$\log y = \beta'_0 + \beta'_1 x_1 + \beta'_4 x_4 + \beta'_5 x_5 + \beta'_6 x_6 + \beta'_7 x_7 + \beta'_8 x_1 x_4 + \varepsilon' \qquad (11\text{-}12\text{b})$$

以下為採用 Stata 對兩個模型進行配適後得到的結果：

. *model1: 11-12a

. reg logearn educyr female fethnic_2 fethnic_3 fethnic_4 exp exp2 female_edu

Source	SS	df	MS		
Model	209.698091	8	26.2122614		
Residual	535.18913	1253	.427126201		
Total	744.887221	1261	.590711515		

Number of obs = 1262
F(8, 1253) = 61.37
Prob > F = 0.0000
R-squared = 0.2815
Adj R-squared = 0.2769
Root MSE = .65355

logearn	Coef.	Std. Err.	t	P>|t|	[95% Conf. Interval]	
educyr	.0793758	.0089111	8.91	0.000	.0618935	.0968582
female	−.7620291	.1480044	−5.15	0.000	−1.052393	−.4716653
fethnic_2	.0095397	.0527416	0.18	0.856	−.093932	.1130113
fethnic_3	−.0402009	.3286828	−0.12	0.903	−.6850303	.6046285

```
fethnic_4 |   −.0769064   .0613187    −1.25   0.210    −.197205    .0433922
       exp |    .0734396   .0047619    15.42   0.000    .0640973    .0827818
      exp2 |   −.0011918   .0000963   −12.37   0.000   −.0013807   −.0010028
 female_edu |   .0418365   .0111674     3.75   0.000    .0199277    .0637453
      _cons |   8.533715   .1391669    61.32   0.000    8.260689    8.806741
```

. *model2: 11-12b

. reg logearn educyr female fethnic_2 fethnic_3 fethnic_4 female_edu

```
     Source |      SS       df       MS                 Number of obs =    1262
------------+------------------------------              F(  6,  1255)  =   30.17
      Model | 93.9082847      6  15.6513808              Prob > F       =  0.0000
   Residual | 650.978936   1255  .518708316              R-squared      =  0.1261
------------+------------------------------              Adj R-squared  =  0.1219
      Total | 744.887221   1261  .590711515              Root MSE       =  .72021
```

```
    logearn |     Coef.    Std. Err.      t     P>|t|    [95% Conf. Interval]
------------+----------------------------------------------------------------
     educyr |    .0515289    .008517     6.05   0.000    .0348198    .068238
     female |   −.7234644   .1628368    −4.44   0.000   −1.042927   −.404002
   fethnic_2 |   .0357022   .0580157     0.62   0.538   −.0781162    .1495206
   fethnic_3 |   .1165486   .3616261     0.32   0.747   −.5929097    .8260069
   fethnic_4 |   .0389852   .0671241     0.58   0.561   −.0927026    .1706729
 female_edu |   .0378449   .0122739     3.08   0.002    .0137651    .0619246
      _cons |   9.700493   .1137494    85.28   0.000    9.477333    9.923653
```

根據上述結果，可以得到：$SSE_1 = 535.18913$，$SSE_2 = 650.978936$，從而

$$F = \frac{SSE_2 - SSE_1}{df_2 - df_1} \bigg/ \frac{SSE_1}{df_1} = \frac{650.978936 - 535.18913}{2} \bigg/ 0.427126201 = 135.54519$$

查表可以得到，當 $\alpha = 0.001$ 時，$F(2, 1253) = 6.94599$，顯然，$F > F(2, 1253)$，從而拒絕虛無假設令方程式（11-12a）中的 $\beta_2 = \beta_3 = 0$ 而得到方程式（11-12b）。即需要加入變項 x_2 和其二次項 x_2^2。

當樣本數較少時，有可能出現對於直線模型的 F 檢定是顯著的，但是二次多項式模型的 F 檢定不會拒絕虛無假設的現象。這也是為什麼我們需要對二次項係數作單獨檢定。

2. 對二次項係數的檢定

第二個問題也就是對高次項迴歸係數是否統計顯著的檢定。對此，可以利用 F 檢定或 t 檢定來進行，虛無假設為對應的迴歸係數等於 0。在修改後的 Xie 和 Hannum（1996）的模型中，需要檢定的虛無假設為 $H_0: \beta_3 = 0$（β_3 是 x_2^2 的係數）。配適以下兩個模型：

$$\log y = \beta_0 + \beta_1 x_1 + \beta_2 x_2 + \beta_3 x_2^2 + \beta_4 x_4 + \beta_5 x_5 + \beta_6 x_6 + \beta_7 x_7 + \beta_8 x_1 x_4 + \varepsilon \qquad (11\text{-}13a)$$

$$\log y = \beta'_0 + \beta'_1 x_1 + \beta'_2 x_2 + \beta'_4 x_4 + \beta'_5 x_5 + \beta'_6 x_6 + \beta'_7 x_7 + \beta'_8 x_1 x_4 + \varepsilon' \qquad (11\text{-}13b)$$

以下為採用 Stata 對兩個模型進行配適後所得的結果：

. *model1: 11-13a

. reg logearn educyr female fethnic_2 fethnic_3 fethnic_4 exp exp2 female_edu

Source	SS	df	MS			
				Number of obs =	1262	
				F(8, 1253) =	61.37	
Model	209.698091	8	26.2122614	Prob > F =	0.0000	
Residual	535.18913	1253	.427126201	R-squared =	0.2815	
				Adj R-squared =	0.2769	
Total	744.887221	1261	.590711515	Root MSE =	.65355	

logearn	Coef.	Std. Err.	t	P>|t|	[95% Conf. Interval]	
educyr	.0793758	.0089111	8.91	0.000	.0618935	.0968582
female	−.7620291	.1480044	−5.15	0.000	−1.052393	−.4716653

```
fethnic_2 |   .0095397    .0527416     0.18    0.856    -.093932     .1130113
fethnic_3 |  -.0402009    .3286828    -0.12    0.903    -.6850303    .6046285
fethnic_4 |  -.0769064    .0613187    -1.25    0.210    -.197205     .0433922
      exp |   .0734396    .0047619    15.42    0.000     .0640973    .0827818
     exp2 |  -.0011918    .0000963   -12.37    0.000    -.0013807   -.0010028
female_edu |   .0418365    .0111674     3.75    0.000     .0199277    .0637453
     _cons |   8.533715    .1391669    61.32    0.000     8.260689    8.806741
-----------------------------------------------------------------------------
```

. *model2: 11-13b

. reg logearn educyr female fethnic_2 fethnic_3 fethnic_4 exp female_edu

```
      Source |       SS        df       MS              Number of obs =    1262
-------------+------------------------------           F( 7, 1254)   =   43.04
       Model | 144.299917      7  20.6142738           Prob > F      =  0.0000
    Residual | 600.587304   1254  .478937244           R-squared     =  0.1937
-------------+------------------------------           Adj R-squared =  0.1892
       Total | 744.887221   1261  .590711515           Root MSE      =  .69205
```

```
-----------------------------------------------------------------------------
     logearn |    Coef.    Std. Err.      t    P>|t|    [95% Conf. Interval]
-------------+---------------------------------------------------------------
      educyr |   .0971214    .0093131    10.43    0.000     .0788504     .1153924
      female |  -.8063405    .1566782    -5.15    0.000    -1.113721    -.4989602
   fethnic_2 |   .0018166    .055845      0.03    0.974    -.1077433     .1113766
   fethnic_3 |   .1793045    .34754       0.52    0.606    -.5025194     .8611284
   fethnic_4 |  -.0159342    .0647213    -0.25    0.806    -.1429081     .1110398
         exp |   .0183482    .0017888    10.26    0.000     .0148389     .0218576
  female_edu |   .0459034    .0118202     3.88    0.000     .022714      .0690929
       _cons |   8.696771    .1467039    59.28    0.000     8.408959     8.984583
-----------------------------------------------------------------------------
```

根據上述結果，可以得到：$SSE_1 = 535.18913$，$SSE_2 = 600.587304$，從而

$$F = \frac{SSE_2 - SSE_1}{df_2 - df_1} / \frac{SSE_1}{df_1} = \frac{600.587340 - 535.18913}{1} / 0.427126201 = 153.11206$$

查表可以得到，當 $\alpha = 0.001$ 時，$F(1, 1253) = 10.87886$，顯然，$F > F(1, 1253)$，從而拒絕虛無假設。即需要加入變項 x_2 的二次項 x_2^2。注意這裡的 F 值（153.11206）等於方程式（11-13a）所對應模型中 β_3 的 t 值（−12.37）的平方。因此，我們也可以採用 t 檢定的方式來得到與上述 F 檢定一致的結論。

在這一步檢定中，有可能會出現 p 值處於臨界值附近（即 $0.05 < p < 0.1$）的情況。此時，如果要把高次項（比如二次方項或三次方項等）加到模型中，需要考慮以下幾個因素：散布圖的形狀、直線模型的 R^2 和從直線模型到二次多項式模型 R^2 的變化。一般情況下，應根據研究目的和相關理論來決定採用什麼模型。如果存在疑問，則一般傾向於使用更簡單的模型（即不加入自變項的高次項），因為這樣更容易解釋。

這裡需要注意，如果模型保留了一個自變項給定次數的多項式，那麼應該在模型中保留該變項所有相關的低次項。例如，如果在模型中保留了二次項，那麼就不能刪除這個基本自變項的一次項，不管一次項係數的檢定是否顯著。因為低次項是基礎，沒有低次項我們難以解釋高次項，增加高次項是為了更精確地配適數據。

3. 二次多項式模型適當性檢定

假設用一個二次多項模型配適數據，並且模型的整體檢定和迴歸係數的檢定都是顯著的，那麼模型是否需要加入更高次項呢？我們可以在模型中增加三次項，然後對三次多項式模型和二次多項式模型進行 F 檢定，看是否需要加入三次項。

例如，在修改後的 Xie 和 Hannum（1996）的模型中，我們可以增加工作經驗的三次項，得到三次多項式模型：

$$\log y = \beta_0 + \beta_1 x_1 + \beta_2^1 x_2 + \beta_2^2 x_2^2 + \beta_2^3 x_2^3 + \beta_4 x_4 + \beta_5 x_5 + \beta_6 x_6 + \beta_7 x_7 + \beta_8 x_1 x_4 + \varepsilon \qquad (11\text{-}14)$$

該模型與方程式（11-13a）對應的二次項模型之間存在巢套關係。利用這種關係，我們可以對二次多項式模型的適當性進行檢定。這裡的虛無假設為 $H_0: \beta_2^3 = 0$。下面給出了採用 Stata 配適方程式（11-14）對應的三次多項式模型的結果：

`. *model: 11-14`

. reg logearn educyr female fethnic_2 fethnic_3 fethnic_4 exp exp2 exp3 female_edu

```
     Source |       SS       df       MS                Number of obs =    1262
------------+------------------------------            F(  9,  1252) =   60.31
      Model | 225.263544       9 25.0292826            Prob > F       = 0.0000
   Residual | 519.623677    1252 .415034886            R-squared      = 0.3024
------------+------------------------------            Adj R-squared  = 0.2974
      Total | 744.887221    1261 .590711515            Root MSE       = .64423
```

```
------------------------------------------------------------------------------
    logearn |     Coef.   Std. Err.       t    P>|t|    [95% Conf. Interval]
------------+-----------------------------------------------------------------
     educyr |  .0898841   .0089501    10.04   0.000     .0723253    .1074429
     female | −.7463944   .1459168    −5.12   0.000    −1.032663    −.460126
   fethnic_2 |  .0139557   .0519947     0.27   0.788    −.0880507    .1159621
   fethnic_3 | −.1039841   .3241645    −0.32   0.748    −.7399497    .5319815
   fethnic_4 | −.0640638   .0604809    −1.06   0.290    −.1827188    .0545913
        exp |  .1349548   .0110875    12.17   0.000     .1132026    .1567069
       exp2 | −.0042236   .0005041    −8.38   0.000    −.0052126   −.0032347
       exp3 |  .0000403   6.57e−06     6.12   0.000     .0000274    .0000532
  female_edu |  .0403983   .0110107     3.67   0.000     .0187969    .0619997
       _cons |   8.12517   .1525437    53.26   0.000     7.825901     8.42444
------------------------------------------------------------------------------
```

根據這裡的配適結果以及上面方程式（11-13a）的配適結果，我們得到三次多項式模型的誤差變異 $SSE_3 = 519.623677$，然後計算

$$F = \frac{SSE_1 - SSE_3}{df_1 - df_3} / \frac{SSE_3}{df_3} = \frac{535.18913 - 519.623677}{1} / 0.415034886 = 37.503963$$

查表可以得到，當 $\alpha = 0.001$ 時，$F(1, 1252) = 10.8789$，顯然，$F > F(1, 1252)$，從而拒絕虛無假設。即需要加入自變項 x_2 的三次方項。注意，這裡的 F 值與模型三中 β_2^3 的 t 值（6.12）的平方相等。也就是說，這裡也可以等價地採用 t 檢定。在

這裡，我們發現 Xie 和 Hannum（1996）文中沒有包括三次項，因為文中採用的是 Mincer 的人力資本模型（1974），而人力資本理論只需要二次項。這個例子說明了社會科學研究中經常遇到的兩難境地：雖然統計模型能幫我們找到一個更好地配適原始資料的模型，但是我們有時需要根據非統計原因（如理論、簡約性等需要）來選擇模型。我們不能僅依賴統計資訊來選擇模型，因為經典的模型檢定很容易受樣本規模大小的影響，樣本規模大容易導致複雜模型的檢定顯著，此時僅僅根據模型是否顯著來進行模型選擇是不適當的。一個好的研究者應該意識到這一點，並根據其他相關資訊來決定是否要使用更簡單的模型。

11.1.4 正交多項式

雖然多項式模型往往能夠帶來較好的適合度，但是經常會遇到多元共線性問題，因為模型中納入的自變項 x 的不同次項（即 $x, x^2, \cdots, x^k$）之間往往是高度相關的。在二次多項式模型中，可以利用變項中心化的方法來解決多元共線性問題，但對於更高次項的情況而言，中心化並不是好的做法。在這種情況下，我們可以考慮透過對自變項進行正交變換來解決多元共線性問題。我們前面討論的多項式都是自然多項式（natural polynomials），即每個自變項都是簡單多項式。我們可以透過對自然多項式進行正交變換，得到正交多項式（orthogonal polynomials），從而避免使用自然多項式時存在的共線性問題。兩兩之間高度相關的自然多項式經過正交變換後將會變得相互無關。下面簡單介紹正交多項式。

根據前面的介紹，自然多項式模型可以表達成

$$y = \beta_0 + \beta_1 x + \beta_2 x^2 + \cdots + \beta_k x^k + \varepsilon \tag{11-15}$$

自變項 $x, x^2, \cdots, x^k$ 是自然多項式變項。正交多項式變項是由這些自然多項式透過正交變換得到的新變項，表示為 $x^*, x_2^*, \cdots, x_k^*$，可以寫成：

$$\begin{aligned}
x^* &= \alpha_{01} + \alpha_{11} x \\
x_2^* &= \alpha_{02} + \alpha_{12} x + \alpha_{22} x^2 \\
&\cdots \\
x_k^* &= \alpha_{0k} + \alpha_{1k} x + \alpha_{2k} x^2 + \cdots + \alpha_{kk} x^k
\end{aligned} \tag{11-16}$$

這裡，α 是連接正交變項 x^* 和原始變項 x 的常數。可以看出，方程式（11-16）中的每個自然多項式也可寫成正交多項式的線性組合：

$$x = \gamma_{01} + \gamma_{11}x^*$$
$$x^2 = \gamma_{02} + \gamma_{12}x^* + \gamma_{22}x_2^*$$
$$\cdots \qquad\qquad\qquad (11\text{-}17)$$
$$x^k = \gamma_{0k} + \gamma_{1k}x^* + \gamma_{2k}x_2^* + \cdots + \gamma_{kk}x_k^*$$

其中，γ 為常數。則方程式（11-15）可以寫為

$$y = \beta_0^* + \beta_1^*x^* + \beta_2^*x_2^* + \cdots + \beta_k^*x_k^* + \varepsilon^* \qquad (11\text{-}18)$$

正交多項式模型的迴歸係數 β_j^* $(j = 0, 1, 2, \cdots, k)$ 與方程式（11-15）表達的自然多項式模型的迴歸係數 β_j 不同，而且我們對這些迴歸係數的解釋也不相同，但是兩個模型的 R^2 和 F 檢定是完全相同的。

正交多項式有兩個基本性質：第一，正交多項式與自然多項式包含的資訊相同；第二，正交多項式自變項之間不相關。前者意味著要用自然多項式模型解答的所有問題使用正交多項式也可以回答，如計算 R^2、進行 F 檢定等。後者指正交多項式的自變項兩兩正交，即正交多項式的相關矩陣除了對角線之外其他元素都為零，完全消除了多元共線性問題。

在包含 k 次項的正交多項式模型中，對第 $j(\,j \leq k)$ 個變項 x_j^* 的迴歸係數進行偏 F 檢定（H_0: $\beta_j^* = 0$）就相當於在包含 j 次項的自然多項式模型中，對 j 次項變項 x^j 的迴歸係數進行偏 F 檢定（H_0: $\beta_j = 0$）。也就是說，只需要配適一個最高次正交多項式模型就可以檢定自然多項式模型需要增加的最高項次。

例如，考慮以下 k 次自然多項式模型

$$y = \beta_0 + \beta_1 x + \beta_2 x^2 + \cdots + \beta_k x^k + \varepsilon \qquad (11\text{-}19)$$

假設想找到一個最好的模型，開始檢定 k 次項模型中 x^k 的係數是否顯著，此時 H_0: $\beta_k = 0$。如果不能拒絕虛無假設 H_0，則檢定 $k - 1$ 次模型中 x^{k-1} 的係數是否顯著，此時 H_0: $\beta_{k-1} = 0$。如果還不能拒絕虛無假設，則繼續檢定 $k - 2$ 次模型中 x^{k-2} 的係數是否顯著，此時 H_0: $\beta_{k-2} = 0$……直到拒絕虛無假設為止。每一次檢定都需要配適一個不同的多項式模型，即 k 次項模型、$k - 1$ 次項模型……，然後對每個模型的最高次項做偏 F 檢定或 t 檢定，直到檢定顯著為止。在自然多項式模型中，多元共線性問題將影響模型的配適及估計精確度，從而影響檢定結果。為了避免這個問題，只需要配適一個次正交多項式模型，然後依次檢定 H_0: $\beta_k^* = 0$、H_0: $\beta_{k-1}^* = 0$、H_0:

$\beta^*_{k-2} = 0$……直到能拒絕虛無假設時為止。

在 Stata 中，可以用 orthog 指令把自然多項式變項轉成正交多項式變項，具體請參見 Stata 的相關指令，這裡不再舉例說明。

11.1.5 多項式模型需要注意的問題

應用多項式模型時要注意下面幾個問題：

(1) 同一資料，多項式模型會比線性模型或透過變項轉化得到的線性模型消耗更多的自由度。

(2) 多項式模型可能存在多元共線性問題，尤其當資料較少的時候。此時，二次多項式模型可以使用變項中心化的方法消除多元共線性問題，而包含二次以上項的多項式模型則需要使用正交多項式來消除多元共線性問題。不過，當樣本量很大的時候，如果不存在無法計算的問題，則應儘量使用原始變項，這樣更容易解釋。

(3) 利用多項式模型求外插值或內插值時需要慎重。

(4) 如果要在高次多項式迴歸中納入 k 次項，一般應把 k 次以下的全部項都納入到模型中。

11.2 分段函數迴歸

多項式迴歸模型的最大限制在於迴歸方程用一個函數配適全部原始資料，也就是說多項式迴歸模型需要全域函數設定（global function specification）。在實際研究過程中，有可能遇到在自變項的某些點上自變項和依變項之間的關係發生突變的情形，如政策的變化、戰爭、革命和地震等突發事件的發生往往會引起函數關係的改變，此時若用一個直線函數或曲線函數來配適數據則可能是不適當的。在這種情況下，可以考慮用分段函數（spline function）或階距函數（step function）來配適數據。這些方法不受全域函數設定的限制。其中，分段函數只滿足部分全域函數設定，也就是說分段迴歸函數可以是分段函數，但是需要滿足各段函數之間的連續性；而階距函數則不滿足全域函數設定，屬於非參數函數，但具有局部高度參數性——局部同質性。本節介紹分段函數迴歸，下一節將對階距函數迴歸進行介紹。

分段函數迴歸使用特定函數（樣條）分段對資料進行配適，但相鄰兩段函數之間是連續的，即滿足整體連續的條件。根據分段的不同，分段函數可以分為直線分段函數、多項式分段函數或冪分段函數等。分段函數可以用來對任意連續函數進行

非常好的近似，在資料處理、數值分析和統計學等領域有廣泛應用。下面首先介紹直線分段函數迴歸。

　　直線分段函數是透過節點（knots）ξ_j（$j = 1, 2, \cdots, m$)連接，由直線組成的函數，如圖 11-3 所示。直線分段函數滿足函數整體連續條件，即每個節點是連續的。m 個節點的直線分段函式定義為

$$y = S(x) = P_j(x) = \beta_{0j} + \beta_{1j}x \qquad (11\text{-}20)$$

其中，$\xi_{j-1} \le x < \xi_j$（$\xi_0 = -\infty$；$\xi_{m+1} = \infty$），且函數滿足條件 $P_j(x = \xi_j) = P_{j+1}(x = \xi_j)$。這裡，$j = 1, 2, \cdots, m$。

　　例如，對於修改後的 Xie 和 Hannum（1996）文中的人力資本模型，我們不使用二次多項式模型，而改用 11 個節點的直線分段模型（如表 11-1 所示）。從表中工作經驗的分段迴歸係數可以看出，工作經驗和收入的對數之間是非線性關係，並呈現一個倒 U 形狀（如圖 11-4）：剛開始工作的時候，收入隨工作經驗的增加提高得較快，當工作經驗為 5-9 年時增加速度最快，之後增加速度減少，直到 30-35 歲，從年資 35 年之後收入隨工作經驗增加而減少，從圖中可以看出最大值可能出現在 30-35 年之間，這與二次多項式模型計算的 30.810682 年差不多。

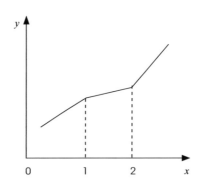

圖11-3　兩個節點的直線分段函數

. reg logearn educyr female fethnic_2 fethnic_3 fethnic_4 exp exp2 female_edu

Source	SS	df	MS		
				Number of obs =	1262
				F(8, 1253) =	61.37
Model	209.698091	8	26.2122614	Prob > F =	0.0000

```
    Residual |   535.18913   1253  .427126201        R-squared     =  0.2815
-------------+-----------------------------------    Adj R-squared =  0.2769
       Total | 744.887221   1261  .590711515         Root MSE      =  .65355
```

logearn	Coef.	Std. Err.	t	P>|t|	[95% Conf. Interval]
educyr	.0793758	.0089111	8.91	0.000	.0618935 .0968582
female	−.7620291	,1480044	−5.15	0.000	−1.052393 −.4716653
fethnic_2	.0095397	.0527416	0.18	0.856	−.093932 .1130113
fethnic_3	−.0402009	.3286828	−0.12	0.903	−.6850303 .6046285
fethnic_4	−.0769064	.0613187	−1.25	0.210	−.197205 .0433922
exp	.0734396	.0047619	15.42	0.000	.0640973 .0827818
exp2	−.0011918	.0000963	−12.37	0.000	−.0013807 −.0010028
female_edu	.0418365	.0111674	3.75	0.000	.0199277 .0637453
_cons	8.533715	.1391669	61.32	0.000	8.260689 8.806741

. /* 建構 spline model*/

. mkspline exp11 4 exp22 9 exp33 14 exp44 19 exp55 24 exp66 29 exp77 34 exp88 39 exp99 44 exp100 49 exp101 = exp

. reg logearn educyr female fethnic_2 fethnic_3 fethnic_4 exp11-exp99 exp100 exp101 female_edu

```
      Source |      SS        df      MS         Number of obs =   1262
-------------+-----------------------------------  F( 17, 1244) =   34.63
       Model | 239.261193    17  14.0741878      Prob > F      =  0.0000
    Residual | 505.626028  1244  .406451791      R-squared     =  0.3212
-------------+-----------------------------------  Adj R-squared =  0.3119
       Total | 744.887221  1261  .590711515      Root MSE      =  .63754
```

logearn	Coef.	Std. Err.	t	P>|t|	[95% Conf. Interval]	
educyr	.0892085	.0089099	10.01	0.000	.0717284	.1066885
female	−.7309826	.1447676	−5.05	0.000	−1.014998	−.4469669
fethnic_2	.0296437	.0518309	0.57	0.567	−.0720419	.1313293
fethnic_3	−.0450911	.3217507	−0.14	0.889	−.6763251	.5861428
fethnic_4	−.0499142	.0603124	−0.83	0.408	−.1682395	.068411
exp11	.2669024	.0327024	8.16	0.000	.2027445	.3310604
exp22	.0491774	.023282	2.11	0.035	.003501	.0948537
exp33	.0401263	.0220925	1.82	0.070	−.0032164	.083469
exp44	.015769	.0216431	0.73	0.466	−.026692	.05823
exp55	.0105188	.0221251	0.48	0.635	−.0328878	.0539253
exp66	−.006708	.0228338	−0.29	0.769	−.0515049	.0380889
exp77	.0286716	.0224171	1.28	0.201	−.0153079	.072651
exp88	−.0527182	.0239734	−2.20	0.028	−.099751	−.0056853
exp99	.0455442	.0291467	1.56	0.118	−.0116379	.1027263
exp100	−.0510606	.0325257	−1.57	0.117	−.1148719	.0127506
exp101	.0038508	.0478526	0.08	0.936	−.0900299	.0977314
female_edu	.0394967	.0109218	3.62	0.000	.0180694	.0609239
_cons	7.787655	.1651652	47.15	0.000	7.463622	8.111688

表 11-1　二次多項式模型和直線分段模型

自變項	二次多項式模型		直線分段模型	
	參數	S.E.	參數	S.E.
截距	8.533715	0.1391669	7.787655	0.0109218
受教育年限	0.0793758	0.0089111	0.0892085	0.0089099
工作經驗	0.0734396	0.0047619		
0-4			0.2669024	0.0327024
5-9			0.0491774	0.023282
10-14			0.0401263	0.0220925
15-19			0.015769	0.0216431
20-24			0.0105188	0.0221251
25-29			−0.006708	0.0228338
30-34			0.0286716	0.0224171
35-39			−0.0527182	0.0239734
40-44			0.0455442	0.0291467
45-49			−0.0510606	0.0325257
50以上			0.0038508	0.0478526
工作經驗平方	−0.0011918.	0.0000963		
客家人（1 = 客家人）	0.0095397	0.0527416	0.0296437	0.0518309
外省人（1 = 外省人）	−0.0402009	0.3286828	−0.0450911	0.3217507
原住民（1 = 原住民）	−0.0769064	0.0613187	−0.0499142	0.0603124
性別（1 = 女性）	−0.7620291	0.1447676	−0.7309826	0.1447676
性別×受教育年限	0.0418365	0.0111674	0.0394967	0.0109218
誤差平方和	535.18913		505.626028	
自由度	1253		1244	
R^2	28.15%		32.12%	

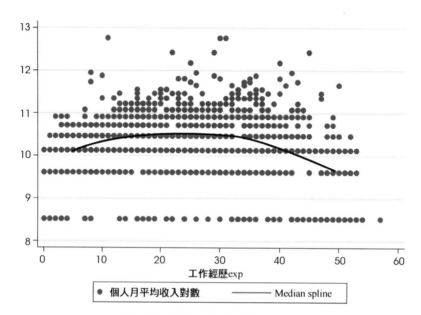

圖11-4　收入的對數和工作經驗直線分段函數迴歸圖

　　當分段是多項式時，可以得到多項式分段函數。多項式分段函數是分段 q 次多項式函數，每兩段 q 次多項式透過節點 ξ_j ($j = 1, 2, \cdots, m$) 相連，並滿足函數自身連續以及 $q - 1$ 階及以下各階導數均連續的條件（即 $q - 1$ 階可微條件）。多項式分段函數連續性條件是指每個節點兩邊的 $q - 1$ 階及以下各階導數是相等的。因此，q 次分段函數是一個有 $q - 1$ 階連續導數的函數。

　　m 個節點的 q 次多項式分段函數可表達為

$$y = S(x) = P_j(x) = \beta_{0j} + \beta_{1j}x + \beta_{2j}x^2 + \cdots + \beta_{qj}x^q \qquad (11\text{-}21)$$

其中，$\xi_{j-1} \le x < \xi_j$ ($\xi_0 = -\infty$; $\xi_{m+1} = \infty$)。且函數滿足條件 $P_j^k(x = \xi_j) = P_{j+1}^k(x = \xi_j)$。這裡，$k = 0, 1, \cdots, q - 1; j = 1, 2, \cdots, m$，$P_j^k$ 表示對第 j 個多項式的 k 次導數。

　　已知多項式分段函數的次數 q、節點個數 m 和節點位置 ξ_j，分段函數中待定係數共有 $m + q + 1$ 個。因為每個多項式有 $q + 1$ 個待定係數，連續性條件在每個節點使用了 q 個限制條件，因此共有 $(m + 1)(q + 1) - mq = m + q + 1$ 個待定係數。例如，當配適一個有 2 個節點的 3 次多項式分段函數時，分段函數的待定係數為 6 個。

　　在實際研究中，多項式分段函數的次數 q、節點個數 m 和節點位置 ξ_j 這三個參數都是需要我們確定的。分段函數的最高次數 q 可以根據多項式迴歸模型的方

法來決定。另外，在分段迴歸中，節點個數 m 和節點位置 ξ_j 的選擇是個非常關鍵和困難的問題，需要根據研究問題、統計分析以及以往經驗來決定。當觀察值較多時，可以根據最小化誤差變異原則來選擇節點數和節點位置。當觀察值較少時，則最好根據經驗判斷。

11.3　階距函數迴歸

上一節中提到當自變項和依變項之間的關係在自變項的某些點上發生突變時，可以用分段函數或階距函數來配適數據。本節將介紹階距函數迴歸。階距函數迴歸常用於人口學、醫學等領域。階距函數與多項式函數、分段函數的不同在於它不滿足全域函數規定，是全域非參數函數，但具有局部同質性。

階距函數，也稱為分段常數函數，它是由實數域一些半開區間上的指標函數（indicator functions）的有限次線性組合形成的函數。

階距函數可表達如下

$$y = \sum_{i=0}^{n} \alpha_i 1_{Ai}(x) \qquad (11\text{-}22)$$

其中，$A_0 = (-\infty, x_1)$, $A_i = [x_i, x_{i+1})$, $A_n = [x_{n-1}, \infty)$，$i = 1, \cdots, n-2$，α_i 為常數，1_A 是定義在實數域 A 上的指標函數

$$1_A(x) = \begin{cases} 1, & if\ x \in A \\ 0, & if\ x \notin A \end{cases} \qquad (11\text{-}23)$$

對於所有 $i = 0, 1, \cdots, n$，當 $x \in A_i$ 時，$y = \alpha_i$。圖 11-5 給出了 $n = 3$ 的階距函數圖示。

階距函數模型與多項式模型、分段函數模型存在著一定的聯繫。當自變項 x 不存在更精確的測量（例如測量的自變項 x 的各點為 $x_1, x_2, x_3, \cdots$）時，用階距函數模型配適原始資料，就是對於 x 的每一個點都用一個常數作為 y_i 的估計值。如果原始資料在 x_i 點上不存在重複觀察值，則用 x_i 對應的 y_i 作為 y_i 的估計值，此時模型估計與真實資料完全一致，但是這對於模型的其他參數估計沒有任何貢獻，這是一種資料點飽和的狀態。當 x_i 點上存在重複觀察值時，則用 x_i 對應的所有 y 值的平均數作為 y_i 的估計值。在這種情況下，多項式模型巢套於階距函數模型中，而分段函數模型也巢套於階距函數模型中。

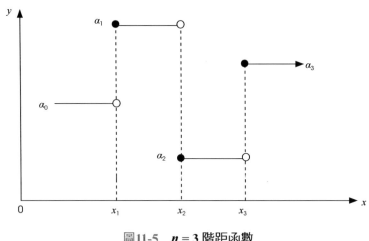

圖 11-5　　$n = 3$ 階距函數

　　當自變項 x 存在更精確的測量（例如測量的自變項 x 的 $x_1, x_2, x_3, \cdots$每兩點之間還存在觀察值）時，用階距函數模型在 $x_1, x_2, x_3, \cdots$各點配適數據相當於我們使用分組資料，即用 $x_1, x_2, x_3, \cdots$對原始資料進行分組，在每個間距內用 y 的組平均數進行估計。注意，這其實是做了局部同質性的假設，也就是假定在一組資料中只有一個參數（平均數）。此時得到的階距函數與多項式模型、分段函數模型之間不存在巢套關係，因為這三種模型對原始資料做了不同的限制。在 x_i, x_j 之間，階距函數取這些點之間以及 x_i 點上所有的 y 值的平均數作為常數來配適 x_i 點，它作了局部同質性的假設，這是為了避免全域函數限定。而多項式模型是對所有的點使用了全域多項式函數的限定，分段函數則是對所有的點局部使用全域函數的限定。

　　下面利用修改後的 Xie 和 Hannum（1996）文中的資料來介紹階距函數迴歸。首先，用階距函數模型直接配適原始資料，即在每個工作經驗的點上用收入對數的平均數作為 y 的估計值。從圖 11-6 中可以看出隨著工作經驗的增加，收入逐漸增加，到工作經驗為第 23 年時達到最大值，之後慢慢減少。收入對數的最大值出現在第 23 年，約為 10.75096。對原始資料進行配適時，二次多項式模型巢套於階距函數模型中，因此可以對這兩個模型進行 F 檢定，即透過計算兩個模型的 F 值，看 F 值是否顯著，從而決定是否使用階距函數模型。

　　下面給出了基於方程式（11-12a）模型和採用階距函數模型的配適結果：

. /*model1*/

. reg logearn educyr female fethnic_2 fethnic_3 fethnic_4 exp exp2 female_edu

```
      Source |      SS           df      MS              Number of obs =    1262
-------------+-----------------------------              F(  8,  1253)  =   61.37
       Model | 209.698091        8  26.2122614           Prob > F       =  0.0000
    Residual |  535.18913     1253  .427126201           R-squared      =  0.2815
-------------+-----------------------------              Adj R-squared  =  0.2769
       Total | 744.887221     1261  .590711515           Root MSE       = .65355
```

```
     logearn |     Coef.    Std. Err.        t    P>|t|     [95% Conf. Interval]
-------------+----------------------------------------------------------------
      educyr |   .0793758    .0089111      8.91   0.000     .0618935    .0968582
      female |  -.7620291    .1480044     -5.15   0.000    -1.052393   -.4716653
    fethnic_2 |   .0095397    .0527416      0.18   0.856    -.093932     .1130113
    fethnic_3 |  -.0402009    .3286828     -0.12   0.903    -.6850303    .6046285
    fethnic_4 |  -.0769064    .0613187     -1.25   0.210    -.197205     .0433922
         exp |   .0734396    .0047619     15.42   0.000     .0640973    .0827818
        exp2 |  -.0011918    .0000963    -12.37   0.000    -.0013807   -.0010028
   female_edu |   .0418365    .0111674      3.75   0.000     .0199277    .0637453
       _cons |   8.533715    .1391669     61.32   0.000     8.260689    8.806741
```

```
.
. /*model: exp dummy*/
. xi:reg logearn educyr female fethnic_2 fethnic_3 fethnic_4 i.exp  female_edu
i.exp         _Iexp_0-57      (naturally coded; _Iexp_0 omitted)
```

```
      Source |      SS           df      MS              Number of obs =    1262
-------------+-----------------------------              F( 61,  1200)  =   10.27
       Model | 255.411039       61  4.18706621           Prob > F       =  0.0000
    Residual | 489.476182     1200  .407896819           R-squared      =  0.3429
-------------+-----------------------------              Adj R-squared  =  0.3095
```

```
       Total | 744.887221  1261  .590711515          Root MSE      = .63867
```

logearn	Coef.	Std. Err.	t	P>|t|	[95% Conf. Interval]	
educyr	.0863915	.0091694	9.42	0.000	.0684017	.1043813
female	−.7850133	.1515294	−5.18	0.000	−1.082305	−.4877213
fethnic_2	.0273052	.0526824	0.52	0.604	−.0760545	.130665
fethnic_3	−.0989266	.3260841	−0.30	0.762	−.7386849	.5408317
fethnic_4	−.0482391	.0619684	−0.78	0.436	−.1698176	.0733394
_Iexp_1	.1582994	.1865232	0.85	0.396	−.2076485	.5242472
_Iexp_2	.6635451	.1801431	3.68	0.000	.3101146	1.016976
_Iexp_3	.772152	.1541832	5.01	0.000	.4696534	1.074651
_Iexp_4	.9801379	.1648493	5.95	0.000	.6567131	1.303563
_Iexp_5	1.231403	.1651817	7.45	0.000	.9073262	1.55548
_Iexp_6	1.227467	.1734876	7.08	0.000	.8870944	1.56784
_Iexp_7	1.08784	.1530685	7.11	0.000	.7875284	1.388152
_Iexp_8	1.232875	.1619138	7.61	0.000	.9152091	1.55054
_Iexp_9	1.216956	.1774598	6.86	0.000	.8687905	1.565122
_Iexp_10	1.507356	.1607704	9.38	0.000	1.191933	1.822778
_Iexp_11	1.469127	.1736132	8.46	0.000	1.128508	1.809746
_Iexp_12	1.346599	.158231	8.51	0.000	1.036159	1.657039
_Iexp_13	1.406345	.1580791	8.90	0.000	1.096203	1.716487
_Iexp_14	1.506301	.1624395	9.27	0.000	1.187604	1.824998
_Iexp_15	1.56222	.1587663	9.84	0.000	1.25073	1.873711
_Iexp_16	1.558296	.1642024	9.49	0.000	1.23614	1.880452
_Iexp_17	1.565802	.1581655	9.90	0.000	1.25549	1.876114
_Iexp_18	1.522977	.1521189	10.01	0.000	1.224528	1.821425
_Iexp_19	1.557405	.1667922	9.34	0.000	1.230168	1.884642
_Iexp_20	1.692301	.1638991	10.33	0.000	1.370741	2.013862
_Iexp_21	1.602605	.1785958	8.97	0.000	1.25221	1.953

_Iexp_22	1.48039	.1696645	8.73	0.000	1.147518	1.813262
_Iexp_23	1.767994	.1787016	9.89	0.000	1.417392	2.118596
_Iexp_24	1.53929	.1712888	8.99	0.000	1.203231	1.875349
_Iexp_25	1.732533	.1630152	10.63	0.000	1.412707	2.05236
_Iexp_26	1.484705	.1722355	8.62	0.000	1.146789	1.822621
_Iexp_27	1.780896	.1724189	10.33	0.000	1.44262	2.119172
_Iexp_28	1.506843	.1766018	8.53	0.000	1.16036	1.853325
_Iexp_29	1.730599	.1610815	10.74	0.000	1.414567	2.046632
_Iexp_30	1.62546	.1713836	9.48	0.000	1.289215	1.961705
_Iexp_31	1.543991	.1665395	9.27	0.000	1.21725	1.870732
_Iexp_32	1.565223	.1668898	9.38	0.000	1.237794	1.892651
_Iexp_33	1.612478	.1800357	8.96	0.000	1.259258	1.965698
_Iexp_34	1.797455	.1617793	11.11	0.000	1.480053	2.114857
_Iexp_35	1.752673	.1658645	10.57	0.000	1.427257	2.07809
_Iexp_36	1.629082	.1659746	9.82	0.000	1.30345	1.954715
_Iexp_37	1.779398	.1707939	10.42	0.000	1.44431	2.114486
_Iexp_38	1.629114	.1696578	9.60	0.000	1.296255	1.961973
_Iexp_39	1.34014	.1818624	7.37	0.000	.9833363	1.696943
_Iexp_40	1.403183	.1834419	7.65	0.000	1.043281	1.763086
_Iexp_41	1.578839	.1969806	8.02	0.000	1.192374	1.965304
_Iexp_42	1.512444	.1857858	8.14	0.000	1.147943	1.876945
_Iexp_43	1.867218	.1910321	9.77	0.000	1.492424	2.242012
_Iexp_44	1.647795	.2542988	6.48	0.000	1.148875	2.146714
_Iexp_45	1.809754	.2079255	8.70	0.000	1.401816	2.217692
_Iexp_46	1.020864	.2599128	3.93	0.000	.5109297	1.530798
_Iexp_47	1.68472	.2731954	6.17	0.000	1.148726	2.220714
_Iexp_48	1.440467	.2340707	6.15	0.000	.9812341	1.899701
_Iexp_49	1.514338	.2104474	7.20	0.000	1.101453	1.927224
_Iexp_50	1.373306	.2080935	6.60	0.000	.9650386	1.781574
_Iexp_51	1.35497	.3154211	4.30	0.000	.7361322	1.973808
_Iexp_52	1.732283	.2513767	6.89	0.000	1.239096	2.22547

_Iexp_53	1.564897	.2796786	5.60	0.000	1.016184	2.11361
_Iexp_54	1.516177	.6669977	2.27	0.023	.2075656	2.824789
_Iexp_57	.4828364	.6612222	0.73	0.465	−.8144438	1.780117
female_edu	.0436108	.011383	3.83	0.000	.021278	.0659436
_cons	7.834268	.1785308	43.88	0.000	7.484001	8.184535

. predict y_hat_exps

(option xb assumed; fitted values)

由此，我們可以得到 $SSE_1 = 535.18913$，$SSE_2 = 489.476182$，從而

$$F = \frac{SSE_1 - SSE_2}{df_1 - df_2} \Big/ \frac{SSE_2}{df_2} = \frac{535.18913 - 489.476182}{53} \Big/ 0.407896819 = 2.1145261$$

查表可以得到，當 $\alpha = 0.05$ 時，$F(43, 1210) = 1.38955$。檢定結果是拒絕虛無假設，使用階距函數模型更優。在這裡，可以看出當樣本規模很大的時候，如果僅僅根據經典的統計檢定往往導致對簡單模型的拒絕。Xie 和 Hannum 文中採用二次多項式模型是因為它是根據人力資本理論建立的，而且更容易解釋，尤其當需要在模型中添加這個變項和其他變項的交互作用項的時候。

我們還可以用每 5 年作為間隔進行分組，用階距函數對資料進行迴歸。從圖 11-7 可以看出相同的趨勢：隨著工作經驗的增加，收入逐漸增加，到工作經驗為 25-29 時達到最大值，之後慢慢減少。在 25-29 年時，收入對數的最大值為 10.49894。比較圖 11-6 和圖 11-7，可以看出分組之後圖形的趨勢更加明顯。

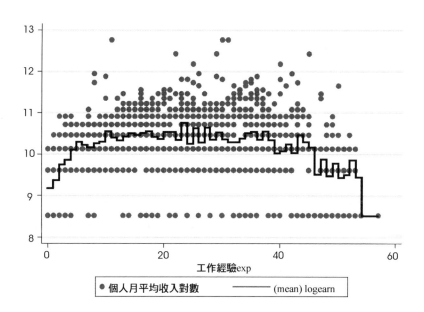

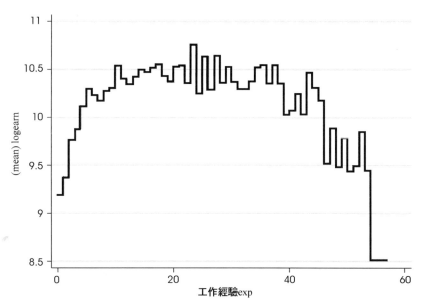

圖11-6　收入的對數和工作經驗階距函數迴歸圖

將年齡再分組，以 5 年為一組：

. xi:reg logearn educyr female fethnic_2 fethnic_3 fethnic_4 i.exp_g female_edu

i.exp_g　　　_Iexp_g_1-11　　(naturally coded; _Iexp_g_1 omitted)

```
      Source |      SS       df      MS                Number of obs =    1262
-------------+------------------------------            F( 16,  1245)  =   32.54
       Model | 219.666378    16  13.7291486             Prob > F       =  0.0000
    Residual | 525.220843  1245  .421864131             R-squared      =  0.2949
-------------+------------------------------            Adj R-squared  =  0.2858
       Total | 744.887221  1261  .590711515             Root MSE       =  .64951
```

```
------------------------------------------------------------------------------
     logearn |     Coef.   Std. Err.      t    P>|t|     [95% Conf. Interval]
-------------+----------------------------------------------------------------
      educyr |  .0865984   .0091084     9.51   0.000     .0687288    .104468
      female | -.7557276   .1479617    -5.11   0.000    -1.046009   -.4654457
    fethnic_2 |  .0212687   .0526824     0.40   0.686    -.0820873    .1246247
    fethnic_3 | -.0503224   .3279532    -0.15   0.878    -.6937242    .5930795
    fethnic_4 | -.0488011   .0613334    -0.80   0.426    -.1691294    .0715272
    _Iexp_g_2 |  .6702888   .0794135     8.44   0.000     .5144897    .8260879
    _Iexp_g_3 |  .9236188   .0787211    11.73   0.000     .7691782   1.078059
    _Iexp_g_4 |  1.029924   .0780062    13.20   0.000     .8768855   1.182962
    _Iexp_g_5 |  1.091625   .0840362    12.99   0.000     .9267573   1.256494
    _Iexp_g_6 |  1.135705   .0831165    13.66   0.000     .9726412   1.298769
    _Iexp_g_7 |   1.11155    .084671    13.13   0.000     .9454367   1.277664
    _Iexp_g_8 |  1.115897   .0853498    13.07   0.000     .9484517   1.283342
    _Iexp_g_9 |  1.065855   .0981293    10.86   0.000     .8733384   1.258373
   _Iexp_g_10 |  1.004975   .1211644     8.29   0.000     .7672656   1.242684
   _Iexp_g_11 |  .9413558   .1405011     6.70   0.000     .6657107   1.217001
   female_edu |  .0417486   .0111548     3.74   0.000     .0198644    .0636329
        _cons |  8.351686   .1476947    56.55   0.000     8.061928    8.641444
------------------------------------------------------------------------------
```

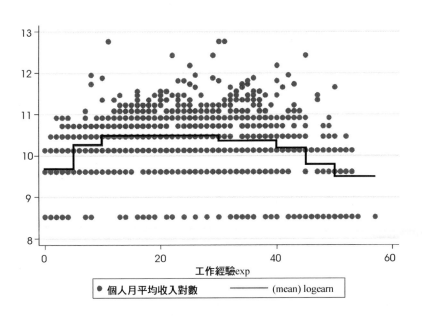

個人月平均收入對數　　　　　(mean) logearn

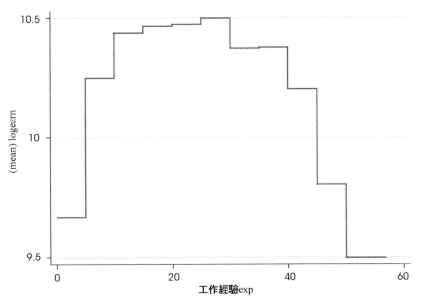

圖11-7　收入的對數和工作經驗階距函數迴歸圖（5 年組）

11.4 本章小結

　　本章主要介紹了多項式迴歸、分段函數迴歸和階距函數迴歸三種模型。我們
介紹了：多項式迴歸的基本概念，多項式迴歸係數的解釋及多項式模型的推論問

題；分段函數的定義及其節點數、節點位置的確定；階距函數的定義和模型配適；多項式模型、分段函數模型和階距函數模型三者之間的異同點。這三種迴歸都以修改後的 Xie 和 Hannum（1996）一文中的人力資本模型為例作了具體說明。我們還介紹了兩種處理多項式模型多元共線性問題的方法：對變項中心化和使用正交多項式。

參考文獻

Kleinbaum David G. Lawrence L. Kupper, Azhar Nizam and Keith E. Muller.2007. *Applied Regression Analysis and Multivariable Methods* (Fourth Edition). Australia: Brooks/Cole.

Wold, Svante. 1974. "Spline Functions in Data Analysis." *Technometrics* 16:1-11.

Xie, Yu and Emily Hannum. 1996. "Regional Variation in Earnings Inequality in Reform-Era Urban China." *American Journal of Sociology* 101:950-992.

Xie, Yu, James Raymo, Kimberly Goyette and Arland Thornton. 2003. "Economic Potential and Entry into Marriage and Cohabitation." *Demography* 40:351-367.

謝宇，2006，《社會學方法與定量研究》，北京：社會科學文獻出版社。

虛擬變項與名目自變項

在實際研究中，涉及不同群體之間差異比較的研究問題比比皆是。比如，社會科學研究者常常對行為、態度或社會經濟特徵在種族、性別或區域之間的差異感興趣。此外，研究者經常會想知道某自變項的效果是否對於不同群體是不一樣的。也就是說，很多研究問題會試圖識別依變項中存在的群體間差異，乃至某自變項對依變項效果上的群體間差異。在上述這些情形中，所關注的群體間差異是用質性變項作為自變項來表示的。質性變項是具有名目測度（nominal measurement level）的名目變項。與等距變項不同，名目變項的數值編碼並不具有任何數量上的意義，只代表類別之間的差異。由於這一特性，在迴歸分析中，名目變項不能直接作為自變項納入模型。但是，我們可以先將名目變項轉換成一組對應的虛擬變項，然後將這些虛擬變項納入迴歸模型，從而在迴歸分析中達到以名目變項作為解釋自變項的目的。這樣一來，迴歸分析不但能夠納入量化的自變項（quantitative independent variable），而且也能納入質性的自變項（qualitative independent variable），甚至是量化和質性自變項的任意組合。本章將介紹迴歸分析中的虛擬變項和名目自變項的內容。

12.1 名目變項的定義與特性

12.1.1 類別變項

在進入本章的討論之前，首先讓我們回顧一下第 1 章中討論過的名目變項（nominal variable）。名目變項與其他三種測度變項的不同之處在於，它本身的編碼不包含任何具有實際意義的數量關係，變項值之間不存在大小、加減或乘除的運算關係。例如「性別」就是一個較為常見的名目測度變項。我們可以將男性編碼為 2，女性編碼為 1。而此時這兩個變項值之間並不存在任何計算關係，即男性（編碼 2）既不大於女性（編碼 1），也不是女性的「2 倍」。

12.1.2 對名目解釋變項的特殊處理

由名目變項的性質不難看出，變項各分類的數值編碼大小並不能代表變項各個分類之間的實質性差別。但是，如果直接將名目變項作為自變項納入迴歸模型，就意味著假定類別之間存在量的差別。比如，在對收入的研究中，將戶口性質中的非農業戶口編碼為 2（或 3）、農業戶口編碼為 1，並將戶口性質變項直接作為自變項納入迴歸模型。那麼，這種編碼方式就暗含了「非農業戶口」對收入的影響一

定是農業戶口對收入影響的 2（或 3）倍[1]。因此，要想在迴歸分析中納入名目變項作為自變項，我們需要首先在編碼方式上對名目變項進行特殊處理。統計上，這種特殊處理有多種方式，包括虛擬編碼（dummy coding）、效果編碼（effect coding）[2]、正交編碼（orthogonal coding）和非正交編碼（nonorthogonal coding）等。這裡，我們只介紹常用的虛擬編碼方式。不過，採用不同編碼方式只會改變具體迴歸係數的含義，而並不會影響到迴歸分析的實質結論。

需要指出的一點是，本章所討論的主要是自變項為名目變項的情況，本書第 18 章會介紹依變項為二分類名目變項的迴歸分析。

12.2　虛擬變項的設置

12.2.1 虛擬變項

簡單地說，虛擬變項（或啞變項、指示變項）（dummy variable or indicator）是一種對名目變項各分類進行重新編碼從而讓它們能在迴歸方程中作為自變項的方式。它是將某一初始名目變項重新建構得到的一個或多個二分類變項（dichotomous variable）。一般來說，當某個樣本觀察值屬於名目變項的某個類別時，表徵這個類別的虛擬變項就被賦值為 1，否則便賦值為 0[3]。即：

$x = 1$，如果某個狀態為真；

$x = 0$，其他。

下面是虛擬變項的一些實例：

性別：

$x_1 = 1$ 女性

$x_1 = 0$ 男性（非女性）

就業狀態：

$x_2 = 1$ 被雇傭

$x_2 = 0$ 失業（不被雇傭）

識字情況：

---

[1] 其實，在順序測度變項中也做這一假定。這一假定是否合理要看具體情況。

[2] 也稱作變異數分析編碼（ANOVA coding）。

[3] 因此，也被稱作 0-1 變項。

$x_3 = 1$ 非文盲

$x_3 = 0$ 文盲

12.2.2 設置虛擬變項的一般方法

上面我們給出了虛擬變項的一些實例。細心的讀者可能已經發現，這些虛擬變項都基於只包含兩個類別的名目變項。那麼，對於包含多個類別的名目變項我們應該如何進行編碼呢？一般來說，對於包含 k 個類別的名目變項，可以得到相對應的 k 個虛擬變項。但是，迴歸分析中所需要的虛擬變項只能是其中的 $k - 1$ 個。也就是說，在納入模型時，必須將這 k 個虛擬變項中的某一個保留在模型之外。這意味著，在虛擬編碼的轉換過程中，我們只需要對包含 k 個類別的名目變項構建 $k - 1$ 個虛擬變項就足夠了。

這樣做的原因主要是為了避免完全多元共線性問題。由於任何一個樣本觀察值屬於且僅可屬於名目變項的某一個分類，被取消的那個（假設是第 k 個）分類的資訊完全可以由表示其他 $k - 1$ 個分類的虛擬變項聯合表出。換句話來說，如果我們知道某個樣本值不屬於 k 分類名目變項的前 $k - 1$ 個分類的任何一種情況，那麼它必然屬於第 k 種情況。例如，當前 $k - 1$ 個虛擬變項全部取 0 時，它們所表徵的狀態正是不屬於前 $k - 1$ 個分類的第 k 個分類。所以，如果將 k 個虛擬變項全部納入模型的話，勢必導致完全多元共線性問題。例如，在對包含五個類別（「國中以下」，「高中職畢業」，「專科畢業」，「大學畢業」，「研究所畢業以上」）的受教育程度進行編碼時，我們可以用以下五個虛擬變項表示全部五個類別的資訊：

原編碼虛擬變項設置

1. 國中以下所有　　　　　Di = 0

2. 高中職畢業　　　　　　D2 = 1, 其他 Di = 0

3. 專科畢業　　　　　　　D3 = 1, 其他 Di = 0

4. 大學畢業　　　　　　　D4 = 1, 其他 Di = 0

5. 研究所畢業以上　　　　D5 = 1, 其他 Di = 0

教育程度（5 類別）|	Freq.	Percent	Cum.
國中以下	250	19.81	19.81

高中職畢業	408	32.33	52.14
專科畢業	215	17.04	69.18
大學畢業	313	24.80	93.98
研究所畢業以上	76	6.02	100.00

```
---------------+-------------------------------------
```

Total	1,262	100.00	

為便於理解,我們將 TSCS 資料中某十個樣本觀察值的「性別 (*female*)」和「受教育程度 (*edu_5*)[4]」編碼成如表 12-1 所示的虛擬變項:*female* 和 *edu_5_2* 至 *edu_5_5*。

表 12-1　設置虛擬變項的實例

. sort vid

. list vid v1 edu_5 female edu_5_2-edu_5_5 in 1/10

```
+--------------------------------------------------------------------------+
```

	vid	v1	edu_5	female	edu_5_2	edu_5_3	edu_5_4	edu_5_5
1.	104105	女大學畢業	1	0	0	1	0	
2.	104106	女大學畢業	1	0	0	1	0	
3.	104110	女高中職畢業	1	1	0	0	0	
4.	104114	女高中職畢業	1	1	0	0	0	
5.	104117	女高中職畢業	1	1	0	0	0	
6.	104123	男高中職畢業	0	1	0	0	0	
7.	104125	男高中職畢業	0	1	0	0	0	
8.	104127	男國中以下	0	0	0	0	0	
9.	104131	男高中職畢業	0	1	0	0	0	
10.	104145	男研究所畢業以上	0	0	0	0	1	

```
+--------------------------------------------------------------------------+
```

---

[4] 嚴格地說,此處的「受教育程度」是順序測度變項。

通常,我們將被排除出迴歸模型的那個虛擬變項所對應的類別(即所有虛擬變項取值全部為零的類別)叫做對照組(reference group)。如上例中的「男性」和「國中以下」[5]。

不過,在某些情況下,考慮到特殊的用途或者研究目的,我們也可以透過強制配適不含截距項的模型來飽和納入名目變項的所有 k 個類別所對應的 k 個虛擬變項。

12.3　虛擬變項的應用

12.3.1 虛擬變項迴歸係數的解釋

1. 自變項中僅包含一個虛擬變項的情況

在這種情況下,模型截距的含義依賴於該虛擬變項所刻畫的兩個分類。例如,在 TSCS 資料中,以收入的對數作為依變項,僅以性別(female:女性 = 1,男性 = 0)作為自變項,可以得到以下的迴歸係數估計值[6]:

$$\begin{bmatrix} \beta_0 \\ \beta_1 \end{bmatrix} = \begin{bmatrix} 7.523 \\ -0.177 \end{bmatrix} \tag{12-1}$$

這裡,模型截距 β_0 給出的是樣本中男性人群(female = 0)收入對數的平均數,而 $\beta_0 + \beta_1$ 給出的是女性人群(female = 1)收入對數的平均數。因此,β_1 則反映了男性和女性人群平均收入對數的差值。我們知道,如果依變項僅對截距(即 1 作為自變項)進行迴歸的話,那麼所估計出的截距就是樣本的平均數。這裡,如果僅以某一個虛擬變項作為自變項,截距項就是對照組在依變項上的樣本平均數,它的斜率係數就反映了取值等於 1 的那個類別與對照組之間在依變項上的平均數差。

下面給出上述結論的簡要證明:

首先,我們假設樣本中男性有 n_1 人,女性有 n_2 人,則樣本量為 $n = n_1 + n_2$。為不失一般性,我們可以認為樣本中的前 n_1 人為男性,其餘為女性。則迴歸方程的自變項與依變項可以由矩陣表示如下:

---

[5] 在學術論文或研究報告寫作中,通常應給出虛擬變項編碼所基於的對照組。
[6] 對 β_0 和 β_1 進行估計的標準誤分別為 0.005 和 0.007。

依變項為：$\mathbf{y} = \begin{bmatrix} y_1 \\ \vdots \\ y_{n_1} \\ y_{n_1+1} \\ \vdots \\ y_{n_1+n_2} \end{bmatrix}$　　（12-2）

自變項為：$\mathbf{X} = [\mathbf{1}\quad \mathbf{x}]$，其中 $\mathbf{x} = \begin{bmatrix} 0_1 \\ \vdots \\ 0_{n_1} \\ 1_{n_1+1} \\ \vdots \\ 1_{n_1+n_2} \end{bmatrix}$　　（12-3）

下面以矩陣形式推導該迴歸方程的係數：

由　　　　　　　　　　$\mathbf{X}'\mathbf{X} = \begin{bmatrix} n & n_2 \\ n_2 & n_2 \end{bmatrix}$　　（12-4）

以及

$$|\mathbf{X'X}| = nn_2 - n_2^2 = n_1 n_2$$　　（12-5）

可得：

$$(\mathbf{X}'\mathbf{X})^{-1} = (n_1 n_2)^{-1} \begin{bmatrix} n_2 & -n_2 \\ -n_2 & n \end{bmatrix} = \begin{bmatrix} 1/n_1 & -1/n_1 \\ -1/n_1 & n/n_1 n_2 \end{bmatrix}$$　　（12-6）

$$\mathbf{X}'\mathbf{y} = \begin{bmatrix} \sum\limits_{i=1}^{n} y_i \\ \sum\limits_{i=n_1+1}^{n} y_i \end{bmatrix}$$　　（12-7）

則該模型的迴歸係數為：

$$\mathbf{b} = (\mathbf{X'X})^{-1}\mathbf{X'y}$$

$$= \begin{bmatrix} 1/n_1 & -1/n_1 \\ -1/n_1 & n/n_1 n_2 \end{bmatrix} \begin{bmatrix} \sum\limits_{i=1}^{n_1+n_2} y_i \\ \sum\limits_{i=n_1+1}^{n_1+n_2} y_i \end{bmatrix}$$

$$
= \begin{bmatrix} (1/n_1)\left(\sum\limits_{i=1}^{n_1+n_2} y_i - \sum\limits_{i=n_1+1}^{n_1+n_2} y_i\right) \\ (1/n_1 n_2)\left(-\sum\limits_{i=1}^{n_1+n_2} y_i n_2 + \sum\limits_{i=n_1+1}^{n_1+n_2} y_i(n_1+n_2)\right) \end{bmatrix}
$$

$$
= \begin{bmatrix} (1/n_1)\sum\limits_{i=1}^{n_1} y_i \\ (1/n_1 n_2)\left(\sum\limits_{i=n_1+1}^{n_1+n_2} y_i n_1 - \sum\limits_{i=1}^{n_1} y_i n_2\right) \end{bmatrix} \tag{12-8}
$$

$$
= \begin{bmatrix} (1/n_1)\sum\limits_{i=1}^{n_1} y_i \\ (1/n_2)\sum\limits_{i=n_1+1}^{n_1+n_2} y_i - (1/n_1)\sum\limits_{i=1}^{n_1} y_i \end{bmatrix}
$$

$$
= \begin{bmatrix} \overline{y_1} \\ \overline{y_2} - \overline{y_1} \end{bmatrix}
$$

由此可以看出,當自變項中僅存在虛擬變項時,模型的截距就代表了對照組所對應群體在依變項上的平均數,而斜率則代表了取值為 1 的類別所對應群體與對照組所對應群體在依變項平均數上的差異。

實際上,更一般地,當模型中僅納入包含 k 個類別的名目變項所對應的 $k-1$ 個虛擬變項時,模型的截距係數就是對照組所對應群體在依變項上的平均數,而 $k-1$ 個迴歸係數則反映著各自所對應非對照組群體與對照組所對應群體之間在依變項平均數上的差異。

2. 自變項中包含一個虛擬變項和一個連續變項的情況

在這種情況下[7],虛擬變項所表示的兩個人群的迴歸配適直線就成為兩條斜率相同,但截距不同的平行線。例如,在 TSCS 資料中,我們將收入的對數對性別(*female*:虛擬變項,女性 = 1,男性 = 0)和父親受教育年數(*feducyr*:連續變項)進行迴歸[8]。根據迴歸結果得到圖 12-1。

---

[7] 在這裡以及下文中「解釋變項包含兩個虛擬變項的情況」均假設這兩個解釋變項間不存在交互作用項。

[8] 迴歸配適方程的解析形式為:$\widehat{logearn} = 10.25142 + 0.0161208 feducyr - 0.2570799 female$。

```
    Source |      SS        df       MS                Number of obs =    1262
-------------+------------------------------------       F( 2, 1259)  =   23.25
       Model | 26.5335717      2  13.2667858             Prob > F      = 0.0000
    Residual | 718.353649   1259  .570574781             R-squared     = 0.0356
-------------+------------------------------------       Adj R-squared = 0.0341
       Total | 744.887221   1261  .590711515             Root MSE      = .75536
```

```
------------------------------------------------------------------------------
     logearn |    Coef.   Std. Err.      t    P>|t|     [95% Conf. Interval]
-------------+----------------------------------------------------------------
      feducyr |  .0161208   .0051032     3.16   0.002     .0061092    .0261325
       female | -.2570799   .0427702    -6.01   0.000    -.3409887   -.1731711
        _cons |  10.25142   .0495424   206.92   0.000     10.15423    10.34862
------------------------------------------------------------------------------
```

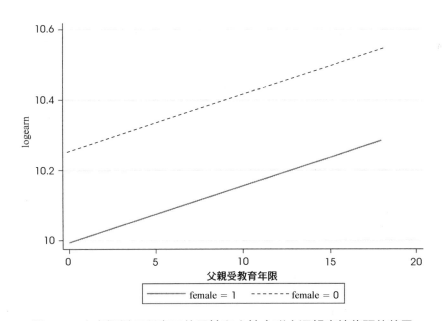

圖12-1 由虛擬變項所表示的男性和女性人群中迴歸直線截距的差異

　　在這種情況下，虛擬變項的迴歸係數就代表兩條平行線之間的垂直距離，也就是兩條迴歸直線在截距上的差距。這是因為迴歸模型（12-9）：

253

$$logearn = \beta_0 + \beta_1 feducyr + \beta_2 female + \varepsilon \qquad (12\text{-}9)$$

其實包含著兩個方程。其中，對照組男性人群（*female* = 0）所對應的方程為：

$$logearn = \beta_0 + \beta_1 feducyr + \varepsilon \qquad (12\text{-}10)$$

而女性人群（*female* = 1）所對應的方程為：

$$logearn = \beta_0 + \beta_2 + \beta_1 feducyr + \varepsilon \qquad (12\text{-}11)$$

　　顯然，虛擬變項 *female* 所對應的係數 β_2 就是男性和女性在截距上的差距。由於這裡不存在虛擬變項與其他自變項之間的交互作用項，因此，虛擬變項不會對模型其他自變項的斜率係數產生任何影響，迴歸的結果就是一組平行線。有的學者將這種只影響迴歸直線截距而不影響其斜率的虛擬變項稱作「截距虛擬變項」（Hamilton，2006）。這意味著虛擬變項之外的其他自變項對依變項的影響在虛擬變項所代表的不同群體之間是相同的。

3. 解釋變項包含兩個或多個虛擬變項的情況

　　由對上面兩種情況的討論可以推知，在這種情況下，迴歸結果就成為一簇斜率相同但是截距不同的平行線。例如，在 TSCS 中，我們建構出一個新的虛擬變項（*college*）來表示受訪者是否具有大學學歷。

```
. reg logearn  feducyr female college
```

Source	SS	df	MS		
				Number of obs =	1262
				F(3, 1258) =	21.44
Model	36.2397572	3	12.0799191	Prob > F =	0.0000
Residual	708.647464	1258	.563312769	R-squared =	0.0487
				Adj R-squared =	0.0464
Total	744.887221	1261	.590711515	Root MSE =	.75054

logearn	Coef.	Std. Err.	t	P>|t|	[95% Conf. Interval]	
feducyr	.0068957	.0055363	1.25	0.213	−.0039656	.017757

female |	−.2566464	.0424973	−6.04	0.000	−.3400198	−.173273
college |	.2073658	.049956	4.15	0.000	.1093595	.305372
_cons |	10.26009	.0492704	208.24	0.000	10.16343	10.35675

將這個新的虛擬變項放入迴歸模型：

$$logearn = \beta_0 + \beta_1 feducyr + \beta_2 female + \beta_3 college + \varepsilon \qquad (12\text{-}12)$$

配適之後，得到以下迴歸方程（係數下方括號中為該係數的標準誤估計）：

$$\widehat{logearn} = 10.26009 + 0.0068957 feducyr - 0.2566464 female + 0.2073658 collgeg$$
$$(0.0492704) \qquad (0.0055363) \qquad (0.0424973) \qquad (0.049956) \quad (12\text{-}13)$$

則由兩個虛擬變項所劃分的四組人群所對應的迴歸模型估計結果分別為：
(1) 大學學歷以下男性（*female* = 0 且 *college* = 0，即對照組）

$$\widehat{logearn} = \beta_0 + \beta_1 feducyr = 10.26009 + 0.0068957 feducyr \qquad (12\text{-}13a)$$

(2) 大學學歷以下女性（*female* = 1 且 *college* = 0）

$$\widehat{logearn} = \beta_0 + \beta_2 + \beta_1 feducyr = 10.0034436 + 0.0068957 feducyr \qquad (12\text{-}13b)$$

(3) 大學學歷以上男性（*female* = 0 且 *college* = 1）

$$\widehat{logearn} = \beta_0 + \beta_3 + \beta_1 feducyr = 10.4674558 + 0.0068957 feducyr \qquad (12\text{-}13c)$$

(4) 大學學歷以上女性（*female* = 1 且 *college* = 1）

$$\widehat{logearn} = \beta_0 + \beta_2 + \beta_3 + \beta_1 feducyr = 10.2108094 + 0.0068957 feducyr \qquad (12\text{-}13d)$$

圖 12-2 中的四條迴歸線反映了這四類人群中父親教育程度與收入的對數之間的關係。這些平行線彼此間在截距上的差值由兩個虛擬變項的係數 β_2 和 β_3 給出。

因此，在虛擬變項和其他連續變項之間不存在交互作用項的情況下，虛擬變項的係數表示的是名目變項的其他類別與對照組在截距上的差距。這個差距是相對於對照組而言的，是一個相對量，而不是一個絕對量。因此，虛擬變項的係數也會隨

255

著對照組的不同選擇而有所不同[9]。研究者應該根據自己的研究思路和目的合理選擇對照組,從而使對虛擬變項迴歸係數的解釋更為便利。

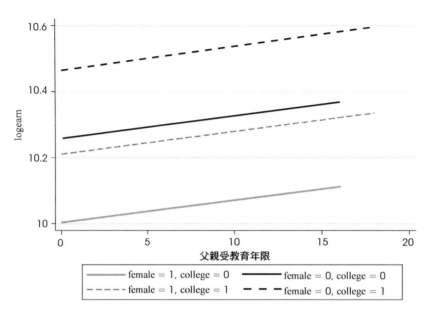

圖12-2 由虛擬變項所表示的不同性別和父親受教育程度人群中迴歸直線截距的差異

12.3.2 一個還是多個迴歸方程?

由前面的討論可知,既然虛擬變項僅僅是名目變項各分類在迴歸方程中的一種編碼方式,那麼,將虛擬變項納入模型後,其他自變項的迴歸係數是否等價於基於其他自變項分別在各分類人群進行迴歸分析的結果呢?為回答這個問題,請讀者看以下五個迴歸方程中對 β_1 的估計結果是否相同:

(1) 基於 TSCS 資料

$$logearn = \beta_0 + \beta_1 feducyr + \beta_2 female + \beta_3 college + \varepsilon \qquad (12\text{-}14)$$

(2) 基於 TSCS 資料的子資料:大學學歷以下男性

$$logearn = \beta_0 + \beta_1 feducyr + \varepsilon \qquad (12\text{-}15)$$

9　效果編碼方法可將虛擬變項的對照組設為各分類的平均水準,從而使虛擬變項迴歸係數的理解更為直觀。感興趣的讀者可以查閱 Suits (1984)。

(3) 基於 TSCS 資料的子資料：大學學歷以下女性

$$logearn = \beta_0 + \beta_1 feducyr + \varepsilon \qquad (12\text{-}16)$$

(4) 基於 TSCS 資料的子資料：大學學歷以上男性

$$logearn = \beta_0 + \beta_1 feducyr + \varepsilon \qquad (12\text{-}17)$$

(5) 基於 TSCS 資料的子資料：大學學歷以上女性

$$logearn = \beta_0 + \beta_1 feducyr + \varepsilon \qquad (12\text{-}18)$$

　　一般來講，由於迴歸模型基於不同資料集，這五個模型估計的結果將會不一樣。而且，模型 (1) 比後面四個模型的結合更簡單。因此，較多採用的是加入虛擬變項，而非分別針對各組人群進行迴歸。然而，另一方面，我們也要注意區分研究目的到底是要確定某個自變項的整體作用強度，即方程式（12-14），還是要觀察在不同組人群中某個自變項作用強度的差異，即方程式（12-15）至方程式（12-18）。實際上，方程式（12-14）就是前面我們提到的截距虛擬變項，其中暗含的假定是父親教育程度對收入的影響在不同人群中是一致的，至於這一假定是否成立，就需要根據理論假設和有關統計結果來判斷，如我們在下一章所要討論的樣本母體中交互作用項是否顯著等等。而方程式（12-15）至方程式（12-18）分群體獨立迴歸的做法則放鬆了這一假定，即認為父親教育程度對收入的影響在不同群體之間是不同的。請讀者注意截距虛擬變項迴歸與分群體獨立迴歸之間所隱含著這一差別。

12.3.3 其他設置虛擬變項的方法

　　在經驗研究中，為了使迴歸模型符合某些理論假設，我們需要採用通過原點的迴歸。同時，在前面我們曾經討論過，之所以要用 $k - 1$ 個虛擬變項去表示 k 分類的名目變項是為了避免出現虛擬變項與模型截距間的完全多元共線性問題。而在過原點的迴歸中，由於模型不存在截距項，我們就可以飽和納入 k 個虛擬變項以表示包含 k 個類別的名目變項，而不會出現完全多元共線性問題。例如，我們可以設置一個新的虛擬變項 edu_5_1 來對應原編碼中的「國中以下」，從而將表 12-1 有關教育的編碼改成下表 12-2 所示的情況。

表 12-2　刪去模型截距後的虛擬變項設置方法

. list vid v1 edu_5 female edu_5_1-edu_5_5 in 1/10

	vid	v1	edu_5	female	edu_5_1	edu_5_2	edu_5_3	edu_5_4	edu_5_5
1.	104105	女大學畢業	1	0	0	0	1	0	
2.	104106	女大學畢業	1	0	0	0	1	0	
3.	104110	女高中職畢業	1	0	1	0	0	0	
4.	104114	女高中職畢業	1	0	1	0	0	0	
5.	104117	女高中職畢業	1	0	1	0	0	0	
6.	104123	男高中職畢業	0	0	1	0	0	0	
7.	104125	男高中職畢業	0	0	1	0	0	0	
8.	104127	男國中以下	0	1	0	0	0	0	
9.	104131	男高中職畢業	0	0	1	0	0	0	
10.	104145	男研究所畢業以上	0	0	0	0	0	1	

　　在這種情況下，迴歸方程中虛擬變項的偏迴歸係數所表示的意義發生了變化。它表示的不再是由名目變項所劃分的各組人群相對於對照組的截距差值，而是直接給出了各組人群所對應的截距值，在沒有其他自變項時就是各組人群在依變項上的平均數。

　　需要注意的是，即便刪去了模型的截距，如果要透過兩組虛擬變項去表示兩個[10]名目變項（如上例中的「性別」與「受教育程度」），我們也只能用 k 個虛擬變項去表示某一個包含 k 個類別的名目變項，而其他的名目變項仍然要用 $g-1$ 個虛擬變項去表示其 g 個類別。試想，如果我們在上例中用 5 個虛擬變項去表示 5 分類的名目變項「受教育程度」的同時，用 2 個虛擬變項去表示另一個 2 分類的名目變項「性別」。則表示「性別」的虛擬向量和表示「受教育程度」的虛擬向量都可以加合成 1 的常數向量，它們可以被彼此線性表出，從而發生完全共線性。而且，由於過原點迴歸的 R^2 並不是總有意義，如果不是出於較強理論假設的話，我

---

[10] 注意此處我們討論的是類別變項的個數，而非某個類別變項的分類數目。

們還是應該在線性迴歸模型中包括截距，採用通常的建構虛擬變項的方法。上述討論對於兩個以上名目變項的情形仍然適用。

在設置虛擬變項的過程中，研究者可能會發現即使在設置對照組的情況下，基於同一個名目變項的不同虛擬變項間仍會與模型的截距存在著較強的多元共線性，有時甚至會導致迴歸模型無法估計。這通常是由於被選作虛擬變項「對照組」的那個分類所包含的樣本較少。我們不妨假設一種極端情況，即某個調查所得到的樣本中「從未上過學」、「小學畢業」、「中學畢業」、「大學畢業」的人群分別為1人、1000人、1000人、1000人。此時如果表示「受教育水準」的虛擬變項所選取的對照組為「從未上過學」的人群，則由於該對照組所對應的樣本量過小（僅1人），虛擬變項仍可以大致將模型截距線性表出，從而出現多元共線性。在這種情況下，研究者應嘗試使用樣本量較大的分類作為虛擬變項的對照組。

12.3.4 類別變項與連續變項之間的轉換

引入虛擬變項來表示名目變項各類別之間的差異通常會消耗很多的自由度。出於模型簡約性的考慮，我們可以透過對巢套模型檢定的方法來檢定是否可以將名目變項轉化為更高層次的變項來處理。對於順序變項而言，這種處理更值得考慮。

例如，在 TSCS 資料中，我們可以依據各分類所對應的受教育年數對「受教育程度」這一類別變項依據以下方式一對一映射轉換為連續變項，即假設「受教育程度」對於收入對數的作用是線性的：

受教育程度：原變項編碼值連續變項編碼值（受教育年數）

1：國中以下　　　　　　9

2：高中職畢業　　　　　12

3：專科畢業　　　　　　14

4：大學畢業　　　　　　16

5：研究所畢業以上　　　18

接下來，我們透過巢套模型來檢定新建構出的連續變項與原先的類別變項是否等價：

1. 不受限模型（unrestricted model）：

$$logearn = \beta_0 + \beta_1 exp + \beta_2 exp^2 + \beta_3 female + \beta_4 edu_{5_2} + \cdots + \beta_7 edu_{5_5} + \varepsilon \qquad (12\text{-}19)$$

. reg logearn edu_5_2-edu_5_5 female exp exp2

Source	SS	df	MS		Number of obs =	1262
					F(7, 1254) =	71.72
Model	212.957395	7	30.4224849		Prob > F =	0.0000
Residual	531.929826	1254	.424186464		R-squared =	0.2859
					Adj R-squared =	0.2819
Total	744.887221	1261	.590711515		Root MSE =	.6513

logearn	Coef.	Std. Err.	t	P>|t|	[95% Conf. Interval]	
edu_5_2	.3142869	.0626675	5.02	0.000	.1913422	.4372316
edu_5_3	.6543019	.0702787	9.31	0.000	.5164252	.7921786
edu_5_4	.83516	.0699619	11.94	0.000	.6979048	.9724151
edu_5_5	.9206433	.0961394	9.58	0.000	.7320315	1.109255
female	−.2477019	.0370655	−6.68	0.000	−.3204191	−.1749847
exp	.0830192	.0051442	16.14	0.000	.0729271	.0931113
exp2	−.0014237	.0001032	−13.80	0.000	−.0016261	−.0012213
_cons	9.027	.0820199	110.06	0.000	8.866089	9.187911

2. **受限模型**（restricted model）：

$$logearn = \beta_0 + \beta_1 exp + \beta_2 exp^2 + \beta_3 female + \beta_4 educyr + \varepsilon \qquad (12\text{-}20)$$

. reg logearn educyr female exp exp2

Source	SS	df	MS		Number of obs =	1262
					F(4, 1257) =	117.55
Model	202.77833	4	50.6945824		Prob > F =	0.0000

```
      Residual |  542.108891   1257   .43127199        R-squared     = 0.2722
                                                        Adj R-squared = 0.2699
   ------------+-----------------------------------
         Total |  744.887221   1261   .590711515       Root MSE      = .65671


   -------------------------------------------------------------------------------
       logearn |    Coef.     Std. Err.      t     P>|t|    [95% Conf. Interval]
   ------------+------------------------------------------------------------------
        educyr |  .0972999   .0073513    13.24    0.000    .0828777    .1117221
        female | − .2282208   .0372793    −6.12   0.000   −.3013573   −.1550843
           exp |  .0727761   .0047546    15.31    0.000    .0634482     .082104
          exp2 | −.0011901   .0000963   −12.36    0.000    −.001379   −.0010013
         _cons |   8.30881    .1242093    66.89    0.000     8.06513    8.552491
   -------------------------------------------------------------------------------
```

上面兩個模型中，*exp* 代表工作經驗，*exp*² 是它的平方項，*female* 代表性別（女性＝1）。方程式（12-19）中，「受教育程度」這個類別變項由 *edu_5_2* 到 *edu_5_5* 這四個虛擬變項來表示，它們的編碼方式見表 12-1。方程式（12-20）中，*educyr* 就是將「受教育程度」依據其對應的「受教育年數」生成的一個連續變項。

下面透過對巢套模型的 *F* 檢定來驗證虛擬變項 *edu_5_2-edu_5_5* 中所包含的資訊是否可以由新建構出的連續變項 *educyr* 來表示：

$$F = \frac{(\text{SSE}_R - \text{SSE}_U)/[df(\text{SSE}_R) - df(\text{SSE}_U)]}{\text{SSE}_U/df(\text{SSE}_U)} = \frac{(542.108891 - 531.929826)/3}{0.424186464} \quad (12\text{-}21)$$
$$= 7.9988919 > F_{0.05}(3,1257) = 2.61198$$

由於 *F* 值顯著，我們拒絕原假設，即新建構的連續變項與四個虛擬變項在解釋依變項的作用上有顯著差異。換句話來說，不受限模型與受限模型在對收入對數的解釋能力上有顯著不同。所以，此處對於受教育程度作用的線性假設並非合理的。

最後，我們來說明一下為什麼當名目變項分別用虛擬變項（如「受教育程度」）和一對一映射的連續變項（如「受教育年限」）表示時，模型（12-19）與模型（12-20）為巢套模型。

　　為不失一般性，我們假設由虛擬變項表示類別變項的不受限模型具有以下形式：

$$y_i = \beta_0 + \beta_2 d_{2i} + \beta_3 d_{3i} + \beta_4 d_{4i} + \beta_5 d_{5i} + \varepsilon_i \tag{12-22}$$

這一迴歸模型中納入 4 個虛擬變項（$d_2 - d_5$）來表示一個包含 5 個類別的名目變項 x，同時將這個名目變項的第一個類別（即 $x = 1$）視作對照組。

　　現在我們透過函數 $S(x)$ 將類別變項 x 轉換為一個連續變項 S：

原類別變項 x 的編碼　透過 $S(x)$ 轉換後的編碼[11]

1（對照組）　s_1

2　　　　　　s_2

3　　　　　　s_3

4　　　　　　s_4

5　　　　　　s_5

而以 S 作為解釋變項的迴歸方程為：

$$y_i = \alpha_0 + \alpha_1 s_i + \varepsilon_i \tag{12-23}$$

其實，模型（12-22）與模型（12-23）是巢套模型，後者是前者的一種特殊形式。下面我們透過推導來證明這一點：

用 $\beta_k^*(s_k - s_1)$ 替換掉模型（12-22）中的 β_k，我們可以得到：

$$\begin{aligned} y_i &= \beta_0 + \beta_2^*(s_2 - s_1)d_{2i} + \beta_3^*(s_3 - s_1)d_{3i} + \beta_4^*(s_4 - s_1)d_{4i} + \beta_5^*(s_5 - s_1)d_{5i} + \varepsilon_i \\ &= (\beta_0 - \beta_2^* s_1 d_{2i} - \beta_3^* s_1 d_{3i} - \beta_4^* s_1 d_{4i} - \beta_5^* s_1 d_{5i}) + \beta_2^* s_2 d_{2i} + \beta_3^* s_3 d_{3i} + \beta_4^* s_4 d_{4i} + \beta_5^* s_5 d_{5i} + \varepsilon_i \end{aligned} \tag{12-24}$$

現在我們對模型（12-24）的係數做出如下假定：

$$\beta_2^* = \beta_3^* = \beta_4^* = \beta_5^* = \beta^* \tag{12-25}$$

我們增加虛擬變項 d_1 來代表是否屬於對照組（第一類別）。在方程式（12-25）這

---

[11] 轉換函數 $S(x)$ 的一個實例即 $S(x = j) = j$，有關這方面的內容讀者可以查閱 Powers and Xie (2008) 中有關 integer-scoring 的內容。

個假定之下，加減 $\beta^* s_1 d_{1i}$，我們可以將模型（12-24）轉換為：

$$
\begin{aligned}
y_i = {} & \beta_0 - \beta^* s_1 (d_{2i} + d_{3i} + d_{4i} + d_{5i}) - \beta^* s_1 d_{1i} \\
& + \beta^* s_1 d_{1i} + \beta^* s_2 d_{2i} + \beta^* s_3 d_{3i} + \beta^* s_4 d_{4i} + \beta^* s_5 d_{5i} + \varepsilon_i \\
= {} & \beta_0 - \beta^* s_1 (d_{1i} + d_{2i} + d_{3i} + d_{4i} + d_{5i}) \\
& + \beta^* (s_1 d_{1i} + s_2 d_{2i} + s_3 d_{3i} + s_4 d_{4i} + s_5 d_{5i}) + \varepsilon_i
\end{aligned}
\tag{12-26}
$$

注意到對於任何一個樣本觀察點 i 而言，虛擬變項 d_{1i} 至 d_{5i} 中必然有並且只能有一個變項等於 1，方程式（12-26）可以進一步化簡為：

$$
(\beta_0 - \beta^* s_1) + \beta^* s_i + \varepsilon_i
\tag{12-27}
$$

由於方程式（12-27）與模型（12-23）形式相同，因此，模型（12-23）就是模型（12-22）在增加約束條件後的特殊形式，而方程式（12-25）給出了這一約束條件。

直觀上，我們可以把以上推導所得到的結論圖示如圖 12-3。圖中，A 點所對應的值為不受限模型的截距，也就是該模型中虛擬變項的對照組所對應的水準。從圖 12-3 我們可以發現，如果受限模型中 S 對於依變項有線性作用，則點 A、B、C、D、E 必然在一條直線上。而這就要求 $\beta_2^* = \beta_3^* = \beta_4^* = \beta_5^*$，即方程式（12-24）中所給出的約束條件。當然，A、B、C、D、E 點所對應的 s_1、s_2、s_3、s_4、s_5 的量不一定是等距離的。

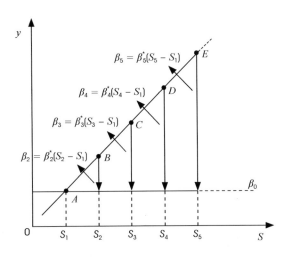

圖12-3　將類別變項轉換為連續變項後的受限模型

12.4　本章小結

我們在本章中討論了如何用虛擬變項去表示迴歸模型中的名目解釋變項。虛擬變項的引入大大增強了迴歸分析的靈活性，擴展了迴歸分析的應用。需要強調的是，建構虛擬變項的方法並不唯一，而不同的建構方法會帶來對於虛擬變項係數的不同解釋。一般來說，在具體選擇時需要考慮對照組的選擇、模型中是否包含截距項、虛擬變項的係數解釋和是否需要分人群來建構迴歸方程等問題。

此外，虛擬變項的引入在迴歸模型中是一種較為保守的策略，這不僅因為虛擬變項會消耗大量的自由度，更重要的是因為它完全地刻畫了名目變項的資訊。因此，我們有時希望能將虛擬變項轉化為更高層次的變項進行分析。在統計上我們可以透過巢套模型檢定的方式加以檢定。在本章的最後部分我們對這一問題進行了討論。

在不考慮交互作用項的情況下，虛擬變項只會在不同的人群中產生不同的截距項。這種截距虛擬變項對於模型中其他自變項在不同人群中的作用程度並沒有影響。我們在下一章中會進一步討論更複雜的情況，即模型中存在交互作用項的情況。

參考文獻

Hamilton, Lawrence. 2006. *Statistics with STATA: updated for version 9*. Belmont, CA: Duxbury/Thomson Learning.

Powers, Daniel A. and Yu Xie. 2008. *Statistical Methods for Categorical Data Analysis*(Second Edition). Howard House, England: Emerald.

Suits, Daniel B. 1984. "Dummy variables: Mechanics V. Interpretation." *The Review of Economics and Statistics* 66:177-180.

Xie, Yu and Emily Hannum. 1996. "Regional Variation in Earnings Inequality in Reform-Era Urban China." *American Journal of Sociology* 101:950-992.

交互作用項

在上一章中，我們對下面的迴歸模型 *logearn* = $\beta_0 + \beta_1 exp + \beta_2 female + \beta_3 college + \varepsilon$ 討論了以下三個自變項對勞動者收入的影響，即：

1. 工作經驗（*exp*：連續變項）；

2. 性別（*female*：虛擬變項，男性 = 0）；

3. 是否具有大學學歷（*college*：虛擬變項，不具有大學學歷 = 0）。

需要注意的是，此模型中偏迴歸係數 $(\beta_1, \beta_2, \beta_3)$ 表示三個不同的自變項對依變項的影響。具體來講，我們用 β_1 表示工作經驗對勞動者收入的影響；用 β_2 表示性別對勞動者收入的影響；用 β_3 表示是否具有大學學歷對勞動者收入的影響。這一模型意味著每個自變項對依變項的作用不受其他自變項取值的影響，即只存在主要效果（main effect）。然而，在現實生活中，某個自變項對依變項的作用很可能依賴於其他自變項的取值，即存在條件效果（conditional effect）。例如，身高對一個人每天從食物中攝入總熱量的影響可能依賴於這個人的體重。同樣，月收入高低對化妝品支出的影響可能和消費者的性別有關。顯然，上述模型不能回答以下問題：

1. 男性勞動者工作經驗對收入的影響是否要大於女性勞動者工作經驗對收入的影響？

2. 是否在取得大學學歷文憑的勞動者中，工作經驗對於收入的影響更強？

為了應對此類包含條件效果的研究問題，就需要在迴歸模型中引入交互作用項（interaction term/modifier）。本章將轉入對多元迴歸中交互作用項的介紹。

13.1　交互作用項

從操作的意義上說，交互作用項就是兩個或多個（一般不多於三個）自變項的乘積。在迴歸模型中引入交互作用項後，參與建構交互作用項的各自變項對依變項的作用依賴於交互作用項中其他自變項的取值。有時，我們也說交互作用項的存在表明了某個解釋變項對依變項的作用是以另一個解釋變項的不同取值為條件的，因此交互作用效果也被解釋為條件效果（conditional effect）。例如，對包含兩個自變項的迴歸模型

$$y_i = \beta_0 + \beta_1 x_{1i} + \beta_2 x_{2i} + \varepsilon_i \tag{13-1}$$

透過建立 x_1 和 x_2 的乘積項可建構兩者的交互作用項 $x_1 x_2$，得到模型：

$$y_i = \beta_0 + \beta_1 x_{1i} + \beta_2 x_{2i} + \beta_3 x_1 x_{2i} + \varepsilon_i \qquad (13\text{-}2)$$

在以上兩個模型中，如果對某個自變項求偏導，則可以得到該自變項變化對依變項的影響。例如，在不包含交互作用項的迴歸模型（13-1）中，我們對 x_1 求偏導，得到：

$$\frac{\partial y}{\partial x_1} = \beta_1 \qquad (13\text{-}3)$$

顯然，x_1 的變化對依變項變化的影響是一個確定值 β_1。然而，如果我們在包含交互作用項的迴歸模型（13-2）中同樣對 x_1 求偏導，則得到：

$$\frac{\partial y}{\partial x_1} = \beta_1 + \beta_3 x_2 \qquad (13\text{-}4)$$

此時，x_1 對依變項 y 的影響變成了與交互作用項中另一個自變項 x_2 有關的函數。即自變項 x_1 的變化對依變項的影響不僅包含 β_1，還與參與交互作用項的另一個自變項 x_2 的取值有關。同樣，在包含交互作用項的迴歸模型（13-2）中，對 x_2 求偏導也會得到相同的結論，自變項 x_2 對依變項 y 的影響也是與自變項 x_1 有關的函數。即自變項 x_2 的變化對依變項的影響不僅包含了 β_2，還與交互作用項中另一個解釋變項 x_1 的取值有關。從數學的角度來看，這是因為所建構的交互作用項其實是 x_1 和 x_2 兩個自變項的乘積，即 $x_1 x_2$。換句話說，我們不可能只改變 x_1（或 x_2）的取值而同時保持 $x_1 x_2$ 不變，並使得 x_1（或 x_2）對依變項 y 的作用為與 x_2（或 x_1）無關的常數。而在可加性模型中，不同自變項的效果間沒有函數關係。例如，在方程式（13-1）中，我們可以在解釋 x_1 的作用時想像 x_2 的值保持不變而只變 x_1 的值。然而，在方程式（13-2）中，即使 x_2 的值不變，x_1 值的改變會導致交互作用項 $x_1 x_2$ 的值也同時發生改變。

當模型中包含 x_1 和 x_2 的交互作用項時，它們對依變項的影響都不再是「獨特」的。因為此時 x_1 對依變項的作用將依賴於 x_2 的取值；同樣，x_2 對依變項的作用也要依賴於 x_1 的取值。即 x_1 和 x_2 對依變項的作用是不可分割且互為條件的。我們可以改寫方程式（13-2），將 x_1 的截距和斜率寫做 x_2 的函數 $\beta_0^*(x_2)$ 和 $\beta_1^*(x_2)$，就可以很容易地發現這一點：

$$y_i = \beta_0 + \beta_2 x_{2i} + (\beta_1 + \beta_3 x_{2i})x_{1i} + \varepsilon_i = \beta_0^*(x_{2i}) + \beta_1^*(x_{2i})x_{1i} + \varepsilon_i \qquad (13\text{-}5)$$

接下來，我們將結合 TSCS 資料來討論由不同層次解釋變項所建構的交互作用項。

13.2　由不同類型解釋變項建構的交互作用項

13.2.1 由兩個虛擬變項建構的交互作用項

我們首先來討論對兩個虛擬變項建構交互作用項的情形。例如，我們對前一章中的迴歸模型（12-12）

$$logearn = \beta_0 + \beta_1 exp + \beta_2 female + \beta_3 college + \varepsilon$$

中的兩個虛擬變項 *female*（女性 = 1）和 *college*（具有大學學歷 = 1）建構交互作用項 *female*×*college*，則得到新的迴歸模型：

$$logearn = \beta_0 + \beta_1 exp + \beta_2 female + \beta_3 college + \beta_4 female \times college + \varepsilon \quad （13-6）$$

. reg logearn college female exp female_college

Source	SS	df	MS		
Model	46.3203442	4	11.5800861		
Residual	698.566877	1257	.55574135		
Total	744.887221	1261	.590711515		

Number of obs =	1262
F(4, 1257) =	20.84
Prob > F =	0.0000
R-squared =	0.0622
Adj R-squared =	0.0592
Root MSE =	.74548

logearn	Coef.	Std. Err.	t	P>|t|	[95% Conf. Interval]	
college	.1723974	.0643288	2.68	0.007	.0461937	.2986012
female	−.3486616	.0507471	−6.87	0.000	−.4482199	−.2491033
exp	.0053496	.0016769	3.19	0.001	.0020598	.0086394
female_col~e	.3016345	.0916597	3.29	0.001	.1218117	.4814573

```
        _cons |   10.20298   .0562618   181.35   0.000      10.0926    10.31336
------------------------------------------------------------------------------
```

同時，得到模型的估計結果如下（係數下方括號中為該係數的標準誤）：

$$\widehat{logearn} = 10.20298 + 0.0053496exp - 0.3486616female + 0.1723974college +$$
$$(0.0562618)\quad(0.0016769)\qquad(0.0507471)\qquad(0.0643288)$$
$$0.3016345female \times college$$
$$(0.0916597) \tag{13-7}$$

我們可以得到交互作用項的編碼如下表 13-1 所示。

表 13-1　由兩個虛擬變項建構交互作用項的編碼實例

	female	*college*	*female×college*
大學學歷以下男性	0	0	0
大學學歷以上男性	0	1	0
大學學歷以下女性	1	0	0
大學學歷以上女性	1	1	1

　　需要注意的是，由於此時參與建構交互作用項的兩個解釋變項都是虛擬變項，則建構出的交互作用項也必定是一個虛擬變項，它的取值應當且僅當兩個虛擬變項的取值都為 1 時才為 1（即具有大學學歷以上女性），在其他三種情形下（大學學歷以下男性，大學學歷以上男性，以及大學學歷以下女性，該交互作用項的取值均為 0。在模型（13-6）中，四組人群所對應的模型估計值分別為：

(1) 大學學歷以下男性（*female* = 0, *college* = 0, *female×college* = 0）

$$\widehat{logearn} = \beta_0 + \beta_1 exp = 10.20298 + 0.00534966exp \tag{13-8}$$

(2) 大學學歷以上男性（*female* = 0, *college* = 1, *female×college* = 0）

$$\widehat{logearn} = \beta_0 + \beta'_3 + \beta_1 exp = 10.3753774 + 0.0053496exp \tag{13-9}$$

(3) 大學學歷以下女性（*female* = 1, *college* = 0, *female×college* = 0）

$$\widehat{logearn} = \beta_0 + \beta_2 + \beta_1 exp = 9.8543184 + 0.0053496 exp \qquad (13\text{-}10)$$

(4) 大學學歷以上女性（$female = 1, college = 1, female \times college = 1$）

$$\widehat{logearn} = \beta_0 + \beta_2 + \beta_3 + \beta_4 + \beta_1 exp = 10.3283503 + 0.0053496 exp \qquad (13\text{-}11)$$

以上四個方程之間僅有模型的截距發生了變化，而工作經驗的斜率並不發生變化。其實，前一章中的模型（12–12）所隱含的一個假設是「性別」和「是否具有大學學歷」對於收入的作用是獨立的。因此，具有大學學歷女性人群（即第四組人群）的收入實際上可以由前三組人群收入的估計結果所確定。而模型（13-6）則允許「性別」和「是否具有大學學歷」這兩個虛擬變項對依變項具有交互作用，即「性別」的作用取決於勞動者是否具有大學學歷，而「學歷」的作用則取決於勞動者是否為女性。從巢套模型的角度來看，在「性別」和「學歷」交互分類得到的四類人群之間，我們並沒有對模型加上僅存在主要效果的限定：我們需要估計交互作用項的偏迴歸係數 β_4 才能確定具有大學學歷的女性人群收入。換言之，交互作用項作用的存在（$\beta_4 \neq 0$）表明「性別」和「具有大學學歷」這兩個自變項對依變項的影響並不是獨立的，其中任何一個自變項對依變項的作用會都受到另一個自變項的影響。

13.2.2 由連續變項和虛擬變項建構的交互作用項

下面，我們來討論由連續變項和虛擬變項建構交互作用項的情形。如果對前一章中的迴歸模型（12-12）

$$logeaen = \beta_0 + \beta_1 exp + \beta_2 female + \beta_3 college + \varepsilon$$

中的連續變項 exp（工作經驗）和虛擬變項 $female$（女性 $= 1$）建構交互作用項 $exp \times female$，則得到新的迴歸模型：

$$logeaen = \beta_0 + \beta_1 exp + \beta_2 female + \beta_3 college + \beta_4 exp \times female + \varepsilon \qquad (13\text{-}12)$$

```
. reg logearn college female  exp female_exp
```

Source	SS	df	MS		Number of obs =	1262
--------------+-------------------------------------					F(4, 1257) =	22.13

```
      Model |  48.997763      4  12.2494408      Prob > F       = 0.0000
   Residual | 695.889458  1257  .553611343      R-squared      = 0.0658
-------------+-----------------------------      Adj R-squared  = 0.0628
      Total | 744.887221  1261  .590711515      Root MSE       = .74405


----------------------------------------------------------------------------

   logearn |    Coef.     Std. Err.      t     P>|t|    [95% Conf. Interval]
-------------+--------------------------------------------------------------

    college |  .2876304   .0510293      5.64   0.000    .1875184    .3877425
     female |  .0158415   .0804878      0.20   0.844   -.1420637    .1737467
        exp |  .0100437   .0021017      4.78   0.000    .0059205    .0141669
 female_exp | -.0119012   .0030029     -3.96   0.000   -.0177924    -.00601
      _cons |  10.05953   .0620828    162.03   0.000    9.93773    10.18132

----------------------------------------------------------------------------
```

同時，得到模型的估計結果如下（係數下方括號中為該係數的標準誤）：

$$\widehat{logearn} = 10.05953 + 0.0100437exp + 0.0158415female + 0.2876304college -$$
$$\qquad (0.0620828)\ (0.0021017) \qquad (0.0804878) \qquad\qquad (0.0510293)$$
$$\qquad\qquad\qquad 0.0119012exp \times female$$
$$\qquad\qquad\qquad (0.0030029) \qquad\qquad\qquad\qquad\qquad\qquad (13\text{-}13)$$

則在模型（13-12）中，四組人群所對應的模型估計值分別為：

(1) 大學學歷以下男性（$female = 0, college = 0, exp \times female = 0$）

$$\widehat{logearn} = \beta_0 + \beta_1 exp = 10.05953 + 0.0100437exp \qquad (13\text{-}14)$$

(2) 大學學歷以上男性（$female = 0, college = 1, exp \times female = 0$）

$$\widehat{logearn} = \beta_0 + \beta_3 + \beta_1 exp = 10.3471604 + 0.0100437exp \qquad (13\text{-}15)$$

(3) 大學學歷以下女性（$female = 1, college = 0, exp \times female = exp$）

$$\widehat{logearn} = \beta_0 + \beta_2 + (\beta_1 + \beta_4)exp = 10.0753715 - 0.0018575exp \qquad (13\text{-}16)$$

(4) 大學學歷以上女性（$female = 1, college = 1, exp \times female = exp$）

$$\widehat{logearn} = \beta_0 + \beta_2 + \beta_3 + (\beta_1 + \beta_4)exp = 10.3630019 - 0.0018575exp \qquad (13\text{-}17)$$

與模型（13-6）不同的是，模型（13-12）中交互作用項 $exp \times female$ 的存在改變了工作經驗的斜率，如圖 13-1 所示。同時，注意到交互作用項 $exp \times female$ 偏迴歸係數 β_4 的估計結果為負值，這就表明男性勞動者中工作經驗對收入的影響要強於女性勞動者中工作經驗對收入的影響，從而回答了在本章引言中所提出的第一個問題，即工作經驗對收入的影響存在性別差異。

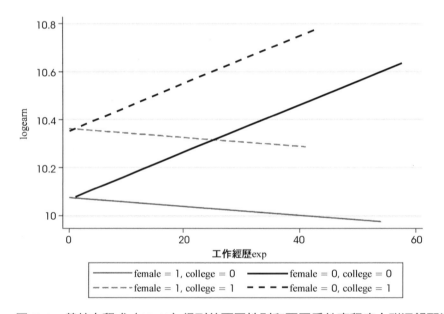

圖13-1　基於方程式（**13-13**）得到的不同性別和不同受教育程度人群迴歸配適線

同樣，如果對迴歸模型（12-12）建構連續變項 exp（工作經驗）和虛擬變項 $college$（具有大學學歷 $= 1$）的交互作用項 $exp \times college$，依據該交互作用項的偏迴歸係數就可以回答本章開始提出的第二個問題：是否在取得大學學歷文憑的勞動者中，工作經驗對於收入的影響更強。

實際上，我們可以對迴歸模型中的某個虛擬變項建構與其餘所有解釋變項的交互作用項，即「完整交互作用項」（full interactions）。這樣得到的模型參數估計與對虛擬變項所劃分的人群分別做迴歸的模型參數估計一致。例如，同樣是針對前一

章中的迴歸模型（12-12）建構虛擬變項 *female* 與其他所有解釋變項的交互作用項 *female*×*college* 和 *exp*×*female*，則得到迴歸模型：

$$logearn = \beta_0 + \beta_1 exp + \beta_2 female + \beta_3 college + \beta_4 female \times college + \beta_5 female \times exp + \varepsilon$$

$$（13\text{-}18）$$

. reg logearn college female exp female_college female_exp

Source	SS	df	MS			
Model	50.4478109	5	10.0895622			
Residual	694.43941	1256	.552897619			
Total	744.887221	1261	.590711515			

Number of obs = 1262
F(5, 1256) = 18.25
Prob > F = 0.0000
R-squared = 0.0677
Adj R-squared = 0.0640
Root MSE = .74357

logearn	Coef.	Std. Err.	t	P>|t|	[95% Conf. Interval]	
college	.2188249	.066376	3.30	0.001	.0886049	.3490449
female	−.0951763	.1056853	−0.90	0.368	−.3025155	.1121629
exp	.0091404	.0021731	4.21	0.000	.004877	.0134038
female_col~e	.1679329	.1036972	1.62	0.106	−.0355059	.3713717
female_exp	−.0093	.0034038	−2.73	0.006	−.0159777	−.0026222
_cons	10.10163	.0672693	150.17	0.000	9.969656	10.2336

同時，得到模型的估計結果如下（係數下方括號中為該係數的標準誤）：

$$\widehat{logearn} = 10.10163 + 0.0091404 exp - 0.0951763 female + 0.2188249 college + 0.1679329 female \times$$
$$(0.0672693)\ (0.0021731)\quad (0.1056853)\qquad (0.066376)\qquad (0.0034038)$$
$$college - 0.0093 female \times exp$$
$$(0.0034038)\qquad\qquad （13\text{-}19）$$

則在模型（13-18）中，由虛擬變項 *sex* 所劃分的兩個人群所對應的模型估計值為：

(1) 男性人群（*female* = 0）

$$\widehat{logearn} = 10.10163 + 0.091404exp + 0.2188249college$$

以上模型會等於

. reg logearn college exp if female==0

Source	SS	df	MS		Number of obs =	698
					F(2, 695) =	10.07
Model	11.4896106	2	5.74480529		Prob > F =	0.0000
Residual	396.58213	695	.57062177		R-squared =	0.0282
					Adj R-squared =	0.0254
Total	408.071741	697	.585468781		Root MSE =	.7554

logearn	Coef.	Std. Err.	t	P>|t|	[95% Conf. Interval]	
college	.2188249	.0674315	3.25	0.001	.0864311	.3512187
exp	.0091404	.0022077	4.14	0.000	.0048059	.0134749
_cons	10.10163	.0683391	147.82	0.000	9.967453	10.2358

(2) 女性人群（*female* = 1）

$$\widehat{logearn} = 10.00645 - 0.0001596exp + 0.3867578college$$

以上模型會等於

. reg logearn college exp if female==1

Source	SS	df	MS		Number of obs =	564

```
--------------+-----------------------------------        F( 2,  561)   =   17.06
       Model |  18.1184745     2  9.05923723              Prob > F      =   0.0000
    Residual |  297.85728    561  .530939893              R-squared     =   0.0573
--------------+-----------------------------------        Adj R-squared =   0.0540
       Total |  315.975754   563  .561235798              Root MSE      =  .72866


-------------------------------------------------------------------------------
     logearn |    Coef.    Std. Err.      t    P>|t|    [95% Conf. Interval]
--------------+----------------------------------------------------------------
     college |  .3867578   .0780722    4.95   0.000     .2334083    .5401073
         exp | -.0001596   .0025672   -0.06   0.950    -.0052021    .004883
       _cons |  10.00645   .0798771  125.27   0.000     9.849558   10.16335
-------------------------------------------------------------------------------
```

這與分別對男性人群和女性人群樣本估計以下模型

$$logearn = \beta_0 + \beta_1 exp + \beta_2 college + \varepsilon \qquad (13\text{-}20)$$

所得到的估計結果是　致的，但標準誤一般是不一樣的。對不同人群分別做迴歸的方法也稱作「分層分析」，即將分組的變項當作區分「層」的變項。然而，如果模型中的交互作用項並不是「完整交互作用項」，即某虛擬變項僅與模型中一些而非其他全部解釋變項形成交互作用項，則一般不會得到上面的結論。在實際研究中，為了增加模型估計的準確性且使得對組間變異的檢定更為精確，我們可以引入交互作用項對樣本母體做迴歸，而不是對不同人群分別做迴歸。為了解釋的方便，在對樣本母體進行迴歸後我們有時可以給出不同人群所對應的係數估計結果。另一方面，在模型中引入交互作用項（尤其是完整交互作用項）會使模型變得較為複雜。研究者需要依據自己的理論假設在模型簡潔性和估計準確性間進行取捨。

13.2.3 由兩個連續變項建構的交互作用項

接下來討論由兩個連續變項建構交互作用項的情形。例如，在迴歸模型

$$logearn = \beta_0 + \beta_1 exp + \beta_2 educyr + \varepsilon \qquad (13\text{-}21)$$

中，exp 代表勞動者的工作經驗，$educyr$ 代表教育程度。我們對這兩個連續變項建構一個交互作用項 $exp \times educyr$，得到新的迴歸模型：

$$logearn = \beta_0 + \beta_1 exp + \beta_2 educyr + \beta_3 exp \times educyr + \varepsilon \qquad (13\text{-}22)$$

同時，得到模型的估計結果如下（係數下方括號中為該係數的標準誤）：

$$\widehat{logearn} = 9.940454 - 0.0277813 exp + 0.0093454 educyr + 0.0034968 exp \times educyr$$
$$(0.2065515) \quad (0.0052538) \qquad (0.0138762) \qquad (0.0003805) \qquad (13\text{-}23)$$

上式中，交互作用項的偏迴歸係數（0.0034968）刻畫了這兩個連續變項對依變項的非線性作用。它表明教育程度對個人收入的作用和工作經驗對個人收入的作用間存在著相互促進（compounding）的關係[1]。

在很多情況下，某些連續變項對依變項的影響是非線性的。比如，對於體力勞動者來說，年齡對於其收入的影響是非線性的。在青少年時，由於勞動者的身體還沒有發育成熟，他們從事體力勞動獲得的收入就較低。但隨著其年齡的增長和身體的發育成熟，收入會進一步得到增長，雖然增長的速率會不斷減慢。在身體完全發育成熟時，體力勞動者往往會獲得其一生中最高的收入。此後，隨著身體健康狀況的不斷衰退，他們的收入也會不斷下降，且下降速度越來越快。因此，我們常常在研究中引入年齡、工作經驗等變項的二次項來描述這種與二次曲線有關的非線性作用，即認為連續變項本身的具體取值會影響該連續變項對依變項的作用。例如，我們可以建構工作經驗 exp 的二次項 $exp^2 = exp \times exp$，從而得到以下模型：

$$logearn = \beta_0 + \beta_1 exp + \beta_2 exp^2 + \beta_3 female + \beta_4 educyr + \varepsilon \qquad (13\text{-}24)$$

. reg logearn educyr female exp exp2

Source	SS	df	MS		
				Number of obs =	1262
				F(4, 1257) =	117.55

---

[1] 如果交互作用項 $exp \times educyr$ 的偏迴歸係數 β_3 取值為負，則說明兩個連續解釋變項對於依變項的作用間存在著相互削弱（compensating）的作用。

Model |	202.77833	4	50.6945824		Prob > F	= 0.0000
Residual |	542.108891	1257	.43127199		R-squared	= 0.2722
------------+-------					Adj R-squared	= 0.2699
Total |	744.887221	1261	.590711515		Root MSE	= .65671

logearn |	Coef.	Std. Err.	t	P>|t|	[95% Conf. Interval]	
educyr |	.0972999	.0073513	13.24	0.000	.0828777	.1117221
female |	−.2282208	.0372793	−6.12	0.000	−.3013573	−.1550843
exp |	.0727761	.0047546	15.31	0.000	.0634482	.082104
exp2 |	−.0011901	.0000963	−12.36	0.000	−.001379	−.0010013
_cons |	8.30881	.1242093	66.89	0.000	8.06513	8.552491

同時，得到模型（13-24）的估計結果如下（係數下方括號中為該係數的標準誤）：

$$\widehat{logearn} = 8.30881 + 0.0727761exp - 0.0011901exp^2 - 0.2282208female + 0.0972999educyr$$
$$(0.1242093)(0.0047546) \quad (0.0000963) \quad (0.0372793) \quad (0.0073513)$$

$$（13\text{-}25）$$

由方程式（13-25）中對 β_2 的估計結果可知，工作經驗對勞動者收入的作用也存在上文中所描述的倒 U 形曲線關係的情況。即在勞動者剛開始工作時，其收入的增長速度較快；而當勞動者工作一段時間後，其收入的增長速度就會變慢。此時，工作經驗與其自身構成交互作用項，該交互作用項較多見於對人力資本問題的研究中[2]。

---

2 對該部分內容感興趣的讀者可以閱讀 Mincer（1974）或 Xie 和 Hannum（1996）。

13.3 利用巢套模型檢定交互作用項的存在

比較模型（13-1）和模型（13-2），模型（13-1）相當於將模型（13-2）中交互作用項的偏迴歸係數「限制」為零。因此，模型（13-2）為不受限模型（unrestricted model），而模型（13-1）為受限模型（restricted model）。利用模型之間的這種巢套關係，我們可以對交互作用項的存在進行統計檢定[3]。

下面，我們透過 TSCS 資料來介紹如何透過巢套模型對交互作用項進行檢定。假設有不受限模型：

$$y = \beta_0 + \beta_1 x_1 + \beta_2 x_2 + \beta_3 x_3 + \beta_4 x_1 x_2 + \beta_5 x_2 x_3 + \beta_6 x_1 x_3 + \varepsilon \tag{13-26}$$

其中 y 代表勞動者收入的對數，x_1 代表勞動者工作經驗，x_2 代表勞動者性別（女性 = 1，男性 = 0），x_3 代表勞動者是否擁有大學學歷；$x_1 x_2$、$x_2 x_3$ 和 $x_1 x_3$ 為這三個自變項彼此間的交互作用項。表 13-2 列出了各種受限模型的配適結果。

. *model0
. reg logearn

```
  Source |       SS      df      MS              Number of obs =    1262
---------+------------------------------         F( 0, 1261)   =    0.00
   Model |        0       0        .             Prob > F      =       .
Residual | 744.887221   1261  .590711515         R-squared     =  0.0000
---------+------------------------------         Adj R-squared =  0.0000
   Total | 744.887221   1261  .590711515         Root MSE      =  .76858

------------------------------------------------------------------------
 logearn |    Coef.  Std. Err.      t    P>|t|   [95% Conf. Interval]
---------+--------------------------------------------------------------
   _cons | 10.26372  .0216351   474.40   0.000    10.22128    10.30617
------------------------------------------------------------------------
```

---

[3] 當然，讀者也可以透過迴歸結果中交互作用項偏迴歸係數的 t 值來檢定交互作用項是否存在。

. *model1

. reg logearn exp female

Source	SS	df	MS
Model	20.9015217	2	10.4507608
Residual	723.985699	1259	.575048212
Total	744.887221	1261	.590711515

Number of obs = 1262
F(2, 1259) = 18.17
Prob > F = 0.0000
R-squared = 0.0281
Adj R-squared = 0.0265
Root MSE = .75832

logearn	Coef.	Std. Err.	t	P>|t|	[95% Conf. Interval]	
exp	.0004971	.0015164	0.33	0.743	−.0024779	.0034721
female	−.2583971	.0429359	−6.02	0.000	−.3426308	−.1741633
_cons	10.36784	.0450861	229.96	0.000	10.27938	10.45629

. *model2

. reg logearn exp female college

Source	SS	df	MS
Model	40.301982	3	13.433994
Residual	704.585239	1258	.560083656
Total	744.887221	1261	.590711515

Number of obs = 1262
F(3, 1258) = 23.99
Prob > F = 0.0000
R-squared = 0.0541
Adj R-squared = 0.0518
Root MSE = .74839

logearn	Coef.	Std. Err.	t	P>|t|	[95% Conf. Interval]	

```
        exp |  .0049868  .0016798   2.97  0.003   .0016913   .0082823
     female | −.2559622  .0423755  −6.04  0.000  −.3390967  −.1728277
    college |  .3013818   .051208   5.89  0.000   .2009194   .4018443
      _cons |   10.1712  .0556429 182.79  0.000   10.06204   10.28036
------------------------------------------------------------------------
```

. *model3

. gen exp_female=exp*female

. reg logearn exp female college exp_female

```
      Source |       SS       df       MS              Number of obs =    1262
-------------+------------------------------         F( 4,  1257) =    22.13
       Model |  48.997763      4  12.2494408         Prob > F      = 0.0000
    Residual | 695.889458   1257  .553611343         R-squared     = 0.0658
-------------+------------------------------         Adj R-squared = 0.0628
       Total | 744.887221   1261  .590711515         Root MSE      = .74405
```

```
     logearn |    Coef.   Std. Err.     t    P>|t|   [95% Conf. Interval]
-------------+----------------------------------------------------------
         exp |  .0100437  .0021017   4.78  0.000   .0059205   .0141669
      female |  .0158415  .0804878   0.20  0.844  −.1420637   .1737467
     college |  .2876304  .0510293   5.64  0.000   .1875184   .3877425
  exp_female | −.0119012  .0030029  −3.96  0.000  −.0177924    −.00601
       _cons |  10.05953  .0620828 162.03  0.000    9.93773   10.18132
------------------------------------------------------------------------
```

. *model4

. reg logearn exp female college female_college

```
        Source |      SS       df       MS              Number of obs =    1262
---------------+------------------------------          F( 4, 1257)   =   20.84
         Model | 46.3203442     4  11.5800861           Prob > F       = 0.0000
      Residual | 698.566877  1257  .55574135            R-squared      = 0.0622
---------------+------------------------------          Adj R-squared  = 0.0592
         Total | 744.887221  1261  .590711515           Root MSE       = .74548
```

```
------------------------------------------------------------------------------
       logearn |    Coef.    Std. Err.     t     P>|t|    [95% Conf. Interval]
---------------+--------------------------------------------------------------
           exp |  .0053496   .0016769    3.19   0.001     .0020598    .0086394
        female | −.3486616   .0507471   −6.87   0.000    −.4482199   −.2491033
       college |  .1723974   .0643288    2.68   0.007     .0461937    .2986012
  female_col~e |  .3016345   .0916597    3.29   0.001     .1218117    .4814573
         _cons |  10.20298   .0562618  181.35   0.000      10.0926    10.31336
------------------------------------------------------------------------------
```

. *model5

. gen exp_college=exp*college

. reg logearn exp female college exp_college

```
        Source |      SS       df       MS              Number of obs =    1262
---------------+------------------------------          F( 4, 1257)   =   66.96
         Model | 130.847182     4  32.7117956           Prob > F       = 0.0000
      Residual | 614.040039  1257  .488496451           R-squared      = 0.1757
---------------+------------------------------          Adj R-squared  = 0.1730
         Total | 744.887221  1261  .590711515           Root MSE       = .69893
```

```
------------------------------------------------------------------------------
       logearn |    Coef.   Std. Err.     t    P>|t|    [95% Conf. Interval]
```

```
------------------+------------------------------------------------------------
          exp |  −.0079867   .0018355   −4.35   0.000   −.0115877   −.0043857
       female |  −.2185819      .03967   −5.51   0.000   −.2964086   −.1407551
      college |  −.5194609   .0769557   −6.75   0.000   −.6704367    −.368485
   exp_college |   .0482778   .0035461   13.61   0.000     .041321    .0552347
         _cons |   10.50639   .0575027  182.71   0.000    10.39358      10.6192
------------------+------------------------------------------------------------
```

. *model6

. reg logearn exp female college exp_female female_college exp_college

```
        Source |       SS       df       MS              Number of obs =    1262
------------------+------------------------------          F( 6,  1255)  =   49.45
         Model | 142.436805        6  23.7394676          Prob > F       =  0.0000
      Residual | 602.450416     1255  .480040172          R-squared      =  0.1912
------------------+------------------------------          Adj R-squared  =  0.1874
         Total | 744.887221     1261  .590711515          Root MSE       =  .69285
```

```
-------------------------------------------------------------------------------
       logearn |     Coef.   Std. Err.      t    P>|t|     [95% Conf. Interval]
------------------+------------------------------------------------------------
          exp |  −.0052871   .0022774   −2.32   0.020    −.009755   −.0008192
       female |  −.1760504   .0986493   −1.78   0.075   −.3695862    .0174853
      college |   −.666864   .0889876   −7.49   0.000   −.8414448   −.4922831
   exp_female |  −.0059122    .003181   −1.86   0.063   −.0121529    .0003286
  female_col~e |   .3026162   .0971123    3.12   0.002     .112096    .4931365
   exp_college |   .0489346    .003535   13.84   0.000    .0419995    .0558698
         _cons |   10.48736   .0685953  152.89   0.000    10.35279    10.62194
-------------------------------------------------------------------------------
```

表 13-2　受限模型的迴歸配適結果

模型編號	模型中的自變項	SSE	DF_{SSE}	R^2
0	1	744.887221	1261	0.000
1	$1, x_1, x_2$	723.985699	1259	0.0281
2	$1, x_1, x_2, x_3$	704.585239	1258	0.0541
3	$1, x_1, x_2, x_3, x_1x_2$	695.889458	1257	0.0658
4	$1, x_1, x_2, x_3, x_2x_3$	698.566877	1257	0.0622
5	$1, x_1, x_2, x_3, x_1x_3$	614.040039	1257	0.1757
6	$1, x_1, x_2, x_3, x_1x_3, x_2x_3$	602.450416	1255	0.1912

根據表 13-2 中的結果，我們可以知道迴歸模型（13-26）所分析的樣本個數為 1262 個。同時，我們可以用巢套模型（模型 3 和模型 2）來檢定交互作用項 x_1x_2 的影響是否存在，這裡的虛無假設 H_0 和對立假設 H_1 為：

$$H_0 : \beta_4 = 0 \qquad\qquad (13\text{-}27)$$
$$H_1 : \beta_4 \neq 0$$

基於表 13-2 中的相應結果，建構 F 檢

$$F = \frac{\dfrac{SSE_R - SSE_U}{df_R - df_U}}{\dfrac{SSE_U}{df_U}} = \frac{\dfrac{704.585239 - 695.889458}{1258 - 1257}}{\dfrac{695.889458}{1257}} = 15.7073751 > F_{0.05}(1, 1257) = 3.84887$$

$$(13\text{-}28)$$

由於 F 值在 0.05 水準下顯著，我們拒絕原假設 H_0，認為受限模型（模型 2）與不受限模型（模型 3）在資料配適上有顯著差異，即交互作用項 x_1x_2 的偏迴歸係數 β_4 顯著區別於 0。

同樣，我們可以用表 13-2 中的模型 2（受限模型）與模型 5（不受限模型）來檢定交互作用項 x_1x_3 的影響是否存在[4]，這裡的虛無假設 H_0 和對立假設 H_1 為：

$$H_0 : \beta_6 = 0 \qquad\qquad (13\text{-}29)$$

---

[4] 注意，模型 3、模型 4 和模型 5 相互之間並不存在巢套關係。

$$H_1 : \beta_6 \neq 0$$

基於表 13-2 中的相應結果，建構 F 檢定統計量

$$F = \frac{\dfrac{\text{SSE}_R - \text{SSE}_U}{df_R - df_U}}{\dfrac{\text{SSE}_U}{df_U}} = \frac{\dfrac{704.585239 - 614.040039}{1258 - 1257}}{\dfrac{614.040039}{1257}} = 185.354878 > F_{0.05}(1, 1257) = 3.84887$$

$$(13\text{-}30)$$

此時，由於 F 值在 0.05 水準下顯著，我們拒絕虛無假設 H_0，認為受限模型（模型2）與不受限模型（模型5）在資料配適上是有顯著差異的，即交互作用項 $x_1 x_3$ 的偏迴歸係數 β_6 顯著區別於 0。

感興趣的讀者可以將模型 2（或模型 5）作為受限模型，將模型 4（或模型 6）作為不受限模型，分別檢定交互作用項 $x_2 x_3$ 是否存在，並結合巢套模型所依據的不同受限模型對配適結果做出解釋，此處不再贅述。

13.4　是否可以刪去交互作用項中的低次項？

實際上，上節中所介紹的方法檢定的是在原有模型的基礎上加入低次自變項間的交互作用項。然而，我們在研究中常常會發現這樣的情況：在迴歸模型中引入一個新的自變項後，模型中原有的自變項對於依變項的作用可能會由顯著變得不顯著。根據第 9 章「因果推論和因徑分析」中所介紹的知識，我們知道，這是由於新加入的自變項「承擔」了變得不顯著的那個自變項對於依變項的作用，即真正對依變項發生作用的並不是原來的自變項，而是新加入模型中的自變項。比如，我們在研究中會發現中小學生的身高對於其英語詞彙量有顯著的正向作用。然而，我們知道對於學生的英語詞彙量真正起作用的並不是他的身高，而是該學生的年齡。即隨著學生年齡的不斷增大，他的身高會不斷增高，英語詞彙量也會不斷擴大。所以，當我們把學生年齡也作為自變項放入迴歸模型後，原有的「身高」這一自變項對於學生詞彙量的作用會變得不再顯著。在這種情況下，我們一般會在迴歸模型中刪去加入新的自變項（如「年齡」）後變得不顯著的那個自變項（如「身高」）。

同樣，在模型中引入交互作用項後，模型中原有自變項的偏迴歸係數也有可能變得不顯著。顯然，如果作用變得不顯著的那個自變項並不參與建構交互作用項，我們可以直接將其從模型中刪去。但是，假如作用變得不顯著的那個自變項參

與了建構交互作用項,我們是否仍然可以將其從模型中刪去呢?本節下面的內容就來說明這個問題。

首先,我們來看一下將參與建構交互作用項的自變項加上一個常數會產生什麼樣的結果。根據前面章節所討論的內容,我們知道在不包括交互作用項(或其他高次項)的線性模型中對自變項加上一個常數僅會改變模型的截距,並不會改變各自變項偏迴歸係數的 t 值。然而,當模型引入交互作用項後,這一結論是否仍然成立?我們以模型(13-2)來說明[5]。假設原自變項 x_1 現在加上了一個常數 c,即 $z_1 = x_1 + c$。將 z_1 帶入模型(13-2),我們得到:

$$y = \beta_0 + \beta_1 \cdot (z_1 - c) + \beta_2 \cdot x_2 + \beta_3 \cdot (z_1 - c) \cdot x_2 + \varepsilon \tag{13-31}$$

合併各項後,得到:

$$y = (\beta_0 - \beta_1 c) + \beta_1 z_1 + (\beta_2 - \beta_3 c)x_2 + \beta_3 z_1 x_2 + \varepsilon \tag{13-32}$$

也可以寫作:

$$y_i = \beta_0^* + \beta_1 z_1 + \beta_2^* x_2 + \beta_3 z_1 x_2 + \varepsilon \tag{13-33}$$

其中,$\beta_0^* = \beta_0 - \beta_1 c$,$\beta_2^* = \beta_2 - \beta_3 c$。

從形式來看,除模型截距外,x_2 的偏迴歸係數也發生了變化。顯然,由於模型(13-2)中 β_0 和 β_1 的估計值 b_0 和 b_1 可以求出,我們可以令常數 c 等於 b_2/b_3 從而使得 β_2^* 等於 0。換句話說,我們可以透過對 x_1 加上一個特定常數而使得建構互作用項的另一個自變項 x_2 的作用變得顯著或不顯著,同時保持模型的 R^2 不變(Cohen,1978)。這也就意味著:

1. 如果某個自變項是交互作用項涉及變項中的低次項(如上例中的 x_2),則該自變項在統計上是否顯著並不能作為將該變項納入或剔除出迴歸模型的依據,因為這種顯著(或不顯著)是可以透過對另一個低次項加上某個特定常數(如上例中的 $z_1 = x_1 + c$)而人為建構得到的。

---

[5] 為便於讀者理解,此處僅考慮了原解釋變項加上一個常數的情形,而沒有考慮原解釋變項同時乘以一個常數的情形。但是這種簡化並不會影響本節要說明的問題。針對後一種情況,感興趣的讀者可以參閱紐約大學 Jacob Cohen 教授 1978 年在 *Psychological Bulletin* 上發表的論文「Partialed Products are Interactions; Partialed Powers are Curve Components。」

2. 對於模型低次項的檢定必須在對交互作用項（高次項）的檢定之前完成，而不能同時進行。研究者在嘗試將自變項放入迴歸模型時，一般先檢定低次項對於依變項是否有作用。在低次項作用顯著的情況下，可以進一步驗證由這些低次項建構的交互作用項（或高次項）對於依變項的作用是否顯著。這樣做的原因在於當模型中存在交互作用項（高次項）時，對建構這些交互作用項（高次項）的低次項進行統計檢定的結果是不確定的。

從另一個角度來看，對交互作用項涉及變項的低次項加上一個常數其實相當於改變了該低次項的原點。由於社會科學中處理的變項很多是等距層次或該層次以下的變項[6]，而這些變項的共同特徵是沒有固定的零點或原點而可以人為設定，這就要求模型的配適結果並不應隨自變項原點設置的不同而發生改變。例如，前面討論過的模型（13-2）與模型（13-32）有相同的模型估計值 $\hat{y}$。考慮到 R^2 等於模型估計值 $\hat{y}$ 與 y 間相關係數的平方，兩個模型必然具有同樣的 R^2。更進一步來說，由於模型的 F 值取決於樣本個數、待估參數個數以及 R^2 這些在兩個模型估計過程中都保持不變的參數，兩個模型的 F 值也是相同的。因此，在保留交互作用項涉及變項的所有低次項的情況下，原點變換前後的兩個模型對於依變項的估計結果和模型的配適效果是相同的。相反，假如模型中去掉了涉及交互作用項的低次項，我們對構成交互作用項的自變項加一個常數後能否得到相同的估計結果呢？不妨設對某個模型估計後得到以下結果：

$$\hat{y} = ax_1x_2 \qquad (13\text{-}34)$$

現在令 $z_1 = x_1 + b$ 且 $z_2 = x_2 + c$，將 z_1 和 z_2 帶入上式，有：

$$\hat{y} = a(z_1 - b)(z_2 - c) = abc - acz_1 - abz_2 + az_1z_2 \qquad (13\text{-}35)$$

從直觀上來看，方程式（13-34）與方程式（13-35）在函數形式上並不相同，模型（13-35）對 y 的估計結果將隨常數 b 和 c 的不同而發生改變。同時，這兩個等式也提醒我們，即便 x_1 和 x_2 是等比層次的變項（即有確定的零點），方程式（13-34）的估計結果也不一定不偏。因為 b 和 c 可能產生於測度 x_1 和 x_2 時的系統誤差。

---

[6] Cleary 和 Kessler（1982）討論了當低次項為別類變項時，在模型中去掉低次項會引起的因果推論謬誤。

當模型中包含涉及交互作用項（高次項）的所有低次項時，對低次項進行線性變換並不會、也不應該影響交互作用項（或高次項）偏迴歸係數的 t 值。這是由於把所有低次項放入模型後，交互作用項對依變項的作用實際上是在控制了所有低次項對依變項作用後的淨作用。這種淨作用不會隨著對低次項進行的線性變換而改變（Allison，1977；Cohen，1978）。所以，為了使迴歸模型對交互作用項的估計保持一致，我們需要將交互作用項（高次項）的所有低次項都放入模型。

當然，我們可以用 F 檢定來同時檢定交互作用項（或高次項）和全部或部分低次項的顯著性。如在模型（13-2）中，我們可檢定 x_2 和 x_1x_2 的係數，即 β_2 和 β_3，是否都為 0。

13.5 建構交互作用項時需要注意的問題

13.5.1 如何解決交互作用項與低次項間的共線性問題？

由於交互作用項通常由模型中的兩個或多個自變項相乘得到，所以交互作用項與構成它的自變項低次項間常常存在著較強的相關關係，從而導致多元共線性。例如，在 TSCS 資料中建構工作經驗 exp 與受教育年限 $educyr$ 的交互作用項 $exp \times educyr$，我們會發現工作經驗 exp 與交互作用項 $exp \times educyr$ 的相關係數高達 0.7844。

. corr educyr exp exp_educyr

(obs=1262)

```
                |  educyr      exp exp_ed～r
----------------+------------------------------
        educyr |  1.0000
           exp | −0.6257   1.0000
    exp_educyr | −0.0799   0.7844   1.0000
```

在這種情況下，由於不能把交互作用項或低次項剔除出模型，我們一般先透過「中心化」處理，即將低次項減去其樣本平均數[7]後再建構交互作用項，同時將減

---

[7] 上節中我們討論了在保留模型低次項的情況下，這種變換不會對模型的估計結果產生影響。

去平均數後的低次項代入迴歸模型。

. sum exp

Variable	Obs	Mean	Std. Dev.	Min	Max
exp	1262	22.86371	14.08242	0	57

. sum educyr

Variable	Obs	Mean	Std. Dev.	Min	Max
educyr	1262	12.85658	3.315434	0	21

即令：

$$d\_exp = exp - \overline{exp} = exp - 22.6371 \qquad (13\text{-}36)$$

$$d\_edu = educyr - \overline{educyr} = educyr - 12.85658 \qquad (13\text{-}37)$$

再將 d_exp、d_edu 和它們的交互作用項 $d_{exp} \times d_{edu}$ 代入迴歸模型。此時，我們發現解釋變項 d_exp 與交互作用項 $d_{age} \times d_{edu}$ 的相關係數僅為 -0.0935，基本消除了交互作用項與低次項間的相關性。對此，也可以從這兩個自變項的散布圖上發現這一點，圖 13-2 即為「中心化」處理前後變項 exp 與交互作用項之間關係的散布圖。圖中的 A 為「中心化」處理前兩變項的散布圖，橫軸為 exp，縱軸為 $exp \times edu$；B 為「中心化」處理後兩變項的散布圖，橫軸為 d_exp，縱軸為 $d_{exp} \times d_{edu}$。

. corr d_edu d_exp d_exp_edu
(obs=1262)

	d_edu	d_exp d_exp_~u
d_edu	1.0000	

d_exp | −0.6257   1.0000

d_exp_edu | 0.4518 −0.2526 1.0000

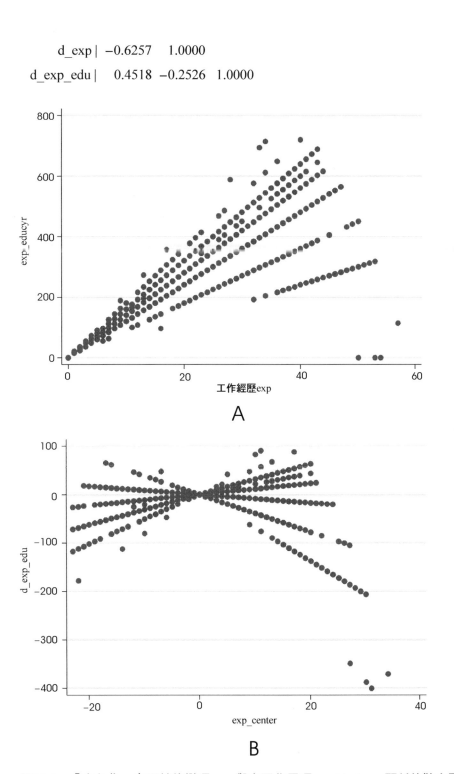

A

B

圖13-2 「中心化」處理前後變項 *exp* 與交互作用項 *exp×educyr* 關係的散布圖

13.5.2 高次交互作用項的使用

理論上，交互作用項在迴歸模型中可以被視作是高次項，其次數等於參與建構交互作用項的自變項個數。在 13.2.3 節中，我們也討論了引入自變項與其自己的乘積作為交互作用項的情況。從資料配適的角度來看，在迴歸模型中引入高次交互作用項（高次項）可以得到更好的模型配適效果。我們可以用一個 $n-1$ 次（拉格朗日）多項式去「完美」配適包含 n 個不重複樣本點的資料集，即該多項式所對應的配適曲線可以透過所有 n 個樣本點（Mathews and Fink，1999）。然而，前面章節已講到，我們要慎重考慮在迴歸模型中引入三次以上（不含三次）的交互作用項（高次項）。這是由於我們使用迴歸模型的主要目的並不是為了得到「完美」的資料配適結果，而是對現實生活中的現象做出合理而簡潔的解釋。多數情況下，迴歸模型中三次以上高次項的存在會使我們難以對迴歸模型的結果做出合理的解釋。

13.6　本章小結

我們在本章中結合不同層次的自變項討論了交互作用項在迴歸模型中的設置、作用和意義；同時，我們給出了利用巢套模型來檢定交互作用項的存在以及利用「中心化」來處理因納入交互作用項所引起的多元共線性的方法。在引入交互作用項前，我們一般要首先檢定構成交互作用項的自變項對於依變項的作用是否顯著。在低次項作用顯著的情況下，我們可以進一步檢定交互作用項（高次項）對於依變項的作用是否顯著。

本章與上一章「虛擬變項與名目解釋變項」一樣，都是迴歸分析中與實際應用聯繫較為緊密的內容。讀者在學習本章的內容時，應該牢記迴歸分析的目的並不是為了得到最優的資料配適效果，而是為了能得出正確而合理的結論，從而能證實或證偽研究中的理論假設。結合本章的具體內容，我們需要注意：第一，我們應儘量在模型中保留交互作用項（高次項）的低次項，否則很有可能產生似是而非的結論（Cleary & Kessler，1982）；第二，雖然引入交互作用項（高次項）能增加迴歸模型的配適效果，但為了能對迴歸結果做出合理的解釋，我們一般不在模型中引入三次以上的交互作用項。

我們不可能在本章討論與「交互作用項」有關的所有細節。讀者需要在使用交互作用項的研究實踐中不斷總結，同時要善於聯繫迴歸分析中其他方面的內容，如變異數分析、虛擬變項、固定效果模型等，才能逐步體會其中的奧妙。

參考文獻

Aiken, Leona S. and Stephen G. West. 1991. *Multiple Regression: Testing and Interpreting Interactions*. Newbury Park, CA: Sage.

Allison, Paul D. 1977. "Testing for Interaction in Multiple Regression." *American Journal of Sociology* 83:144-153.

Cleary, Paul D. and Ronald C. Kessler. 1982. "The Estimation and Interpretation of Modifier Effects." *Journal of Health and Social Behavior* 23:159-169.

Cohen, Jacob. 1978. "Partialed Products are Interactions; Partialed Powers are Curve Components." *Psychological Bulletin* 85:858-866.

Mathews, JH and KD Fink. 1999. *Numerical methods using MATLAB*. Upper Saddle River, NJ: Prentice Hall.

Mincer, Jacob. 1974. *Schooling, Experience, and Earnings*. New York: Columbia University Press.

Xie, Yu and Emily Hannum. 1996. "Regional Variation in Earnings Inequality in Reform-Era Urban China." *The American Journal of Sociology* 101: 950-992.

不等變異量與一般化最小平方法

前面已經講到，最小平方估計作為 BLUE 所需的假定之一就是獨立且同分配之假定。該假定意味著所有單位的誤差變異數相等。然而，在實際研究中，我們經常會遇到誤差項具有不等變異量（heteroscedasticity）的情形。不等變異量存在的常見情形包括：(1) 依變項存在測量誤差，並且該誤差的大小隨模型中依變項或自變項的取值而變化；(2) 分析單位為省份、城市、單位等集體單元（aggregate units），而依變項的取值由構成這些集體單元的個體的值得到；(3) 依變項反映的社會現象本身就包含某種差異的趨勢性，比如，低收入家庭間的消費水準差異比高收入家庭間的消費水準差異要小；(4) 另外，不等變異量還可能源於模型所含自變項與某個被遺漏的自變項之間的交互作用。雖然在不等變異量性存在的情況下，最小平方估計仍是不偏且一致的，但是，它不再具有 BLUE 特性，即它不再是所有估計中具有最小變異數的不偏估計。在存在不等變異量性的情況下，為了得到最佳線性不偏估計 BLUE，可以採用一般化最小平方法（generalized least squares，簡稱 GLS）進行參數估計。本章將介紹不等變異量與一般化最小平方法的有關內容。

14.1 不等變異量

在第 5 章「多元線性迴歸」中，我們討論過利用普通最小平方法（OLS）對迴歸係數進行估計時所依賴的一系列假定。其中，A2 假定，即迴歸模型誤差的 i.i.d. 假定，規定了迴歸模型誤差應該滿足：

A2.1 假定：不同樣本單位的誤差相互獨立，即 $\text{Cov}(\varepsilon_i, \varepsilon_j) = 0$，其中 $i \neq j$；

A2.2 假定：各樣本單位誤差的變異數是相等的，即 $\text{Var}(\varepsilon_i) = \sigma^2 > 0$。

我們可將 $\text{Cov}(\varepsilon_i, \varepsilon_j)$ 視作 $n \times n$ 共變數矩陣 $\text{Var}(\varepsilon)$ 的第 (i, j) 個元素。則 A2 假定也可以寫成：

$$\text{Var}(\varepsilon) = \sigma^2 \mathbf{I}_n = \begin{bmatrix} \sigma^2 & 0 & \cdots & 0 & 0 \\ 0 & \sigma^2 & \cdots & 0 & 0 \\ \vdots & \vdots & \ddots & \vdots & \vdots \\ 0 & 0 & \cdots & \sigma^2 & 0 \\ 0 & 0 & \cdots & 0 & \sigma^2 \end{bmatrix} \tag{14-1}$$

根據共變數矩陣的定義，A2.1 假定保證了誤差的共變數矩陣 $\text{Var}(\varepsilon)$ 在主對角線外的元素全部為 0，而 A2.2 假定則保證了 $\text{Var}(\varepsilon)$ 在主對角線上的元素全部等於 σ^2。此時，由於誤差的共變數矩陣與單位矩陣 $\mathbf{I}_n$ 存在一個固定比例 σ^2，我們也把

A2 假定稱為球面變異數假定，並把滿足 A2 假定的誤差稱為球面誤差。然而，如果迴歸模型的誤差並不滿足 A2 假定，我們是否仍可以用普通最小平方方法對模型的係數進行估計呢？本章就來討論和回答這一問題。

與 A2.1 假定和 A2.2 假定相對應，不滿足 A2 假定的非球面誤差包括兩種情形，即自身相關（autocorrelation）和不等變異量（heteroscedasticity）。自身相關指的是不同樣本單位的誤差間存在著相關關係，並不相互獨立。以數理統計的語言來表達，這就意味著當 $i \neq j$ 時，$\mathrm{Cov}(\varepsilon_i, \varepsilon_j)$ 並不一定等於 0，因而違背了 A2.1 假定。當不同樣本單位間的誤差存在自身相關現象（但 A2.2 假定仍滿足）時，誤差的共變數矩陣可以寫作：

$$\mathrm{Var}\,(\boldsymbol{\varepsilon}) = \sigma^2 \boldsymbol{\Omega} = \sigma^2 \begin{bmatrix} 1 & \rho_{1,2} & \cdots & \rho_{1,n-1} & \rho_{1,n} \\ \rho_{1,2} & 1 & \cdots & \rho_{2,n-1} & \rho_{2,n} \\ \vdots & \vdots & \ddots & \vdots & \vdots \\ \rho_{1,n-1} & \rho_{2,n-1} & \cdots & 1 & \rho_{n-1,n} \\ \rho_{1,n} & \rho_{2,n} & \cdots & \rho_{n-1,n} & 1 \end{bmatrix} \qquad (14\text{-}2)$$

其中，$\rho_{i,j}$ 代表第 i 個樣本和第 j 個樣本單位誤差間的相關係數，且 $\rho_{i,j}$ 不全為 0。

不等變異量指的是不同樣本點上誤差的變異數並不完全相等。同樣，以數理統計的語言來表達，這就意味著至少對某些 i，$\mathrm{Var}(\varepsilon_i) = \sigma_i^2 \neq \sigma^2$，因而違背了 A2.2 假定，即同變異數假定。當存在不等變異量（但 A2.1 假定仍滿足）時，誤差的共變數矩陣可以寫作：

$$\mathrm{Var}\,(\boldsymbol{\varepsilon}) = \sigma^2 \mathbf{W} = \begin{bmatrix} \sigma_1^2 & 0 & \cdots & 0 & 0 \\ 0 & \sigma_2^2 & \cdots & 0 & 0 \\ \vdots & \vdots & \ddots & \vdots & \vdots \\ 0 & 0 & \cdots & \sigma_{n-1}^2 & 0 \\ 0 & 0 & \cdots & 0 & \sigma_n^2 \end{bmatrix} \qquad (14\text{-}3)$$

此時，某個樣本點 i 上所對應誤差的變異數不再是定值 σ^2，而是 σ_i^2（其中 $i = 1, 2, \cdots, n$）。

由於不等變異量和自身相關現象可以同時在資料中出現，也有學者將 $\mathrm{Var}(\varepsilon_i) \neq \sigma^2 \mathbf{I}_n$ 所包含的上述兩種情況統稱為「不等變異量」，此時的不等變異量就相當於前面所說的非球面誤差。當對「不等變異量」採用這種廣義的定義時，方程式（14-3）中的 $\mathbf{W}$ 不再是一個對角線矩陣，而成為一個對稱矩陣 $\boldsymbol{\psi}$，即有：

$$\text{Var}\,(\mathbf{\varepsilon}) = \sigma^2 \mathbf{\psi} = \begin{bmatrix} \sigma_1^2 & \text{Cov}(\varepsilon_1,\varepsilon_2) & \cdots & \text{Cov}(\varepsilon_1,\varepsilon_{n-1}) & \text{Cov}(\varepsilon_1,\varepsilon_n) \\ \text{Cov}(\varepsilon_1,\varepsilon_2) & \sigma_2^2 & \cdots & \text{Cov}(\varepsilon_2,\varepsilon_{n-1}) & \text{Cov}(\varepsilon_2,\varepsilon_n) \\ \vdots & \vdots & \ddots & \vdots & \vdots \\ \text{Cov}(\varepsilon_1,\varepsilon_{n-1}) & \text{Cov}(\varepsilon_2,\varepsilon_{n-1}) & \cdots & \sigma_{n-1}^2 & \text{Cov}(\varepsilon_{n-1},\varepsilon_n) \\ \text{Cov}(\varepsilon_1,\varepsilon_n) & \text{Cov}(\varepsilon_2,\varepsilon_n) & \cdots & \text{Cov}(\varepsilon_{n-1},\varepsilon_n) & \sigma_n^2 \end{bmatrix}$$

$$（14\text{-}4）$$

然而，不論採取哪種定義，本章中要介紹的一般化最小平方法對「不等變異量」現象的處理都是適用的。

14.2 不等變異量現象舉例

假設我們用某地勞動者月收入的對數對其每週工作小時數進行迴歸，且其誤差的機率密度如圖 14-1 所示。可見，隨著每週工作小時數的不斷增多，模型預測誤差的變異數在不斷增大。這有可能是由於迴歸模型中遺漏掉了某些重要的自變項（如勞動者的身體狀況、工作類型、教育背景等）而造成的。

在實際研究中，雖然我們缺乏足夠豐富的資料對每個樣本單位的誤差進行估計，但我們可以在一定的區間裡用 e_i^2 的平均數來估計 σ_i^2，並透過資料的散布圖來直觀地判斷是否存在不等變異量現象[1]。例如，我們用 CHIP88 資料中勞動者月收入的對數對其工作經驗進行迴歸後，利用模型殘差的平方 e_i^2 與工作經驗（年）做散布圖，得到圖 14-2。從圖中我們可以發現，模型的殘差有隨工作經驗的上升而減小的趨勢。這一趨勢就是不等變異量現象的直觀證據。下面我們就來討論不等變異量現象的影響以及如何解決不等變異量現象所引發的問題。

---

[1] 當樣本數較多時，這一近似往往是成立的。有興趣的讀者可以參閱 E. Malinvaud（1980）中的有關內容。此外，計量經濟學中亦有不少文獻介紹了對不等變異量進行統計檢定的方法，如 Breusch-Pagan-Godfrey檢定、White 檢定等，感興趣的讀者可以參閱 Gujarati（2004）或 Greene（2008）中的有關章節。

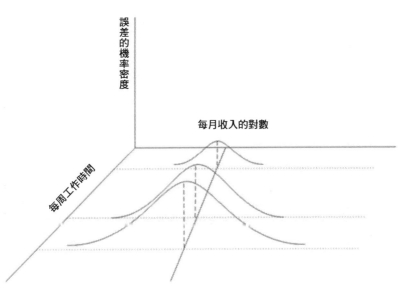

圖14-1 不等變異量現象的圖形表示

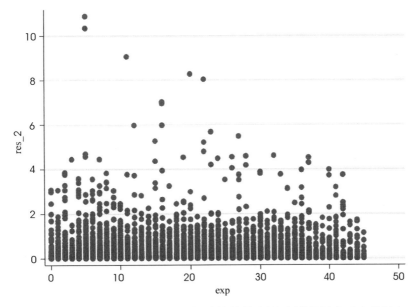

圖14-2 某地區勞動者月收入對數殘差的散布圖（普通最小平方估計）

14.3 不等變異量情況下的普通最小平方估計

根據第 5 章的內容，我們知道，當模型滿足包括假定 A1、A2 在內的若干假定時，利用普通最小平方法（OLS）所得到的估計具有 BLUE 性質。然而，在同變異

數假定不能得到滿足的情況下，OLS 估計值是否仍然具有這些性質呢？

顯然，即便在出現不等變異量的情況下，只要 A1 假定：

$$E(\varepsilon_i \mid X) = 0 \ (i = 1, 2, \cdots, n) \tag{14-5}$$

仍然成立，就可以保證最小平方估計的不偏性：

$$
\begin{aligned}
E(\mathbf{b}) &= E[E(\mathbf{b}|\mathbf{X})] \\
&= E\{E[(\mathbf{X'X})^{-1}\mathbf{X'y}|\mathbf{X}]\} \\
&= E\{E[(\mathbf{X'X})^{-1}\mathbf{X'}(\mathbf{X}\boldsymbol{\beta} + \boldsymbol{\varepsilon})|\mathbf{X}]\} \\
&= E\{E[(\mathbf{X'X})^{-1}\mathbf{X'X}\boldsymbol{\beta}|\mathbf{X}] + E[(\mathbf{X'X})^{-1}\mathbf{X'}\boldsymbol{\varepsilon}|\mathbf{X}]\} \\
&= E\{\boldsymbol{\beta} + (\mathbf{X'X})^{-1}\mathbf{0}\} \\
&= \boldsymbol{\beta} + 0
\end{aligned}
\tag{14-6}
$$

因此，即使在出現不等變異量情況下，OLS 估計仍然是不偏的（unbiased）。同時，根據大數定理的有關內容，我們可以知道，只要模型被正確設定，OLS 估計仍然具有一致性（consistency）。

然而，在出現不等變異量的情況下，由於高斯馬可夫定理（Gauss-Markov Theorem）成立的條件無法滿足，OLS 估計值的變異數不再是所有不偏估計中變異數最小的那一個，即普通最小平方估計失去了有效性（efficiency），從而不再具有 BLUE 性質。

另一方面，當出現不等變異量時，OLS 估計值的變異數實際上應由下式推導出：

$$
\begin{aligned}
Var(\mathbf{b}) &= E[Var(\mathbf{b}|\mathbf{X})] \\
&= E\{[Var[(\mathbf{X'X})^{-1}\mathbf{X'y}|\mathbf{X}]\} \\
&= E\{[Var(\mathbf{X'X})^{-1}\mathbf{X'}(\mathbf{X}\boldsymbol{\beta} + \boldsymbol{\varepsilon})|\mathbf{X}]\} \\
&= E\{Var[(\mathbf{X'X})^{-1}\mathbf{X'}\boldsymbol{\varepsilon}]|\mathbf{X}\} \\
&= E\{(\mathbf{X'X})^{-1}\mathbf{X'}Var[\boldsymbol{\varepsilon}]\mathbf{X}(\mathbf{X'X})^{-1}|\mathbf{X}\}
\end{aligned}
\tag{14-7}
$$

在出現不等變異量的情況下，我們可以把誤差的變異數寫成：

$$Var(\boldsymbol{\varepsilon}) = \sigma^2 \boldsymbol{\psi} \neq \sigma^2 \mathbf{I}_n \tag{14-8}$$

則 OLS 估計值的變異數為：

$$\text{Var}(\mathbf{b}) = \sigma^2 (\mathbf{X'X})^{-1} \mathbf{X'\psi X}(\mathbf{X'X})^{-1} \qquad (14\text{-}9)$$

此時，前面章節中所給出的 $\sigma^2(\mathbf{X'X})^{-1}$ 不再是 OLS 估計值的變異數，我們不能再繼續用它構建信賴區間和進行包括 t 檢定在內的統計推論。

相應地，我們通常有兩種方法來處理模型中出現的不等變異量：

1. 即使我們無法得到變異數最小的不偏估計值，我們至少應該重新計算存在不等變異量情況下 OLS 估計值的變異數，即 $\sigma^2(\mathbf{X'X})^{-1}\mathbf{X'\psi X}(\mathbf{X'X})^{-1}$，從而保證對 OLS 估計值統計推論的正確性。然而，由於式（14-4）中矩陣 ψ 的形式未知，$\text{Var}(\mathbf{b})$ 較難從樣本中計算得到。幸運的是，White（1980）證明了[2]在大樣本中，

$$\text{Var}(\mathbf{b^*}) = (\mathbf{X'X})^{-1}n\mathbf{S_0}(\mathbf{X'X})^{-1} = (\mathbf{X'X})^{-1}(\sum_{i=1}^{n} e^2_i \mathbf{x}_i \mathbf{x}'_i)(\mathbf{X'X})^{-1} \qquad (14\text{-}10)$$

是對 OLS 估計變異數 $\text{Var}(\mathbf{b})$（即 $\sigma^2(\mathbf{X'X})^{-1}\mathbf{X'\psi X}(\mathbf{X'X})^{-1}$）更具一般性的一致估計量，它在存在不等變異量時也適用。其中，e_i 是第 i 個樣本所對應的 OLS 估計殘差，$\mathbf{x}'_i = [x_{i1}, x_{i2}, \cdots, x_{iK}]$。所以，White 的這一發現也給出了計算穩健標準誤的一種方法[3]。在大樣本情況下，即使我們不對矩陣 ψ 的形式做出任何假定（所以也不需要球面變異數假定 A2），我們仍能夠透過樣本計算得到 $\text{Var}(\mathbf{b})$ 的估計值，從而得以對母體進行統計推論。

2. 除了透過上述特定方法重新計算 OLS 估計量的變異數之外，也可以考慮選用普通最小平方法之外的其他參數估計方法。那麼，我們能否找到一種估計方法，使它的估計量在出現不等變異量時仍然具有 BLUE 性質呢？這就涉及到下一節要介紹的一般化最小平方法（GLS）。

14.4　一般化最小平方法

一般化最小平方估計的基本思想是透過一定的轉換使原本不滿足同變異數假定

---

[2] 由於該定理的數學證明超出了本書所要討論的範圍，本章中不再進行推導。有興趣的讀者可以閱讀：White (1980)。

[3] 穩健標準誤（robust standard error）即懷特不等變異量—修正標準誤（White's heteroscedasticity corrected standard errors）。在 Stata 軟體中，我們在迴歸指令的後邊加上robust，就可以透過該方法計算出各迴歸係數的穩健標準誤，例如：reg y x1 x2, robust。

的模型在轉換後滿足同變異數假定，從而使 OLS 估計仍然具有 BLUE 性質。下面我們給出一般化最小平方法的建構和計算方法。

假設在迴歸模型

$$\mathbf{y} = \mathbf{X}\boldsymbol{\beta} + \boldsymbol{\varepsilon} \tag{14-11}$$

中，誤差 $\boldsymbol{\varepsilon}$ 出現不等變異量現象且 $\text{Var}(\boldsymbol{\varepsilon}) = \sigma^2\boldsymbol{\psi}$，其中 $\boldsymbol{\psi}$ 已知。需要注意的是，不論採用不等變異量的廣義或狹義定義，$\boldsymbol{\psi}$ 都是一個實對稱正交矩陣（positive definite matrix）。我們總可以找到一個 $n\times n$ 矩陣 $\mathbf{T}$，使得：

$$\boldsymbol{\psi}^{-1} = \mathbf{T'T} \tag{14-12}$$

現在將矩陣 $\mathbf{T}$ 左乘 $\mathbf{y}$、$\mathbf{X}$ 和 $\boldsymbol{\varepsilon}$，即令：

$$\begin{aligned} \tilde{\mathbf{y}} &= \mathbf{Ty} \\ \tilde{\mathbf{X}} &= \mathbf{TX} \\ \tilde{\boldsymbol{\varepsilon}} &= \mathbf{T}\boldsymbol{\varepsilon} \end{aligned} \tag{14-13}$$

並建構新的迴歸模型：

$$\tilde{\mathbf{y}} = \tilde{\mathbf{X}}\boldsymbol{\beta} + \tilde{\boldsymbol{\varepsilon}} \tag{14-14}$$

可以證明，新的迴歸模型（14-14）滿足經典線性迴歸模型的所有假定。首先，模型（14-14）滿足了 A1 假定，因為[4]：

$$\begin{aligned} \text{E}(\tilde{\boldsymbol{\varepsilon}}|\tilde{\mathbf{X}}) &= \text{E}(\mathbf{T}\boldsymbol{\varepsilon}|\mathbf{TX}) \\ &= \text{E}(\mathbf{T}\boldsymbol{\varepsilon}|\mathbf{X}) \\ &= \mathbf{T}\text{E}(\boldsymbol{\varepsilon}|\mathbf{X}) \\ &= 0 \end{aligned} \tag{14-15}$$

更重要的是，模型（14-14）滿足了包括同變異數假定在內的球面變異數 A2 假定，因為：

---

[4] 方程式（14-15）的第二個等號是因為 X 與 TX 包含的資訊相同。第三個等號用到了機率論中的一個命題，即：$\text{E}[f(x)y \mid x] = f(x)\text{E}(y \mid x)$。

$$
\begin{aligned}
\text{Var}\,(\tilde{\boldsymbol{\varepsilon}}) &= \text{E}\,(\tilde{\boldsymbol{\varepsilon}}\,\tilde{\boldsymbol{\varepsilon}}') \\
&= \text{E}(\mathbf{T}\boldsymbol{\varepsilon}\boldsymbol{\varepsilon}'\mathbf{T}') \\
&= \mathbf{T}\text{E}(\boldsymbol{\varepsilon}\boldsymbol{\varepsilon}')\mathbf{T}' \\
&= \mathbf{T}\text{Var}(\boldsymbol{\varepsilon})\mathbf{T}' \\
&= \mathbf{T}\sigma^2\boldsymbol{\psi}\mathbf{T}' \\
&= \sigma^2\mathbf{T}\mathbf{T}^{-1}\mathbf{T}'^{-1}\mathbf{T}' \\
&= \sigma^2\mathbf{I}_n
\end{aligned} \tag{14-16}
$$

在模型（14-14）滿足經典線性迴歸模型所有假定的情況下，我們對其直接進行 OLS 估計，就可以得到模型（14-14）的一般化最小平方估計值 $\hat{\boldsymbol{\beta}}_{GLS}$ 和變異數 $\text{Var}\,(\hat{\boldsymbol{\beta}}_{GLS})$，即：

$$
\begin{aligned}
\hat{\boldsymbol{\beta}}_{GLS} &= (\tilde{\mathbf{X}}'\tilde{\mathbf{X}})^{-1}\tilde{\mathbf{X}}'\tilde{\mathbf{y}} \\
&= [(\mathbf{TX})'(\mathbf{TX})]^{-1}(\mathbf{TX})'\mathbf{Ty} \\
&= (\mathbf{X}'\mathbf{T}'\mathbf{TX})^{-1}\mathbf{X}'\mathbf{T}'\mathbf{Ty} \\
&= (\mathbf{X}'\boldsymbol{\psi}^{-1}\mathbf{X})^{-1}\mathbf{X}'\boldsymbol{\psi}^{-1}\mathbf{y}
\end{aligned} \tag{14-17}
$$

同時，GLS 估計的變異數為：

$$
\begin{aligned}
\text{Var}\,(\hat{\boldsymbol{\beta}}_{GLS}) &= \sigma^2(\tilde{\mathbf{X}}'\tilde{\mathbf{X}})^{-1} \\
&= \sigma^2(\mathbf{X}'\mathbf{T}'\mathbf{TX})^{-1} \\
&= \sigma^2(\mathbf{X}'\boldsymbol{\psi}^{-1}\mathbf{X})^{-1}
\end{aligned} \tag{14-18}
$$

顯然，在滿足 A1 假定和 A2 假定的情況下，由 OLS 估計得到的 $\hat{\boldsymbol{\beta}}_{GLS}$ 肯定具有 BLUE 性質，即 $\hat{\boldsymbol{\beta}}_{GLS}$ 是 $\boldsymbol{\beta}$ 的所有線性不偏估計值中最優的，這也就意味著 $\sigma^2(\mathbf{X}'\boldsymbol{\psi}^{-1}\mathbf{X})^{-1}$ 在 $\boldsymbol{\beta}$ 的所有線性不偏估計值的變異數中是最小的。

下面，讓我們更細緻地討論 $\hat{\boldsymbol{\beta}}_{GLS}$ 的性質。首先，我們可以證明 $\hat{\boldsymbol{\beta}}_{GLS}$ 就是對於 $\boldsymbol{\beta}$ 的不偏估計，這是因為：

$$
\begin{aligned}
\text{E}\,(\hat{\boldsymbol{\beta}}_{GLS}) &= \text{E}[(\mathbf{X}'\boldsymbol{\psi}^{-1}\mathbf{X})^{-1}\mathbf{X}'\boldsymbol{\psi}^{-1}\mathbf{y}] \\
&= \text{E}[(\mathbf{X}'\boldsymbol{\psi}^{-1}\mathbf{X})^{-1}\mathbf{X}'\boldsymbol{\psi}^{-1}(\mathbf{X}\boldsymbol{\beta} + \boldsymbol{\varepsilon})] \\
&= \text{E}(\boldsymbol{\beta} + (\mathbf{X}'\boldsymbol{\psi}^{-1}\mathbf{X})^{-1}\mathbf{X}'\boldsymbol{\psi}^{-1}\boldsymbol{\varepsilon}) \\
&= \boldsymbol{\beta} + \text{E}[(\mathbf{X}'\boldsymbol{\psi}^{-1}\mathbf{X})^{-1}\mathbf{X}'\boldsymbol{\psi}^{-1}\boldsymbol{\varepsilon}]
\end{aligned} \tag{14-19}
$$

$$= \beta$$

即使在出現不等變異量的情況下，轉換後的模型也將滿足以下條件：

$$\mathbf{E}(\tilde{\boldsymbol{\varepsilon}}|\widetilde{\mathbf{X}}) = 0 \tag{14-20}$$

$$\text{Var}(\tilde{\boldsymbol{\varepsilon}}) = \sigma^2 \mathbf{I}_n \tag{14-21}$$

因此，高斯馬可夫定理就保證了估計量 $\hat{\beta}_{GLS}$ 比另一估計量 $\hat{\beta}_{OLS}$ 更有效，雖然二者同為 β 的線性不偏估計量。

本節中，我們介紹了可以透過一般化最小平方法得到具有 BLUE 性質的估計量。然而，這一方法的實際應用價值是有限的。這主要是因為一般化最小平方法假定矩陣 $\boldsymbol{\psi}$ 是已知的。實際上，矩陣 $\boldsymbol{\psi}$ 不僅經常是未知的，而且由於它是一個 $n \times n$ 的實對稱矩陣，我們在對其結構不做出任何假定的情況下是不可能利用 n 個樣本點對其進行估計的。因此，在實際應用中，通常需要對矩陣 $\boldsymbol{\psi}$ 的結構做出假定。對矩陣 $\boldsymbol{\psi}$ 的結構可做的常見假定有：

(1) 同變異數假定：$\sigma_i^2 = \sigma^2$； $\qquad\qquad$ （14-22）

(2) 正比於某個解釋變項 x_i：$\sigma_i^2 = x_i \sigma^2$； $\qquad$ （14-23）

(3) 反比於樣本個數 n_i：$\sigma_i^2 = \sigma^2/n_i$。 $\qquad$ （14-24）

下面我們就以假定 (3) 為例，結合實例來討論一般化最小平方法的一種特例，即加權最小平方法（weighted least squares，簡稱 WLS）。

14.5　加權最小平方法

假設模型（14-11）的誤差 $\boldsymbol{\varepsilon}$ 滿足方程式（14-3）中的 $\text{Var}(\boldsymbol{\varepsilon}) = \sigma^2 \mathbf{W}$，這裡，矩陣 $\mathbf{W}$ 已知，且為方程式（14-4）中對稱矩陣 $\boldsymbol{\psi}$ 的一種特例，即對角線矩陣：

$$\mathbf{W} = \begin{bmatrix} v_1 & 0 & \cdots & 0 & 0 \\ 0 & v_2 & \cdots & 0 & 0 \\ \vdots & \vdots & \ddots & \vdots & \vdots \\ 0 & 0 & \cdots & v_{n-1} & 0 \\ 0 & 0 & \cdots & 0 & v_n \end{bmatrix} \tag{14-25}$$

則有：

$$\sigma_i^2 = \sigma^2 v_i \tag{14-26}$$

與一般化最小平方法中的情形一樣，現在我們利用矩陣 $\mathbf{W}$ 建構一個加權矩陣 $\mathbf{T}_w$ 滿足 $\mathbf{T}'_w \mathbf{T}_w = \mathbf{W}^{-1}$，即矩陣 $\mathbf{T}$ 為：

$$\mathbf{T}_w = \begin{bmatrix} \dfrac{1}{\sqrt{v_1}} & 0 & \cdots & 0 \\ 0 & \dfrac{1}{\sqrt{v_2}} & \cdots & 0 \\ \vdots & \vdots & \ddots & \vdots \\ 0 & 0 & \cdots & \dfrac{1}{\sqrt{v_n}} \end{bmatrix} \tag{14-27}$$

將 $\mathbf{T}_w$ 分別左乘向量 $\mathbf{y}$ 和 $\mathbf{X}$，則有：

$$\mathbf{T}_w\mathbf{y} = \begin{bmatrix} y_1/\sqrt{v_1} \\ y_2/\sqrt{v_2} \\ \vdots \\ y_n/\sqrt{v_n} \end{bmatrix} \text{ 以及 } \mathbf{T}_w\mathbf{X} = \begin{bmatrix} 1/\sqrt{v_1} & x_{11}/\sqrt{v_1} & \cdots & x_{1K}/\sqrt{v_1} \\ 1/\sqrt{v_2} & x_{21}/\sqrt{v_2} & \cdots & x_{2K}/\sqrt{v_2} \\ \vdots & \vdots & \cdots & \vdots \\ 1/\sqrt{v_n} & x_{n1}/\sqrt{v_n} & \cdots & x_{nK}/\sqrt{v_n} \end{bmatrix} \tag{14-28}$$

用 $\mathbf{T}_w\mathbf{X}$ 對 $\mathbf{T}_w\mathbf{y}$ 進行迴歸，我們就可以得到簡單線性迴歸中的加權最小平方估計量：

$$\begin{aligned} \hat{\boldsymbol{\beta}}_{WLS} &= (\mathbf{X}'\mathbf{T}'_w\mathbf{T}_w\mathbf{X})^{-1}\mathbf{X}'\mathbf{T}'_w\mathbf{T}_w\mathbf{y} \\ &= (\mathbf{X}'\mathbf{W}^{-1}\mathbf{X})^{-1}\mathbf{X}'\mathbf{W}^{-1}\mathbf{y} \end{aligned} \tag{14-29}$$

如果我們只有一個自變項 x，公式簡化為：

$$\hat{\beta}_{1,WLS} = \frac{\sum\limits_{i=1}^{n} w_i(x_i - \overline{X})(y_i - \overline{Y})}{\sum\limits_{i=1}^{n} w_i(x_i - \overline{X})^2} \quad \text{，其中，} w_i = 1/v_i$$

由此可見，加權最小平方法的基本想法是對變異數較小的樣本賦予較大的權數，從而使估計更為可靠。此時的 $\hat{\boldsymbol{\beta}}_{WLS}$ 具有 BLUE 性質。

例如，我們利用 TSCS 資料在地區層面建立迴歸模型[5]來研究教育年限對勞

---

5 此外，我們建構了一個虛擬的資料集以便於讀者理解基於集體單元所建模型與基於個體所建模型的不同。
　讀者可以透過 Stata 中的資料編輯功能來查看這兩種模型所使用的不同資料結構，並結合本章所附的關於該

動者收入對數的影響。以分組資料（grouped data）中每組（各村里）勞動者平均受教育年限（*educyr_m*）為自變項，以每組（各村里）勞動者收入對數的平均數（*logearn_m*）為依變項進行 OLS 迴歸，得到（括弧內為係數估計的穩健標準誤）：

```
    * 建構村里分層的集體層次收入及教育程度與人口數的樣本資料
    . collapse (mean) logearn_m=logearn educyr_m=educyr (count) weight=vid,
by(village)

    .* 計算集體層次的收入與教育程度的迴歸分析結果
    . reg logearn_m educyr_m, robust  /*14-30*/
```

| Linear regression | | | | Number of obs | = | 80 |

				F(1, 78)	=	15.26
				Prob > F	=	0.0002
				R-squared	=	0.1874
				Root MSE	=	.24293

```
-----------------------------------------------------------------------------
             |               Robust
   logearn_m |    Coef.    Std. Err.      t     P>|t|   [95% Conf. Interval]
-------------+---------------------------------------------------------------
    educyr_m |  .0928066   .0237557     3.91    0.000    .0455126    .1401005
       _cons |  9.077251   .3001517    30.24    0.000    8.479695    9.674807
-----------------------------------------------------------------------------
```

$$\widehat{logearn\_m} = 9.077251 + 0.0928066 educyr\_m$$
$$(0.3001517) \quad\quad (0.0237557) \quad\quad\quad (14\text{-}30)$$

虛擬資料集的 Stata 指令代碼來理解加權最小平方估計法。

　　然而，如果我們在個體層面建立迴歸模型，以每個勞動者的平均受教育年限為自變項，其收入的對數為依變項進行 OLS 迴歸，得到（括弧內為係數估計的標準誤）：

. reg logearn educyr /*14-31*/

Source	SS	df	MS
Model	71.441794	1	71.441794
Residual	673.445427	1260	.534480498
Total	744.887221	1261	.590711515

Number of obs = 1262
F(1, 1260) = 133.67
Prob > F = 0.0000
R-squared = 0.0959
Adj R-squared = 0.0952
Root MSE = .73108

logearn	Coef.	Std. Err.	t	P>|t|	[95% Conf. Interval]
educyr	.0717924	.0062097	11.56	0.000	.0596099 .0839748
_cons	9.340717	.0824448	113.30	0.000	9.178972 9.502461

$$\widehat{logearn} = 9.340717 + 0.07179241 educyr$$
$$(0.0824448) \quad (0.0062097) \qquad\qquad (14\text{-}31)$$

　　顯然，基於地區層面和個人層面所建立的兩個模型的迴歸模型係數相差很大。在實際研究中，我們有時會錯誤地將在宏觀層面中得到的結論直接推廣到微觀層面，這通常會導致「區位謬誤」（ecological fallacy），即錯誤地認為在宏觀層面成立的結論在個體層面也成立。例如，我們在普查資料中可能會觀察到受過高等教育的人其收入普遍較高。但具體到某個人來說，其收入不一定僅由他是否受過高等教育決定，因為其他變項，如工作時間、職業、家庭背景等都會對其收入造成影響，而這些變項可能與宏觀層面上的自變項（這裡是平均受教育年限）有關。這也說明了區位謬誤是由遺漏（未觀察到）變項偏誤所導致的（謝宇，2006：

205-213）[6]。

　　而從係數估計的標準誤來看，分組資料中的依變項的值來自不同的組，即為基於不同樣本量的平均數（如上式（14-30）地區分組勞動者收入對數的平均數）。可以想見，來自大樣本量平均數的隨機誤差要小於來自小樣本量平均數的隨機誤差，從而存在不等變異量現象。這種現象可以表示為方程式（14-24）中的 $\sigma_i^2 = \sigma^2/n_i$。由於在不同地區所調查的勞動者樣本數目 n_i 不同，我們可以認定在模型（14-30）中很可能存在不等變異量現象，因而研究者此時可以採用穩健標準誤來進行統計推論。此外，方程式（14-25）中矩陣 **W** 的形式在此處可以由 $\sigma_i^2 = \sigma^2/n_i$ 給出，這裡，矩陣 **W** 中的對角線元素為 v_i，即 $1/n_i$。因此，我們可以利用 14.5 節介紹的加權最小平方法得到具有 BLUE 性質的估計量 $\hat{\boldsymbol{\beta}}_{WLS}$。我們對模型（14-30）的勞動者按其所在地區分組，並將每組的勞動者人數 n_i 作為權重 w_i（即 $1/v_i$）進行加權最小平方估計。具體說來，該模型可以透過如下方式得到加權最小平方法估計量 $\hat{\boldsymbol{\beta}}_{WLS}$：

　　首先建構以下三個新變項：

$$logearn\_m2 = logearn\_m\sqrt{n_i} \qquad (14\text{-}32)$$

$$educyr\_m2 = educyr\_m\sqrt{n_i} \qquad (14\text{-}33)$$

$$intercept\_m2 = \sqrt{n_i} \qquad (14\text{-}34)$$

與模型（14-30）相同，*logearn_m* 與 *educyr_m* 分別代表了某地區 *i* 勞動者收入對數和受教育年限的平均數，而 n_i 則為該地區勞動者的人數。然後，用新建構的 *intercept_m2* 和 *educyr_m2* 對 *logearn_m2* 進行迴歸，我們就可以得到加權最小平方估計值 $\hat{\boldsymbol{\beta}}_{WLS}$[7]，結果如下：

. reg logearn_m2 educyr_m2 intercept_m2, nocon /*14-35*/

Source	SS	df	MS		
				Number of obs =	80
				F(2, 78)	= 79995.26
Model	132962.822	2	66481.4108	Prob > F	= 0.0000

---

[6] 對該部分內容感興趣的讀者也可以與本書第 16 章「多層次模型介紹」的內容聯繫起來。利用空間差異建立的多層次模型來觀察個體層面和地區層面的變異數分量及其解釋比例。

[7] 加權最小平方估計量在 Stata 軟體中也可以透過對迴歸模型設置 aweight 得到。

Residual	64.8232144	78	.831066851		R-squared	=	0.9995
----------------+---					Adj R-squared	=	0.9995
Total	133027.645	80	1662.84556		Root MSE	=	.91163

logearn_m2	Coef.	Std. Err.	t	P>|t|	[95% Conf. Interval]	
----------------+						
educyr_m2	.095489	.0201075	4.75	0.000	.0554581	.1355198
intercept_m2	9.036059	.2597837	34.78	0.000	8.51887	9.553249

$$\widehat{logearn\_m2} = 9.036059 + 0.095489 educyr\_m2$$
$$(0.2597837) \quad (0.0201075) \qquad\qquad (14\text{-}35)$$

值得注意的是，此處加權最小平方估計的標準誤要小於模型（14-30）中所得到的穩健標準誤，從而進一步說明了 $\hat{\boldsymbol{\beta}}_{WLS}$ 所具有的 BLUE 性質。

14.6　本章小結

　　與前面兩章的內容不同，本章主要從理論角度來探討誤差項出現不等變異量情形下線性迴歸模型的估計問題。尤其需要注意的是，與任何數學或統計模型一樣，線性迴歸模型估計結果的正確性與可靠性也需要建立在一系列的假定之上。雖然我們在研究中都希望自己所處理的資料能滿足包括同變異數在內的一系列假定，但實際上這樣的情況很少發生。實踐中，我們通常透過各種各樣的統計手段來放寬對於迴歸模型的經典假定，如一般化最小平方法、階層性模式等，將原本不符合線性迴歸模型經典假定的資料「變得」符合假定。另一方面，讀者也要認識到不等變異量現象的出現並非就意味著模型參數的估計是錯誤的。換言之，不等變異量很少成為推翻某個模型的理由。甚至有學者認為，只有當 σ_i^2 的最大值比其最小值大十倍以上時，我們才需要去關心不等變異量所引起的問題[8]。同時，我們可以通

---

[8]　有興趣的讀者可以參見 Fox（1997：307）。

過敏感度分析（sensitivity analysis）來估計不等變異量現象對於模型估計結果的影響。

　　從技術角度來看，對於不等變異量現象進行處理的最大困難在於矩陣 ψ 是未知的，並且不可能由 n 個樣本估計出 $n \times n$ 維的實對稱矩陣 ψ。這時，通常採取的策略有兩種，一是在樣本量較大時計算不偏 $\hat{\beta}_{OLS}$ 的穩健標準誤。雖然 $\hat{\beta}_{OLS}$ 此時並不具有 BLUE 性質，但我們仍可以利用穩健標準誤進行統計推論。二是對矩陣 ψ 的結構「冒險」做出如方程式（14-22）到方程式（14-24）的某種限制並對矩陣 ψ 的形式進行估計，從而得出具有 BLUE 性質的 GLS 估計值 $\hat{\beta}_{GLS}$。雖然很多學者在實證研究中較多採用第一種策略，但這兩種方法互有優劣，讀者需要根據對研究物件的瞭解和資料的實際情況進行取捨。

參考文獻

Fox, John. 1997. *Applied Regression Analysis, Linear Models, and Related Methods*. Thousand Oaks, CA: Sage Publications.

Greene, William. 2008. *Econometric Analysis* (Sixth Edition). Upper Saddle River, N.J.: Pearson/Prentice Hall.

Gujarati, Damodar. 2004. *Basic econometrics*. New York: McGraw-Hill.

Malinvaud, Edmond. 1980. *Statistical Methods of Econometrics* (Third Edition). Amsterdam, Holland: North-Holland.

White, Halbert. 1980. "A Heteroskedasticity-Consistent Covariance Matrix Estimator and a Direct Test for Heteroskedasticity." *Econometrica* 48:817-838.

謝宇，2006，《社會學方法與定量研究》，北京：社會科學文獻出版社。

附錄：加權最小平方迴歸使用的 Stata 代碼

某地區勞動者月收入對數殘差的散布圖（普通最小平方估計）：

```
reg logearn exp
predict yhat
gen res=logearn-yhat
gen res_2=res^2
scatter res_2 exp
```

加權最小平方估計：

*建構村里分層的集體層次收入及教育程度與人口數的樣本資料

```
collapse (mean) logearn_m=logearn educyr_m=educyr (count) weight=vid, by(village)
```

*計算集體層次的收入與教育程度的迴歸分析結果

```
reg logearn_m educyr_m, robust  /*14-30*/
```

*進一步考量各層級的人數

```
gen logearn_m2=logearn_m*sqrt(weight)

gen educyr_m2=educyr_m*sqrt(weight)

gen intercept_m2=sqrt(weight)

reg logearn_m2 educyr_m2 intercept_m2, nocon /*14-35*/

reg logearn_m educyr_m [aweight=weight]
```

加權最小平方估計（虛擬資料集）：

```
reg y x

reg y x1, robust

gen y2=y*sqrt(n)

gen x2=x*sqrt(n)

gen const=sqrt(n)

gen x1_2=x1*sqrt(n)

reg y2 x1_2 const, noc

reg y x1 [aweight=n]
```

注意：在 Stata 軟體中，analytical weight（aweight）加權方式一般不會改變樣本總量，適合於處理集體資料的情況。實際上，aweight 指令的取值即相當於方程式（14-26）$\sigma_i^2 = \sigma^2 v_i$ 中的 $\frac{1}{v_i}$。而 frequency weights（fweight）則適合於處理個體資料以及有重複樣本的情況。讀者在 Stata 軟體中輸入「help weight」就看到各種加權方式的詳細說明。

chapter

15

長期追蹤資料的分析

　　到目前為止，本書所介紹的主要是針對橫斷面資料（cross-sectional data）的迴歸分析方法。橫斷面資料常常透過選取代表母體某個時點的樣本來獲得。在社會科學研究中，此類資料很常見。比如，前面一直提到的「臺灣社會變遷基本調查」（TSCS），它收集的資料其實就是 2010 年這一橫斷面上我國居民家庭戶及其成員基本情況的資訊。再如，我國每間隔 10 年進行的人口普查，也是對普查時點這一橫斷面上我國人口數量和結構的一個反映。一般來說，橫斷面資料通常適用於探索性和描述性研究。但是，在實際研究中，它也被用來進行解釋性研究，討論社會現象之間的因果關係。

　　然而，因果關係成立的必要條件之一就是現象的發生存在先後時序，即原因應該先於結果。顯然，除非包含回顧性資訊，否則，橫斷面資料所包含的變項資訊反映的都是調查時點處的狀態和行為，通常並不包含時間的先後。為了克服這一不足，社會科學研究者也會考慮選擇在不同時間點對同一母體進行重複觀察。在有些研究中，重複觀察是針對同一樣本進行的，這在研究方法上稱為定群研究（panel study）。這類調查在技術上比較複雜而且成本很高，國內的主要定群研究有臺灣教育長期追蹤資料庫（Taiwan Education Panel Study，簡稱 TEPS）、華人家庭動態長期追蹤資料庫（Panel Study of Family Dynamics 簡稱 PSFD），以及臺灣青少年長期追蹤資料庫（Taiwan Youth Project，簡稱 TYP）。而中國大陸常見的定群研究有兩個，一個是由中國疾病預防控制中心營養與食品安全所（原中國預防醫學科學院營養與食品衛生研究所）與美國北卡羅萊納大學人口中心合作進行的「中國健康與營養調查（China Health and Nutrition Survey，簡稱 CHNS）」，該調查專案從 1989 年開始，針對同一樣本人群進行追蹤調查，到目前為止已進行了共七次調查[1]。另一個是由北京大學老齡健康與家庭研究中心承擔的「中國老年人健康長壽影響因素調查（China Longitudinal Healthy Longevity Survey，簡稱 CLHLS）」。該項目從 1998 年開始進行基準調查，到目前為止也已經進行了四次追蹤調查[2]。在另一些研究中，重複觀察則是針對同一母體在不同時期分別抽取的不同樣本，這在研究方法上被稱為趨勢研究（trend study），或匯合的橫斷面資料（pooled cross–

---

[1] 該定群研究的七次調查已經公布，供研究者免費使用，有關「中國健康與營養調查」的詳細資訊，請參見該專案的主頁：http://www.cpc.unc.edu/projects/china。

[2] 該專案的前四次調查資料已經公布，供研究者免費試用，有關「中國老年人健康長壽影響因素調查」的詳細資訊，請參見該專案的主頁：http://www.pku.edu.cn/academic/ageing/html/detail_project_1.html；或 http://www.geri.duke.edu/china_study/index.htm。

sectional data）。比如，前面提到的 TSCS 資料乃是自 1984 年開始每年都執行的調查。而本書用到的 CHIP1988，在 1995 年又在絕大部分相同的城市進行了第二次調查，這樣就構成了一個最簡單的趨勢資料。更典型地，中國人民大學與香港科技大學於 2003 年開始合作進行的「中國綜合社會調查（China General Social Survey，簡稱 CGSS）」，每一、兩年進行一次調查，但每次抽取的樣本不同，因而歷次調查實際上也構成了一個趨勢研究[3]。在調查研究方法論上，定群研究和趨勢研究統稱為長期追蹤研究（longitudinal study）。相應地，這兩類資料一般被稱作長期追蹤資料（longitudinal data）。

由於橫斷面資料和長期追蹤資料在資料結構和包含資訊等方面存在實質性差別，前面所介紹的適用於橫斷面資料的方法難以滿足分析長期追蹤資料的要求，這制約著我們對長期追蹤資料的分析和利用。因此，本章將介紹適用於長期追蹤資料的分析方法，其主要內容大體上分成兩部分：首先對追蹤資料的統計分析模型進行介紹，然後對趨勢資料的分析方法進行介紹。

15.1 追蹤資料的分析

15.1.1 追蹤資料的結構

標識橫斷面資料只需使用一個下標 i（$i-1, 2, \cdots, N$）。而定群資料（Panel Data）往往需要同時使用兩個下標：一個表示樣本個案，記為 i（$i = 1, 2, \cdots, N$），另一個表示不同的調查時點，記為 t（$t = 1, 2, \cdots, T$）。顯然，此時的觀察總數不再是 N，而是 NT。假設我們只關注兩個變項，Y 和 X，這種資料的大體結構可用表 15-1 簡單地加以展示。

---

[3] 目前已經公布了 2003 年和 2005 年的調查資料，供研究者免費使用。有關「中國綜合社會調查」的詳細資訊，請參見該專案的主頁：http://www.chinagss.org/。

表 15-1　追蹤資料的結構簡單示意

	1		2		...	t		...	T	
1	y_{11}	x_{11}	y_{12}	x_{12}	...	y_{1t}	x_{1t}	...	y_{1T}	x_{1T}
2	y_{21}	x_{21}	y_{22}	x_{22}	...	y_{2t}	x_{2t}	...	y_{2T}	x_{2T}
3	y_{31}	x_{31}	y_{32}	x_{32}	...	y_{3t}	x_{3t}	...	y_{3T}	x_{3T}
...	...	...	...	...	...	...	...	...	...	...
i	y_{i1}	x_{i1}	y_{i2}	x_{i2}	...	y_{it}	x_{it}	...	y_{iT}	x_{iT}
...	...	...	...	...	...	...	...	...	...	...
N	y_{N1}	x_{N1}	y_{N2}	x_{N2}	...	y_{Nt}	x_{Nt}	...	y_{NT}	x_{NT}

　　表 15-1 對追蹤資料的資料結構進行了簡單的示意。注意，有些變項的取值在不同時點的測量結果通常是不變的，比如性別、民族等，此類變項被稱作不因時而異的變項（time-independent variable）或時間恒定變項（time-invariant variable）。而有些變項的取值則可能會隨著觀察時點的推移而變化，比如同一觀察個案 i 在不同時點 t 上的年齡或收入等，此類變項被稱作時間依變項（time-dependent variable）或因時而異的變項（time-varying variable）。

　　由此我們看到，追蹤資料所包含的資訊至少可以分解成兩個最基本的維度：時間維度 t 和個體或個案維度 i。從時間維度來看，追蹤資料可以看成是 T 個橫斷面資料，每個橫斷面都包含著個體之間的差異（heterogeneity）。從個體或個案維度來看，可以將追蹤資料看成 N 個時間序列的匯合，每個時間序列反映著個體內的變化（change）[4]。儘管我們可以從不同角度來理解追蹤資料在結構上所表現出來的特徵，但是上述兩個維度其實是同時存在於追蹤資料中的。換句話說，追蹤資料相當於橫斷面資料和時間序列資料兩者的綜合，同時具備兩者各自的屬性。具體而言，追蹤資料既包含反映個體之間差異的資訊，也包含個體自身變化的資訊。這使得追蹤資料在探究因果關係方面具有獨特的優勢。然而，分析追蹤資料有一定的複雜性，因為我們需要同時兼顧時間序列資料和橫斷面資料的不同屬性。前面介紹的針對橫斷面資料的統計方法通常都無法直接應用於追蹤資料的分析，需要作出一定調整。本節將主要介紹適用於處理長期追蹤資料的基本方法，更多、更詳細的內容

---

[4] 定群資料與時間序列資料之間的主要差異在於：時間序列的分析單位是時點（time points），而定群資料的分析單位是個體（the individual）（Markus，1979：7）。

請參閱有關專著，比如 Baltagi（2002）、Hsiao（2003）等。

15.1.2 追蹤資料的優勢和局限性

一般而言，社會科學研究者採用追蹤資料進行相關研究的目的大致可分為兩個方面。一方面是對未觀察到的異質性（unobserved heterogeneity）進行控制；另一方面是對變化的趨勢或過程加以描述和分析。

Baltagi（2002）、Hsiao（2003）等認為使用追蹤資料有許多優點：

- 可以控制個體異質性（individual heterogeneity）；
- 提供更豐富的資訊和更高的變異性（variability），減少變項之間發生共線性的可能，同時增加自由度以及提高估計的效率（efficiency）；
- 能夠更好地對動態變化進行分析；
- 能夠更好地識別和測量純粹橫斷面資料和純粹時間序列資料中難以識別的效果（effects）；
- 允許建構和檢定更複雜的行為模型，而這一點是純粹橫斷面資料和時間序列資料無法實現的。

當然，追蹤資料也是有局限性的。這些局限性主要表現在調查設計通常要複雜得多，資料的採集變得更加困難，成本也更高。此外，由無反應（nonresponse）和樣本規模的自選性流失等問題（self-selective attrition）所帶來的偏差，也會增加追蹤資料分析和結果理解的難度和複雜性。

15.1.3 基本分析模型

假定在一項追蹤調查中，基準調查共抽取了 N 個個體，在接下來的一段時期內等時間間隔地對這些個體進行 $T - 1$ 次追蹤測量。y_{it} 和 x_{kit} 表示對這些個體不同時點特徵的重複測量，其中，i 表示個體，$i = 1, 2, \cdots, N$；t 表示時間，$t = 1, 2, \cdots, T$；k 表示自變項，$k = 1, 2, \cdots, K$。那麼，第 i 個個體的資料可表示為[5]：

---

[5] 請注意，表 15-1 給出的往往是研究者最初看到的原始資料的結構，這種資料被稱作寬格式資料（wide-format data），即以案例為記錄單位，每個案例在資料表中只有一條記錄。但是，統計軟體在處理定群資料時大多接受的是長格式資料（long-format data），即以每一次觀察為記錄單位，因此每個案例在資料表中會有多條記錄，如此處採用矩陣形式所表示的那樣。所以，對於定群資料的處理，首先要做的就是將寬格式資料轉換成長格式資料。Stata、SAS、SPSS 等軟體都能方便地進行這兩種資料格式之間的相互轉換。

$$\mathbf{y}_{it} = \begin{pmatrix} y_{i1} \\ y_{i2} \\ \vdots \\ y_{iT} \end{pmatrix}; \ \mathbf{x}_{it} = \begin{pmatrix} x_{1i1} & x_{2i1} & \cdots & x_{Ki1} \\ x_{1i2} & x_{2i2} & \cdots & x_{Ki2} \\ \vdots & \vdots & \cdots & \cdots \\ x_{1iT} & x_{2iT} & \cdots & x_{KiT} \end{pmatrix}; \ \boldsymbol{\varepsilon}_{it} = \begin{pmatrix} \varepsilon_{i1} \\ \varepsilon_{i2} \\ \vdots \\ \varepsilon_{iT} \end{pmatrix}$$

其中，$\mathbf{y}$ 表示依變項，$\mathbf{x}$ 表示自變項，$\boldsymbol{\varepsilon}$ 表示隨機誤差項。對此資料，可以用矩陣形式表達其最為一般的迴歸模型：

$$y_{it} = \alpha_{it} + \boldsymbol{\beta}'_{it}\underline{\mathbf{x}}_{it} + \varepsilon_{it}, \ i = 1, 2, \cdots, N \qquad (15\text{-}1)$$
$$t = 1, 2, \cdots, T$$

這裡，α_{it} 和 $\boldsymbol{\beta}'_{it} = (b_{1it}, \ b_{2it}, \ \cdots, \ b_{Kit})$ 分別為 1×1 和 $1 \times K$ 的常數向量，表示截距和斜率係數，且它們都隨著 i 和 t 的不同而不同。當然，在具體的操作中我們需要對它們做更具體的設定。$\mathbf{x}'_{it} = (x_{1it}, \ x_{2it}, \ \cdots, \ x_{Kit})$ 為自變項向量。方程式（15-1）考慮到了追蹤資料分析需要研究的各種效果，包括個體效果和時間效果。但此模型只具有描述性價值，它既不能透過估計得到也不能用來進行預測。這是因為這裡一共只有 NT 個觀察值，而待估的截距係數有 NT 個、斜率參數有 NKT 個，顯然，該模型可用的自由度小於待估參數的數目，如果不做進一步的參數限制，模型是無法識別的。基於對截距係數和迴歸係數的不同假設或參數限制，這個模型可以發展出各種不同的分析模型。

1. 同質性截距與同質性斜率

最簡單的模型就是忽略資料中每個個體 i 可能具有的特定效果。也就相當於假定，同一個體 i 在不同時點 t 的測量可當作不同的個體。這樣一來就可以將 T 個橫斷面堆積（pooling）起來變成 NT 個個案。換句話說，追蹤資料此時可被視作橫斷面資料來處理。此時，得到的模型為：

$$y_{it} = \alpha + \boldsymbol{\beta}'\underline{\mathbf{x}}_{it} + \varepsilon_{it} \qquad (15\text{-}2)$$

這可以看成是對 NT 個「不同」個案進行線性迴歸，也被稱為匯合迴歸（pooled regression）（Hsiao，2003）。由於該模型只有一套截距係數和迴歸係數，因此認為不同個體具有同質性截距和同質性斜率。該模型最大的特點就是簡單。但是，它太過簡單，完全忽略了個人特徵的差異，而明顯忽略了資料結構特徵及其所包含的豐富資訊，因而顯得很幼稚。所以，該模型可能會有遺漏變項產生之偏誤（omitted–

variable bias），即一些未考慮到的個人特徵變項可能會同時影響到自變項和依變項。

採用新的標註方法，我們設：

$$\bar{\mathbf{x}} = \frac{1}{NT} \sum_{i=1}^{N} \sum_{t=1}^{T} x_{it} \tag{15-3}$$

$$\bar{y} = \frac{1}{NT} \sum_{i=1}^{N} \sum_{t=1}^{T} y_{it} \tag{15-4}$$

$\bar{\mathbf{x}}$ 和 $\bar{y}$ 分別是 $\mathbf{x}$ 和 y 的總平均數。模型（15-1）中，α 和 $\boldsymbol{\beta}^{*}$ 的最小平方估計可根據方程式（15-5）計算得到[6]：

$$\hat{\boldsymbol{\beta}}' = T_{xx}^{-1} T_{xy}$$
$$\hat{\alpha} = \bar{y} - \hat{\boldsymbol{\beta}}' \bar{\mathbf{x}} \tag{15-5}$$

其中，

$$T_{xx} = \sum_{i=1}^{N} \sum_{t=1}^{T} (\mathbf{x}_{it} - \bar{\mathbf{x}})(\mathbf{x}_{it} - \bar{\mathbf{x}})'$$
$$T_{xy} = \sum_{i=1}^{N} \sum_{t=1}^{T} (\mathbf{x}_{it} - \bar{\mathbf{x}})(y_{it} - \bar{y})' \tag{15-6}$$

這裡，T_{xx} 和 T_{xy} 分別表示 $\mathbf{x}$ 與 $\mathbf{x}$ 之間和 $\mathbf{x}$ 與 y 之間的交叉相乘矩陣（cross-product matrix）的總和。

此模型的誤差變異為 SSE $= T_{yy} - T'_{xy} T_{xx}^{-1} T_{xy}$，這裡 $T_{yy} = \sum_{i=1}^{N} \sum_{t=1}^{T} (y_{it} - \bar{y})^2$。由於待估計的參數為 $1 + K$ 個，因此，此誤差變異的自由度應為 $NT - (1 + K)$。

2. 異質性截距與同質性斜率

模型（15-2）的不足之處在於完全忽略個體效果或者說個體特殊性的存在，忽略這種特殊性往往會導致遺漏變項產生之偏誤的問題。因此，更為合理的模型應當能夠考慮到這種個體效果（individual-specific effect）的存在並對其加以控制。為了捕捉由個人特徵產生的特殊效果，我們假定每一個個體都有一個自己的截距係數，但所有個體具有相同的斜率。即模型具有異質性截距與同質性斜率：

---

[6] 這一點讀者可以自己試著加以證明，此處省略。

$$y_{it} = \alpha_i + \boldsymbol{\beta}' \underline{\mathbf{x}}_{it} + \varepsilon_{it} \qquad (15\text{-}7)$$

其中，α_i 對每一個體而言都是特定的常數。此模型與模型（15-2）的差別在於它的截距係數不再是唯一的，而是有 N 個。正是透過這 N 個截距係數，不同個體之間的差別才得以在模型中反映出來。在不同領域，這一模型的名稱並不唯一，通常稱其為固定效果模型（fixed effects model）或經典共變數分析模型[7]。請注意，該模型主要利用了追蹤資料中個體本身的變異（within-individual variation）資訊，但忽略了個體間的固定的變異（between-individual variation）。

為了體現模型（15-7）中的 N 個截距係數，我們可以將該模型以矩陣形式表示為（簡便起見，假設只有一個自變項 $\mathbf{x}$）：

$$\begin{pmatrix} \mathbf{y}_1 \\ \mathbf{y}_2 \\ \vdots \\ \mathbf{y}_N \end{pmatrix} = \begin{pmatrix} \mathbf{i} & 0 & \cdots & 0 \\ 0 & \mathbf{i} & \cdots & 0 \\ \vdots & \vdots & \ddots & \cdots \\ 0 & 0 & \cdots & \mathbf{i} \end{pmatrix} \begin{pmatrix} \alpha_1 \\ \alpha_2 \\ \vdots \\ \alpha_N \end{pmatrix} + \begin{pmatrix} \mathbf{x}_1 \\ \mathbf{x}_2 \\ \vdots \\ \mathbf{x}_N \end{pmatrix} \times \boldsymbol{\beta} + \begin{pmatrix} \boldsymbol{\varepsilon}_1 \\ \boldsymbol{\varepsilon}_2 \\ \vdots \\ \boldsymbol{\varepsilon}_N \end{pmatrix} \qquad (15\text{-}8)$$

其中，$\mathbf{y}_i$，$\mathbf{x}_i$，$\boldsymbol{\varepsilon}_i$ 都是 $T \times 1$ 的向量，$\mathbf{i}$ 為 $T \times 1$ 的單位向量。

很明顯，固定效果模型（15-8）中有 N 個截距係數和 K 個斜率係數，因而待估計參數的個數總共為 $N + K$ 個。我們可以採用兩種方式對這些參數進行估計。

第一種方式是虛擬變項迴歸，即對 N 個個體形成 N 個虛擬變項。我們可以將這些虛擬變項的設計矩陣表達為：

$$\mathbf{D} = (\mathbf{d}_1 \quad \mathbf{d}_2 \quad \cdots \quad \mathbf{d}_N) \qquad (15\text{-}9)$$

其中，$\mathbf{d}_i$ 為 $TN \times 1$ 的虛擬變項向量（其元素對應第 i 個體為 1，否則為 0）。然後將矩陣 $\mathbf{D}$ 中的 $N - 1$ 個虛擬變項向量和其他的共變項（covariates）一起納入迴歸方程，採用普通最小平方法（OLS）進行估計。

但是，這一方式明顯受到觀察個案數 N 的影響。當 N 很大時，虛擬變項的個數也變得非常多，設計矩陣式（15-9）將變得非常龐大。此時，直接使用 OLS 方法估計的計算量就會變得非常大。幸運地是，我們可以採用被稱作平均離差法

---

[7] 不同學者可能會採用不同的名稱，比如 Hsiao（2003）將其稱為個體平均數或儲存格平均數修正迴歸模型（individual-mean or cell-mean corrected regression model）。

（mean deviation method）的替代演算法來得到完全一樣的有關自變項 **x** 斜率參數估計結果。具體過程如下：首先計算出每一個體 i 的各個變項（包括依變項和自變項）在 T 個時點上的個體平均數（individual-specific mean），然後用各變項在不同時點上的原始觀察值減去各自的個體平均數，得到相應的離差（deviation），最後以依變項的離差為依變項、自變項的離差為自變項進行迴歸。注意，與普通最小平方法估計相比，平均離差法得到的迴歸係數估計是正確的，但係數的標準誤和 p 值是不對的。因為自由度的計算基於所設定模型中的變項數目，而平均離差法中並沒有納入表示個體差異的一組虛擬變項。修正標準誤和 p 值時我們需要將普通最小平方法報出的自由度再減去（$N-1$）（Judge et al., 1985）。雖然平均數離差方法在計算上要比虛擬變項更經濟，但是它不能給出反映不同個體的各個虛擬變項的係數。不過，這些虛擬變項的係數在實際研究中幾乎不受研究者關注，所以實際上並沒有什麼損失。

不論採用哪種方式，我們可以用如下的公式估計模型參數：

$$\hat{\boldsymbol{\beta}}' = W_{xx}^{-1} W_{xy}$$
$$\hat{\alpha}_i = \bar{y}_i - \hat{\boldsymbol{\beta}}'\bar{\mathbf{x}}_i,\ i = 1, 2, \cdots, N \tag{15-10}$$

其中，

$$W_{xx} = \sum_{i=1}^{N} \sum_{t=1}^{T} (\mathbf{x}_{it} - \bar{\mathbf{x}}_i)(\mathbf{x}_{it} - \bar{\mathbf{x}}_i)'$$

$$W_{xy} = \sum_{i=1}^{N} \sum_{t=1}^{T} (\mathbf{x}_{it} - \bar{\mathbf{x}}_i)(y_{it} - \bar{y}_i)'$$

$\bar{\mathbf{x}}_i = \dfrac{1}{T}\sum\limits_{t=1}^{T} \mathbf{x}_{it}$ ，為按個體 i 分別計算的每個自變項 **x** 的個體平均數

$\bar{y}_i = \dfrac{1}{T}\sum\limits_{t=1}^{T} y_{it}$ ，為按個體 i 分別計算的依變項 **y** 的個體平均數

這裡，W_{xx} 和 W_{xy} 分別表示 **x** 與 **x** 之間和 **x** 與 y 之間的交叉相乘矩陣，W 代表「組內」（within-group）。

可以證明，這些估計也是最小平方估計。此模型的誤差變異為 SSE $= W_{yy} - W'_{xy}W_{xx}^{-1}W_{xy}$，這裡 $W_{yy} = \sum\limits_{i=1}^{N} \sum\limits_{t=1}^{T} (y_{it} - \bar{y}_i)^2$。另外，由於該模型的待估參數有 $N + K$ 個。因此，此誤差變異的自由度應為 $NT - (N + K)$。

與對 NT 個個案進行常規線性迴歸的模型（15-2）相比，固定效果模型的最大優點在於它考慮到個體之間的差異，控制個體層次上未觀察到的異質性，並且估計

方法也顯得相對簡單。但是,它也存在一些明顯的缺點。一是模型在估計 N 個截距參數時消耗了過多的自由度。二是它將斜率係數在個體之間設定為固定的,即認定自變項的作用在個體間是不變的,而這在很多時候可能並不符合實際情況,有些研究的目的就在於檢定自變項的作用是否隨著個體的不同而不同。

3. 同質性截距與異質性斜率

在上述固定效果模型中,我們假定每一個體都有一個特定的截距係數,並假定斜率係數對所有個體在所有時點上都一樣。那麼,我們能否設定這樣一個模型:所有個體都有一個共同的截距係數,但斜率係數隨著個體的不同而不同。即:

$$y_{it} = \alpha + \boldsymbol{\beta}_i' \mathbf{x}_{it} + \varepsilon_{it} \tag{15-11}$$

顯然,該模型包含同質性截距與異質性斜率。但它並不是一個有意義的模型。通常,我們先允許截距參數隨個體不同而變化,之後才允許斜率參數隨個體不同而變化。所以在實際研究中,模型(15-11)並不是一個好的模型,因此,這裡也不做進一步介紹。

4. 異質性截距與異質性斜率

前面講到,固定效果模型存在兩個不足:自由度較小和同質自變項作用的限制性假設。透過方程式(15-12),我們可以放鬆固定效果模型中包含的自變項作用同質的限制性假設:

$$y_{it} = \alpha_i + \boldsymbol{\beta}_i' \mathbf{x}_{it} + \varepsilon_{it} \tag{15-12}$$

在這個模型中,不但截距參數可以隨著個體不同而不同,斜率參數也可以隨著個體不同而不同。這就相當於假定對每一個體都有一個迴歸模型。在這一意義上,這一模型可稱為非限制模型,或完整交互模型。

估計模型(15-12)中的參數有兩種不同的方式:一種方式是用 $N-1$ 個虛擬變項表示個體的特殊效果,並在模型中加入 α 和 β 的交互作用項;另一種方式是對每一個個體在 T 個時間點上的觀測資料分別進行迴歸,共得到 N 個迴歸方程。上述兩種方式所得到的點估計都是一樣的,所不同是前一種方式對誤差項 ε 的變異數 σ^2 作了同質假設而使得估計效率更高。

下面我們給出該模型截距參數和斜率參數的估計公式:

$$\hat{\boldsymbol{\beta}}_i = W_{xx,i}^{-1} W_{xy,i}$$
$$\widehat{\alpha}_i = \overline{y}_i - \hat{\boldsymbol{\beta}}' \overline{\mathbf{x}}_i \tag{15-13}$$

其中，

$$W_{xx,i} = \sum_{t=1}^{T} (\mathbf{x}_{it} - \overline{\mathbf{x}}_i)(\mathbf{x}_{it} - \overline{\mathbf{x}}_i)'$$

$$W_{xy,i} = \sum_{t=1}^{T} (\mathbf{x}_{it} - \overline{\mathbf{x}}_i)(y_{it} - \overline{y}_i)$$

$\overline{\mathbf{x}}_i = \dfrac{1}{T} \sum\limits_{t=1}^{T} \mathbf{x}_{it}$，為按個體 i 分別計算的每個自變項 $\mathbf{x}$ 的個體平均數

$\overline{y}_i = \dfrac{1}{T} \sum\limits_{t=1}^{T} y_{it}$，為按個體 i 分別計算的依變項 y 的個體平均數

這裡，$W_{xx,i}$ 和 $W_{xy,i}$ 分別表示按個體 i 計算的 $\mathbf{x}$ 與 $\mathbf{x}$ 之間和 $\mathbf{x}$ 與 y 之間的交叉相乘矩陣。

模型（15-12）的誤差變異為 $\text{SSE} = \sum\limits_{i=1}^{n} (W_{yy,i} - W'_{xy,i}\, W_{xx,i}^{-1} W_{xy,i})$，這裡 $W_{yy,i} = \sum\limits_{t=1}^{T} (y_{it} - \overline{y}_i)^2$。模型中的截距和斜率參數都隨著個體的不同而不同，這就需要估計 N 個截距參數和 $N \times K$ 個斜率參數。因此，模型的待估參數總共為 $(N + N \times K)$ 個。這樣一來，此誤差變異的自由度應為 $NT - (N + N \times K)$ 個。值得注意的是，為了保證模型（15-12）是可識別的，應滿足 $T > K + 1$。一般地，作為一個較好的模型，T 應當至少是 $(K + 1)$ 的 10 倍。

15.1.4 模型的比較與選擇

對於同一追蹤資料，研究者基於對個體效果和時間效果的不同假定，可能採用不同的模型。如果研究者根據理論或經驗研究結論提出了明確的對立假設，並清楚地對個體效果和時間效果進行了設定，那麼模型的選擇就變得十分簡單明瞭。但是，當不存在很強的理論假設時，該如何對模型進行選擇呢？此時，我們可以透過統計檢定的辦法來對不同模型進行比較，從而選出一個更合適的模型。

從原理上講，統計檢定主要是對迴歸係數的屬性進行兩方面的檢定：一是迴歸斜率係數的同質性；二是迴歸截距係數的同質性。這一檢定過程可以分成三個步驟（Hsiao，2003）：

(1) 檢定不同個體 i 在不同時點 t 之間的斜率和截距是否同時不變，即斜率和截距是否同時具有同質性。

(2) 檢定迴歸斜率是否相同。

(3) 檢定迴歸截距是否相同。

如果接受了整體同質性假定，即肯定了步驟 (1) 的結果，那麼就不必繼續進行步驟 (2) 和 (3)。但是，如果拒絕了整體同質性假定，即否定了步驟 (1) 的結果，接下來需要進行步驟 (2) 以檢定迴歸斜率是否具有同質性。如果迴歸斜率同質性假定遭到拒絕，就進行步驟 (3) 來檢定迴歸截距是否具有同質性。

模型的比較和選擇涉及到統計模型設定的一個重要問題——即在精確性（accuracy）和簡約性（parsimony）之間尋求一種平衡（Xie，1998）。精確性是指所得到的模型要能夠盡可能好地去配適觀察資料，簡約性則是指儘量節省模型的自由度或者說保持盡可能大的模型自由度。從以上對各個模型的介紹來看，由於不同模型對追蹤資料所包含資訊的利用程度不同，其準確性也肯定會有所差別。利用程度越充分，需要估計的模型參數也就越多，勢必消耗更多的自由度，從而使模型變得更不簡潔。在沒有很強理論假設的情況下，我們可以借助統計工具來對可能的模型加以比較，從而做出選擇。但在實際研究中，我們又不能過分依賴這種純統計的方式，必須在準確性和簡約性之間進行認真的權衡。

對於上述檢定過程，Hsiao（2003）指出可以從不同的維度進行操作。研究者們廣泛使用的方法是共變數分析（one-way analysis of covariance）。有關這一方法的介紹請參見其有關追蹤資料分析方面的著作（Hsiao，2003：14-26）。考慮到模型之間存在的具體關係，我們這裡將採用之前一直使用的巢套模型檢定的思路來對前面討論過的模型進行比較，從而說明研究者如何選擇一個合適的模型。

根據前面章節提到的巢套模型的定義，本章所介紹的四個模型之間也存在明顯的巢套關係。在四個模型中，異質性截距與異質性斜率模型（15-12）的約束條件最少，因為它對每一個體 i 都建立一個迴歸方程。透過增加一些不同的約束條件，從模型（15-12）可以得到其他三個模型：增加迴歸斜率係數相等而截距參數不相等這一假定，即得到異質性截距與同質性斜率模型（15-7）；增加迴歸截距相等而斜率參數不相等這一假定，即得到同質性截距與異質性斜率模型（15-11）；同時增加迴歸斜率相等和截距參數相等這兩個假定，即得到同質性截距與同質性斜率模型（15-2）。但是，由於模型（15-11）在實際研究中並不是一個好模型，因此我們只需要考慮其他兩個模型，並且不難看出：

- 模型（15-2）與模型（15-7）巢套。透過這對巢套模型，可以檢定在給定同質性斜率的條件下，截距是否存在異質性。
- 模型（15-7）與模型（15-12）巢套。透過這對巢套模型，可以檢定在給定

異質性截距的情況下，斜率是否存在異質性。

下面，我們以舉例的方式來說明如何以巢套模型檢定的方式來選擇合適的模型。為簡便起見，假設我們研究 100 名男女中學生 i（i = 1, 2, ⋯, 100）的交流能力對數學成績的效果，每年對他們進行一次觀察，連續追蹤 10 年，共進行 10 次觀察（t = 1, 2, ⋯, 10），那麼總的觀察數為 NT = 100 × 10 = 1000。加入我們有兩個自變項，交流能力和家庭收入，即 K = 2。根據三個模型計算，得到表 15-2 所示的統計資訊。

表 15-2　100 名男女中學生交流能力對數學成績不同迴歸模型的配適結果

模型設定	SST	SSR	SSE	DF_{SSE}	R^2
(1)同質性截距，同質性斜率	100	10	90	997	10%
(2)異質性截距，同質性斜率	100	50	50	898	50%
(3)異質性截距，異質性斜率	100	60	40	700	60%

檢定 1：在給定同質性斜率的條件下，截距是否存在異質性？

對此，可以對巢套模型 (1) 與模型 (2) 進行 F 檢定。根據前面章節有關巢套模型檢定的介紹，我們有：

$$F_{(99, 898)} = [(SSE_1 - SSE_2)/(DF_{SSE_1} - DF_{SSE_2})]/(SSE_2/DF_{SSE_2})$$

$$= [(90 - 50)/(997 - 989)]/(50/898)$$

$$= (40/99)/0.06$$

$$= 0.40/0.06$$

$$= 6.67$$

F 值遠遠大於 1，在 0.05 水準下是統計顯著的。即可以認為，在給定同質性斜率條件下，截距存在異質性。也就是說，模型 (2) 顯著地優於模型 (1)。

我們肯定了在給定同質性斜率條件下截距存在異質性，即接受了模型 (2)，接下來應該考慮斜率是否存在異質性的問題。

檢定 2：在給定異質性截距的條件下，斜率是否存在異質性？

對此，可以對巢套模型 (2) 與模型 (3) 進行 F 檢定。同樣，根據前面章節的介紹，我們有：

$$F_{(99, 700)} = [(SSE_2 - SSE_3)/(DF_{SSE_2} - DF_{SSE_3})]/(SSE_3/DF_{SSE_3})$$
$$= [(50 - 40)/(898 - 700)]/(40/700)$$
$$= (10/198)/0.06$$
$$= 0.05/0.06$$
$$= 0.83$$

該 F 值小於 1，表明結果在統計上顯然是不顯著的。因此，在給定異質性截距的條件下，斜率不存在異質性，即接受模型 (2)。

因此，透過上述兩步檢定，我們最終的結論是接受模型 (2)，即認為截距有異質性但斜率是同質性的。所以，我們應當採用固定效果模型 (2) 來對交流能力與家庭收入對數學成就（成績）的影響進行建模。

以上我們著重討論了隨個體無約束變化的模型，即固定效果模型和完整交互模型。實際上，我們還可以考慮隨機效果模型。有些計量經濟學學者推薦用 Hausman 檢定來確定到底應採用固定效果模型還是隨機效果模型，但這在社會學研究中很少使用（Halaby，2004）。本書不就此方面進行詳細介紹，感興趣的讀者可參考相關的計量經濟學教科書，比如 Baltagi（2002）、Hsiao（2003）等。

15.1.5 追蹤資料分析應用舉例

本節將使用前面提到的「中國老年人健康長壽影響因素調查」專案（以下簡稱 CLHLS）1998 年、2000 年、2002 年和 2005 年共計四次調查的資料，來舉例說明追蹤資料基本分析模型的應用。需要說明的是，我們不再注重模型之間的比較，而是突出不同模型設定之間的差異。

1. 研究關注點

21 世紀以來，健康老齡化成為社會科學中的重要研究問題之一。自評完好作為健康老齡化的組成部分也迅速成為老齡學研究者的重要話題，國內外均有學者對此展開研究（李強等，2004）。

從測量的角度來看，自評完好可以分為積極自評和消極自評兩個方面。為方便起見，這裡我們將採用前面提到的 CLHLS 已有的四次調查資料來討論年齡和生活自理能力（Activities of daily living，以下簡稱 ADL）是如何影響高齡老人的積極自評的。由於使用了追蹤資料，這裡使用的資料分析方法與國內一些現有的研究不同。

2. 資料說明與變項測量

　　1998 年 CLHLS 項目進行了基準調查，並於 2000 年、2002 年和 2005 年進行了三次跟蹤調查。調查涉及遼寧、吉林、黑龍江、河北、北京、天津、山西、陝西、上海、江蘇、浙江、安徽、福建、江西、山東、河南、湖北、湖南、廣東、廣西、四川、重慶共 22 個省、市、自治區，這些地區的人口約占中國的 85%。專案透過隨機選取縣、縣級市或區實施調查。在被選中的調查地區，該專案對所有存活百歲老人在其自願的前提下進行入戶訪問，並以相同的方式就近入戶訪問 80-89 歲及 90-99 歲老人各一名。為了保證不因樣本量太小而失去代表性及研究意義，該專案並沒有按照等比例的抽樣方法選取樣本，而是採用了如下操作思路：入戶訪問調查的 80-89 歲及 90-99 歲老人人數均與百歲老人被訪人數大致相同，而 80-99 歲的各單歲男、女被訪人數亦大致相同。從 2002 年開始，除調查 80 歲及以上高齡老人外，項目還新增了 4894 位 65-79 歲老人的子樣本，這使得樣本的年齡範圍擴大到了 65 歲及以上的所有年齡。為了保證調查的連續性與不同時點上的可比性，在各次追蹤調查中按同性別、同年齡的原則對死亡老人就近進行遞補。為簡單起見，我們將採用平衡資料進行分析，即只選擇 1998 年、2000 年、2002 年和 2005 年四次調查均參加的老人，共有 1051 人。具體而言，如果在年齡、日常生活自理能力和積極評價中任一變項在任何一次調查中出現缺失值，那麼我們就將該老人從樣本中排除。此外，還要求研究物件的年齡不低於 80 歲。因此，最終進入分析樣本的高齡老人為 799 名[8]。

　　CLHLS 項目的基準調查與隨後跟蹤調查的問卷內容包括：老人個人及家庭的基本狀況，社會、經濟背景及家庭結構，對本人健康狀況與生活品質狀況的自我評價，性格心理特徵，認知功能，生活方式，日常活動能力，經濟來源，經濟狀況，生活照料，生病時的照料者，能否得到及時治療與醫療費支付者等九十幾個問題共一百八十多個子項[9]。CLHLS 項目每一次調查均採用 7 個問題來測量自評完好，其中積極自評包括「我不論遇到什麼事情都能想得開」、「我喜歡把我的東

---

[8] 在實際研究中，如果缺失資料量超過 5%，有必要對變項出現的缺失值進行一定的處理。

[9] 除了按上述問卷內容訪問前次調查被訪、本次調查仍然存活老人外，該專案還訪問了 1998-2000 年間、2000-2002 年間、2002-2005 年間以及將訪問 2005-2008 年間死亡老人的家屬，以此搜集死亡老人的死亡時間、死因、臨終前一段時間的健康與痛苦狀況、臨終前主要經濟來源、人均收入、醫療費開支與支付者等資訊。有關該專案的詳細研究設計請參見：中文網站 http://www.pku.edu.cn/academic/ageing/html/detail_project_1.html 或英文網站 http://www.geri.duke.edu/china_study/index.htm。

西弄得乾淨、整潔」、「我自己的事情自己說了算」和「我現在老了，但與年輕時一樣快活」共四個問題。被調查者對各個問題的評價分為 5 個等級：「1 = 很像」、「2 = 像」、「3 = 有時像」、「4 = 不像」和「5 = 很不像」[10]。透過對這四個問題的回答進行反向編碼並求和，我們得到了每位老人在每一次調查時的積極評價得分，形成一個取值範圍為 1-20 的變項，分值越大意味著積極評價越高。對於日常生活自理能力，CLHLS 專案基於 Katz 量表，在每一期調查均對每位被訪者收集了反映生活自理能力的六個項目，包括洗澡、穿衣、室內活動、上廁所、吃飯和控制大小便，每一項均按照「1 = 完全自理」、「2 = 部分自理」和「3 = 完全依賴」的模式進行編碼。類似地，我們也將每一項進行了反向編碼，然後將每一項的分值相加，變成一個取值範圍為 1-18 的變項，分值越大意味著自理能力越強[11]。為簡明起見，我們將積極評價得分和日常生活自理能力得分這兩個合成指標近似地視為等距變項加以處理。其中，積極評價得分為依變項，日常生活自理能力得分為解釋變項。另外，被訪者的年齡為每一次調查時的周歲年齡，並作為解釋變項納入模型。注意，為簡便起見，我們在這裡並沒有考慮資料加權的問題。

3.模型與結果

考慮到變項均為等距測度變項，在討論年齡和日常生活自理能力是如何影響高齡老人的積極自評時，可以採用線性迴歸進行處理。先從前面提到的同質性截距和同質性斜率模型開始，即：

$$pv_{it} = b_0 + b_1 age_{it} + b_2 adl_{it} + e_i \qquad (15\text{-}14)$$

這意味著，我們假定對同一個體在不同時點上的測量是相互獨立的，而不考慮資料本身包含的重複測量結構[12]。模型（15-14）的參數估計結果如下：

. reg pv age adl

---

[10] 請注意，另外還有一項是「8=無法回答」，對此，我們簡單地將其編碼為缺失值。在實際研究中我們需要對其做進一步的考慮。

[11] 現有的許多研究中，研究者一般會先將 ADL 的六個專案處理成表示「不能完全自理」和「能夠完全自理」的二分類變項，比如顧大男等（2004）、王德文等（2004）。這裡，我們沒有採用這種方式。

[12] 即方程式（15-13）中的下標 t 被省略。

```
    Source |      SS        df     MS              Number of obs =    3196

------------+------------------------------          F( 2, 3193)   = 109.09

     Model | 1721.86624     2  860.933119           Prob > F      = 0.0000

  Residual | 25199.7642  3193  7.89219049           R-squared     = 0.0640

------------+------------------------------          Adj R-squared = 0.0634

     Total | 26921.6305  3195  8.42617542           Root MSE      = 2.8093



----------------------------------------------------------------------------

        pv |    Coef.   Std. Err.      t    P>|t|    [95% Conf. Interval]

------------+---------------------------------------------------------------

       age | −.0688616  .0086191   −7.99   0.000   −.0857612   −.051962

       adl |  .3073259  .0302579   10.16   0.000    .247999    .3666529

     _cons |  15.33179   1.02907   14.90   0.000   13.31408    17.34949

----------------------------------------------------------------------------
```

但是，追蹤資料是對同一組個體進行的重複測量，因此並不滿足線性迴歸模型所要求的誤差項 e_i 相互獨立。相反，總是可以看到，對於同一個體而言，其誤差項往往存在一定程度的相關。我們計算出模型（15-14）誤差項的估計值，並將其轉換成寬格式[13]，從而取得每次調查的殘差估計值。表 15-3 給出了每次調查時點上殘差之間的相關矩陣。從中可以看到，誤差項之間的相關係數均為正數，且時間間隔越大，誤差之間的相關越弱。

表 15-3　四個觀察時點上殘差估計值之間的相關矩陣（$N = 799, T = 4$）

	e_0	e_1	e_2	e_3
e_0	1.000			
e_1	0.246	1.000		
e_2	0.225	0.264	1.000	
e_3	0.085	0.182	0.190	1.000

---

[13] 參見本章隨文註 5。

由於我們採用的是大樣本資料，儘管誤差相互獨立的假定並不滿足，模型（15-14）的參數估計結果仍然具有一致性（consistency）。但是，此處 OLS 迴歸係數的標準誤估計值不再是有效的。從統計上講，我們此時可以使用一種被稱作「穩健（robust）標準誤」的方法來對標準誤加以調整。這種方法考慮到同一個體誤差之間存在相關的情況，並可以得到標準誤的三明治估計式（sandwich estimator for the standard errors）。當然，這種處理實際上是將誤差之間的相關作為一種干擾因素（nuisance）加以對待。其實，我們可以將誤差之間的相關明確地納入到模型中來，而不是簡單地將其視作干擾因素。最簡單的方法就是將積極評價的總誤差分解成相互獨立的兩部分：一部分存在於老年人個體之間，它不隨時間變動，但是反映不同老人的個體特性效果，用 z_i 表示；另一部分存在於對老年人不同時點的觀察之間，它會隨著老人以及觀察時點的不同而發生變化，用 X_{it} 表示。那麼，模型（15-14）就變成了：

$$pv_{it} = \beta_0 + \beta_1(age)_{it} + \beta_2(adl)_{it} + (\zeta_i + \xi_{it}) \quad （15-15）$$
$$= (\beta_0 + \zeta_i) + \beta_1(age)_{it} + \beta_2(adl)_{it} + \xi_{it}$$

這意味著，每一位老年人將分別有一個截距來表示老人的個體效果，而年齡和日常生活自理能力這兩個變項的係數在不同老人之間仍然是同質的。我們先考慮隨機效果模型，它把模型中的 ζ_i 作為隨機截距[14]。對此模型，參數估計結果如下：

```
. xtreg pv age adl, i(id) mle nolog
```

Random-effects ML regression	Number of obs =	3196
Group variable: id	Number of groups =	799
Random effects u_i ~ Gaussian	Obs per group: min =	4
	avg =	4.0
	max =	4
	LR chi2(2) =	225.09

---

[14] 所謂隨機截距，指的是 ζ_i 的估計值會隨著老人的不同而變，且服從一個特定的分配。實際應用中，該分配通常被假定為常態分配。

```
Log likelihood  = −7762.9923                    Prob > chi2      =    0.0000
------------------------------------------------------------------------------
       pv |     Coef.   Std. Err.      z    P>|z|    [95% Conf. Interval]
----------+-------------------------------------------------------------------
      age | −.0772765   .0100099   −7.72   0.000   −.0968955   −.0576575
      adl |  .3327587   .0305819   10.88   0.000    .2728193    .3926982
     _cons|  15.63891   1.141069   13.71   0.000    13.40245    17.87536
----------+-------------------------------------------------------------------
 /sigma_u |  1.226386   .0664516                    1.10282     1.363796
 /sigma_e |   2.52708   .0365671                    2.456416    2.599776
      rho |    .19062   .0185133                    .1564728    .2289931
------------------------------------------------------------------------------
Likelihood-ratio test of sigma_u=0: chibar2(01)=  143.40 Prob>=chibar2 = 0.000
```

這裡，/sigma_u 表示不同老人截距之間（實際上就是 ζ_i）的標準差，為 1.226；/sigma_e 表示觀察時點層次上（即 ζ_{it}）的標準差，為 2.527；rho 表示同一老人的任意兩次調查總殘差之間的相關程度，它實際上就是 $1.226^2 / (1.226^2 + 2.527^2)$[15]。透過比較模型（15-14）和（15-15）中對應係數的標準誤，可以看出，匯合迴歸存在低估標準誤的問題。

在控制日常生活自理能力的情況下，年齡每增加一歲，高齡老人的積極自評就平均下降 0.077 分；在控制年齡的情況下，高齡老人的日常生活自理能力得分每提高 10 分，其積極自評就平均上升 3.328 分。但是，這些效果不是老年人個體之間的比較（因為日常生活自理能力可能會隨著時間推移而發生變化）。

如果我們純粹只是想要得到自變項在不同老人之間的效果（即組間效果），我們可以考慮首先根據每位老人在四次調查中所得到的資料求出積極評價、年齡和日常生活自理能力三個變項的個體平均數，然後以這些平均數作為變項進行迴歸：

---

[15] 請注意，這是個控制了年齡和日常生活自理能力的條件組內相關係數。它意味著在估計模型（15-14）時，將四次調查模型殘差相關矩陣的非對角線元素全部設定為 0.191，這相當於將表 15-3 中的相關矩陣加以修勻後的結果。

$$\overline{pv_{i\cdot}} = \frac{1}{T}\sum_{t=1}^{T}(pv_{it})$$

$$= \frac{1}{T}\sum_{t=1}^{T}[\beta_0 + \beta_1(age)_{it} + \beta_2(adl)_{it} + \varsigma_i + \xi_{it}] \qquad (15\text{-}16)$$

$$= \beta_0 + \beta_1\overline{age_{i\cdot}} + \beta_2\overline{adl_{i\cdot}} + \varsigma_i + \overline{\xi_{i\cdot}}$$

請注意，由於依變項和自變項均採用個體平均數或組平均數（group mean），迴歸係數中有關老年人四次調查之間的變異（即組內變異）完全被消除了，因此模型（15-16）主要反映了老人之間的差異（即組間效果）。此模型的參數估計結果如下：

```
. xtreg pv age adl, i(id) be
```

Between regression (regression on group means)	Number of obs	=	3196
Group variable: id	Number of groups	=	799

R-sq: within = 0.0805	Obs per group: min =	4
between = 0.0548	avg =	4.0
overall = 0.0632	max =	4

	F(2,796)	=	23.05
sd(u_i + avg(e_i.))= 1.752715	Prob > F	=	0.0000

----

pv	Coef.	Std. Err.	t	P>|t|	[95% Conf. Interval]
age	−.0584904	.0119603	−4.89	0.000	−.0819678 −.0350129
adl	.1958232	.0584478	3.35	0.001	.0810932 .3105531
_cons	16.34506	1.643808	9.94	0.000	13.11835 19.57177

與模型（15-15）相比：在控制了日常生活能力的情況下，積極評價得分隨年齡增長而下降的幅度有所減弱，年齡變項的迴歸係數從 −0.077 變為 −0.058；在控制年

齡的情況下，日常生活自理能力對積極評價的促進作用也有所減弱，日常生活自理能力變項的迴歸係數由前一模型中的 0.333 變成了這裡的 0.196。請注意，這些係數反映的純粹是不同老年人之間年齡和日常生活能力差異對積極評價的影響，即組間效果。

在追蹤資料中，除了有組間效果之外，還存在組內效果，即對同一老人不同調查時點之間的比較。對此，我們可以將模型（15-15）減去模型（15-16）得到：

$$pv_{it} - \overline{pv_{i\cdot}} = \beta_1(age_{it} - \overline{age_{i\cdot}}) + \beta_1(adl_{it} - \overline{adl_{i\cdot}}) + (\zeta_i - \overline{\xi_{i\cdot}}) \tag{15-17}$$

這裡，我們用同一位老年人每次調查的觀察值減去該老人四次調查的平均數（即組平均數）。注意，如果用一個表示老年人特定個體效果的截距 α_i 來取代模型（15-15）中的隨機截距 ζ_i，我們也可以得到與模型（15-17）相同的組內估計，即所謂的固定效果模型。只不過此時需要用 799 個虛擬變項來標識每一位老年人，並去掉模型（15-15）中的總截距 β_0。但在實際研究中，出於對計算效率的考慮，通常更多的是採用模型（15-17）來進行參數估計。這也就是前面提到的採用平均離差法估計固定效果模型。該模型的參數估計結果如下：

. xtreg pv age adl, i(id) fe

331

```
Fixed-effects (within) regression          Number of obs    =    3196
Group variable: id                         Number of groups =     799

R-sq:  within  = 0.0809                     Obs per group: min =       4
       between = 0.0545                                    avg =     4.0
       overall = 0.0618                                    max =       4

                                            F(2,2395)        =   105.34
corr(u_i, Xb)  = −0.2071                    Prob > F         =  0.0000

------------------------------------------------------------------------------
         pv |    Coef.    Std. Err.     t    P>|t|    [95% Conf. Interval]
------------+-----------------------------------------------------------------
        age | −.1305563   .0181025   −7.21  0.000   −.1660545   −.0950581
```

adl	.3618901	.0361096	10.02	0.000	.2910808	.4326994
_cons	19.87368	1.887931	10.53	0.000	16.17154	23.57583

```
------------+----------------------------------------------------------------
   sigma_u |  1.8114107
   sigma_e |  2.5220317
      rho |  .34030896   (fraction of variance due to u_i)
-----------------------------------------------------------------------------
```

F test that all u_i=0:   F(798, 2395) =   1.96   Prob > F = 0.0000

表 15-4   不同模型設定的參數估計（ $N = 799, T = 4$ ）

	模型(15-14) 匯合線性迴歸		模型(15-15) MLE隨機截距		模型(15-16) 組間效果		模型(15-17) 組內效果	
	估計值	標準誤	估計值	標準誤	估計值	標準誤	估計值	標準誤
固定部分								
常數項	15.332	1.029	15.639	1.141	16.345	1.644	19.874	1.888
年齡	-0.069	0.009	-0.077	0.010	-0.058	0.012	-0.131	0.018
ADL	0.307	0.030	0.333	0.031	0.196	0.058	0.362	0.036
隨機部分								
/sigma_u			1.226	0.066			1.811	
/sigma_e			2.527	0.037			2.522	

　　表 15-4 將不同模型設定所對應的參數估計結果進行了整理。不同的模型反映著研究者在對立假設和研究關注點上的差異，而不同的模型也會得出不同的參數估計值及其標準誤。就參數估計值的標準誤而言，組內效果也就是固定效果模型情況下的標準誤值最大。這是因為固定效果估計只利用了個體內變異（within-individual variation）而基本上忽略了任何與個體間變異（between-individual variation）有關的資訊。如此處理的原因在於，個體間變異可能受到個體未觀察到的特徵的干擾。固定效果估計的目的就在於排除這些個體上未觀察到的特徵的干擾，來得到所關注參數的不偏估計值。用統計學術語來說，就是犧牲效率來減少偏差。因此，追蹤資料的分析要求研究者首先明確自己的研究目的，然後據此來設定相應的模型。

15.2 趨勢分析

15.2.1 趨勢分析簡介

在本章的導言部分提到，與定群研究（panel study）相比，趨勢分析（trend analysis）最明顯的區別之一在於雖然二者都是針對同一個研究母體，但不同時期所選取的樣本物件是不同的。在社會科學研究中，由於包含了明確的時間變動資訊，這類研究也經常被認為比較適用於對社會現象過程的瞭解。

假設針對同一母體，我們在不同時點 t 上選取不同樣本來對個體的收入水準進行研究，但不同時點被選取的樣本個體並不完全相同。同時，假定樣本規模為 n_t，不同時點個體的收入水準記為 y_{it}（這裡 i 指的是不同時點上的不同個體且 $i = 1, 2, \cdots, n_i$，t 表示不同的調查時點且 $t = 1, 2, \cdots, T$）。請注意，如果將不同時點的調查樣本整理為匯合資料（pooled data），樣本數應為 $\sum_{t=1}^{T} n_t$。

相對於追蹤資料而言，趨勢分析要簡單得多。因為趨勢分析主要關注時間變項和其他自變項之間的交互作用，而這種作用實際上反映了由時間變動所帶來的效果。換句話說，趨勢分析主要是在刻畫時間效果。下面我們將結合具體研究實例，簡要地說明如何在實際研究中進行趨勢分析。

15.2.2 趨勢分析實例

本節中，我們將以 Hauser 和 Xie 2005 年發表在《社會科學研究》（Social Science Research）上的一篇論文為例來說明如何在實際研究中進行趨勢分析，以此展示趨勢分析的應用。

1. 研究關注點

Hauser 和 Xie（2005）一文主要是討論當代中國城鎮收入不平等的時間和空間變異。他們具體分析了人力資本和政治資本的收入回報在這一時期是如何變化，以及這些變化在經歷不同經濟增長率的城市（city）之間是如何不同的。儘管該研究對這兩個問題的分析是基於同一套資料，但是二者之間還是存在一定差異的。前者是趨勢分析（trend analysis），主要刻畫時間效果；後者則屬於第 16 章將要講到的多層分析（multi-level analysis），主要刻畫組效果或脈絡效果（contextual effects）。這裡，我們只關注該文中與本節主題直接相關的趨勢分析的部分。

2. 資料及分析思路

該研究仍然採用來自中國家庭戶收入調查專案（CHIP）的資料，不過，他們這一次不但用到了前面一直被用來舉例分析的 1988 年城鎮樣本個體資料（以下簡稱 CHIP88），還用到了 1995 年的資料（以下簡稱 CHIP95）。需要注意的是，CHIP 在這兩年中進行調查的城市有所不同，1988 年共調查了 55 個城市，而 1995 年增加到了 63 個，並且對同一城市在兩個調查年份所選取的家庭戶也不同。Hauser 和 Xie（2005）的研究基於在兩個年份都進行了調查的 35 個城市。另外，分析中只包含年齡在 20 到 59 歲的那部分樣本，且排除了 1988 年時收入低於 100 元以及收入為缺失值的個體。這樣，最終用於分析的樣本量情況為：1988 年為 12,885 人，1995 年為 7,536 人。

在研究思路上，Hauser 和 Xie 首先對 1988 年和 1995 年兩個不同時期（period）分別估計了修正的人力資本模型。接著他們進一步探索了個體層次基準（baseline）收入模型的含義，並將不平等水準在整體上分解為三個部分：收入決定因素分配的變化所導致的部分、由這些決定因素的回報的變化所導致的部分以及未被基準模型解釋的剩餘部分。最後，他們還對收入決定因素回報在地區間的變異進行了探索，並用城市層次的經濟增長指標對其加以解釋。考慮到本節的主題，這裡僅試圖重現他們在第一步中進行的分析。

3. 模型及結果

上面已經指出，這裡的分析只涉及 Hauser 和 Xie（2005）一文所提到的三步研究思路中的第一步。如前所述，它所針對的問題就是：收入決定因素在時間維度上存在何種變化趨勢？對應原文中的研究問題，即人力資本和政治資本的作用在 1988 年和 1995 年之間發生了何種變化？

Xie 和 Hannum（1996）一文中採用對 Mincer（1974）經典人力資本模型進行修正所得的修正人力資本模型，忽略表示第 t 個時期第 i 人下標，該模型可表示為：

$$\log Y = b_0 + b_1 X_1 + b_2 X_2 + b_3 X_2^2 + b_4 X_4 + b_5 X_5 + b_6 X_1 X_5 + \varepsilon \qquad (15\text{-}18)$$

其中，

log *Y* 表示收入的對數，收入指的是個體每年所得的各種來源的收入之和[16]；

X_1 表示受教育年數[17]，作為對人力資本的測量；

X_2 表示工作經驗，以調查時點的年齡和首次工作時年齡之間的差值作為近似測量；

X_2^2 表示工作經驗的平方；

X_4 表示中國共產黨員身份，用來作為對政治資本的測量，其中 1 表示黨員，0 表示非黨員；

X_5 表示性別，其中 1 表示女性，0 表示男性；

$X_1 X_5$ 表示教育與性別的交互作用項，即允許教育回報因性別的不同而不同；

b 為迴歸係數，用於測量某個自變項變化一個單位所帶來的收入對數的變化量，也就是每一自變項在收入方面帶來的「回報」；

ε 表示未被基準模型（baseline model）所解釋的殘差。

與 Mincer（1974）的經典模型相比，修正的人力資本模型主要是考慮到與西方社會相比，中國社會存在的兩個特殊之處：一是政治資本的重要性，這透過黨員身份這一虛擬變項進行測量；二是包括了女性並考慮男女在教育機會和教育回報上的差異，這透過教育和性別之間的交互作用項來刻畫。

為了更簡便地表達，我們將模型（15-18）以矩陣形式重新表達為：

$$log\ Y = \boldsymbol{\beta}'\mathbf{X} + \varepsilon \qquad\qquad (15\text{-}19)$$

這裡，$\mathbf{x}' = \{1 \quad X_1 \quad X_2 \quad X_2^2 \quad X_4 \quad X_5 \quad (X_2 X_5)\}$，$\boldsymbol{\beta}' = [\beta_0 \quad \beta_1 \quad \beta_2 \quad \beta_3 \quad \beta_4 \quad \beta_5 \quad \beta_6]$。在模型（15-18）的設定中，我們對每一個時期（即 1988 年和 1995 年）分別估計得到一組迴歸參數的估計值，它們是分時期的（period–specific）。該模型可以等價地表達為：

$$log\ Y = \boldsymbol{\beta}^{*\prime}\mathbf{X} + \boldsymbol{\delta}'\mathbf{S} + \varepsilon$$

其中，$\mathbf{S} = t\mathbf{X}$，t 是一個表示調查年份的虛擬變項，1 表示 1995 年，0 表示 1988 年；

---

[16] 考慮到通貨膨脹的影響，1995 年的收入按照 1988 年的情況進行了調整。因此，下面所有的分析都是可比的。

[17] 透過轉換類別測量水準的教育成就變項得到。這一轉換相當於認定在其他因素不變的情況下，收入是教育的線性函數，Hauser 和 Xie（2005）在文中給出了使用教育水準的線性形式的 4 個理由，具體內容請參見原文。

δ 是一個參數向量，代表每一個收入決定因素 **X** 與時間 t 之間的交互作用效果。注意，在模型（15-20）中，$\beta^{*'}$ 向量表示在 1988 年時每一個自變項的迴歸係數。因此，我們將該模型稱作匯合分析（pooled analysis）。對以上兩種模型設定，我們均可採用 Stata 來分別計算其參數的估計值。

對於 1988 年 CHIP 資料的模型估計：

. reg logY x1 x2 x22 x4 x5 x1x5 if t==0

Source	SS	df	MS		
Model	623.632202	6	103.9387		
Residual	1895.22532	12878	.147167675		
Total	2518.85752	12884	.195502757		

Number of obs = 12885
F(6, 12878) = 706.26
Prob > F = 0.0000
R-squared = 0.2476
Adj R-squared = 0.2472
Root MSE = .38362

logY	Coef.	Std. Err.	t	P>|t|	[95% Conf. Interval]	
x1	.0197848	.0015939	12.41	0.000	.0166605	.022909
x2	.0442854	.0012393	35.73	0.000	.0418562	.0467147
x22	−.0006631	.0000297	−22.34	0.000	−.0007213	−.0006049
x4	.0612991	.0089939	6.82	0.000	.0436696	.0789285
x5	−.3645443	.0253793	−14.36	0.000	−.4142915	−.3147971
x1x5	.0226549	.0022764	9.95	0.000	.0181928	.027117
_cons	6.752952	.0217671	310.24	0.000	6.710286	6.795619

對於 1995 年 CHIP 資料的模型估計：

. reg logY x1 x2 x22 x4 x5 x1x5 if t==1

Source	SS	df	MS	

Number of obs = 7536
F(6, 7529) = 307.04

```
       Model |  485.162334      6   80.860389        Prob > F       = 0.0000
    Residual |  1982.81837   7529   .263357467       R-squared      = 0.1966
-------------+--------------------------------        Adj R-squared  = 0.1959
       Total |  2467.9807    7535   .327535594        Root MSE       = .51318
```

```
------------------------------------------------------------------------------
        logY |    Coef.    Std. Err.      t     P>|t|     [95% Conf. Interval]
-------------+----------------------------------------------------------------
          x1 |   .036624   .0029409    12.45    0.000     .030859      .0423891
          x2 |  .0498141   .002219     22.45    0.000     .0454642     .054164
         x22 | -.0008448   .0000552   -15.31    0.000    -.000953     -.0007366
          x4 |  .1297126   .0151144     8.58    0.000     .1000841     .159341
          x5 | -.5748415   .0510058   -11.27    0.000    -.674827     -.474856
        x1x5 |  .0370888   .0041641     8.91    0.000     .028926      .0452515
       _cons |  6.881937   .0436392   157.70    0.000     6.796391     6.967482
------------------------------------------------------------------------------
```

對於 1988 年和 1995 年 CHIP 資料的匯合分析：

. reg logY x1 x2 x22 x4 x5 x1x5 t tx1 tx2 tx22 tx4 tx5 tx1x5

```
      Source |       SS       df       MS              Number of obs =  20421
-------------+--------------------------------          F( 13, 20407) = 757.90
       Model |  1872.34748     13   144.026729          Prob > F      = 0.0000
    Residual |  3878.04368  20407   .190034972          R-squared     = 0.3256
-------------+--------------------------------          Adj R-squared = 0.3252
       Total |  5750.39116  20420   .281605836          Root MSE      = .43593
```

```
------------------------------------------------------------------------------
        logY |    Coef.    Std. Err.      t     P>|t|     [95% Conf. Interval]
-------------+----------------------------------------------------------------
          x1 |  .0197848   .0018112    10.92    0.000     .0162347     .0233349
```

337

x2	.0442854	.0014083	31.45	0.000	.041525	.0470459
x22	−.0006631	.0000337	−19.66	0.000	−.0007292	−.000597
x4	.0612991	.0102202	6.00	0.000	.0412666	.0813315
x5	−.3645443	.0288397	−12.64	0.000	−.4210724	−.3080162
x1x5	.0226549	.0025868	8.76	0.000	.0175846	.0277252
t	.128984	.0445644	2.89	0.004	.0416341	.2163339
tx1	.0168392	.0030857	5.46	0.000	.010791	.0228875
tx2	.0055286	.002353	2.35	0.019	.0009166	.0101407
tx22	−.0001817	.0000577	−3.15	0.002	−.0002949	−.0000685
tx4	.0684135	.0164102	4.17	0.000	.0362481	.1005789
tx5	−.2102972	.052048	−4.04	0.000	−.3123154	−.1082789
tx1x5	.0144338	.0043822	3.29	0.001	.0058445	.0230232
_cons	6.752952	.0247349	273.01	0.000	6.70447	6.801435

為了便於比較和解釋上述三個模型估計得到的結果，我們將其整理成表 15-5 的形式。表 15-5 給出了模型中每個參數的估計值和對應的標準誤，並註明了統計上是否顯著。

表 15-5　地區同質性假定下 1988 年和 1995 年收入對數（$logY$）的模型

自變項	1988年		1995年		1995 相對於 1988	
	β	SE	β	SE	δ	SE
截距	6.753	0.022***	6.882	0.044***	0.129	0.045**
受教育年數（x_1）	0.020	0.002***	0.037	0.003***	0.017	0.003***
工作經驗（x_2）	0.044	0.001***	0.050	0.002***	0.006	0.002*
工作經驗平方（x_2^2）	-6.63×10^{-4}	2.97×10^{-5}***	-8.45×10^{-4}	5.52×10^{-5}***	-1.82×10^{-4}	5.77×10^{-5}**
黨員（1 = 是）（x_4）	0.061	0.009***	0.130	0.015***	0.068	0.016***
性別（1 = 是）（x_5）	−0.365	0.025***	−0.575	0.051***	−0.210	0.052***
性別與受教育年數交互作用項（x_1x_5）	0.023	0.002***	0.037	0.004***	0.014	0.004***
誤差均方根	0.384		0.513			
自由度df	12878		7529			

自變項	1988年		1995年		1995 相對於 1988	
	β	SE	β	SE	δ	SE
判定係數R^2（%）	24.8		19.7			

註：(1)1988 年和 1995 年的樣本量分別為 $N = 12,885$ 和 $N = 7,536$。依變項為年度總收入（以 1988 年的元來表示）的自然對數。

(2)$*p < 0.05$，$**p < 0.01$，$*** p < 0.001$。

表 15-5 呈現了分別對應於 CHIP88 和 CHIP95 的 b 向量的估計值以及匯合 CHIP88 和 CHIP95 兩個時點數據的 δ 向量的估計值。它完全再現了 Hauser 和 Xie （2005）一文中給出的估計結果。

從 1988 年到 1995 年，儘管跨越了不同的職業生涯時期，但工作經驗平方的迴歸係數估計值始終都是負的，這與收入回報的人力資本理論相吻合。也就是說，工作經驗在個體職業生涯的初期對收入具有正向作用，但在接近職業生涯末期時其作用會變小，如下圖 15-1 所示。

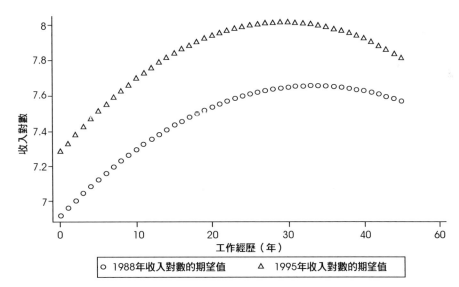

註：控制了教育、黨員、性別及性別×教育的影響

圖 15-1　工作經驗對收入回報的影響：1988 年和 1995 年

另外，透過求解 $\log Y/X_2 = 0$ 可以得到回報最高的工作經驗年數。透過計算，Hauser 和 Xie（2005）發現 1988 年和 1995 年回報最高的工作經驗分別是 33.2 年和 29.6 年。不過，考慮到每一時期的資料仍屬於橫斷面資料，工作經驗的這種情況可

能僅僅反映了某種隊列變化。假定不存在隊列變化，那麼我們得到的估計值預示著與 1988 年相比，1995 年的收入回報有著很大上升。

受教育年數的係數 b_1 表明，男性受教育年數在 1988 年時的年度回報率是 2.0%（即 exp(0.020)），而這一回報率到 1995 年時幾乎翻了一倍，達到 3.8%（即 exp(0.037)）。再來看係數 d_1，它表達的是 1988 年到 1995 年之間受教育年數的收入回報的變化。對該係數的統計檢定表明，男性受教育年數的收入回報在此期間幾乎翻了一番，這一變化在 0.001 水準上統計性顯著。同樣地，係數 d_6 表達的是 1988 年到 1995 年之間性別與受教育年數兩者的交互作用所發生的變化。將 b_1 和 d_1、b_6 和 d_6 綜合起來看，我們發現女性受教育年數的收入回報率大幅提高，從 1988 年時的 4.4%（即 exp(0.020 + 0.023) 上升到 1995 年時的 7.7%（即 exp(0.020 + 0.023 + 0.017 + 0.014)），而這幾乎是相同年份男性回報率的 2 倍。這一受教育年數在收入回報上的性別差異可由圖 15-2 直觀地呈現出來。

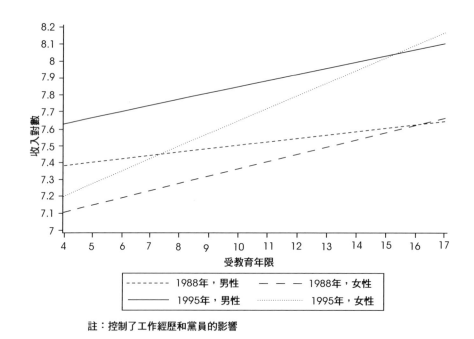

註：控制了工作經歷和黨員的影響

圖15-2 受教育年數收入回報的性別差異：1988 年和 1995 年

圖 15-2 中的四條線分別表明了男性和女性在 1988 年和 1995 年時受教育年數的收入回報。其中受教育程度低的群體，其收入的性別差異最大。這可能反映了受教育程度低的男性和女性可獲得的工作類型有所不同。女性相比男性更高的教

育回報率反映出，對於受到高等教育的工作者而言，收入的性別差異在縮小。表 15-5 中，係數 d_5 代表性別效果發生的變化，可以看到其估計值為負。對於受教育最少的那部分工作者而言，收入的性別差異在繼續擴大。這一發現支持了其他學者（Shu & Bian, 2002, 2003）此前有關經濟改革可能加劇勞動力市場中的性別不平等的結論。

下面我們來看黨員身份對收入回報的影響及其隨時間推移而出現的變化。與黨員身份變項對應的係數為 b_4，其估計結果表明，在控制教育、工作經驗和性別作用的情況下，黨員在 1988 年和 1995 年比非黨員在收入回報率上分別高出大約 6.3%（即 exp(0.061)）和 13.9%（即 exp(0.130)）。也就是說，黨員身份的收入回報在這七年期間出現了大幅提高，翻了一倍還多。這一發現與中國的政治資本在改革時代的重要性正在下降這一預測並不一致。相反地，Hauser 和 Xie（2005）發現在經濟改革快速增長時期，入黨的好處不但依然存在，而且不論被訪者受教育程度的高低、工作經驗的長短、是男性還是女性，黨員的相對優勢都有所擴大。比如，男性非黨員在 1988 年時只需要多接受大約 3 年的教育就能得到等同於與其具有相同工作經驗的男性黨員的收入，然而到了 1995 年，同一男性非黨員則需要多接受 3.5 年的教育。對此，一個可能的解釋是黨員身份也許可以被看作是一種能力，它代表了人力資本中未被觀察到的方面（Gerber，2000，2001）。因而，黨員身份回報的明顯提高反映的可能是對某些能力回報的提高。

我們看到，透過趨勢分析，Hauser 和 Xie（2005）揭示了 1988 年到 1995 年期間收入決定因素重要性的諸多變化：教育的收入回報對男女兩性都有顯著提高；收入的性別差異在擴大；黨員身份的收入回報也增加。也就是說，在個體層次上，收入決定因素的確存在統計上的顯著變化。

15.3　本章小結

由於將時間因素考慮進來，長期追蹤資料在社會科學研究中具有非常高的價值，它有助於研究者討論存在於個體行為和社會現象中的因果關係。本章簡要介紹了分析長期追蹤資料的基本方法和思路。

近年來，長期追蹤資料，尤其是追蹤資料分析在理論和應用兩個方面都有了迅速發展。這一領域的研究者們在基本分析模型的基礎上發展出了能夠對更為複雜的資料特徵進行處理的新模型，比如動態定群資料模型（dynamic panel data model）、間斷資料模型（discrete data model）、非平衡資料模型（unbalanced data model）等等。另外，還有一種被稱作「成長曲線模型」（growth curve model）的方法，它將觀察時點 t（$t = 1, 2, \cdots, T$）作為層 1 單位、每個個體 i（$n = 1, 2, \cdots, N$）作為層 2 單位，由此，追蹤資料實際上可以被看作是 N 個個體在 T 個時點上的增長軌跡。也就是說，追蹤資料可以轉化成「成長曲線」，並採用多層模型的思路對其加以分析。這種模型可以被納入到多層模型部分進行介紹。因此，接下來我們將在下一章中介紹多層模型的基本原理。

參考文獻

Baltagi, Badi.H. 2002. *Econometric Analysis of Panel Data*. New York: Wiley.

Gerber, Theodore P. 2000. "Membership Benefits or Selection Effects? Why Former Communist Party Members Do Better in Post-Soviet Russia." *Social Science Research* 29:25-50.

Gerber, Theodore P. 2001. "The Selection Theory of Persisting Party Advantages in Russia: More Evidence and Implications (Reply to Rona-Tas and Guseva)." *Social Science Research* 30: 653-671.

Halaby, Charles N. 2004. "Panel Models in Sociological Research: Theory into Practice". *Annual Review of Sociology* 30:507-544.

Hauser, Seth M. and Yu Xie. 2005. "Temporal and Regional Variation in Earnings Inequality: Urban China in Transition Between 1988 and 1995." *Social Science Research* 34:44-79.

Hsiao, Cheng. 2003. *Analysis of Panel Data*(Second Edition). Cambridge: University Press.

Judge, Geroge G. William E. Griffiths, E. Carter Hill, Helmut Lutkepohl and Tsoung–Chao Lee, T. 1985. *The Theory and Practice of Econometrics* (Second Edition). New York: Wiley.

Markus, Gregory B. 1979. *Analyzing Panel Data*. Beverly Hills, Calif.: Sage Publications.

Mincer, Jacob. 1974. *Schooling, Experience and Earnings*. New York: Columbia University Press.

Shu, Xiaoling and Yanjie Bian. 2002. "Intercity Variation in Gender Inequalities in China: Analysis of a 1995 National Survey." *Research in Social Stratification and Mobility* 19:267-307.

Shu, Xiaoling and Yanjie Bian. 2003. "Market Transition and Gender Gap in Earnings in Urban China." *Social Forces* 81:1107-1145.

Xie, Yu. 1998. "The Essential Tension between Parsimony and Accuracy." *Sociological Methodology* 231-236, edited by Adrian Raftery. Washington, D.C.: The American Sociological Association.

Xie, Yu and Emily Hannum. 1996. "Regional Variation in Earnings Inequality in Reform-Era Urban China." *American Journal of Sociology* 101:950-992.

顧大男、曾毅，2004，《高齡老人個人社會經濟特徵與生活自理能力動態變化研究》，《中國人口科學》，2004年S1期。

李強、Denis Gerstorf、Jacqui Smith，2004，《高齡老人的自評完好及其影響因素》，《中國人口科學》，2004 年 S1 期。

王德文、葉文振、朱建平、王建紅、林和森，2004，《高齡老人日常生活自理能力及其影響因素》，《中國人口科學》，2004 年 S1 期。

343

多層次模型介紹

　　社會研究應該基於社會理論。社會理論告訴我們：人與人之間是有差異的，而且總是生活在一定的社會脈絡（social context）中，其表現和行為方式總是隨著社會環境的變化而變化。在更一般的意義上，社會研究經常涉及個體與社會環境之間的互動關係。個體會受到其所屬的團體氛圍或社會環境的影響；反過來，團體氛圍或社會環境的屬性也會受到作為它們構成要素的個體的影響。個體與社會環境之間的互動關係決定了社會研究所用資料中的多層結構（multi-level structure）。比如，在教育研究中，學生隸屬於不同的學校，當我們試圖對學生成績進行研究時，我們可以得到有關學生特徵的變項資訊，同時也能得到反映學校特徵的變項資訊。再比如，在定群研究中，對同一個體進行不同時點的測量，可以得到個體在不同時點上的變項資訊，同時我們還可以獲得該個體不隨時間發生變化的變項資訊（如家庭背景、性別、出生地等）。資料所具有的這種多層結構使得前面介紹的 OLS 迴歸無法勝任資料分析的任務。比如說，由於受到學校環境的共同影響，一般來講，就讀於同一所學校的學生之間的異質性要小於就讀於不同學校的學生之間的異質性。而這就違背了 OLS 迴歸技術的經典假定，誤差項獨立和同變異數。

　　在多層模型出現之前，面對具有多層結構的資料，先前的處理方法通常是首先將所有的變項匯總（aggregation）或分解（disaggregation）到某個層次上，然後採用常規多元迴歸、變異數分析等「標準」的統計方法進行分析。但是，對從屬於不同層次上的變項僅考慮將其在某個單一層次上進行處理是不夠的，這可能會帶來一些問題。首先，如果我們忽略了上一層分析單位，我們就不能解釋脈絡和處境對個體行為的影響；同時，這種個體主義的視角（individualistic approach）沒有考慮到從屬於同一上層分析單位的不同個體之間的同質性要高於從屬於不同上層分析單位的不同個體之間的同質性，從而違背了普通最小平方法關於同分配和無序列相關這兩個假定，存在損失效率的問題。其次，如果忽略個人層次的觀察，僅僅依賴上層分析單位資料，那麼當我們試圖將這種基於匯總資料方法（aggregated data approach）的結論推論到個體層次時，可能會導致方法論上的區位謬誤（ecological fallacy）（Robison，1950）。再次，如果模型設定不夠清楚明確，那麼層 2 的抽樣誤差可能很大，導致不可靠的斜率估計值。最後，假如我們強制採用同質性模型（homogeneity model），就沒辦法將參數變異與抽樣變異區分開來。比如，在有關中國收入分化的研究中，如果我們忽略地區差異而將中國看作一個同質性整體的話，這不但在方法論上存在缺陷，而且在理論上也是一種浪費（Xie & Hannum，1996）。

對於多層結構資料而言，變項的變異同樣可以區分成組內變異和組間變異兩個部分。如果完全忽略組間變異的話，殘差分配有可能出現不等變異量，採用普通最小平方方法所得到的參數估計值儘管仍是不偏和一致的，但不再是最有效的。同時，我們也失去了使用組層面自變項的機會。相反，完全忽略組內變異使我們損失了大量可能很重要的變異，從而導致誤差。作為一種特例，區位謬誤的根源就在於組內變異的流失。因此，對於具有多層結構的資料，所採用的分析方法應該同時兼顧組內變異和組間變異。近年來多層次模型的出現與發展恰好能夠方便地做到這一點。本章將對這一方法的基本原理進行介紹。

16.1　多層次模型發展的背景

本章所介紹的多層次模型最早主要起源於教育學領域。時至今日，它在不同領域的文獻中都已經有了不同的稱呼。比如，社會學研究者稱其為多層次模型（multilevel models），教育學研究者將其稱為階層性模式（hierarchical linear models），計量經濟學者往往稱其為隨機係數迴歸模型（random-coefficient regression models），統計學家則更多地稱其為混合效果模型（mixed effect models）和隨機效果模型（random-effects models），而發展心理學研究者多稱其為「成長曲線模型（growth-curve models）」。另外，多層次模型中有一個特例，被習慣稱作共變數成分模型（covariance components models）。儘管名稱繁多，但多層次模型大體上包括兩個方面的來源：脈絡分析（contextual analysis）和混合效果模型（mixed effects models）。

脈絡分析關注社會脈絡對個體行為的影響。長期以來，這一直是困擾社會科學研究者的一個難題。20 世紀 50 年代，Robinson（1950）對當時主要依賴匯總資料（aggregate data）來研究個體行為的流行做法提出了質疑，他認為這可能混淆匯總效果和個體效果從而導致區位謬誤。隨後，一些學者開始在組內迴歸和組間迴歸之間做出明確的區分，也有一些學者開始探索將一個層次上的迴歸截距和斜率作為更高層次上的結果加以處理。另一方面，在 20 世紀 80 年代之前，混合效果模型被運用到變異數分析和迴歸分析中來，係數被假定為固定效果或隨機效果。步入 20 世紀 80 年代後，脈絡分析和隨機效果模型兩者終於彙集形成了多層次模型。相關研究者認為，在脈絡分析的建模中，個體和脈絡作為不同的變異來源，在建模中都應被作為隨機影響加以設定。與此同時，統計方法和演算法也在 1980 年代出現了突破性的發展，比如，EM 演算法的擴展應用、採用反覆運算再加權最小平方方法估

計共變數成分方法的出現、Fisher 得分演算法的問世等等。這使得具有巢套隨機係數的迴歸模型成為了可能。到 20 世紀 80 年代末，多層次模型的基礎已經建立起來。今天，隨著多層結構資料的逐漸普及以及電腦技術的迅速發展，多層次模型不斷出現方法上的創新，並在教育學、社會學、心理學等社會科學中產生了許多創造性的應用。

16.2　多層次模型基本原理

16.2.1 工作邏輯

多層次模型的分析思路其實比較簡單。它首先將多層結構資料在依變項上的總變異明確區分成組內（within-group）和組間（between-group）兩個層次，然後分別在不同的層次上引入自變項來對組內變異和組間變異加以解釋。最簡單的多層次模型由一個組內方程和一個組間方程構成，同時將組內方程的部分或全部參數作為結果變項由組間方程來加以解釋。

以教育研究中有關學習成績的研究為例，其中，學生為組內（即層 1）分析單位，學校作為組間（即層 2）分析單位。組內模型將就讀於學校 j 的學生 i 的學習成績表達成不同學生的背景特徵 x_{ijk}（比如，性別、家庭 SES 等）和隨機誤差 ε_{ij} 的函數：

$$y_{ij} = \beta_{j0} + \beta_{j1}x_{ij1} + \beta_{j2}x_{ij2} + \cdots + \beta_{jk}x_{ijk} + \varepsilon_{ij} \tag{16-1}$$

這裡，迴歸係數 β_{jk} 反映的是在學校 j 內的結構關係，表明每所學校的學生成績是如何受到學生層次變項影響的。

與同質性模型（比如常規線性迴歸模型）相比，多層次模型明顯的不同之處就在於，它還會進一步探究方程式（16-1）中的結構關係如何在不同學校之間變化。即透過組間模型，將方程式（16-1）中的一些或全部結構參數 β_{jk} 表達成學校層次變項 W_{pj} 和隨機誤差 μ_{jk} 的函數：

$$\beta_{jk} = \gamma_{0k} + \gamma_{1k}W_{1j} + \cdots + \gamma_{pk}W_{pj} + \mu_{jk} \tag{16-2}$$

這裡，$k \in (0, 1, 2, \cdots, K)$，迴歸係數 γ_{pk} 表示學校層次的某變項 W_p（比如學校教學環境、師資實力等）如何改變學校內結構關係中第 k 個學生層次變項對學生成績的

影響（包括截距），這體現著學校特徵如何影響學校內的學生成績。加上一些對變異數共變數結構的假定，上述方程式（16-1）和方程式（16-2）共同定義了一個多層次模型。方程式（16-1）實際上是針對就讀於同一所學校學生的成績進行迴歸，取得不同學校的模型參數（即迴歸截距和每個學生背景變項的斜率）估計值；然後，方程式（16-2）分別以這些得到的迴歸截距和斜率作為依變項進行迴歸。簡單地看，所謂多層次模型實際上可以概括為對層 1 迴歸截距和斜率係數的再迴歸。

這種「迴歸的迴歸」的思路其實早在 1970 年代的後設分析（Meta Analysis）中就已經出現了（Glass，1976）。換用多層次模型的思路來看，在後設分析中，研究者所收集來的針對同一主題所作的迴歸分析屬於組內模型，而研究者針對這些研究結果所進行的後設分析迴歸則屬於組間模型。它們的共同點在於都讓組內模型的係數在不同組之間發生變動。但是，多層次模型和後設分析之間的差別也是顯而易見的。在多層次模型中，研究者同時具有學生和學校兩個層次上的資料，可以同時建立組內模型和組間模型。但是，在後設分析中，研究者沒有學生層次的資料，只能建立組間模型進行分析，而組內模型的分析是由其他研究者事先基於原始資料完成的。在這一意義上，也許我們可以將後設分析視為組間模型分析，或「窮人」的多層次模型。

實際上，先前常見的模型（諸如同質性模型、區位模型和後設分析等）都可看成是本章所介紹的多層模型的種種特例。

16.2.2 參數估計方法

儘管多層次模型可以簡單地視為一種「迴歸的迴歸」，但是實際上方程式（16-2）中的結果變項 β_{jk} 並不能夠透過直接觀察得到。將方程式（16-2）代入方程式（16-1）所得到的組合模型包含學生和學校兩個層次上的隨機誤差，這一複合殘差結構使得模型估計變成了一個複雜的問題，這也是過去一段時間以來制約多層次模型應用的一個瓶頸所在。隨著統計方法和演算法在 20 世紀 80 年代的突破性發展，諸如 EM 演算法、Bayes 方法都被用來對多層次模型進行求解。不過，本書並不打算對多層次模型的參數估計原理進行詳細介紹，有興趣的讀者可以參考 Goldstein（1995，1999）和 Raudenbush 和 Bryk（2002，2007）等的專著。這裡我們只是簡要提及可以用於對多層次模型參數估計的一些常見方法。

多層次模型通常使用最大概似估計（maximum likelihood estimation，MLE）方法來估計模型的變異數共變數。但是，在具體應用中，最大概似估計方法又分成

完全最大概似法（full maximum likelihood，FML）和限制性最大概似法（restricted maximum likelihood，REML）兩種。兩者之間的差別在於它們對模型殘差的考慮有所不同。REML 包含了所有來源的殘差，而且它常被用於估計高層次上的單位數量偏少的模型（Kreft & Leeuw，1998，2007；Raudenbush & Bryk，2002，2007）。而在進行模型比較時通常採用 FML 方法進行模型估計。

此外，反覆運算一般化最小平方法（iterative generalized least squares，ITLS）、限制性反覆運算一般化最小平方法（restricted iterative generalized least squares，RITLS）以及經驗貝氏估計方法（empirical Bayes estimator）（Lindley & Smith，1972）等也是對多層次模型進行參數估計的重要方法。其中，經驗貝氏估計方法在某些層 2 單位樣本量較小的情況下特別適用。這是因為它是一種收縮估計式（shrinkage estimator），即可以全部從樣本中「借取」資訊來對樣本量較小的層 2 單位進行統計估計（Gelman et al，2003），從而使得模型的參數估計值向基於整個樣本計算出來的參數估計值靠近。

目前，許多統計軟體都能對階層性模式進行估計，包括諸如 HLM、LISREL、MLwin、Mplus 等專門軟體，也包括諸如 R、SPSS、Stata、SAS 等通用軟體。但需要注意的是，不同軟體在預設估計方法的選擇上存在不同的偏好，比如在 Stata、SAS 和 HLM 中，REML 估計是默認選擇；而 MLwin 則主要應用 IGLS 和 RIGLS 進行參數估計。因此，採用不同軟體進行模型參數估計時，可能會在結果上存在一定的差異，尤其是對於隨機效果的估計而言，情況更是如此。

16.3　模型的優勢與局限

對於具有多層結構的資料而言，採用多層模型經常是更為恰當的選擇。與其他方法（主要是前面章節所講到的常規線性迴歸）相比，它具有以下一些優點：

第一，可以做跨層比較。

第二，可以控制來自上層或更高層的差異效果。

第三，使研究者能夠分解出被估計參數 β_{jk} 的真實變異和抽樣變異。由方程式（16-2），可以得到：

$$\underbrace{\mathrm{Var}(\widehat{\beta}_{jk})}_{\Downarrow} = \underbrace{\mathrm{Var}(\beta_{jk})}_{\Downarrow} + \underbrace{\mathrm{Var}(\varepsilon_{jk})}_{\Downarrow} \qquad (16\text{-}3)$$

$$總觀測變異 = 參數變異 + 抽樣變異數$$

這裡，參數 β_{jk} 的總觀察變異數被明確區分成參數變異數和抽樣變異數兩部分。

　　但是，和其他的統計方法一樣，多層次模型也存在著局限。比如，由於涉及到不同分析層次的變項，它的參數數目比較多，這使得模型不如前面介紹的常規迴歸模型那麼簡約；為了確保模型參數估計的穩定性，多層次模型往往要求較大的樣本規模；多層次模型還經常會涉及到層 2（或層 2 以上）分析單位數量較少的情形，這時，儘管以層 1 單位計算的整體樣本量很大，但層 2 的變異數成分和標準誤估計以及層際交互作用效果估計很可能會出現偏差（Hox，2002）。另外，多層次模型也無法處理變項測量誤差的問題。

16.4　多層次模型的若干子模型

　　前面我們對多層次模型的基本原理進行了簡要介紹。但是，多層次模型並不像常規線性模型那樣是個單一的模型。在階層性模式這一術語下，透過考慮不同的模型設定，它實際上包含了從最簡單到最複雜的各種子模型。本節對主要的一些子模型加以介紹。需要說明的是，這裡的介紹僅考慮只包含兩層資料且每個層次只包含一個解釋變項的情況。但是，這裡所介紹的內容可以方便地擴展到包含兩層及兩層以上資料且每一層上的解釋變項均為多個的情況。

16.4.1 無自變項模型

　　在多層次模型分析中，無自變項模型（null model）是最簡單的模型，它構成了多層次模型分析的起點。無自變項模型也被稱為截距模型（intercept model）。顧名思義，所謂無自變項模型也即是層 1（方程式（16-1））和層 2（方程式（16-2））都不包含任何解釋變項的模型，即：

層 1 模型：

$$y_{ij} = \beta_{0j} + \varepsilon_{ij} \qquad (16\text{-}4)$$

層 2 模型：

$$\beta_{0j} = \gamma_{00} + \mu_{0j} \qquad (16\text{-}5)$$

351

其中，假定，

$$\varepsilon_{ij} \underset{\sim}{iid} N(0, \sigma^2)$$
$$\mu_{0j} \underset{\sim}{iid} N(0, \tau_{00})$$
$$\text{Cov}(\varepsilon_{ij}, \mu_{0j}) = 0$$

這裡，γ_{00} 表示樣本整體中依變項的總平均數（grand mean），μ_{0j} 是與第 j 個層 2 單位相聯繫的隨機效果。注意，這裡其實還不需要假定跨層誤差項服從多元常態分配（multivariate normality assumption）。相對於隨後的模型，這是一個特例。另外，到目前為止，根據滿足獨立且同分配之情況下的高斯——馬可夫定理，只要樣本規模夠大，我們其實仍不需要做常態性假定。將方程式（16-5）代入方程式（16-4），可以得到組合模型：

$$y_{ij} = \gamma_{00} + \mu_{0j} + \varepsilon_{ij} \tag{16-6}$$

這裡，由於分組效果被解釋為隨機效果，因此，方程式（16-6）實際上等價於具有隨機效果的單因素變異數分析模型，在統計學中也被稱作隨機效果模型（random effects model）。對其兩邊求變異數，則有：

$$\text{Var}(y_{ij}) = \text{Var}(\mu_{0j} + \varepsilon_{ij}) = \tau_{00} + \sigma^2 \tag{16-7}$$

至此，我們已經可以初步看到多層次模型中的無自變項模型其實是將結果變項的變異數區分成組間變異數和組內變異數兩個部分。在這一意義上，無自變項模型也被稱為變異數成分模型（variance component model）。根據這兩部分變異數成分估計值，可以計算得到組內相關係數（intra-class correlation coefficient，簡稱 ICC）：

$$\rho = \tau_{00}/(\tau_{00} + \sigma^2) \tag{16-8}$$

這一指標測量了層 2 單位之間差異在層 1 結果變項總變異數中所占的比例。如果計算得到的 ρ 很小，則表明層 2 單位之間的相對差異不大，即我們仍然可以採用常規線性迴歸方法進行統計建模，而無需採用多層次模型；反之，則需要採用多層次模型[1]。在這一意義上，無自變項模型被認為是多層次模型分析的起點。

---

[1] 有些學者建議用組內相關係數大於 0.059 作為經驗法則（Cohen，1988）。也有學者依據層 2 隨機效果參數的統計檢定結果來決定是否有必要進行分層模型分析，而不是依據組內相關係數的大小進行決策。

16.4.2 平均數作為結果的模型

　　從上面對無自變項模型的介紹，我們已經知道，組內相關係數實際上反映的是層 2 組別的變異對結果變項總變異所具有的影響。一旦我們可以肯定這一影響夠大的話，那麼接下來可能就需要考慮，層 2 的哪些特徵能夠解釋不同組別平均數的差異。或者說，我們可以透過層 2 分組的哪些特徵來預測不同組的平均數。這就變成了以平均數作為結果的模型，其設定如下：

層 1 模型：

$$y_{ii} = \beta_{0i} + \varepsilon_{ii} \tag{16-9}$$

層 2 模型：

$$\beta_{0j} = \gamma_{00} + \gamma_{01}W_j + \mu_{0j} \tag{16-10}$$

其中，假定，

$$\varepsilon_{ij} \underset{\sim}{iid} N(0, \sigma^2)$$

$$\mu_{0j} \underset{\sim}{iid} N(0, \tau_{00})$$

$$\text{Cov}(\varepsilon_{ij}, \mu_{0j}) = 0$$

　　將方程式（16-10）代入方程式（16-9）中，得到組合模型：

$$y_{ij} = \gamma_{00} + \gamma_{01}W_j + \mu_{0j} + \varepsilon_{ij} \tag{16-11}$$

因此，所謂平均數作為結果的模型，其實就是層 1 模型不包含任何解釋變項，然後在層 2 模型中以層 2 的解釋變項來對層 1 模型中截距項的差異進行解釋。

　　值得注意的是，與無自變項模型中將 μ_{0j} 作為隨機效果不同，方程式（16-10）中的 μ_{0j} 具有不同的含義，它現在表示的是殘差，即某組 β_{0j} 與其模型得到的（$\gamma_{00} + \gamma_{01}W_j$）的差：

$$\mu_{0j} = \beta_{0j} - \gamma_{00} - \gamma_{01}W_j \tag{16-12}$$

　　其所對應的變異數 τ_{00} 也被稱為層 2 殘差變異數，它表示在控制了 W_j（反映了層 2 特徵）的情況下 β_{0j} 的條件變異數。

16.4.3 隨機係數模型

在平均數作為結果的模型中，只有層 1 的截距係數（即平均數）被視為在層 2 上是隨機的。在階層性模式中，層 1 模型中一般來講都會包含一個甚至多個斜率係數，我們可將這些斜率係數全部或部分地設定為在層 2 單位之間隨機變化。這就涉及到隨機係數模型（random coefficients model）的設定問題。在這一模型中，層 1 模型中的截距和一個或多個斜率係數均被設定為是隨機的，但是層 2 模型並不引入解釋變項來對其截距和斜率係數中存在的變異加以解釋。在不失一般性的情況下，這裡的討論假設層 1 只有一個解釋變項。

在詳細介紹此模型之前，我們需要先介紹多層次模型中一個非常重要的術語——中心化（centering）。我們在前面的章節中曾經提到，迴歸模型截距的含義是當所有自變項取值為 0 時，依變項 y 的平均數。但是，這一平均數並不一定有實際意義。比如，如果就學習成績對智商進行迴歸，此時截距表示的是智商為零時的平均成績，事實上，人的智商不可能為零。此時，截距項就沒有任何實際意義。為了使模型的截距變得有意義，一個常見的處理是將自變項減去某一個數值，通常是減去該變項的平均數，這被稱為所謂的「中心化」。在前面的一些章節我們曾經提到過這個概念。中心化在多層次模型中具有特別重要的作用。因為，中心化與不中心化以及基於組平均數（group mean）還是總平均數（overall mean）進行中心化的選擇都將會直接影響到模型中有關參數含義的解釋，這部分內容將在隨後的 16.5 節進行介紹。在這裡，我們選擇以組平均數進行中心化，並且只考慮層 1 解釋變項只有一個的情況。那麼隨機係數模型可以公式化為：

層 1 模型：

$$y_{ij} = \beta_{0j} + \beta_{1j}(x_{ij} - \bar{x}_{\cdot j}) + \varepsilon_{ij} \qquad (16\text{-}13)$$

其中 $\bar{x}_{\cdot j}$ 表示解釋變項 x_{ij} 在第 j 組中的平均數。

層 2 模型：

$$\beta_{0j} = \gamma_{00} + \mu_{0j} \qquad (16\text{-}14\text{a})$$

$$\beta_{1j} = \gamma_{10} + \mu_{1j} \qquad (16\text{-}14\text{b})$$

其中，

γ_{00} 展示層 2 所有單位的迴歸截距的平均數；

γ_{10} 展示層 2 所有單位的迴歸斜率的平均數；

μ_{0j} 展示層 2 模型在迴歸截距上與單位 j 有關的調整量；

μ_{1j} 展示層 2 模型在迴歸斜率上與單位 j 有關的調整量；

並假定

$$\varepsilon_{ij} \underset{\sim}{iid} N(0, \sigma^2)$$
$$\begin{pmatrix} \mu_{0j} \\ \mu_{1j} \end{pmatrix} \sim N\left(\begin{pmatrix} 0 \\ 0 \end{pmatrix}, \begin{pmatrix} \tau_{00} & \tau_{01} \\ \tau_{10} & \tau_{11} \end{pmatrix} \right)$$
$$\text{Cov}(\varepsilon_{ij}, \mu_{pj}) = 0, \ p = 0, 1$$

將方程式（16-14a）和方程式（16-14b）代入方程式（16-13），可得到組合模型：

$$y_{ij} = \gamma_{00} + \gamma_{10}(x_{ij} - \bar{x}_{\cdot j}) + \mu_{0j} + \mu_{1j}(x_{ij} - \bar{x}_{\cdot j}) + \varepsilon_{ij} \qquad (16\text{-}15)$$

注意，由於層 2 各個模型中均未包含解釋變項，因此，τ_{00} 展示層 1 所有截距的無條件變異數，τ_{11} 展示層 1 所有斜率的無條件變異數，τ_{01} 展示層 1 所有截距與斜率之間的無條件共變數。

透過方程式（16-14a）和方程式（16-14b）的設定，層 1 模型的迴歸係數在層 2 不同的單位之間呈現出隨機的變化，因此，該模型被稱為隨機係數模型。當針對固定效果參數 γ_{00} 和 γ_{10} 的統計檢定顯著時，表示研究母體中固定（或平均）效果不為 0。對於隨機效果 τ_{00} 和 τ_{11} 也可以進行統計檢定，如果不能拒絕 $\tau_{00} = 0$ 和 $\tau_{11} = 0$ 的原假設，則意味著研究母體中各個層 2 單位的迴歸線的截距和斜率大致相等。此時，可以取消方程式（16-14a）和方程式（16-14b）中的隨機項 μ_{0j} 和 μ_{1j}。

另外，根據方程式（16-15）可以看到：多層次模型的誤差項包含三個部分，即層 1 的誤差 ε_{ij}、層 2 截距模型的誤差 μ_{0j} 以及層 2 斜率模型的誤差項 μ_{1j} 與層 1 解釋變項的乘積項 $\mu_{1j}(x_{ij} - \bar{x}_{\cdot j})$。這一誤差項的結構明顯比常規線性迴歸模型要複雜得多。

16.4.4 完整模型

完整模型（full model）也就是在隨機係數模型的基礎上，層 2 的全部或部分模型中也納入了表示組特徵的解釋變項。因此，完整模型也被稱為以截距和斜率作為結果的模型，這是最具一般性的多層次模型。為了表述和解釋的方便且不失一般性，這裡仍然假設層 1 和層 2 都僅有一個解釋變項；同時，我們仍對層 1 的解釋變

項用組平均數進行中心化。那麼，完整模型的具體設定如下：

層 1 模型：

$$y_{ij} = \beta_{0j} + \beta_{1j}(x_{ij} - \bar{x}_{\cdot j}) + \varepsilon_{ij} \qquad (16\text{-}16)$$

其中 $\bar{x}_{\cdot j}$ 表示解釋變項 x_{ij} 在第 j 組中的平均數。

層 2 模型：

$$\beta_{0j} = \gamma_{00} + \gamma_{01}W_j + \mu_{0j} \qquad (16\text{-}17a)$$

$$\beta_{1j} = \gamma_{10} + \gamma_{11}W_j + \mu_{1j} \qquad (16\text{-}17b)$$

其中，

γ_{00} 展示層 2 所有單位的迴歸截距的平均數；

γ_{01} 展示層 2 解釋變項對迴歸截距的影響；

γ_{10} 展示層 2 所有單位的迴歸斜率的平均數；

γ_{11} 展示層 2 解釋變項對迴歸斜率的影響；

μ_{0j} 展示層 2 模型在迴歸截距上與單位 j 有關的調整量；

μ_{1j} 展示層 2 模型在迴歸斜率上與單位 j 有關的調整量；

同時假定，

$$\varepsilon_{ij} \underset{\sim}{iid} N(0, \sigma^2)$$

$$\begin{pmatrix} \mu_{0j} \\ \mu_{1j} \end{pmatrix} \sim N\left(\begin{pmatrix} 0 \\ 0 \end{pmatrix}, \begin{pmatrix} \tau_{00} & \tau_{01} \\ \tau_{10} & \tau_{11} \end{pmatrix} \right)$$

$$\mathrm{Cov}(\varepsilon_{ij}, \mu_{pj}) = 0, \ p = 0, 1$$

將方程式（16-17a）和方程式（16-17b）代入方程式（16-16），可得到組合模型：

$$y_{ij} = \gamma_{00} + \gamma_{10}(x_{ij} - \bar{x}_{\cdot j}) + \gamma_{01}W_j + \gamma_{11}(x_{ij} - \bar{x}_{\cdot j})W_j + \mu_{0j} + \mu_{1j}(x_{ij} - \bar{x}_{\cdot j}) + \varepsilon_{ij} \qquad (16\text{-}18)$$

這裡，等號右邊的截距項 γ_{00}、層 1 的解釋變項 x_{ij}、層 2 的解釋變項 W_j 和層 1 和層 2 的層際交互作用 $x_{ij}W_j$ 這四項都屬於固定效果；誤差項由三項構成，即層 1 的誤差 ε_{ij}、層 2 截距模型的誤差 μ_{0j} 和層 2 斜率模型的誤差項 μ_{1j} 與層 1 解釋變項的乘積項 $\mu_{1j}(x_{ij} - \bar{x}_{\cdot j})$。

對於完整模型而言，層 1 模型要探討的是每一個層 2 單位內部的層 1 依變項受

自變項影響的結構關係，更重要的是，層 2 模型試圖透過層 2 解釋變項解釋層 1 自變項在不同層 2 單位裡作用大小的變異，從而刻畫宏觀脈絡對微觀個體行為或態度結果的影響。

16.5　自變項中心化的問題

讀者現在對中心化這一概念應該已經很熟悉了。中心化的主要目的是使截距係數變得有實質含義。自變項中心化與否將對多層次模型參數估計值含義的解釋產生實質性影響，中心化的具體形式有助於將統計結果恰當地與研究所關注的理論問題聯繫起來。前面提到，自變項的中心化方式主要有兩種：總平均數中心化和組平均數中心化[2]。我們下面分別對其進行介紹。

16.5.1 以總平均數中心化

將層 1 自變項 x_{ij} 以總平均數中心化可表示成 $(x_{ij} - \bar{x}..)$，這裡$\bar{x}..$為變項 x_{ij} 的樣本總平均數。如果對於 16.4.3 節中的隨機係數模型，將方程式（16-13）中的自變項 x_{ij} 以樣本總平均數中心化，即

$$y_{ij} = \beta_{0j} + \beta_{1j}(x_{ij} - \bar{x}..) + \varepsilon_{ij} \qquad (16\text{-}19)$$

然後將第 j 個層 2 單位的依變項和自變項組平均數$\bar{y}_{.j}$和$\bar{x}_{.j}$代入方程式（16-19），那麼

$$\beta_{0j} = \bar{y}_{.j} - \beta_{1j}(\bar{x}_{.j} - \bar{x}..) \qquad (16\text{-}20)$$

這意味著，如果對層 1 自變項以總平均數進行中心化，那麼，截距項 β_{0j} 就是第 j 個層 2 單位的調整平均數（adjusted mean），即控制$\bar{x}_{.j} - \bar{x}..$後第 j 個層 2 單位在依變項上的平均數[3]。此時，$\mathrm{Var}(\beta_{0j}) = \tau_{00}$ 為第 j 個層 2 單位的調整平均數的變異數。

在統計學上，對層 1 自變項以總平均數中心化得到的模型與不做中心化處理時的模型是等價線性模型（equivalent linear model）（Kreft & Leeuw，1998）。也就

---

[2] Raudenbush 和 Bryk（2002，2007）在更一般意義上討論了自變項對中方式的問題。他們提到的對中方式有四種：引數的自然測量、組均值對中、總均值對中和基於引數的其他有實質含義的取值進行對中。

[3] 這和共變數分析（analysis of covariance）時的情況一樣。

是說，兩個模型具有相同的預測值、殘差和適合度。但它們的參數估計值並不相等。這是因為以總平均數中心化相當於將自變項觀察值同時減去一個常數（即該自變項的樣本總平均數），前面我們就已經知道，這種改變自變項 0 值位置的轉換只會導致迴歸參數估計值的改變，並不會改變模型的預測值、殘差以及模型的適合度。

16.5.2 以組平均數中心化

將層 1 自變項 x_{ij} 以組平均數中心化可表示成 $(x_{ij} - \bar{x}_{\cdot j})$，這裡 $\bar{x}_{\cdot j}$ 為第 j 個層 2 單位中所有個體在變項 x_{ij} 上的平均數。同樣，對於 16.4.3 節中的隨機係數模型，將方程式（16-13）中的自變項 x_{ij} 以組平均數中心化，即

$$y_{ij} = \beta_{0j} + \beta_{1j}(x_{ij} - \bar{x}_{\cdot j}) + \varepsilon_{ij} \qquad (16\text{-}21)$$

然後將第 j 個層 2 單位的依變項和自變項組平均數 $\bar{y}_{\cdot j}$ 和 $\bar{x}_{\cdot j}$ 代入方程式（16-19），那麼

$$\begin{aligned}
\beta_{0j} &= \bar{y}_{\cdot j} - \beta_{1j}(\bar{x}_{\cdot j} - \bar{x}_{\cdot j}) \\
&= \bar{y}_{\cdot j}
\end{aligned} \qquad (16\text{-}22)$$

這意味著，如果對層 1 自變項以組平均數進行中心化，那麼，截距項 β_{0j} 就是對應的第 j 個層 2 單位的未調整平均數（unadjusted mean）。此時，$\text{Var}(\beta_{0j}) = \tau_{00}$ 為各層 2 單位的依變項平均數的變異數。

當層 1 自變項以組平均數中心化時，層 2 單位在自變項 x_{ij} 上的組平均數 $\bar{x}_{\cdot j}$ 就被從原始取值中分離出去了。這會影響到組平均數作為層 2 單位的自變項納入到層 2 模型中（王濟川等，2008：26）[4]。實際上，自變項的組平均數代表層 2 單位的脈絡效果（contextual effect），因此，層 2 模型中納入組平均數作為自變項的做法能夠幫助處理諸如群體脈絡是否或如何對個體行為造成影響這樣的研究問題。

16.5.3 虛擬變項的中心化

我們已經知道，對於只包含對應某個名目變項的一組虛擬變項的迴歸模型，截

---

[4] 這一問題在總平均數對中的情況下並不存在。

距項表示對照組在依變項上的平均數（即組平均數）。現在來考慮對虛擬變項的中心化問題。假設自變項為表示性別的虛擬變項，且 1 = 男性、0 = 女性。那麼，變項 z 的平均數 $\bar{z}$ 就是樣本中男性的比例。中心化後，得到 $z - \bar{z}$。當 $z = 0$ 即樣本個體為女性時，中心化之後的變項是該樣本中男性所占比例的負數，即 $z - \bar{z} = 0 - \bar{z}$ $= -\bar{z}$；當 $z = 1$ 即樣本個體為男性時，中心化之後的變項該樣本中女性的比例，即 $z - \bar{z} = 1 - \bar{z}$。

在多層次模型中，層 1 的虛擬變項也可以或需要進行中心化處理。而且也可以有總平均數和組平均數兩種中心化方式。仍以前述性別虛擬變項 z 為例。如果將性別虛擬變項 z 以樣本總平均數 $\bar{z}$ 中心化，那麼；當 $z_{ij} = 0$ 即樣本個體為女性時，中心化之後就得到了該樣本中男性所占比例的負數，即 $z_{ij} - \bar{z}.. = 0 - \bar{z}.. = -\bar{z}..$；當 $z_{ij} = 1$ 即樣本個體為男性時，中心化之後就得到了該樣本中女性的比例，即 $z_{ij} - \bar{z}.. = 1 - \bar{z}..$。和自變項為連續變項時的情形一樣，在對層 1 性別虛擬變項 z 以總平均數中心化後，截距項 β_{0j} 就是依變項在第 j 個層 2 單位的調整平均數（Adjusted Mean），只不過，這時是對層 2 單位之間男性比例的差別進行調整。

如果將性別虛擬變項 z 以組平均數 $\bar{z}._j$ 中心化，那麼：當 $z_{ij} = 0$ 即樣本個體為女性時，中心化之後就得到了第 j 個層 2 單位中男性所占比例的負數，即 $z_{ij} - \bar{z}._j = 0 - \bar{z}._j = -\bar{z}._j$；當 $z_{ij} = 1$ 即樣本個體為男性時，中心化之後就得到了第 j 個層 2 單位中女性的比例，即 $z_{ij} - \bar{z}._j = 1 - \bar{z}._j$。與自變項為連續變項時的情形一樣，在對層 1 性別虛擬變項 z 以組平均數中心化後，截距項 β_{0j} 仍然是第 j 個層 2 單位在依變項上的平均數。

當然，對虛擬變項的中心化也帶來了複雜性。在對多層次模型結果進行解釋時，研究者必須考慮到變項是否中心化和以何種方式中心化，尤其是涉及到多個虛擬變項時應更加注意。

16.5.4 層2模型中自變項的中心化

在層 2 模型中，自變項的中心化並沒有像在層 1 模型中那麼重要。因為不管是否對層 2 自變項進行中心化以及不管採用何種方式中心化，對層 2 模型中係數的解釋都很容易。但是，如果層 2 模型中包含很多自變項，尤其當包含自變項的高次項或交互作用項時，將自變項按總平均數中心化就有助於減少多元共線性，而且能夠提高模型運行速度，減少模型估計不易收斂等問題（Hox，2002）。

總之，變項中心化的基本要求是使所研究的變項具有準確的實質含義，或者是

使統計結果與研究問題密切關聯起來。考慮到不同的中心化方式將得到不同的實質解釋，研究者應根據研究目的考慮是否對變項進行中心化以及如何中心化的問題。特別要注意的是，中心化也會影響到對 β_{0j}、$\text{Var}(\beta_{0j})$ 以及對與 β_{0j} 有關的共變數的解釋（Raudenbush & Bryk，2002，2007）。

16.6　應用舉例

　　接下來，我們將以 Xie 和 Hannum（1996）有關中國收入不平等地區變異的研究為例來說明多層次模型的應用。

16.6.1 研究背景

　　改革開放以來，中國經濟的飛速增長與改革前的經濟不穩定和平均主義思想形成了鮮明對比。這也引起了社會科學家對經濟改革如何影響收入和財富分配問題的極大興趣，對這一問題的關注產生了豐富的研究成果。許多研究雖然都僅建立在地區性資料的基礎上，但卻往往用來對全中國的情況進行推論。這種推論方式忽視了中國巨大的地區差異，而把中國看作一個同質整體。這種做法在資料很少的情況下是可以理解的。但是，在資料條件具備的情況下，研究中國經濟改革時很有必要考慮地區差異的現實。中國各地區的經濟活動在很大程度上是由各地的自然資源、政府政策和人力資源等因素決定的，更重要的是，中國的工業經濟改革是分地區進行的。從上述背景出發，Xie 和 Hannum（1996）採用 1988 年中國居民收入調查（CHIP）資料中城市居民的調查資料，以各地區改革步伐的不均衡為前提，研究了經濟改革的成功與個人收入決定因素之間的關係。

16.6.2 資料及分析思路

　　前面曾經提到，CHIP 資料是以戶作為調查單位的。所以，Xie 和 Hannum 做了一個簡化假定，即忽略來自同一家庭的各成員之間的相似性，把所有 20～59 歲之間參加工作的人都當作獨立的觀察值來分析。考慮到中國特殊的國情（比如黨員身份的重要性、女性也普遍就業等），他們首先對 Mincer（1974）提出的經典人力資本模型進行了修正。接著，他們考慮了地區間異質性的事實，以城市作為層 2 分析單位，建立多層次模型，著重討論了各城市人力資本模型中的參數如何受到城市經濟增長因素的影響。

16.6.3 模型及分析

1. 同質性模型

　　之前，許多有關中國收入決定因素的研究都一再突出黨員身份作為一種政治優勢對於收入的重要意義。另外，和美國等許多國家不同，中國的女性也普遍就業。考慮到這樣兩個特殊性，Xie 和 Hannum 對經典人力資本模型作出如下修正：

$$T = \log Y = \beta_0 + \beta_1 x_1 + \beta_2 x_2 + \beta_3 x_2^2 + \beta_4 x_4 + \beta_5 x_5 + \beta_6 x_1 x_5 + \varepsilon \qquad (16\text{-}23)$$

這裡，Y 表示總收入（單位，元），x_1 表示受教育年數，x_2 表示工作年數（即工作經驗），x_4 為表示黨員身份的虛擬變項（1 表示黨員），x_5 為表示性別的虛擬變項（1 表示女性），ε 表示其他未能包括在模型中的收入影響因素。方程式（16-23）可以採用最小平方法進行參數估計，下面給出了模型估計結果：

`. regress LogY x1 x2 x22 x4 x5 x1x5`

Source	SS	df	MS		
Model	788.715237	6	131.45254		
Residual	2161.80592	15855	.136348529		
Total	2950.52116	15861	.186023653		

Number of obs = 15862
F(6, 15855) = 964.09
Prob > F = 0.0000
R-squared = 0.2673
Adj R-squared = 0.2670
Root MSE = .36925

LogY	Coef.	Std. Err.	t	P>|t|	[95% Conf. Interval]	
x1	.0218089	.0013745	15.87	0.000	.0191147	.0245031
x2	.0458373	.0010741	42.68	0.000	.0437319	.0479426
x22	−.0006929	.0000254	−27.28	0.000	−.0007427	−.0006431
x4	.0728278	.0077844	9.36	0.000	.0575696	.088086
x5	−.3438367	.0212482	−16.18	0.000	−.3854855	−.3021878
x1x5	.0216614	.0019168	11.30	0.000	.0179043	.0254185
_cons	6.685011	.0189664	352.47	0.000	6.647835	6.722187

這一結果和 Xie 和 Hannum（1996）論文中基於地區間同質性假定的模型 2 的估計結果相對應。由此，我們可以看到：(1) 教育對男性收入的回報率僅為 2.2%（即 x_1 的係數 0.022），明顯低於國際標準；(2) 工作經驗平方的迴歸係數 β_3（即 x_2^2 的係數）為負值，這說明收入會先隨著工作經驗的增加而增加然後再出現下降，驗證了人力資本理論中有關工作經驗的作用為「倒 U」的假說；(3) 迴歸係數 β_4（即 x_4 的係數 0.073）顯著地大於零，這意味著，在其他條件相同的情況下，黨員比非黨員的收入高 7.3%，這體現了黨員身份在中國是一種政治優勢的事實；(4) 性別和教育的交互作用係數（即 $x_1 x_5$ 的係數 0.022）為正值，這表明女性的教育回報率要高於男性的教育回報率，具體而言，女性的教育回報率為 4.5%，是男性的 2 倍（2.2%）。這可能是由於收入的性別差距在低教育水準上表現得很大，但是，隨著教育水準的上升，這一差距卻在縮小。從下圖 16-1 中，代表女性教育回報率的迴歸線明顯要比代表男性教育回報率的迴歸線更陡峭；但同時我們也可以清楚地看到，隨著受教育年數的上升，兩條迴歸線之間的差距越來越小。

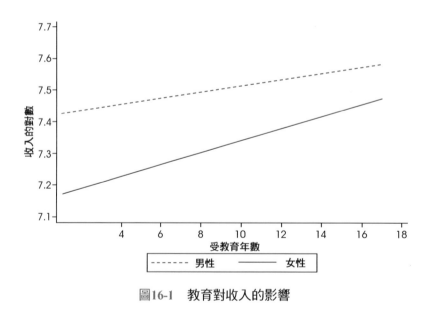

圖16-1　教育對收入的影響

2. 地區異質性模型

　　儘管同質性模型已經根據中國特殊的國情對 Mincer（1974）提出的人力資本模型進行了較好的修正，但是，眾所周知，中國最大的國情之一就是地區之間在社會經濟發展上表現出來的不平衡性。因此，同質性模型將中國作為一個整體來對待在

方法論上是行不通的，在理論上也存在浪費。方法上行不通是因為收入決定因素存在地區差異；理論上的浪費則表現為，實際上研究者可以利用收入決定因素的地區差異來檢定有關經濟改革和收入不平等之間關係的理論。所以，以前面的同質性模型作為起點，Xie 和 Hannum（1996）進一步建立了同時包含個體和城市兩個分析層次的多層次模型，來討論收入決定因素的地區性差異是不是由於地區間的經濟增長所致。他們所建立的多層次模型如下：

對於生活在城市 k 中的個體 i（$i = 1, 2, 3, \cdots n_k$）而言，個人層面上的模型：

$$\log Y_{ik} = \beta_{0k} + \beta_{1k}x_{1ik} + \beta_{2k}x_{2ik} + \beta_3 x_{2ik}^2 + \beta_{4k}x_{4ik} + \beta_{5k}x_{5ik} + \beta_6 x_{1ik}x_{5ik} + \varepsilon_{ik} \qquad (16\text{-}24)$$

3. 城市層面的模型

$$\beta_{0k} = \alpha_0 + \lambda_0 z_k + \mu_{0k} \qquad\qquad (16\text{-}25a)$$

$$\beta_{1k} = \alpha_1 + \lambda_1 z_k + \mu_{1k} \qquad\qquad (16\text{-}25b)$$

$$\beta_{2k} = \alpha_2 + \lambda_2 z_k + \mu_{2k} \qquad\qquad (16\text{-}25c)$$

$$\beta_3 = \alpha_3 \qquad\qquad (16\text{-}25d)$$

$$\beta_{4k} = \alpha_4 + \lambda_4 z_k + \mu_{4k} \qquad\qquad (16\text{-}25e)$$

$$\beta_{5k} = \alpha_5 + \lambda_5 z_k + \mu_{5k} \qquad\qquad (16\text{-}25f)$$

$$\beta_6 = \alpha_6 \qquad\qquad (16\text{-}25g)$$

並假定，

$$\varepsilon_{ik} \overset{iid}{\sim} N(0, \sigma^2)$$

$$\begin{pmatrix} \mu_{0k} \\ \mu_{1k} \\ \mu_{2k} \\ \mu_{4k} \\ \mu_{5k} \end{pmatrix} \sim N \left(\begin{pmatrix} 0 \\ 0 \\ 0 \\ 0 \\ 0 \end{pmatrix}, \begin{pmatrix} \tau_{00} & 0 & 0 & 0 & 0 \\ 0 & \tau_{11} & 0 & 0 & 0 \\ 0 & 0 & \tau_{22} & 0 & 0 \\ 0 & 0 & 0 & \tau_{44} & 0 \\ 0 & 0 & 0 & 0 & \tau_{55} \end{pmatrix} \right)$$

$$\mathrm{Cov}(\varepsilon_{ik}, \mu_{pk}) = 0, \;\; p = 0, 1, 2, 3, 4, 5$$

這裡，城市層面變項 z 測量經濟增長，即 1985 年和 1988 年之間各城市工業總產值（*GPVI*）的變化：

$$z = \log\,(GPVI_{1988}/GPVI_{1985})$$

注意：方程式（16-24）中的收入決定因素與方程式（16-23）完全相同。與方程式（16-23）相比，方程式（16-24）最明顯的不同就在於，x_1、x_2、x_4 和 x_5 所對應的迴歸係數 β_{1k}、β_{2k}、β_{4k} 和 β_{5k}，以及截距係數 β_{0k} 可以隨著城市 k 的不同而出現變化，而城市間的系統性差別則用 z 來加以解釋[5]。

將城市層面各模型代入到方程式（16-24），可以得到組合模型：

$$\log Y_{ik} = \alpha_{0k} + \alpha_{1k}x_{1ik} + \alpha_{2k}x_{2ik} + \alpha_3 x_{2ik}^2 + \alpha_{4k}x_{4ik} + \alpha_{5k}x_{5ik} + \alpha_6 x_{1ik}x_{5ik} + \lambda_0 z_k + \lambda_1 x_{1ik}z_k + \lambda_2 x_{2ik}z_k$$
$$+ \lambda_4 x_{4ik}z_k + \lambda_5 x_{5ik}z_k + (\mu_{0k} + \mu_{1k}x_{1ik} + \mu_{2k}x_{2ik} + \mu_{4k}x_{4ik} + \mu_{5k}x_{5ik} + \varepsilon_{ik}) \qquad (16\text{-}26)$$

透過方程式（16-26），可以很清楚地看到收入的決定因素作為經濟增長的函數是如何在不同城市之間出現變動的。具體而言，Xie 和 Hannum（1996）採用這一模型來檢定兩個對立假設：(1) 經濟增長越快則教育的回報越高；(2) 經濟增長越快則黨員身份的回報越低。

這個模型可以借助不同的統計軟體選用反覆運算最小平方法、最大概似估計、約束最大概似估計或貝氏估計方法估計得到。下面提供了採用 Stata 對該模型進行估計的結果：

. xtmixed LogY x1 x2 x22 x4 x5 x1x5 z x1z x2z x4z x5z || geo: x1 x2 x4 x5, variance

Mixed-effects REML regression	Number of obs = 15862
Group variable: geo	Number of groups = 55
	Obs per group: min = 80
	avg = 288.4
	max = 1096
	Wald chi2(11) = 3881.49
Log restricted-likelihood = −5047.1926	Prob > chi2 = 0.0000

---

[5] 對於其他兩個參數並沒有設定會隨著城市的不同而變動，這樣處理是因為高於二次項的層 1 自變項和層 2 自變項的交互作用項迴歸係數難以解釋（Xie & Hannum，1996）。

LogY	Coef.	Std. Err.	z	P>|z|	[95% Conf. Interval]	
x1	.0286923	.0030175	9.51	0.000	.0227782	.0346064
x2	.0446643	.0012925	34.56	0.000	.042131	.0471975
x22	−.0006348	.000023	−27.64	0.000	−.0006798	−.0005898
x4	.0707847	.0193451	3.66	0.000	.0328689	.1087005
x5	−.3321051	.0286145	−11.61	0.000	−.3881884	−.2760218
x1x5	.0209705	.0017363	12.08	0.000	.0175674	.0243735
z	.6845196	.1180724	5.80	0.000	.4531019	.9159372
x1z	−.0167192	.0058833	−2.84	0.004	−.0282502	−.0051882
x2z	−.0035209	.0018051	−1.95	0.051	−.0070588	.0000169
x4z	.0289786	.0397114	0.73	0.466	−.0488542	.1068114
x5z	−.0094757	.043273	−0.22	0.827	−.0942893	.0753379
_cons	6.384296	.0605111	105.51	0.000	6.265696	6.502895

Random-effects Parameters	Estimate	Std. Err.	[95% Conf. Interval]	
geo: Independent				
var(x1)	.0000317	.0000124	.0000147	.0000682
var(x2)	2.73e-06	1.24e-06	1.12e-06	6.66e-06
var(x4)	.0009756	.0006053	.0002892	.0032911
var(x5)	.0029904	.0008908	.0016679	.0053615
var(_cons)	.0243275	.0055443	.0155635	.0380267
var(Residual)	.1075053	.0012164	.1051475	.109916

LR test vs. linear regression: chi2(5) = 2498.91 Prob > chi2 = 0.0000

Note: LR test is conservative and provided only for reference

上述結果還原了 Xie 和 Hannum（1996）一文表 4 中的模型估計結果。上半部分結果對應著表 4 中的「微觀層次係數」和「微觀——宏觀交互係數」部分的結果，下半部分有關隨機效果參數的結果對應著表 4 中的「宏觀層次變異數成分」和「微觀層次變異數成分」部分的結果[6]。

首先，模型截距估計值的指數為 exp(6.384) = 592.3，這就是說，對於居住在一個未經歷經濟增長城市的受教育年數和工作經驗都為零的男性非黨員而言，平均的總收入為 592.3。其次，透過設定截距在不同城市之間發生變動，該截距包含一個結構成分（由 z 的迴歸係數來體現，即模型中的 λ_0）和一個隨機成分（由 var(_cons) 的估計值體現，即模型的 μ_{0k}）。z 的迴歸係數為 0.685，且顯著地大於零。考慮到資料 z 中的取值範圍為 0.19 到 1.16，z 對 6.384 這一基準截距的貢獻在 0.130（即 0.685×0.19）和 0.795（即 0.685×1.16）之間變動。這表明經濟增長對收入水準的高低具有非常重要的影響。再次，在控制經濟增長因素的情況下，對於男性，受教育年數對總收入的效果為 0.029；對於女性，受教育年數對總收入的效果為 0.050。Xie 和 Hannum（1996）驚訝地發現，教育對總收入的效果和經濟增長之間存在負向相關，因為 λ_1（即 x_1z 的迴歸係數）為 −0.017。在觀察到的變異中，z 對基準教育效果 0.029 的貢獻在 −0.003 和 −0.020 之間。儘管經濟增長的這一負向影響並沒有改變教育效果的符號，但是它導致了教育效果約三分之二的下降。這一結果與經濟增長越快則教育的回報越高的假設相背離。另外，由於 x_4z 和 x_5z 的迴歸係數統計不顯著，可以認為黨員身份和性別對總收入的效果也都和城市的經濟增長不相關。

Xie 和 Hannum（1996）將方程式（16-26）作為分析收入決定因素的地區性差異的基本框架。這個一般性的模型包含幾個特例，它們對應著前面提到的多層次模型的不同子模型：

(1) 如果城市層面每個模型中的 λ 都等於零，那麼，上述模型就成了隨機係數模型。此時，收入決定因素的作用並不會隨著城市經濟發展而呈現出系統性的模式，而只是隨機地在不同城市間發生變化。以下是針對這一模型的估計結果：

---

[6] 表中的隨機效果參數和原文中有出入，其中的差別可能是採用軟體的不同，不同的軟體在隨機效果的估計上存在細微的差異。

. xtmixed LogY x1 x2 x22 x4 x5 x1x5 || geo: x1 x2 x4 x5, variance

Mixed−effects REML regression	Number of obs	=	15862
Group variable: geo	Number of groups	=	55

Obs per group: min =	80
avg =	288.4
max =	1096

Wald chi2(6)	=	3744.91
Prob > chi2	=	0.0000

Log restricted-likelihood = −5046.4709

LogY	Coef.	Std. Err.	z	P>|z|	[95% Conf. Interval]	
x1	.021483	.0015286	14.05	0.000	.018487	.024479
x2	.0430818	.0010055	42.85	0.000	.0411111	.0450525
x22	−.0006332	.000023	−27.57	0.000	−.0006782	−.0005881
x4	.0833386	.0083644	9.96	0.000	.0669447	.0997324
x5	−.334467	.0205343	−16.29	0.000	−.3747136	−.2942204
x1x5	.0208758	.0017361	12.02	0.000	.0174731	.0242785
_cons	6.696344	.0316028	211.89	0.000	6.634404	6.758285

Random-effects Parameters	Estimate	Std. Err.	[95% Conf. Interval]	
geo: Independent				
var(x1)	.0000348	.000013	.0000168	.0000722
var(x2)	3.12e−06	1.31e−06	1.37e−06	7.10e−06

var(x4)|	.0008496	.0005702	.000228	.0031656
var(x5)|	.0028849	.0008626	.0016056	.0051837
var(_cons)|	.0372841	.0080975	.0243588	.0570678
-----------------------+--				
var(Residual)|	.1075222	.0012166	.1051639	.1099333

LR test vs. linear regression:　　　chi2(5) = 3391.34　Prob > chi2 = 0.0000

Note: LR test is conservative and provided only for reference

　　從上面給出的結果，我們可以看到，截距係數以及受教育年數、工作經驗、黨員和性別的迴歸係數在不同城市之間的隨機效果是顯著的[7]。這意味著，有可能也有必要找到一些城市層面的因素對這些係數隨城市不同而出現的變異進行解釋。這也就是 Xie 和 Hannum（1996）在地區異質性模型的層 2 模型中加入反映城市經濟增長水準的變項的統計證據。實際上，在分層模型建模實踐中，如果沒有明確的理論假設，通常的做法是先建立隨機係數模型，借助對各個層 2 模型隨機效果參數的統計檢定，確定在完整模型分析中哪些層 2 模型需要設置隨機效果項。如果隨機效果統計性顯著，則在對應的層 2 模型中設置隨機效果，同時納入層 2 解釋變項對其加以解釋。否則，就沒有必要設置隨機效果，也可以不必納入層 2 解釋變項。

　　(2) 如果城市層面每個模型中的 λ 都等於零，且 α_{1k}、α_{2k}、α_3、α_{4k}、α_{6k} 和 α_6 也全都為零，那麼，上述模型就成了變異數成分模型或無自變項模型。此時，只有由截距項體現的總收入水準在城市之間隨機變動。以下是針對這一情況的模型估計結果：

. xtmixed　LogY || geo: , variance

Mixed-effects REML regression　　　　　Number of obs　　=　15862

Group variable: geo　　　　　　　　　Number of groups　=　　55

　　　　　　　　　　　　　　　　　　Obs per group: min =　　80

```
                                                       avg  =     288.4
                                                       max  =      1096



                                          Wald chi2(0)      =     .
Log restricted-likelihood = −7981.6957    Prob > chi2       =     .


------------------------------------------------------------------------------
     LogY |   Coef.    Std. Err.       z    P>|z|    [95% Conf. Interval]
----------+-------------------------------------------------------------------
    _cons |  7.421519  .0256968   288.81   0.000    7.371154   7.471884
------------------------------------------------------------------------------



------------------------------------------------------------------------------
  Random-effects Parameters |  Estimate   Std. Err.    [95% Conf. Interval]
----------------------------+-------------------------------------------------
geo: Identity               |
                var(_cons)  |  .0355516   .0070025     .0241657   .0523021
----------------------------+-------------------------------------------------
              var(Residual) |  .1579178   .0017763     .1544743   .161438
------------------------------------------------------------------------------
LR test vs. linear regression: chibar2(01) =  2381.53 Prob >= chibar2 = 0.0000
```

基於這一估計結果，個體層次的標準差為 0.158，而城市層次的標準差為 0.036[8]。由此，我們可以計算得到一個組內相關係數：$\rho = 0.036/(0.036 + 0.158) = 0.186$。這就是說，個體層次總收入的差異有大約 18.6% 是由城市之間的差異造成的。由此，我們看到，城市層次的特徵在相當大的程度上影響著個體總收入的差異。而

---

[8] 請注意，預設狀態下，Stata 給出的是隨機效果項的標準差，而 HLM 則直接給出其變異數。這裡，我們在 xtmixed 指令的後面增加了 variance，所以直接給出了隨機效果項的變異數。搞清楚這一點才不至於導致算錯組內相關係數。

且，同時基於個體和城市層次進行分析的無自變項模型相對於線性迴歸的檢定結果也極為統計性顯著（見上述 Stata 輸出結果的最後一行）。所以，我們在採用 CHIP 資料對個體總收入進行建模時就不得不考慮個體與城市兩個層次之間的資料存在著巢套關係這一事實。

(3) 如果城市層面每個模型中的 λ 和 μ 都等於零，且個體層次模型中的每個 β 在不同城市之間都一樣，那麼，上述模型就可以簡化成常規線性迴歸進行分析，也就是同質性模型。這與前面大部分章節中採用常規線性迴歸所進行的分析一樣。但由於個體層次總收入的差異有 **18.6%** 是由城市之間的差異造成的，而且城市之間的差異是統計性顯著地存在的，因此我們就不能忽視地區差異對收入及其決定因素的極大影響，即我們應該對 CHIP 資料記憶體在的分層結構予以認真考慮。

16.7　本章小結

本章介紹了適用於多層結構資料的多層次模型的基本原理、參數估計方法及其主要的子模型，我們還在最後提供了一個實際研究作為範例。

作為對異質性進行統計分析的重要模型，多層次模型不僅僅具有方法論上的重要含義，同時還有很深的理論來源。因此，多層次模型在越來越多的場合得到運用。目前它已經可以被用來處理結果變項為類別變項的資料，前一章提到它也可以處理追蹤資料，它還可以被應用於交互分類的資料。

參考文獻

Cohen, John. 1988. *Statistical power analysis of the behavioral sciences* (Second Edition). Hillside, N.J.: Eribaum.

Gelman, Andrew, John B. Carlin, Hal S. Stern, and Donald B. Ruben, D.B. 2003. *Bayesian Data Analysis* (Second Edition). London: CRC Press.

Glass, Gene V. 1976. "Primary, secondary and meta-anlaysis of research." *Educational Researcher* 5: 3-8.

Goldstein, Harvey. 1995. *Multilevel Statistical Models*(Second Edition). London: E. Arnold; New York: Halsted Press.

Hox, Joop. 2002. *Multilevel Analysis: Techniques and Applications*, Mahwah, NJ: Lawrence Erlbaum Associates.

Kreft, Ita and Jan De Leeuw. 1998. *Introducing Multilevel Modeling*. Thousand Oaks, CA: Sage Publications.

Lindley, D. V. and A. F. M. Smith. 1972. "Bayes Estimates for the Linear Model." *Journal of the Royal Statistical Society* 34:1-41.

Mincer, Jacob. 1974. *Schooling, Experience and Earnings*. New York: Columbia University Press.

Raudenbush, Stephen W. and Anthony SBryk. 2002. *Hierarchical Linear Models: Applications and Data Analysis Methods* (Second Edition). Thousand Oaks: Sage Publications

William S. Robinson. 1950. "Ecological correlations and the behavior of individuals." *American Sociological Review* 15:351-357.

Xie, Yu and Emily Hannum. 1996. "Regional Variation in Earnings Inequality in Reform-Era Urban China." *American Journal of Sociology* 101:950-992.

〔英〕戈爾茨坦（Goldstein，H.），1999，《多水準統計模型》，李曉松主譯，成都：四川科學技術出版社。

〔美〕克雷夫特（Kreft，I.）、裡夫（Leeuw，J.），2007，《多層次模型分析導論》，邱皓政譯，重慶：重慶大學出版社。

〔美〕勞登布希（Raudenbush，Stephen W.）、佈雷克（Bryk，Anthony S.），2007，《分層線性模型——應用與資料分析方法》（第2版），郭志剛等譯，北京：社會科學文獻出版社。

王濟川、謝海義、薑寶法，2008，《多層統計分析模型——方法與應用》，北京：高等教育出版社。

chapter

17

迴歸診斷

迴歸分析的主要目的之一是建立依變項和自變項之間的關係。我們往往採用普通最小平方法（OLS）來估計反映這些關係的參數。在前面對簡單迴歸和多元迴歸的討論中，我們一再強調最小平方法需要借助一些假定才能使所得的迴歸係數估計具有 BLUE 性質。其中，關鍵的假定包括：

(1) 模型設定假定（A0），依變項被表達成矩陣 **X** 的線性組合加上誤差項。數學表達如下：

$$\mathbf{y} = \mathbf{X}\beta + \varepsilon \tag{17-1}$$

(2) 正交假定（A1），即誤差 ε 與自變項矩陣 **X** 中的每一 **x** 變項都不相關。數學表達如下：

$$E(\varepsilon) = 0$$
$$\text{Cov}(x_1, \varepsilon) = 0$$
$$\text{Cov}(x_2, \varepsilon) = 0 \tag{17-2}$$
$$\vdots$$
$$\text{Cov}(x_{p-1}, \varepsilon) = 0$$

(3) 獨立且同分配之假定（A2），即誤差項相互獨立且具有相同的變異數分配。數學表達如下：

$$E(\varepsilon_i, \varepsilon_j) = 0,\, i \neq j\,;\,\text{且}\,\text{Var}(\varepsilon_i) = \sigma^2 \tag{17-3}$$

(4) 常態分配假定（A3），即誤差項服從常態分配。數學表達如下：

$$\varepsilon_i \sim N(0, \sigma^2) \tag{17-4}$$

這些有關模型的假定是預先強加的，在一般情況下也是不可檢定的。在實際研究中，如果這些假定得不到滿足，迴歸結果的可信度就會受到懷疑。比如，分析小樣本資料時，如果違背了正交假定，我們就無法對迴歸參數的估計值做出不偏估計，如果違背了獨立且同分配之假定，迴歸係數普通最小平方法（OLS）的估計值的標準誤就存在問題，所得到的估計值就不再具有有效性（efficiency），等等。

另一方面，在具體的資料處理中，分析人員可能發現某些觀察個案在自變項（或其組合）或依變項的取值上明顯不同於其他大多數觀察個案。這種取值有兩種

不同的情形：離群值（outlier）和槓桿點或影響觀察值（leverage points or influential observations）。無論是離群值還是影響觀察值都會導致迴歸模型對絕大多數觀察個案配適欠佳。

由於建模所需的一些假設可能不合理或者可能存在對迴歸關係造成影響的異常矩陣觀察個案，我們經常需要對配適得到的迴歸模型進行細緻的診斷。這有助於對一些假定的合理性做出恰當評價，並對可能存在的問題進行細緻的檢查，這構成了迴歸分析中至關重要的一個步驟。本章將介紹與迴歸診斷有關的基本內容，更詳細的內容可參見 Belsley、Kuh 和 Welsch（1980）。

在詳細介紹之前，需要說明的兩點是：第一，迴歸分析中兩個最重要的假定——模型設定假定（A0）和正交假定（A1）難以從經驗上加以檢定，我們必須基於合理的研究設計建立模型。因此，模型檢定並不能真正解決我們依賴這些假定所產生的問題。不過，在模型如何配適觀察資料這一具體問題上，模型檢定可能是有用的。第二，本部分沒有涉及與時間序列資料迴歸分析有關的迴歸診斷技術，這主要是考慮到本書所介紹的內容主要針對橫斷面資料。另外，多元共線性問題也屬於迴歸診斷的重要內容之一，但是，前面第 10 章已有專門介紹，這裡就不再重複。下面我們以本書一直使用的 TSCS 資料為例，對迴歸診斷進行介紹。

17.1　依變項是否服從常態分配

先來考慮依變項的分配形態。其實我們真正關心的是迴歸模型中的殘差是否服從常態分配（我們將在下節中進行討論）。但在實際的研究中，研究者經常考慮依變項是否服從常態分配。為確定依變項（或其他變項）是否服從常態分配，我們可以透過圖示的辦法給出一些直觀的判斷。比如，我們基於 TSCS2010 資料中的個人月收入變項 *earn* 創建了如圖 17-1 所示的長條圖。

熟悉長條圖的讀者一眼就能看出來，圖 17-1 只是在常規長條圖的基礎上額外添加了一條曲線。這樣一來，圖 17-1 就包含了兩個分配，分別由豎條和平滑線表示。條形代表總收入 *earn* 變項的真實分配。很明顯，絕大部分個人的月收入都不超過 100,000 元，超過 100,000 元的個人極為少見。平滑的鐘形曲線代表一種假設的分配，即如果月收入 *earn* 變項服從常態分配的話，資料將是如何分配的。從中我們看到，曲線右邊的尾巴拖得非常長。因此，我們大體上可以判斷出，月收入 *earn* 變項的分配呈現出右偏態的問題。當然，也可以透過計算變項的偏度和峰度係數來對其是否滿足常態性作出評價。下面給出了月收入 *earn* 變項詳細的描述性

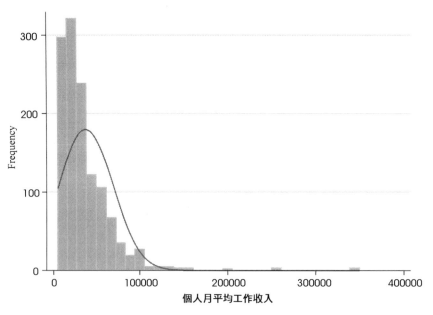

圖 17-1　總收入 *earn* 變項的長條圖

統計結果，其中包含了偏度和峰度資訊。

. sum earn, detail

個人月平均工作收入

	Percentiles	Smallest		
1%	5000	5000		
5%	5000	5000		
10%	15000	5000	Obs	1262
25%	25000	5000	Sum of Wgt.	1262
50%	35000		Mean	37416.8
		Largest	Std. Dev.	31083.77
75%	45000	250000		
90%	65000	350000	Variance	9.66e+08
95%	85000	350000	Skewness	4.035556
99%	145000	350000	Kurtosis	32.89105

在上述結果的右下角，可以看到月收入 *earn* 變項的偏度係數（skewness）為 4.035556、峰度係數（kurtosis）為 32.89105。偏度係數被用來測量一個變項分配是否朝著某個方向減少。如果偏度係數等於零，則意味著該變項的分配是對稱的；如果小於零，則意味著變項的分配是左偏或負偏態的；如果大於零，則意味著變項的分配是右偏或正偏態的。總收入 *earn* 變項的偏度係數明顯大於零，因此它的分配是右偏或正偏態的。

下面給出了月收入 *earn* 變項偏度係數和峰度係數的統計檢定結果。

. sktest earn

Skewness/Kurtosis tests for Normality

```
------- joint ------
Variable |    Obs   Pr(Skewness)  Pr(Kurtosis)  adj chi2(2)   Prob>chi2
-------------+---------------------------------------------------------------
    earn |  1.3e+03   0.000          0.000         .            0.0000
```

請注意，與其他統計量的統計檢定不同，Stata 並沒有首先給出檢定統計量（比如 *t* 比率或者 *F* 值），而是直接給出了機率。將這一結果和前面的偏度係數結果綜合起來看，skewness = 4.035556, $p < 0.001$，因此，月收入 *earn* 變項的分配不是常態的。

在迴歸分析中，當依變項右偏時，通常可以對其進行對數轉換來接近常態性。圖 17-2 就是我們先將月收入 *earn* 變項做對數轉換，得到變項 *logearn*，再畫出的該變項的長條圖及相應的常態分配曲線。

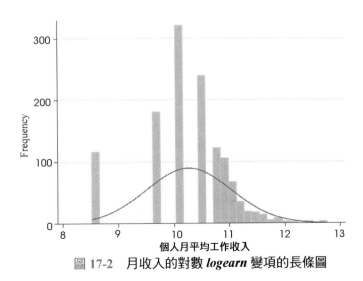

圖 17-2　月收入的對數 *logearn* 變項的長條圖

我們看到，經過取對數轉換，月收入變項分配的偏態有較為明顯的改變，已經非常接近常態分配了。這也是我們在本書的舉例中一直使用月收入的對數而不是月收入本身作為依變項的原因所在。當然，對變項做對數轉換只是減弱變項分配偏態的一種方法。實際研究中，依變項分配出現偏態往往是資料中存在離群值造成的，因此，當依變項不滿足常態分配時，也可以嘗試使用穩健迴歸（robust regression）方法。

17.2　殘差是否服從常態分配

所謂殘差，就是迴歸預測值和觀察值之間的差值，即：$e = y - Xb = y - \hat{y}$。迴歸分析中，我們需要假定誤差服從常態分配。那麼，我們如何來判斷這一假定是否得以滿足呢？對此，我們可以採用兩種圖示的方式進行直觀的觀察。

17.2.1 分位數—分位數圖

分位數—分位數圖（quantile-quantile plot），也稱作 Q-Q 圖，原本是用於比較兩個樣本以確定它們是否來自同一母體的有用工具。基於這種想法，我們可以將樣本的分位數和所期望的常態分配的分位數進行比較，從而確定樣本資料是否服從常態分配。在迴歸分析中，這可以被用來檢定殘差是否服從常態分配。下圖 17-3 就是用受教育年數、工作經驗、工作經驗平方、族群和性別變項對月收入的對數進行迴歸後所得殘差的分位數－分位數圖。如果殘差服從常態分配的話，那麼，由兩個分位數對應點所構成的線應該和圖中的 45° 直線極為接近甚至重合在一起；相應的，對常態性偏離越嚴重的話，該線與 45° 直線的偏離也越明顯。

. reg logearn educyr exp exp2 fethnic_2-fethnic_4 female

Source	SS	df	MS			
				Number of obs =		1262
				F(7, 1254) =		67.43
Model	203.703405	7	29.1004864	Prob > F	=	0.0000
Residual	541.183816	1254	.431566042	R-squared	=	0.2735
				Adj R-squared =		0.2694
Total	744.887221	1261	.590711515	Root MSE	=	.65694

logearn	Coef.	Std. Err.	t	P>|t|	[95% Conf. Interval]	
educyr	.0981432	.0074079	13.25	0.000	.08361	.1126764
exp	.07351	.0047866	15.36	0.000	.0641194	.0829006
exp2	−.0012024	.0000968	−12.43	0.000	−.0013923	−.0010126
fethnic_2	.0102845	.0530146	0.19	0.846	−.0937227	.1142916
fethnic_3	−.0486233	.330379	−0.15	0.883	−.6967797	.5995332
fethnic_4	−.0862782	.0615852	−1.40	0.161	−.2070996	.0345433
female	−.225394	.0374313	−6.02	0.000	−.298829	−.1519591
_cons	8.296516	.1245724	66.60	0.000	8.052123	8.540909

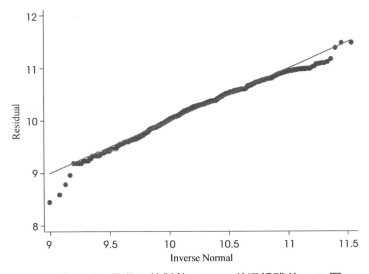

圖 17-3　月收入的對數 *logearn* 的迴歸殘差 **Q-Q** 圖

　　圖 17-3 顯示，越是靠近殘差分配的兩端，殘差的分位元曲線偏離 45° 直線就越遠，但是中間部分幾乎和直線重合。這表明，殘差不太符合常態分配，且存在一定程度的不等變異量性。

17.2.2 殘差與模型預測值對照圖

　　顧名思義，殘差與模型預測值對照圖（residual-vs-fitted plot）就是用某一次迴歸所得到的殘差與模型預測值進行作圖。這相當於給出每個個案的殘差值在每一個

模型預測值上的散布圖。這樣，就可以直觀地看到殘差的分配形態，包括是否服從常態分配以及不同模型預測值上殘差的變異數是否相等。下圖給出了用受教育年數、工作經驗、工作經驗平方、族群和性別變項對月收入的對數進行迴歸後所得到的殘差與模型預測值對照圖[1]。

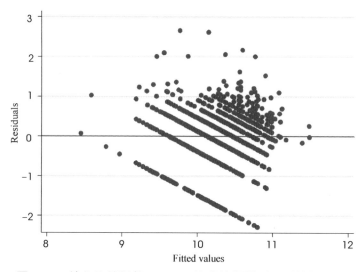

圖 17-4　**總收入的對數 logearn 的殘差與模型預測值對照圖**

圖 17-4 顯示，殘差大體上圍繞零值線上下對稱地分配著，這意味著殘差在不同模型預測值點上大致呈對稱分配。同時還可以看到，幾乎不存在有曲線關係的跡象。值得注意的是，個別模型預測值的殘差明顯遠離絕大部分模型預測值，這意味著可能存在下面將要講到的離群值。另外，我們大致能看到，隨著模型預測值的增大，殘差的變異數有變小的趨勢，這預示著不等變異量性問題的存在。

實際上，上述圖形只是提供了對迴歸殘差的一個概要描述。為了更詳細地對殘差進行研究，我們還可以畫出殘差與迴歸模型中每一解釋變項的關係圖（Hamilton，2006）。這樣我們就可以進一步看到殘差在每一解釋變項不同取值上的分配情況，從而發現是否存在有一定規律的不等變異量性。

---

[1] 如果採用 Stata 軟體進行資料處理的話，可以用兩種方式得到殘差與模型預測值對照圖。第一種是，先做迴歸分析，然後用 predict 指令將迴歸預測值和殘差存成兩個新變項，然後用散布圖的畫圖指令對兩個變項畫圖。第二種方法要簡單得多，也是先做迴歸分析，然後使用 rvfplot 指令直接給出殘差與模型預測值對照圖。

17.3　異常觀察個案

異常觀察個案有兩種，離群值或影響觀察值。識別出這些異常觀察個案並瞭解它們所產生的影響是迴歸診斷的又一個重要內容。考慮到離群值和影響觀察值的不同，下面分別加以介紹。

17.3.1 影響觀察值及其診斷

1. 何謂影響觀察值

在第 5 章中，我們將 $\mathbf{H} = \mathbf{X(X'X)}^{-1}\mathbf{X'}$ 稱作帽子矩陣（hat matrix），或預測矩陣（prediction matrix）。因為，$\hat{\mathbf{y}} = \mathbf{Hy}$。這樣一來，我們可以將殘差重新表述為：$\mathbf{e} = \mathbf{y} - \hat{\mathbf{y}} = \mathbf{y} - \mathbf{Hy} = (\mathbf{I} - \mathbf{H})\mathbf{y}$。

在上述採用帽子矩陣表述的預測值等式中，帽子矩陣中的對角線元素被定義為槓桿作用（leverages），因為其中的每一個元素 h_{ii} 測量了第 i 個觀察個案的影響。h_{ii} 具有如下性質：

(1) 取值範圍在 0 和 1 內；

(2) 所有 h_{ii} 的和等於自變項的個數，即 $\Sigma h_{ii} = p$，這裡 p 為迴歸模型中自變項的個數；

(3) h_{ii} 的取值越大，對應的 y_i 在決定 $\hat{y}$ 上就越重要。注意：$\hat{y}$ 是由迴歸模型中的所有觀察個案決定的模型預測值；

(4) h_{ii} 的取值越大，殘差 e_i 就越小。

從圖形上看，h_{ii} 測量了第 i 個觀察個案與所有觀察個案在自變項矩陣 $\mathbf{X}$ 上的平均數之間的距離，如下圖 17-5 所示。請注意，下圖中，兩條不同迴歸線的差異實際上是由一個影響觀察值造成的。也就是說，變項 x_1 和 x_2 的取值只在一個個案上（即圖中的 A 處）有所不同。因為這一點的 h_{ii} 值很大，槓桿作用也很大。從這一例子可以看到，h_{ii} 僅由自變項矩陣 $\mathbf{X}$ 決定。

這一例子也說明了，如果觀察個案在自變項的取值上明顯不同於其他大多數觀察個案，h_{ii} 值會大，這種觀察個案被稱作槓桿點（leverage points）或影響觀察值（influential observations）。

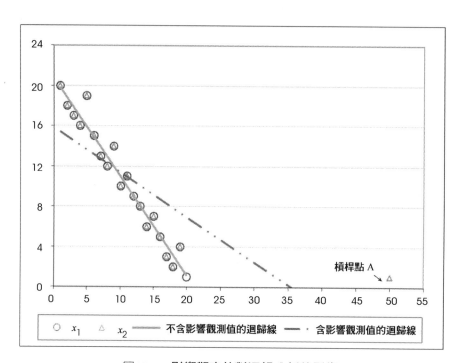

圖17-5　影響觀察值對迴歸分析的影響

2. 影響觀察值的測量

　　實際上，帽子矩陣對角線上的元素 h_{ii} 取值越大，對應的 y_i 在決定 $\hat{y}$ 上就越重要。也就是說，h_{ii} 表明了觀察個案 i 影響迴歸係數的潛力。因此，當其在自變項矩陣 **X** 上的取值出現異常時，該觀察個案就會表現出具有較高的槓桿作用。測量這種槓桿作用的方法主要有庫克距離（Cook's distance）、*DFITS*（又叫 *DFFITS*）和 *DFBETA* 等統計量指標。

(1) 庫克距離統計量

　　觀察個案 i 的庫克距離是指，基於全部觀察個案得到的所有估計值與未包含觀察個案 i 所得的所有估計值之間的平均差異。它實際上測量了每個觀察個案對所有迴歸估計值的影響。那些遠遠偏離自變項矩陣 **X** 平均數或者具有很大殘差的觀察個案往往會有很大的庫克距離。因此，在實際分析中，我們不想在資料中有庫克距離很大的觀察個案，比如大於 $2K/n$，這裡 K 表示估計係數的個數（包含常數項），n 為樣本數。因為這意味著，如果刪除該觀察個案的話，迴歸係數將出現很大的變化。

　　下面給出了我們對月收入的對數 *logearn* 進行迴歸後所得到的庫克距離。根據

前面提到的庫克距離大於 $2K/n$ 的經驗法則，這裡我們應該關注那些庫克距離大於 0.01267829（即 $2 \times 8/1262$）的個案。

. quietly reg logearn educyr exp exp2 fethnic_2-fethnic_4 female

. predict cookD, cooksd

. list vid logearn educyr exp exp2 fethnic_2-fethnic_4 female cookD if cookD>.01267829

```
      +---------------------------------------------------------------------------+
      | vid    logearn   educyr  exp  exp2  fethni～2  fethni～3  fethni～4  female   cookD|
      |---------------------------------------------------------------------------|
 324. |241133  8.517193     15   40  1600      0         0         1        1   .0136735|
 556. |351316  12.76569     12   11   121      1         0         0        0   .0162802|
 651. |406101   10.4631     12   18   324      0         1         0        1    .013964|
1183. |912335  12.42922      6   45  2025      1         0         0        0   .0220713|
      +---------------------------------------------------------------------------+
```

一共有 4 個個案的庫克距離大於 0.01267829。其中，vid 號為 912335 個案的庫克距離最大，接近 0.02。

(2) DFITS 統計量

　　與庫克距離一樣，$DFITS_i$ 也測量了觀察個案 i 對整體的迴歸模型產生了多大影響，或者觀察個案 i 對一套預測值產生了多大影響。但與庫克距離不同，$DFITS_i$ 並不關心觀察排除個案 i 情況下的所有預測值，而只關心觀察個案 i 的預測值；也就是說，我們要對使用全部觀察個案所取得的個案 i 的估計值和使用排除觀察個案 i 後所得到的個案 i 的估計值進行比較。同時，我們還用標準誤作為測量因素（scaling factor）。一般地，如果我們發現以下關係成立的話，就認為觀察個案 i 是一個影響觀察值：

$$|DFITS_i| > 2\sqrt{K/n}$$

這裡，K 為估計係數的個數（包括常數項），n 為樣本數。

　　同樣地，我們計算了對月收入的對數 logearn 進行迴歸後所得到的 DFITS 統計

量資訊。根據前面提到的 *DFITS* 統計量的判斷經驗法則，這裡我們應該關注那些 *DFITS* 統計量取值大於 0.15923749（即 $2 \times \sqrt{8/1262}$）的個案。

. quietly reg logearn educyr exp exp2 fethnic_2-fethnic_4 female

. predict DFITS, dfits

. list   vid logearn educyr exp exp2 fethnic_2-fethnic_4 female DFITS if abs(DFITS)>.15923749

```
     +---------------------------------------------------------------------------------+
     |    vid    logearn  educyr  exp  exp2  fethni~2  fethni~3  fethni~4  female  DFITS |
     |---------------------------------------------------------------------------------|
  27.| 114104  11.46163       6   47  2209         0         0         0       1  .2565238 |
  37.| 114157  12.76569      16   30   900         0         0         0       1  .2195864 |
  46.| 114339  10.12663       6   53  2809         1         0         0       1  .1938329 |
  47.| 114348   8.517193      9   24   576         0         0         1       1 -.2355642 |
  69.| 202321   10.4631       6   50  2500         0         0         0       1  .1697017 |
     |---------------------------------------------------------------------------------|
  76.| 202337  11.88449      15   36  1296         0         0         1       1  .2109314 |
 101.| 220158  10.91509       6   49  2401         0         0         0       0  .1824086 |
 106.| 220316   8.517193     12   30   900         0         0         1       1 -.2552753 |
 114.| 220343   8.517193     16    0     0         0         0         0       0 -.1719192 |
 140.| 221160  10.71442      12    4    16         0         0         1       0  .1874138 |
     |---------------------------------------------------------------------------------|
 141.| 221161   8.517193     18    1     1         0         0         0       0 -.2072642 |
 174.| 224117   8.517193     18    3     9         0         0         0       1 -.1864588 |
 176.| 224124   8.517193     12   22   484         0         0         0       0 -.1620244 |
 189.| 224324   8.517193      9   24   576         0         0         0       1 -.1621951 |
 195.| 231103   8.517193     16    0     0         0         0         1       1 -.1944448 |
     |---------------------------------------------------------------------------------|
```

```
200. | 231114   8.517193   12   3     9    1   0        0   0 −.1879117 |
205. | 231136   8.517193   16   0     0    1   0        0   0 −.2241037 |
209. | 231148   8.517193   16   2     4    0   0        0   0  −.165574 |
213. | 231160   9.615806   18  23   529    1   0        0   1 −.1949176 |
214. | 231303   8.517193   16   0     0    0   0        0   0 −.1719192 |
     |------------------------------------------------------------------|
216. | 231308   8.517193   18   4    16    0   0        1   0  −.292954 |
240. | 234115   10.71442    6  48  2304    0   0        0   1  .1738885 |
244. | 234123   8.517193   12  35  1225    0   0        1   1 −.2530727 |
252. | 234158   8.517193   12  19   361    1   0        0   1 −.2281255 |
254. | 234303    10.4631    6  52  2704    0   0        0   1  .2082588 |
     |------------------------------------------------------------------|
256. | 234311   8.517193   18   2     4    0   0        0   0 −.2041272 |
268. | 234344   8.517193   16   1     1    0   0        0   0 −.1689526 |
284. | 235150   8.517193   16   4    16    0   0        1   0  −.253321 |
285. | 235152   8.517193   16   0     0    1   0        0   0 −.2241037 |
289. | 235304   8.517193   14  21   441    0   0        0   0 −.1658324 |
     |------------------------------------------------------------------|
316. | 238353   12.42922   12  29   841    0   0        0   1  .1726348 |
324. | 241133   8.517193   15  40  1600    0   0        1   1 −.3317966 |
356. | 242121   8.517193   12  36  1296    0   0        1   0 −.2864472 |
359. | 242127   8.517193   18   0     0    0   0        0   0 −.2102942 |
425. | 269136   8.517193    9  26   676    0   0        0   1 −.1604236 |
     |------------------------------------------------------------------|
514. | 338119   8.517193    6  16   256    0   0        1   1 −.1936808 |
528. | 338311   11.65269   12  32  1024    1   0        0   1  .1641372 |
529. | 338315   9.615806   21   9    81    0   0        0   0 −.1713224 |
538. | 351101   8.517193    9  32  1024    0   0        0   0 −.1626666 |
548. | 351133   8.517193   18   0     0    1   0        0   1 −.2297429 |
     |------------------------------------------------------------------|
```

385

556.	351316	12.76569	12	11	121	1	0	0	0	.3630718
577.	357127	8.517193	16	28	784	0	0	0	1	−.2384482
596.	360125	11.88449	12	10	100	1	0	0	1	.2784115
598.	360134	8.517193	9	42	1764	1	0	0	1	−.1948565
623.	403109	8.517193	18	0	0	0	0	0	0	−.2102942
631.	403153	12.18075	18	40	1600	0	0	0	0	.1745437
651.	406101	10.4631	12	18	324	0	1	0	1	.3341444
661.	406122	8.517193	12	46	2116	0	0	0	0	−.2241936
681.	406340	8.517193	18	3	9	0	0	0	0	−.2011356
700.	414135	11.95118	16	42	1764	0	0	1	0	.2211401
742.	438144	8.517193	16	0	0	0	0	0	0	−.1719192
743.	438147	8.517193	9	32	1024	1	0	0	0	−.2526571
764.	500110	8.517193	12	40	1600	0	0	1	1	−.2544395
771.	500314	8.517193	16	3	9	0	0	0	0	−.1620324
792.	522123	10.4631	6	52	2704	0	0	0	0	.1670773
838.	527324	8.517193	16	1	1	0	0	0	0	−.1689526
855.	600133	8.517193	9	49	2401	0	0	0	0	−.1878838
862.	600307	8.517193	12	33	1089	1	0	0	0	−.2652916
864.	600309	8.517193	16	0	0	0	0	0	0	−.1719192
875.	600339	8.517193	9	19	361	0	0	1	1	−.224713
903.	640330	8.517193	16	1	1	0	0	0	0	−.1689526
911.	701111	8.517193	14	22	484	0	0	0	1	−.1661456
913.	701130	8.517193	16	0	0	0	0	0	0	−.1719192
946.	704305	11.65269	6	50	2500	0	0	0	0	.3090025
984.	709301	8.517193	18	1	1	0	0	0	0	−.2072642
987.	709307	12.76569	12	31	961	0	0	0	0	.165832

1052.	802321	9.615806	0	53	2809	0	0	0	1	.2171744
1060.	802338	8.517193	14	40	1600	0	0	0	0	−.2285739
1072.	807148	11.46163	12	32	1024	0	0	1	1	.1694468
1080.	807333	8.517193	12	8	64	0	0	1	0	−.227358
1084.	807353	8.517193	16	18	324	0	0	0	0	−.186334
1132.	900136	8.517193	12	38	1444	0	0	1	0	−.2864987
1153.	912109	8.517193	16	0	0	1	0	0	1	−.1886919
1157.	912122	8.517193	9	36	1296	1	0	0	1	−.2071427
1164.	912142	8.517193	12	28	784	1	0	0	1	−.2430897
1183.	912335	12.42922	6	45	2025	1	0	0	0	.4228388
1196.	924105	8.517193	9	32	1024	0	0	0	0	−.1626666

一共有 77 個個案的 *DFITS* 統計量大於 0.15923749，其中最小值為 −0.3317966，最大值為 0.4228388。

(3) *DFBETA* 統計量

與庫克距離和 *DFITS* 測量不同，*DFBETA* 關注的是將觀察個案排除出迴歸分析後，自變項 *x* 的係數的變化程度（用標準誤作為尺度進行衡量）。我們應對符合以下條件的個案更加關注：

$$|DFBETA| > 2/\sqrt{n}$$

這裡，*n* 表示樣本數。

下面給出了基於受教育程度、工作經驗、工作經驗平方、族群和性別變項對收入對數 *logearn* 進行迴歸所得的 *DFBETA* 統計量的取值。由於樣本規模較大，我們沒辦法完全將它們展示出來。因此，我們給出它們的描述性統計結果。

```
. quietly reg logearn educyr exp exp2 fethnic_2-fethnic_4 female


. dfbeta
            DFeducyr:  DFbeta(educyr)
            DFexp:  DFbeta(exp)
```

DFexp2: DFbeta(exp2)

DFfethnic_2: DFbeta(fethnic_2)

DFfethnic_3: DFbeta(fethnic_3)

DFfethnic_4: DFbeta(fethnic_4)

DFfemale: DFbeta(female)

. sum DFeducyr DFexp DFexp2 DFfethnic_2 -DFfethnic_4 DFfemale

Variable	Obs	Mean	Std. Dev.	Min	Max
DFeducyr	1262	$-5.90e-06$	.0281507	$-.1622367$	.1489941
DFexp	1262	$4.07e-06$	.0318955	$-.1538738$	.1546663
DFexp2	1262	$-1.70e-06$	.031758	$-.1446991$	.1921163
DFfethnic_2	1262	$2.76e-06$	.0291165	$-.2165249$	.2888103
DFfethnic_3	1262	$4.10e-07$	.011341	$-.1395727$	.3320738
DFfethnic_4	1262	$-2.07e-06$	.0280781	$-.2450493$	.1538233
DFfemale	1262	$-4.15e-07$	.0281614	$-.1221446$	.1100455

17.3.2 離群值及其診斷

另一類異常觀察個案和依變項有關係，它反映著模型配適的失敗，這就是離群值（outlier），即那些特別偏離迴歸模型的觀察個案。因此，離群值的殘差一般會很大。那麼，我們如何對其加以測量呢？對於離群值，統計上通常透過計算兩種殘差來加以識別：標準化殘差值（standardized residual）和 t 分布化殘差（studentized residual）。

1. 標準化殘差值

一個最為直接的度量殘差大小的做法就是將觀察個案 i 的殘差除以其估計的標準誤，即

$$z_i = e_i / \sqrt{\text{MSE}}$$

這就被稱做標準化殘差值。之所以被稱為標準化殘差值，原因就在於 MSE 被當作誤差變異數 $\mathrm{Var}(e_i)$ 的估計值，且殘差的平均數為零。

　　根據線性迴歸的假定，我們期望值 z_i 近似地服從標準常態分配，即 $z_i \sim N(0, 1)$。

2. t 分布化殘差

　　使用 MSE 作為觀察個案 i 殘差變異數的估計值只是一種近似。即使球面變異數假定（A2）成立，殘差變異數在具體的個案中也可能隨自變項的不同而改變。我們可以改進對殘差變異數的度量。將殘差的共變數矩陣記為，

$$\mathrm{Var}(\mathbf{e}) = \sigma^2(\mathbf{I} - \mathbf{H})$$

這裡，$\mathbf{H}$ 為帽子矩陣，$\mathbf{H} = \mathbf{X(X'X)}^{-1}\mathbf{X'}$。觀察個案 i 的變異數為，

$$\mathrm{Var}(e_i) = \sigma^2(1 - h_{ii})$$

這裡，h_{ii} 為帽子矩陣對角線上的第 i 個元素，並且，$0 \le h_{ii} \le 1$。因此定義

$$r_i = \frac{e_i}{\sqrt{\mathrm{MSE}(1 - h_{ii})}}$$

為 t 分布化分配，且 r_i 近似地服從自由度為 $n - p - 1$ 的 t 分配。

　　t 分布化殘差的平均數接近於 0，變異數為 $(\sum_{i=1}^{n} r_i^2)/(n - p - 1)$。

3. 評判殘差的準則

　　根據上面的計算公式，可以推出，在資料規模較大的資料集中，標準化殘差值和 t 分布化殘差應當差別不大。但是，殘差多大才算是大呢？對此，沒有絕對的評判準則。經驗上，我們期望值標準化殘差值或 t 分布化殘差分配的 95% 都在 -2 到 2 之間。也就是說，極少的標準化殘差值或 t 分布化殘差可能會在 -2 到 2（甚或 -3 到 3）的取值範圍之外。我們一般不能接受標準化殘差值或 t 分布化殘差超出 -5 到 5 的取值範圍。

17.4　本章小結

　　本章結合 TSCS 資料的分析對迴歸診斷的內容進行了簡要介紹。一方面我們介

紹了如何借助殘差圖進行殘差分析，以檢定迴歸模型本身所要求的假定條件是否滿足，從而對迴歸結果的合理性作出評價。另一方面，我們介紹了兩類對迴歸模型存在威脅的異常觀察個案，即離群值和影響觀察值，以及相應的度量指標。需要強調的是，在實際研究中，迴歸診斷的工作應該先於迴歸模型和迴歸係數的解釋。

參考文獻

Belsley, David A., Edwin Kuh and Roy E. Welsch. 1980. *Regression Diagnostics: Identifying Influential Data and Sources of Collinearity*. New York: Wiley.

Hamilton, Lawrence. 2006. *Statistics with STATA: updated for version 9*. Belmont, CA: Duxbury/Thomson Learning.

二分依變項的 Logit 模型

　　前面的大部分章節一直都在討論與線性迴歸有關的內容。雖然線性迴歸在社會科學量化研究中有著非常廣泛的應用，然而該方法的應用在很多情況下會受到限制。比如，線性迴歸要求依變項為等距變項（interval variable），而如我們在有關虛擬變項的第 12 章中曾經提到的，實際研究中的依變項可能是名目變項（nominal variable）。比如，社會學和人口學研究者們往往研究失業、遷移、結婚、死亡、犯罪等等問題。這些問題有一個明顯的共同點，那就是依變項只能在兩個可能的數值中取值，要麼「是」或「發生」，要麼「否」或「未發生」。在統計方法上，這種僅具有兩類可能結果的資料被稱作二分類資料（binary data），所對應的變項也被稱作二分類變項（binary variable）。通常，二分類變項所表示的兩種可能結果被描述為成功和失敗。一般來說，研究所關注的那類結果被視為「成功」，通常被編碼為 1；而另一類則被視為「失敗」，通常被編碼為 0。所以，社會和生物科學研究者常常習慣於將二分類變項稱作 0-1 變項。

　　如果依變項為類別或順序變項，線性迴歸方法一般就不再適用。作為類別變項的一個典型類型，二分依變項在被進行分析時也需要進行特殊的處理。因此，本章將介紹適用於對二分依變項進行分析的統計方法。值得注意的是，對於二分依變項，研究者的目的在於估計和預測成功或失敗的機率是如何受到共變項的影響[1]。

18.1　線性迴歸面對二分依變項的困境

　　對於二分依變項，如果我們採用多元線性迴歸進行分析的話，就得到了線性機率模型（linear probability model）。但我們知道，線性迴歸方法通常要求依變項具有等距測量尺度，為連續變項；另外一個重要的假定要求依變項對應於不同自變項的誤差項 e_i 要有相同的變異數，即條件變異數相等（homosedasticity）。而採用最小平方法去估計線性機率模型會違背這些假定，其結果不再具有最佳線性不偏估計的特性。儘管此時依變項表示的是發生某一觀察事件的機率，但該模型仍然存在很大的問題，包括模型的誤差項呈現出異分配性以及預測值超出合理範圍的荒謬性。

---

[1] 這與前面介紹的線性迴歸直接針對觀察變項進行分析很不一樣。在對二分依變項的統計分析中，所觀察到的是某一事件是否發生，即 $y_i = 1$ 或 $y_i = 0$；然而，統計模型中的依變項卻是發生某一事件的機率，即 $\Pr(y_i = 1)$。

18.1.1 誤差項 ε_i 的異分配性

在絕大多數情況下，二分類變項資料都以個體作為分析單位。此時就相當於每個個體只進行一次試驗，並且試驗結果要麼是 1（成功），要麼是 0（失敗）。這類試驗被稱作柏努力試驗（Bernoulli trial）。柏努力試驗只有一個表示成功機率的參數 p，其機率分配函數可表達為：

$$\Pr(y_i \mid p) = p^y(1-p)^{1-y} \qquad (18\text{-}1)$$

由此可以得到，成功的機率為 $\Pr(y_i = 1) = p$，失敗的機率為 $\Pr(y_i = 0) = 1 - p$。

按照線性迴歸的思路，為了估計成功的機率如何受到一組自變項和殘差的影響，我們可以建立以下模型：

$$y_i = \Sigma\beta_k x_{ik} + \varepsilon_i \qquad (18\text{-}2)$$

此時，y_i 的期望值實際上變成了實驗結果為成功時的條件機率，並且被表達成一組自變項的線性組合。即：

$$E(y_i) = \Pr(y_i = 1 \mid x_{i1}, x_{i2}, \cdots, x_{ik}) = \Sigma\beta_k x_{ik} \qquad (18\text{-}3)$$

因此，方程式（18-3）也被稱為線性機率模型（linear probability model）。

根據方程式（18-2），當 $y_i = 0$ 時，$\varepsilon_i = -\Sigma\beta_k x_{ik}$；當 $y_i = 1$ 時，$\varepsilon_i = 1 - \Sigma\beta_k x_{ik}$。因此，我們可以求得誤差項 ε_i 的期望值為：

$$
\begin{aligned}
E(\varepsilon_i) &= P(y_i = 0)(-\Sigma\beta_k x_{ik}) + P(y_i = 1)(1 - \Sigma\beta_k x_{ik}) \\
&= -[1 - P(y_i = 1)]P(y_i = 1) + P(y_i = 1)[1 - P(y_i = 1)] \\
&= 0
\end{aligned} \qquad (18\text{-}4)
$$

也就是說，此時線性迴歸中要求誤差項平均數為零的假定仍然能夠被滿足。

對於誤差項 ε_i 的變異數，根據變異數的計算公式，我們有，

$$
\begin{aligned}
\text{Var}(\varepsilon_i) &= E(\varepsilon_i^2) - [E(\varepsilon_i)]^2 \\
&= E(\varepsilon_i^2) - 0 \\
&= P(y_i = 0)(-\Sigma\beta_k x_{ik})^2 + P(y_i = 1)(1 - \Sigma\beta_k x_{ik})^2 \\
&= [1 - P(y_i = 1)][P(y_i = 1)]^2 + P(y_i = 1)[1 - P(y_i = 1)]^2
\end{aligned} \qquad (18\text{-}5)
$$

$$= P(y_i = 1)[1 - P(y_i = 1)][P(y_i = 1) + 1 - P(y_i = 1)]$$

$$= P(y_i = 1)[1 - P(y_i = 1)]$$

$$= (\Sigma \beta_k x_{ik})(1 - \Sigma \beta_k x_{ik})$$

顯然，誤差項 ε_i 的變異數是自變項 x_k 的函數。因此，誤差變異數 $Var(\varepsilon_i)$ 必然會隨著自變項 x_k 取值水準的變動而發生系統性變動。這意味著誤差項 ε_i 呈現出異分配性，即依變項在不同的自變項 x_k 取值處具有不同的誤差變異數。這明顯違背了線性迴歸中誤差條件變異數相等的假定條件。因此，如果採用線性迴歸對二分依變項進行分析的話，所得參數估計值的 OLS 估計不再是最有效的。此時需要採用諸如前面提到的一般化最小平方法（generalized linear squares，簡稱 GLS）等其他估計方法做一定的修正。

18.1.2 線性函數的荒謬性

在方程式（18-3）的模型設定中，我們並沒有對每個自變項 x_k 的取值範圍加以限定，對迴歸係數 β_k 和誤差 ε_i 同樣也沒有做具體限定。因此，從理論上講，$E(y_i)$ 可以在 $(-\infty, +\infty)$ 這一區間內任意取值。但實際上，不論是將 $E(y_i)$ 作為機率還是作為實際的取值加以理解，其取值都只能在 [0, 1] 區間內。如果採用線性迴歸對二分依變項進行分析的話，由於建立的是線性函數，隨著自變項取值的增大或減少，預測值將超過機率的合理取值範圍。這顯然是有問題的。

總之，當依變項為二分類變項時，採用線性模型進行統計分析的做法是不恰當的。因此，介紹專門適用於處理二分依變項的統計模型是十分必要的，其中最為常見的是 Logit 模型。這一模型的發展來自於統計學、生物統計學、經濟學、心理學和社會學等諸多領域。當然，還有其他類似的模型來處理二分依變項。比如，經濟學家往往習慣用 Probit 模型。不論是 Logit 模型還是 Probit 模型，我們都可以採用兩種不同的方式加以介紹，一種被稱作轉換的取向（transformational approach），另一種被稱作潛在變項方式（latent variable approach）（Powers & Xie，2008）[2]。

18.2　轉換的取向

轉換的取向基於這樣一種思路：樣本資料與母體中被用來進行建模的變項之間

---

[2] 有關兩種方式背後哲學差異的詳細闡述，請參見 Powers 和 Xie（2008）有關類別資料統計模型一書的第一章第二節。

存在一一對應的關係。當我們對被分析的資料按自變項進行分組時，我們就能非常清楚地理解這一思路。對於分組資料（grouped data），次數可以轉換成比例（proportions）。這時，比例就成了對母體中條件機率的估計。在線性機率模型中，我們正是以這些根據樣本資料轉化得到的比例或經驗機率作為依變項，使用普通最小平方法（OLS）或一般化最小平方法（GLS）來進行建模的。然而，正如上面我們所看到的，線性機率模型這一方法並不能保證預測的條件機率合理地處在 [0, 1] 這一區間內。不過，這一不足在 Logit 和 Probit 模型裡都可以避免，因為我們可以透過多次轉換以確保將條件機率的估計值限定在合理的取值範圍內。

18.2.1 Logit 模型

Logit 模型在社會科學和生物科學中都有著非常廣泛的應用。Logit（或稱 logistic）轉換可以理解為成功對失敗的發生比（odds）的對數，這一點本節將更為詳細地加以描述。成功機率 p 的 logit 轉換可以表達為，

$$\text{logit}\,(p_i) = \log\left(\frac{p_i}{1 - p_i}\right) = \eta_i \tag{18-6}$$

方程式（18-6）給出了 logit 轉換的定義。用一般化線性模型的術語來講，就是給定了一個 logit 連結函數（logit link function）。進一步可以將方程式（18-6）表達為一組自變項的線性組合，

$$\text{logit}\,(p_i) = \eta_i = \sum_{k=0}^{K} \beta_k x_{ik} \tag{18-7}$$

透過簡單的運算，我們可以求出機率 p_i，

$$p_i = \frac{\exp\left(\sum_{k=0}^{K} \beta_k x_{ik}\right)}{1 + \exp\left(\sum_{k=0}^{K} \beta_k x_{ik}\right)} \tag{18-8}$$

這就是 logit 的機率密度函數。

透過方程式（18-8），並結合圖 18-1（圖中 z 代表 $\sum_{k=0}^{K} \beta_k x_{ik}$），我們不難看出，對於任何 x 和相應 β 的所有可能取值，logit 轉換都能確保機率 p_i 在 [0, 1] 區間內合理地取值。而且，根據方程式（18-6）可以得出：當 p_i 趨近於 0 時，對應的

logit(p_i) 將趨近於負無窮；當 p_i 趨近於 1 時，對應的 logit(p_i) 將趨近於正無窮。也就是說，logit 轉換克服了機率取值超出 [0, 1] 區間的問題。

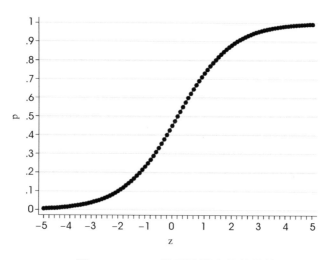

圖 18-1　**Logit 模型的機率函數曲線**

勝算、勝算比和相對風險

　　Logit 模型的著重點從事件的發生機率轉移到了事件的發生比。這裡，勝算（odds）被定義為出現某一結果的機率與出現另一結果的機率之比（ratio）。比如，我們用 p 來表示成功的機率，而 $1-p$ 就表示失敗的機率，那麼成功的勝算就是比值 $w = p/(1-p)$。由方程式（18-6）可以清楚地看出，對於 logit 轉換而言，這一比值其實就是 logit 的反對數，即 $\exp(\eta)$。

　　我們可以對勝算這一概念加以擴展。當我們比較某一群體相對於另一群體時，我們用勝算比（odds ratio）為測量指標。設想我們有一組包含失業資訊的資料，分別取自男性和女性這兩個群體，其中男性的失業機率為 p_1，女性的失業機率為 p_2。以女性作為對照組，將性別轉化為虛擬變項並以此建模，我們將得到 logit $(\widehat{p_1}) = b_0 + g$ 和 logit $(\widehat{p_2}) = b_0$。這裡，g 可看作是性別虛擬變項的迴歸係數。那麼，可以得到男性相對於女性的失業勝算比為，

$$q = w_1/w_2 = \frac{p_1/(1-p_1)}{p_2/(1-p_2)}$$

$$= \frac{\exp(b_0 + g)}{\exp(b_0)}$$

$$= \frac{\exp(b_0)\exp(g)}{\exp(b_0)}$$ $$(18\text{-}9)$$

$$= \exp(g)$$

由此,我們可以清楚地看到:如果勝算比 q 小於 1,就意味著男性的失業勝算小於女性;如果 q 等於 1,就意味著男性與女性具有相同的失業勝算;如果 q 大於 1,就意味著男性的失業勝算大於女性。更一般地,$\exp(g)$ 表示一個群體對於另一個群體「成功」經歷某個事件的相對勝算,或者說它實際上就是不同群體的勝算之比。

與勝算比密切相關的一個概念是相對風險(relative risk)。它被定義為某一暴露時期(exposure interval)內的相對發生機率。風險是指所關注事件在某一給定時期內的發生機率。設想,我們有一個樣本資料,含兩個規模相等(各有 25 人)的實驗組別,其中,試驗組服用某種實驗藥物,控制組服用安慰劑。假設試驗組中有 2 人感染了該疾病,而控制組中有 3 人感染了該疾病。那麼試驗組的患病風險為 r_t = 2/25 或 0.08,控制組的患病風險則為 r_c = 3/25 或 0.12。這樣一來,我們就能夠對計算出試驗組相對於控制組的相對患病風險:

$$r = \frac{r_t}{r_c} = \frac{0.08}{0.12} = 0.67$$

這意味著,試驗組的患病風險大約只是控制組的三分之二。或者說,控制組的患病風險幾乎是試驗組的 1.5 倍(即 1/0.67 = 1.50)。

當事件發生的機率很小時,勝算比常被用來近似地表示相對風險。比如,在本例中,我們可以計算得到試驗組相對於控制組的患病勝算比為:

$$q = \frac{r_t/(1-r_t)}{r_c/(1-r_c)} = \frac{0.08/(1-0.08)}{0.12/(1-0.12)} = 0.64$$

其中的原因就在於,當 r_t 和 r_c 很小時,$(1-r_t)$ 和 $(1-r_c)$ 都接近於 1,故此時的勝算比接近於相對風險。

18.2.2 Probit 模型

在二分依變項的統計建模中，probit 模型提供了對 logit 模型的一種替代選擇。在上面的介紹中，我們已經知道，logit 模型是透過對事件發生機率 p 進行 logit 轉換之後得到的。同樣地，這裡事件發生機率 p 的非線性函數也可以透過 probit 轉換，得到一個關於 p 的單調函數，且該函數與自變項呈線性關係。

以 p_i 表示第 i 個觀察個案發生某一事件的機率，它由以下標準累計常態分配函數（standard cumulative normal distribution function）給出：

$$p_i = \int_{-\infty}^{\eta_i} \frac{1}{\sqrt{2\pi}} exp\left(-\frac{1}{2}u_i^2\right)du_i \qquad (18\text{-}10)$$

注意，方程式（18-10）與方程式（18-8）應當是可比的。方程式（18-10）往往被記作 $p_i = \Phi(\eta_i)$，其中，$\Phi(\cdot)$ 表示標準常態分配的累計分配函數（cumulative distribution function）。通過求標準累計常態分配函數的反函數，我們就得到了 probit 轉換（也被稱為 normit 轉換），即：

$$\eta_i = \Phi^{-1}(p_i) = \text{probit}(p_i) \qquad (18\text{-}11)$$

同樣地，方程式（18-11）也給出了一個 probit 連結函數（probit link function）的形式。probit 模型一般被寫作：

$$\Phi^{-1}(p_i) = \eta_i = \sum_{k=0}^{K} \beta_k x_{ik} \qquad (18\text{-}12)$$

或等價地寫作：

$$p_i = \Phi\left(\sum_{k=0}^{K} \beta_k x_{ik}\right) \qquad (18\text{-}13)$$

圖 18-2（注意圖中 $z = \sum_{k=0}^{K} \beta_k x_{ik}$）示意性地給出了方程式（18-13）所定義函數的圖形表達。從中不難看到，對於 x 和相應 β 的所有可能取值，機率 p_i 始終處於 [0, 1] 區間內。這意味著，probit 轉換也克服了機率取值超出 [0, 1] 區間的問題。同時還可以看出，在這裡 p_i 和自變項之間也呈現為非線性關係。

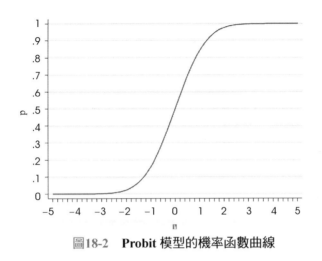

圖18-2　**Probit** 模型的機率函數曲線

18.2.3 Logit 模型與 Probit 模型的關係

　　透過不同的轉換，logit 模型和 probit 模型都能避免線性模型在處理二分依變項時所存在的最大問題，即預測值取值範圍的荒謬性。下圖 18-3（注意圖中 $z = \sum_{k=0}^{K} \beta_k x_{ik}$）給出了這兩種轉換之間的關係。

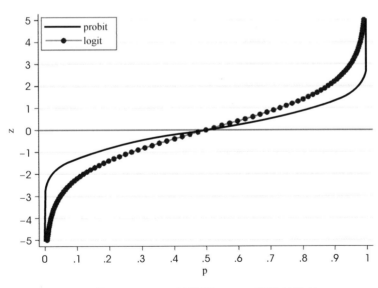

圖 18-3　**Logit** 轉換與 **Probit** 轉換的比較

　　很明顯，logit 轉換和 probit 轉換所得到的結果非常相似。實際上，兩者均是對

事件發生機率的一種非線性單調轉換，只不過它們在轉換過程中採用了不同的函數而已。通常，logit 估計值約是 probit 估計值的 1.8 倍[3]。另外，細心的讀者從圖 18-3 中不難發現，當 p 處於 0.2 到 0.8 之間時，這兩種轉換基本上都屬於線性的；當 p 超出這一範圍時，兩者呈現出高度的非線性。非線性的意義是，如果我們將 p 作為自變項 x 的函數來進行建模的話，那麼 x 對 p 的作用不是固定不變的，而是將隨著 x 取值的變化而變化。這一點與線性迴歸時的情況極為不同。

18.3　潛在變項取向

Logit 模型和 probit 模型也都可以被看作潛在變項模型（latent variable models）。此類模型假設，在觀察到的二分依變項 y_i（比如某一就業適齡女性有無工作）背後，存在一個未被觀察到的或潛在的連續依變項（unobserved or latent continuous dependent variable）y_i^*，它表示個體 i 是否出現 $y = 1$ 的潛在特質。如果該潛在的依變項 y_i^* 大於 0，那麼觀察到的依變項 y_i 就等 1，否則觀察到的依變項 y_i 就等於 0[4]。我們可以將其表述為：

$$y_i = \begin{cases} 1, & 若\ y_i^* > 0 \\ 0, & 其他 \end{cases} \tag{18-14}$$

潛在的依變項 y_i^* 可被表達為 x_{ik} 與殘差 ε_i 的線性函數：

$$y_i^* = \sum_{k=0}^{K} \beta_k x_{ik} + \varepsilon_i \tag{18-15}$$

其中，$x_{i0} = 1$。對於式（18-15），如果假定殘差 ε_i 服從標準常態分配，且滿足獨立且同分配（即 i.i.d.）之假定，那麼方程式（18-14）和方程式（18-15）就構成了 probit 模型的一般形式。此時，殘差 ε_i 的平均數為 0，變異數為 1。如果假定殘差 ε_i 服從標準 logistic 分配，且滿足獨立且同分配之假設，那麼就得到了 logit 模型。此時，殘差 ε_i 的平均數為 0，變異數為 $\pi^2/3$。在這裡我們看到，probit 模型與 logit 模型的殘差均具有零平均數和固定變異數。我們需要對 ε_i 的變異數作標準化，因

---

[3] 這是因為，對於 logit 模型，其殘差的變異數為 $\pi^2/3$，標準差為 $\pi/\sqrt{3}$ = 1.8138；而對於 probit 模型，其殘差的標準差為 1。其中的原因將在 18.3 一節加以說明。

[4] 其實，用 0 作為界限是非常任意的。這是因為，對於下面類比潛在依變項的方程式（18-15）中的截距，使用任何的恒量作為界限都會給我們同樣的結果。見 Power 和 Xie（2008，第 3 章）。

為二分依變項 y_i 本身不含有尺度資訊。換句話說，方程式（18-15）中的 β_k 絕對大小是不可確定的（unidentifiable），但它們之間的相對大小是可以被估計的。由於標準化的不同，logit 模型的殘差變異數比 probit 模型的更大，且前者是後者的 $\pi^2/3$ 倍。借助這一關係，我們可以在 logit 模型參數估計值和 probit 模型參數估計值之間便利地進行轉換。

通過上面的介紹，我們瞭解了 logit 模型與 probit 模型之間的相似之處和內在關聯。然而在實際研究中，研究者並不知道 logit 模型和 probit 模型兩者中哪一個是適合的模型。不過，出於機率分配函數簡潔性（simplicity）的考慮，同時考慮到 logit 模型中對數勝算比（log-odds-ratios）在形式上解釋上的便利性，許多學者選擇 logit 模型。相比之下，常態分配沒有簡潔的封閉表達（closed-form expression），probit 模型中也得不到勝算比（odds ratio）。

18.4 模型估計、評價與比較

18.4.1 模型估計

對於 logit 模型和 probit 模型，通常採用最大概似估計方法來對模型參數進行估計。在滿足 i.i.d 假定並已知隨機變項參數分配的情況下，最大概似估計是最佳不偏估計（best unbiased estimate，簡稱 BUE），它是所有可能的不偏估計中最有效的估計量。

一旦我們假定了模型隨機部分的分配，也就是誤差項的分配，就可以應用最大概似估計方法對模型參數進行估計。在應用最大概似估計之前，需要先建立一個概似函數（likelihood function）。透過這一函數，觀察資料出現的機率可以被表述成未知模型參數的函數。而模型參數的最大概似估計也就是使得模型能夠以最大機率再現樣本觀察資料的估計。

對於一個規模為 n 的樣本，由於各觀察之間相互獨立且遵循同一分配，其聯合分配可以表示成邊際分配的連乘積。我們以 logit 模型為例，其概似函數為：

$$L = \Pi p_i^{y_i}(1-p_i)^{(1-y_i)}$$
$$= \Pi[(e^{\sum_{k=0}^{K}\beta_k x_{ik}})/(1+e^{\sum_{k=0}^{K}\beta_k x_{ik}})]^{y_i}[1/(1+e^{\sum_{k=0}^{K}\beta_k x_{ik}})]^{(1-y_i)} \tag{18-16}$$

這被稱作 n 個觀察的概似函數。但是一般來說，要想直接實現 $L(\theta)$ 函數的最大

化比較困難。替代的做法是使該函數的自然對數取得最大，以此來間接實現最大化。由於 $\ln[L(\theta)]$ 為 $L(\theta)$ 的單調遞增函數，所以，使 $\ln[L(\theta)]$ 取得最大值的 θ 值也同樣使得 $L(\theta)$ 取得最大值。因此，對方程式（18-16）取自然對數，可得

$$\log L = \sum y_i \cdot \log[(e^{\sum_{k=0}^{K}\beta_k x_{ik}})/(1+e^{\sum_{k=0}^{K}\beta_k x_{ik}})] + \sum(1-y_i) \cdot \log[1/(1+e^{\sum_{k=0}^{K}\beta_k x_{ik}})] \qquad (18\text{-}17)$$

透過對方程式（18-17）實現最大化，我們可以求出對應的一套迴歸參數 β_k 的最優解。以謝宇博士學位論文（Xie，1989）中對 1972 年高中生職業選擇問題的調查資料分析為例，表 18-1 給出了兩個 logit 模型的參數估計結果，依變項為「學生是否打算成為一名科學家」（$y=1$ 代表「是」，否則 $y=0$）。有關這些參數估計值的解釋，將在下一節加以闡述。

表 18-1　**Logit 模型的估計係數**

變項	模型2		模型3	
	係數	標準誤	係數	標準誤
常數項	−5.147	0.322	−8.468	0.471
性別（對照類：男性）				
女性	−0.296	0.093	−0.253	0.099
父母特徵				
父親的SEI（x10^{-2}）	0.662	0.195	0.507	0.198
母親的SEI（x10^{-2}）	（同上）		（同上）	
母親為家庭婦女	0.342	0.129	0.231	0.131
父親為科學家	0.694	0.272	0.606	0.279
母親為科學家	（同上）		（同上）	
父親的教育程度	0.067	0.013	0.04	0.013
母親的教育程度	（同上）		（同上）	
種族（對照類：白人）				
黑人	0.644	0.163	1.078	0.173
亞裔	0.678	0.359	0.381	0.365
其他	−0.381	0.227	−0.13	0.231
宗教（對照類：新教）				
天主教	0.433	0.105	0.486	0.107
猶太教	0.992	0.198	0.764	0.203
其他宗教	−0.223	0.293	0.025	0.296
無宗教信仰	0.246	0.21	0.349	0.214

變項	模型2		模型3	
	係數	標準誤	係數	標準誤
家庭結構				
孩次	0.01	0.045	0.029	0.045
兄弟姐妹數	−0.108	0.035	−0.105	0.035
學業成績				
班級排序（x10^{-2}）			1.202	0.232
數學成績（x10^{-2}）			5.903	0.737

註：樣本規模為13,453。兩個模型都包括用於標註缺失值的虛擬變項。模型適合度的統計量參見表18-2。

18.4.2 模型評價與比較

在求得一組迴歸參數的估計值後，接下來需要做的就是根據模型對資料的配適情況給出一個評價，這便涉及到模型適合度的測量。前面已經講到，對於常規線性迴歸而言，判定係數 R^2 表示觀察到的依變項變異數中被模型解釋掉的比例，因此我們可以採用它來對模型的適合度進行評價。但是，對於 logit 模型和 probit 模型而言，二分依變項 y_i 本身不含有尺度資訊，殘差的變異數都是人為的固定值。因此，我們無法建構出一個完全等價於判定係數 R^2 的統計量。但是，我們還是可以採用以下統計量對 logit 模型和 probit 模型配適數據的情況進行評價。

1. 皮爾遜 χ^2 統計量

對於分組資料，透過考慮觀察次數 y_i（即在 n_i 中等於 1 的次數）和對應的基於給定模型的期望值次數 $n_i \hat{p}_i$，可以建構出皮爾遜 χ^2 統計量：

$$\chi^2 = \sum_i \frac{(y_i - n_i \hat{p}_i)}{n_i \hat{p}_i (1 - \hat{p}_i)} \qquad (18\text{-}18)$$

該統計量的自由度為總儲存格數減去模型中參數的個數。χ^2 值越小，表明觀察次數與期望值次數之間的一致性越高，即模型適合度越好；χ^2 值越大，則表明觀察次數與期望值次數之間的一致性越低，即模型的適合度越差。注意，除非資料事先按照固定格加以分類，否則，這一方法通常是不可取的。所以，一般不推薦採用皮爾遜 χ^2 統計量來對模型適合度進行評價。

2. 對數概似比統計量

　　從上面對模型最大概似估計方法的簡單介紹中可以看出，概似函數值的對數 log L 與樣本規模有關，因此不能把它單獨作為適合度指標加以使用。也就是說，較大的對數概似值在一定程度上與較大的樣本規模有關。通常，針對同一資料可能配適得到多個模型，而這些競爭模型會得到不同的對數概似值。因此，當我們進行模型配適評價時，通常會著眼於某一模型相對於另一模型對同一資料的配適是否更佳。

　　在模型配適評價中，有三個模型特別重要，即無自變項模型（null model）、飽和或完整模型（saturated or full model）以及當前模型（current model）。無自變項模型只包含截距項 β_0，我們以 L_0 表示其概似函數值；飽和模型包含了每一儲存格的參數，所得的模型預測值可以精確地還原觀察資料，我們以 L_f 表示其概似函數值；當前模型所包含的參數個數介於無自變項模型和完整模型之間，以 L_c 表示其概似函數值。對當前模型適合度的評價就可以透過比較 L_c 和 L_f 之間的大小來得出。當 L_c 遠小於 L_f 時，表明當前模型對資料的配適不夠；而當 L_c 與 L_f 相對接近時，則表明當前模型配適較好。統計軟體通常報告的模型適合度的統計量是對數概似比（log-likelihood ratio）或離差（deviance）G^2，後者測量了當前模型偏離完整模型的程度，其計算公式如下：

$$G^2 = -2\log(L_c/L_f) \qquad (18\text{-}19)$$
$$= -2(\log L_c - \log L_f)$$

不過對於個體資料而言，完整模型的概似函數值 L_f 等於 1，那麼對應的概似函數的對數 log L_f 就等於 0。所以，此方程式（18-19）可以簡化成：

$$G^2 = -2\log L_c$$

同樣地，由於其大小與樣本規模有關，對數概似比也不能單獨作為適合度指標被使用。不過，利用它對一組存在巢套關係的模型進行比較可選出配適最好的模型。

3. 模型 χ^2 統計量

　　許多統計軟體的輸出結果可能還會提供 $-2\log L_0$ 的值，這是無自變項模型的對數概似函數值的 -2 倍。此外，統計軟體還會提供一個被稱作模型 χ^2（model χ^2）的指標。與離差（G^2）不同，模型 χ^2 將當前模型的配適情況與無自變項模型進行

比較，即：

$$Model\ \chi^2 = -2\log(L_0/L_c) \tag{18-20}$$
$$= -2(\log L_0 - \log L_c)$$

模型 χ^2 統計量評價了相對於無自變項模型配適度，當前模型中所增加的參數對模型配適度的改善程度。如果無自變項模型成立的話，在大樣本條件下，該統計量服從 χ^2 分配，其自由度等於當前模型中參數的個數與無自變項模型中參數的個數之差（即 $K - 1$）。

4. 巢套模型比較

我們在上面提到，一般不能單獨使用概似比統計量對模型的配適情況作出評價，但是可以透過比較存在巢套關係模型的相對配適情況來確定。而這就涉及到對巢套模型進行對數概似比檢定。

兩個巢套模型之間的對數概似比統計量之差（這裡記為 ΔG^2）服從 χ^2 分配，其自由度等於兩個模型的自由度之差，即

$$\Delta G^2 = G_r^2 - G_u^2 \text{，} DF = DF_r - DF_u$$

這裡，G_r^2 表示約束模型（restricted model）的對數概似比（離差），而 G_u^2 表示無約束模型（unrestricted model）的對數概似比（離差）。請注意，這裡的自由度 DF 測量的是殘差的自由度。但是有些統計軟體報告的是迴歸的自由度，此時殘差的自由度需要根據 $DF^{reg_u} - DF^{reg_r}$ 進行計算。容易看出，ΔG^2 也等於無約束模型的模型 χ^2 減去約束模型的模型 χ^2。

下面仍以謝宇博士學位論文中對 1972 年高中生職業選擇問題調查資料的分析為例，來說明如何採用對數概似比來對巢套模型的配適度進行比較。模型的依變項為「學生是否有計劃做一名科學家」（$y = 1$ 代表有計劃，否則 $y = 0$），據此配適了表 18-2 中的三個模型。

表 18-2　不同 **Logit** 模型的描述及配適度統計量

模型	描述	L^2	DF
1	1 + 性別 + 父母 + 種族 + 宗教 + 家庭	4041.4	13429
2	模型 1 + 下列約束：	4044.2	13432
	父親SEI的影響 = 母親 SEI 的影響		
	父親遺傳的影響 = 母親遺傳的影響		
	父親教育的影響 = 母親教育的影響		
3	模型 2 + 學業成績	3856.4	13428

註：1 代表常數項；性別代表所屬性別；父母代表父母特徵（包括 SEI，遺傳和教育）；種族代
　　表所屬種族；宗教代表所屬宗教；家庭代表家庭結構；成績代表學業成績。有關類別的定
　　義參見表 **18-1** 中的有關說明。所有模型都包括標註缺失值的虛擬變項。L^2 是對數概似比統
　　計量，DF 一欄表明相應的自由度。

　　首先來看模型 1 與模型 2。顯然，它們之間存在巢套關係。模型 2 為約束模
型，約束條件包括：父親的與母親的 SEI（社會經濟地位指數）、遺傳以及教育所
帶來的效果相同。因此，我們可以透過比較兩個模型各自的對數概似比來判斷模型
1 與模型 2 孰優孰劣：

$$\chi^2 = G_r^2 - G_u^2 = 4044.2 - 4041.4 = 2.8$$

對應的自由度 DF = $DF_r - DF_u$ = 13432 − 13429 = 3。透過查 χ^2 分配表，我們知道在
0.05 的顯著水準下 $\chi^2_{(3)}$ = 7.815 > 2.8，統計不顯著。因此，模型 1 與模型 2 之間在
對資料的配適上並不存在顯著差別。但是，由於模型 2 更為簡約，因此我們認為模
型 2 要好於模型 1。

　　在表 18-2 中所呈現的三個模型中，模型 2 與模型 3 之間也具有巢套關係。因
為相對於模型 2，模型 3 放棄了學業成績對依變項沒有影響的假設。因此，就模
型 2 與模型 3 進行的檢定就相當於對學業成績是否有影響進行檢定，對應的自由度
DF = $DF_r - DF_u$ = 13432 − 13428 = 4。而這四個約束條件分別是：班級排名的效果
等於 0，數學成績的效果等於 0，班級排名缺失的效果等於 0 以及數學成績缺失的
效果等於 0。我們發現由這 4 個自由度帶來的模型配適改進是顯著的：

$$\chi^2 = 4044.2 - 3856.4 = 187.8。$$

18.5 模型迴歸係數解釋

在對模型的配適進行評價之後，我們會選取一個配適較優的模型。接下來，研究者的關注點就可以轉向對這些參數估計的解釋。類似於線性迴歸係數，logit 模型和 probit 模型的迴歸係數也可以解釋成自變項變化一個單位帶來的依變項的變化幅度。但是由於 logit 模型和 probit 模型都是一般化線性模型（generalized linear models），對觀察的依變項進行了非線性的 logit 或 probit 轉換，這便造成自變項對兩種模型中依變項的影響是非線性的。因此，針對線性迴歸係數的那套解釋方式在這裡就不大適用。下面我們將介紹三種不同的對模型參數估計值進行解釋的方式（Powers & Xie，2008）。

18.5.1 以勝算比的方式解釋 logit 參數估計值

以一具體情況為例。設 y_i 表示個體是否參與投票，並假設它受到收入和性別的影響，其中，收入是以千元作為測量單位的連續變項 x_i，而性別是虛擬變項 d_i（1 表示女性，0 表示男性）。在實際的樣本中，如果個體 i 參與投票，我們相應地觀察到 $y_i = 1$；相反，則觀察到 $y_i = 0$。我們可以建立以下 logit 模型來分析收入和性別如何影響個體的投票行為：

$$\text{logit}[\Pr(y_i=1)] = \log\left(\frac{p_i}{1-p_i}\right) = \log(\omega_i) = \beta_0 + \beta_1 x_i + \beta_2 d_i$$

假設該模型得到了以下最大概似估計值：

$$\overline{\text{logit}[\Pr(y_i=1)]} = \log\left(\frac{\hat{p}_i}{1-\hat{p}_i}\right) = \log(\hat{\omega}_i) = -1.92 + 0.012 x_i + 0.67 d_i$$

對於表示個體性別的虛擬變項，計算其勝算比：

$$\hat{\theta} = \frac{\hat{\omega}_{d=1}}{\hat{\omega}_{d=0}} = \frac{\Pr(y_i=1|d_i=1)/\Pr(y_i=0|d_i=1)}{\Pr(y_i=1|d_i=0)/\Pr(y_i=0|d_i=0)}$$
$$= \exp(b_2) = \exp(0.67) = 1.95$$

在這裡，1.95 的意思是：在控制了收入的情況下，女性參與投票的勝算幾乎是男性的 2 倍。更一般地，對於虛擬變項而言，其迴歸係數的指數 $\exp(b_2)$ 揭示了關注組的勝算與對照組的勝算之間的倍數關係。

對於連續變項，勝算的解釋就不那麼直接明瞭了。在我們假設性別不變的情況下，如果收入增加 1 千元，那麼在勝算上會體現出什麼樣的變化呢？首先，透過取指數，有：

$$\hat{\omega}_i = \exp(a + b_1 x_i + b_2 d_i)$$

然後，以 $x_i + 1$ 代替上式中的 x_i，得到：

$$\begin{aligned} \hat{\omega}_i^* &= \exp[a + b_1(x_i + 1) + b_2 d_i] \\ &= \exp(a + b_1 x_i + b_2 d_i + b_1 \times 1) \\ &= \hat{\omega}_i \cdot \exp(b_1 \times 1) \end{aligned}$$

透過簡單的恒等變換，得到：

$$\frac{\hat{\omega}_i^*}{\hat{\omega}_i} = \exp(b_1 \times 1) = \exp(0.012) = 1.01$$

這就是說，在性別相同的情況下，收入每增加 1 千元，投票的勝算將是原來的 1.01 倍；或者也可以說，收入每增加 1 千元，投票的勝算將比之前上升 1%，即 $\frac{1.01 - 1}{1} \times 100\% = 1\%$。更一般地，針對自變項為連續變項的情況，我們可以認為對應迴歸係數的指數實際上表明了該自變項每上升一個單位所帶來的勝算的倍數變化。

18.5.2 以邊際效果的方式進行解釋

對於 probit 模型，我們無法採用勝算比對其進行解釋。因此，常常見到有研究者透過連續機率的邊際效果來報告自變項對依變項的影響。和線性迴歸係數的解釋類似，邊際效果表達了自變項每一單位的變化所帶來的依變項的變化。對於 logit 模型和 probit 模型的潛在變項取向而言，潛在變項模型被設定為線性的，那麼自變項 x_{ik} 一個單位的變化將會造成潛在依變項 β_k 個單位的變化。比如，對於模型：

$$y_i^* = \beta_0 + \beta_1 x_i + \beta_2 d_i + \varepsilon_i$$

自變項 x_i 每一單位的變化所帶來的 y_i^* 的變化可由偏導數給出：

$$\frac{\partial y_i^*}{\partial x_i} = \beta_1$$

不過，我們往往想知道自變項對事件發生機率的邊際效果。第 k 個自變項的邊際效果可以表達為：

$$\frac{\partial \Pr(y_i = 1 \mid x_i)}{\partial x_{ik}} = \frac{\partial F(\mathbf{x}_i' \boldsymbol{\beta})}{\partial x_{ik}} = f(\mathbf{x}_i' \boldsymbol{\beta}) \beta_k$$

這裡，$F(\cdot)$ 為累計分配函數（cumulative distribution function），$f(\cdot)$ 為密度函數（density function）。第 k 個自變項的邊際效果揭示了該自變項取值的變化帶來的事件發生機率的變化率（rate of change）。

對於 probit 模型，自變項 x_{ik} 對事件發生機率 P 的邊際效果為：

$$\frac{\partial p}{\partial x_{ix}} = \beta_k \phi\,(\mathbf{x}_i' \boldsymbol{\beta})$$

這裡，ϕ 是在 $\mathbf{x}_i' \boldsymbol{\beta}$ 點處的常態分配密度。在實際應用中，可以代入樣本中的變項平均數來計算，或者取樣本中 P 的比例並折算 Φ 為 ϕ。而對於 logit 模型，邊際效果則為：

$$\frac{\partial p}{\partial x_{ix}} = \beta_k \Lambda_i (1 - \Lambda_i)$$

這裡，$\Lambda_i = \exp(\mathbf{x}_i' \boldsymbol{\beta}) / [1 + \exp(\mathbf{x}_i' \boldsymbol{\beta})]$。

請注意：只有當自變項為連續變項時，邊際效果的概念才可行。而對於自變項全為間斷變項的情況，我們可直接對不同組求預測機率。

18.5.3 結合預測機率圖形進行解釋

作為計算邊際效果方式的替代，我們可以畫出某變項取值範圍內的預測機率，從而對該變項的效果作出評價。比如，如果我們想知道個體參與投票的機率如何隨著收入水準發生變化，我們可以將其他所有共變項的取值固定在某一個水準上，然後計算出不同收入水準下參與投票的預測機率。在此基礎上，我們進一步以收入水準作為橫軸、預測機率作為縱軸畫圖。這樣一來，所關注變項的效果就能夠直觀地展示出來。值得一提的是，這種預測機率與圖形結合的方式在自變項為類別變項時也適用。

18.6 統計檢定與推論

至此，我們已經介紹完了參數估計、適合度評價以及模型結果解釋的內容。社會量化研究的目的是透過對小規模樣本的考察來推論研究母體的情況，而這就需要對參數估計值進行統計檢定。與常規線性迴歸採用 t 檢定或 F 檢定來對單個參數或多參數進行統計檢定一樣，我們也可以對 logit 模型和 probit 模型進行單一參數檢定和多參數的聯合檢定。

18.6.1 單一參數檢定

1. Wald 檢定

對於模型中某個自變項參數估計值的統計檢定，我們可以採用 Wald 統計量。為了得到 Wald 統計量，首先需要計算 Z 統計量。通過前面有關線性迴歸的介紹，我們知道，Z 統計量其實就是某個自變項所對應的迴歸係數與其標準誤的比，即：

$$z = b_{ik}/se_{b_{ik}}$$

之後，透過將 Z 統計量取平方即可得到 Wald 統計量：

$$Wald = (b_{ik}/se_{b_{ik}})^2$$

在虛無假設條件 $H_0: \beta_{ik} = 0$ 下，自變項 x_{ik} 的 Wald 統計量在大樣本情況下服從自由度為 1 的漸進 χ^2 分配[5]。因此，Wald 卡方統計量的值就能夠表示模型中自變項 x_{ik} 的作用是否顯著地不等於 0。比如對於表 18-1 中模型 2 的性別變項，可以計算出其對應的 Wald 卡方統計量為：

$$Wald = (-0.296/0.093)^2 = 3.183^2 = 10.131$$

透過查看 χ^2 分配表，我們知道，當顯著水準 $\alpha = 0.01$ 時，自由度為 1 的 χ^2 臨界值為 6.635，小於 10.131。因此我們可以認為，在 0.01 的顯著水準上，當其他條件不變時，男性和女性在是否計畫成為科學家這一問題的回答上存在顯著差別。Wald 統計量檢定依靠的是最大概似估計方法的大樣本性質。其實，在大樣本情況下，我

---

[5] 因此，在有的教科書中，Wald 統計量也被稱作 Wald 卡方統計量。

們可以直接用 z 檢定來作為個別自變項參數估計值的統計檢定。

但是,有學者指出,使用 Wald 統計量來檢定單個參數是否統計顯著時存在一些問題。比如,Agresti(1996)曾指出,對於樣本規模較小的情況,概似比檢定要比 Wald 檢定更可靠。

2. 概似比檢定

如果兩個模型之間只相差一個自變項,那麼,概似比檢定也可以用來對多出來的那個自變項的迴歸參數估計值進行檢定。如果我們基於表 18-2 中的模型 2 建構一個新的模型,即從模型中去掉性別變項。這一新的模型和原模型 2 存在巢套關係;相對於模型 2,新模型放棄了性別變項對依變項的影響。因此,對模型 2 與這一新模型之間進行的檢定就相當於對性別變項對依變項是否有影響進行檢定。

18.6.2 多參數檢定

1. Wald 檢定

除了能對單個參數的估計值進行統計檢定,Wald 檢定也可以廣義化地用於檢定多個約束的情況。待檢定的虛無假設可以表達為:

$$H_0: \mathbf{R}\boldsymbol{\beta}_r = \mathbf{q}$$

這裡,$\boldsymbol{\beta}_r$ 為待檢定模型參數的向量,$\mathbf{R}$ 為各元素的值為 0 或 1 的約束矩陣(restriction matrix),而 $\mathbf{q}$ 為各元素的取值均為 0 的常數矩陣。假設我們想要對 $\beta_5 = 0$ 和 $\beta_6 = 0$ 這樣兩個約束條件同時進行檢定,這實際上等價於檢定下列假設矩陣:

$$H_0 : \begin{pmatrix} 1 & 0 \\ 0 & 1 \end{pmatrix} \begin{pmatrix} \beta_5 \\ \beta_6 \end{pmatrix} = \begin{pmatrix} 0 \\ 0 \end{pmatrix}$$

這可以透過 Wald 統計量來進行檢定:

$$\text{Wald} = (\mathbf{R}\mathbf{b}_r - \mathbf{q})'[\mathbf{R} \, Var(\mathbf{b}_r)\mathbf{R}']^{-1}(\mathbf{R}\mathbf{b}_r - \mathbf{q})$$

其自由度等於約束矩陣 $\mathbf{R}$ 中的行數,亦即約束條件的數目。

2. 概似比檢定

18.4.2 一節中介紹的巢套模型概似比檢定也可以用於對多個約束條件進行檢定，而這也是最為常用的聯合檢定多個參數估計值的方法。

設 M_1 為具有較多約束的模型，對應的概似函數值為 L_1；而 M_2 表示具有較少約束的模型，對應的概似函數值 L_2，且 M_1 巢套於 M_2。那麼，概似比卡方統計量為：

$$-2(\log L_1 - \log L_2)$$

該統計量服從 χ^2 分配，自由度等於大模型 M_2 中參數個數 K_2 與小模型 M_1 中參數個數 K_1 之差。

請注意，Wald 統計量和概似比統計量都利用了大樣本性質。因此，就相同資料、相同模型作相同假設檢定，它們的結果未必完全相同，但隨樣本量增加它們會逐漸趨於相等。這意味著，統計檢定的結果可能會因為檢定時所選統計量的不同而不同。當然，這不是我們想看到的情況。

18.7　本章小結

社會科學研究中，只具有兩類結果的社會現象普遍存在。統計學將這種資料歸納為二分類資料。這種資料的特點在於它只在 0 和 1 上取值。此時，用 OLS 方法所作的統計推論是不準確的，同時還會出現事件發生機率的預測值超出 [0, 1] 區間的荒謬結果。

針對二分類資料，本章結合實例介紹了適用於此類資料分析的兩種常見模型：logit 模型和 probit 模型。這兩種模型都具有很好的擴展性，可擴展至依變項為順序變項和多分類類別變項的情況。我們介紹了如何對 logit 模型和 probit 模型進行評價、比較以及如何解釋這類模型的參數並對其進行統計檢定。

參考文獻

Agresti, Alan. 1996. *An Introduction to Categorical Data Analysis*. New York: Wiley.

Powers, Daniel A. and Yu Xie. 2008. *Statistical Methods for Categorical Data Analysi* (Second Edition). Howard House, England: Emerald.

Yu Xie. 1989. *The Process of Becoming a Scientist*. Doctoral Dissertation. University of Wisconsin-Madison.

詞彙表

庫克距離統計量（Cook's distance statistic）：用於診斷的一個統計量。觀察個案 i 的庫克距離反映著基於全部觀察個案 i 所取得的估計值與未包含觀察個案 i 所得的估計值之間的差異。它實際上測量了每個觀察個案對迴歸估計值的影響。那些遠遠偏離自變項矩陣 **X** 的平均數或者具有很大殘差的觀察個案往往傾向於具有更大的庫克距離。

DFBETA 統計量（_DFBETA_ statistic）：用於診斷影響觀察值的一個統計量。它表明，如果將觀察個案 i 排除出迴歸分析，那麼自變項矩陣 **X** 中每個 **x** 上的係數將變化多少個標準誤。

DFITS 統計量（_DFITS_ statistic）：用於診斷影響觀察值的一個統計量。$DFITS_i$ 測量了觀察個案 i 對迴歸模型產生了多大影響，或者觀察個案對一套預測值具有多大影響。$DFITS_i$ 關注的是觀察個案 i 的預測值，而且使用排除觀察個案 i 時所得到估計值的標準誤作為測量因素。

Hausman 檢定（Hausman test）：也稱作 Hausman 設定檢定，最先由 Jerry Hausman 提出，用於對一種估計量相對於另一替代估計量的有效性進行檢定。

Wright 乘法原則（Wright's multiplication rule）：解讀因徑圖的一種方法，由 Sewall Wright 提出的，指的是任一複合因徑的效果值都等於構成該複合因徑的各相應因徑係數的乘積。

奧康精簡律（Occam's razor）：也稱為簡約原則（law of parsimony），是由 14 世紀英國神學家和哲學家 William of Ockham 提出的，主要是指「如無必要，勿增實體」（Entities should not be multiplied needlessly），也可以理解為「對於現象最簡單的解釋往往比複雜的解釋更正確」，或者「如果有兩種類似的解決方案，選擇最簡單的」。

暴露時期（exposure interval）：即暴露在經歷所關注事件中的時間長度。

柏努力試驗（Bernoulli trial）：若隨機試驗中某事件是否發生的可能結果只有兩個，則這種試驗被稱為柏努力試驗。

對立假設（alternative hypothesis）：也稱作研究假設，相對於虛無假設而言，它是指在研究過程中希望得到支持的假設，通常記作 H_1 或 H_α。

脈絡效果（contextual effects）：指個體所處社會或群體環境對其態度或行為的影響。

比例（proportions）：變項某個類別在樣本中出現次數在整個樣本量中所占的分重。

邊際效果（marginal effects）：自變項取值上的一個很小的變化量所造成的依變項的變化。

變異性（variability）：指事物的屬性或能力的變化或差異。社會科學中，它往往是指研究物件間由於測量造成的或本身就存在的質或量上的差異。

標準差（standard deviation）：變異數的正平方根，與隨機變項有相同的量綱。

標準分數（standardized score）：連續隨機變項標準化後的取值叫標準分數。即將變項取值減去該變項的平均數後除以標準差所得的取值

標準化殘差值（standardized residual）：用於診斷離群值的一個統計量。即將觀察個案的迴歸殘差除以其估計的標準誤，即 $z_i = e_i / \sqrt{\text{MSE}}$，其中 MSE 為誤差均方。之所以被稱為標準化殘差值，原因就在於 MSE 被當作誤差變異數 $\text{Var}(e_i)$ 的估計值，且殘差的平均數為零。

標準化隨機變項（standardized random variable）：將隨機變項以某種方式標準化之後得到的隨機變項。例如將常態隨機變項各取值減去其期望值後除以其標準差所得的變項就是標準化的常態隨機變項。

標準誤（standard error）：抽樣分配的標準差稱作標準誤。

標準誤的三明治估計式（sandwich estimator for the standard errors）：也稱作 Huber-White 估計，由 Huber、White 等分別獨立推導出的估計變異數的方法，該方法得到的標準誤估計值不大受到誤差項不滿足獨立且同分配情形的影響。

標準常態分配（standardized normal distribution）：標準化的常態分配。其期望值為 0，標準差為 1。

泊松分配（Poisson distribution）：是二項分配的極限分配，在二項分配中事件發生的機率非常小，而試驗次數非常大的情況下，事件可能發生的次數 x 及各次數可能出現的極限機率 $\frac{\lambda^x}{x!} e^{-\lambda}$ 組成的分配。泊松分配為間斷型隨機變項分配，其隨機變項取值為一切非負整數，分配的期望值與變異數相等。泊松分配適合於研究暫態發生機率趨近於 0 的稀少事件。

參數估計（parameter estimation）：基於樣本資料來估計母體的參數值，這是進行統計推論的手段之一。

參數檢定（parametric test）：參數檢定是在母體分配形式已知的情況下，對母體分配的參數如平均數、變異數等進行推論的方法。先基於樣本計算出檢定統計量，然後判斷在一定的顯著水準下，該統計量取值是否落入特定分配的拒絕

域，如果是則說明該統計量與母體參數間有著顯著的差異。

參數值（parameter）：描述母體數量特徵的指標，常常是未知的。

對照組（reference group）：被排除出迴歸模型的那個虛擬變項所對應的類別，亦即所有虛擬變項取值全部為零的類別。

殘差（residual）：指迴歸模型預測值或估計值與觀察值之間的差。

殘差與模型預測值對照圖（residual-vs-fitted plot）：用某一次迴歸所得到的殘差與模型預測值進行作圖。這相當於給出每個個案的殘差值在每一個模型預測值上的散布圖。這樣，就可以直觀地看到殘差的分配形態，包括是否服從常態分配以及不同模型預測值上殘差的變異數是否相等。

誤差均方（mean square error）：參數估計值與參數真值之差平方的期望值，記為 MSE。

誤差變異（sum of squares error）：依變項觀察值與對應的迴歸模型預測值的離差平方和。是觀察值落在迴歸線（面）之外而引起的，是模型中各自變項對依變項線性影響之外的其他因素對依變項總變異的影響。

變異度參數（scale parameter）：變異度參數的值確定了一個隨機變項機率分配的離散度。如果取值越大，表明對應的機率分配越離散。

測度轉換（rescaling）：對於隨機變項 X，如果令 $X^* = a + bX$，則 X^* 被稱為 X 的測度轉換，其中，a 為位置參數，b 為變異度參數。當然，測度轉換也可以是非線性的，常見的比如取對數、求倒數等。

測量（measurement）：對事物的特徵或屬性進行量化描述，對非量化實物進行量化的過程。社會科學中往往通過一些操作化指標對研究物件在某些概念（如特徵）上的取值進行測量。

測量層級（level of measurement or scale type）：由心理學家 Stanley Smith Stevens 在 1946 年科學雜誌發表的《測量等級理論》中提出。它分為四種類型：類別測量、順序測量、等距測量、等比測量。

普通最小平方法（ordinary least squares，OLS）：線性迴歸中求解參數的常用方法。該方法的基本思路為：根據從母體中隨機抽出的一個樣本，在平面直角座標系中找到一條直線 $\hat{y}_i = b_0 + b_1 x_i$，使得觀察值 y_i 和模型預測值 $\hat{y}_i$ 之間的距離最短，即兩者之間殘差（$e_i = y_i - \hat{y}_i$）的平方和（記為 D）最小。

普通最小平方估計（ordinary least squares estimation）：一種估計方法，又稱最小平方法，是一種數學優化方法。它通過最小化誤差的平方和尋找資料的最佳配

適函數。利用最小平方法可使得到的預測資料與實際資料之間的誤差的平方和在各種估計中最小。

超幾何分配（hypergeometric distribution）：在母體規模較小的情況下，如果從只有兩種可能取值（如 a 和非 a）的母體中隨機抽出 n 個樣本，那麼每個被抽中的物件出現 a 的機率將不再恒定，不再滿足二項分配的獨立試驗條件，此時事件 a 可能出現的次數及每一可能次數發生的機率組成的分配為超幾何分配。當母體規模趨向無窮大時，超幾何分配趨向於二項分配。

等比例假設（proportional hypothesis）：迴歸分析中，假設某兩個自變項 X_1 和 X_2 的迴歸係數存在如下關係，即 $\beta_1 - a\beta_2 = 0$，其中，a 為某一常數。這類假設被稱作等比例假設。

抽樣分配（sampling distribution）：對於某一母體，我們可以得到若干個規模為 n 的隨機樣本，基於這些樣本計算反映某同一特徵（即參數）的統計量（比如期望值或變異數），這些取值不同的統計量即構成抽樣分配。

施測（treatment）：也稱作干預。

測前異質（pre-treatment heterogeneity）：社會研究中，研究物件在接受試驗施測之前在行為或狀態上存在的差異或不同。比如，若將上大學作為一種試驗施測的話，就讀於同一班級的學生之間在考取大學的可能性上就存在差異。

測前異質性之偏誤（pre-treatment heterogeneity bias）：社會研究中，如果忽略研究物件之間未觀察到的測前異質性，所得到的估計值就會有偏誤，我們將由此所產生的偏誤稱為測前異質之偏誤。

施測效果異質性（treatment-effect heterogeneity）：社會研究中，研究物件對試驗施測的反應上存在的差異或不同，比如，同樣是上同一所大學，但不同個體大學畢業之後所得到的收入卻並不相同。

施測效果異質性偏誤（treatment-effect heterogeneity bias）：如果假設試驗施測對兩組不同研究對象的影響相同，而實際上可能不同，那麼由此產生的偏誤叫施測效果異質性偏誤。

單尾檢定（one-tailed test）：也稱為單側檢定，它在進行假設時不僅對原假設是否成立進行了設定，還同時考慮了變化的方向。拒絕域只位於統計量分配的一側，如當進行右尾單邊檢定時，拒絕域位於右側，樣本統計量只有大於臨界值時才能拒絕原假設。

單位矩陣（identity matrix）：這是一種特殊的對角矩陣。具體而言，對角元素都

為 1 的對角矩陣被定義為單位矩陣。一般用字母 **I** 來表示單位矩陣。

等價線性模型（equivalent linear model）：在多層次模型中，對層 1 自變項以總平均數得到的模型與不做中心化處理時的模型之間具有相同的預測值、殘差和適合度，因此，這兩種情形下的模型屬於等價線性模型。

遞迴模型（recursive model）：一種特殊的因徑模型，模型中的所有外生變項對於所有依變項來說是前置變項，而每個依變項對於任何出現在後面因果鏈上的其他依變項來說是前置變項。

型 II 錯誤（type II error）：也稱為 β 錯誤，在假設檢定中沒有否定本來是錯誤的虛無假設。因此，這類錯誤又叫做納偽錯誤。

型 I 錯誤（type I error）：也稱為 α 錯誤，在虛無假設正確的情況下將其否定而出現的錯誤。

點估計（point estimation）：即用樣本計算出來的一個數對未知參數進行估計。

調節變項（moderator variable）：指影響自變項和依變項之間關係的方向或強弱的質性或量化的變項。

調節效果（moderating effect）：見交互作用效果。

反覆運算一般化最小平方法（iterative generalized least squares）：首先假定一個偏差值的初始值，第一步是根據偏差值的初始值，用普通最小平方法來估計迴歸參數。第二步是用第一步得到的迴歸參數，重新估計偏差的值。重複進行第一步和第二步，直到滿足收斂的要求。

反覆運算期望值律（law of iterated expectations）：條件期望值的期望值等於非條件期望值，即：$E(Y) = E_x[E(Y \mid X)]$

等距變項（interval variable）：是一種尺度變項，按物件的特徵或測量序列間的距離排序的變項。

量化變項（quantitative variable）：相對於質性變項，指各取值之間的距離可精確測量的變項，包括等距測量變項和等比測量變項。

量化社會研究（quantitative social research）：社會科學研究者們對某一社會現象的數量屬性及其與其他社會現象之間的數量關係進行的系統性的經驗考察。量化社會研究的目的在於基於某一理論或假設建立或發展統計模型來對相應的社會現象進行概要描述或對其成因加以解釋。

質性變項（qualitative variable）：見類別變項。

順序變項（ordinal variable）：也稱等級變項。這種變項的取值可以按照某種邏輯

順序排列出高低大小，存在一定的等級、次序或強度差異，但次序之間的距離並不具有統一的可精確測量性。順序變項本身的數位編碼無法進行數學運算，只能用作比較大小。

動力因（efficient cause）：亞里斯多德提出的事物形成的四種原因之一，指的是改變事物的動力及起因。比如，桌子出現的動力因就是工匠，因為正是他們的勞動將木材變成桌子的。

動態定群資料模型（dynamic panel data model）：包含依變項的滯後項作為解釋變項的追蹤資料分析模型。

獨立且同分配之假定（assumption of independent identical distributed errors）：或稱 i.i.d. 假定，假定一般線性模型中的隨機誤差項獨立（彼此獨立且獨立於自變項）並且服從零平均數等變異數的同質性分配。

獨立樣本（independence sample）：從不同母體中分別抽出的不存在相關性的樣本。

對稱矩陣（symmetric matrix）：這是一種特殊的方陣。在這類方陣中，對於所有 i,j，矩陣的第 i 行第 j 列元素與矩陣的第 j 行第 i 列元素相等。

對角矩陣（diagonal matrix）：對角矩陣是指除主對角線元素之外，其他元素均為 0 的方陣。

對數概似比（log likelihood ratio）：這是一般化線性迴歸中進行模型比較和評價時經常用到的統計量之一。對於存在巢套關係的模型，對數概似比就等於兩個模型概似值之比的對數的 −2 倍。

中心化（centering）：以變項的觀察值減去其平均數。更一般地，我們也可以針對任一有意義的取值而不僅僅局限於以平均數進行中心化。

多層次模型（multilevel models）：也稱作階層線性模式（hierarchical linear models），在這種模型中，解釋變項被明確區分成不同層次，其目的在於揭示不同分析層次解釋變項的層際交互作用效果對結果變項的影響，從而揭示出宏觀脈絡對微觀行為的影響。

多項式（polynomial）：由常數和一個或多個變項通過加、減、乘及變項的正整數次冪構成的運算式。

多項式迴歸（polynomial regression）：就是利用多項式對資料進行迴歸配適，其中最常見的是曲線迴歸模型。當真實的曲線反應函數是多項式函數時，或者當真實的曲線反應函數未知（或很複雜）而多項式函數能夠很好地對其加以近似

（approximation）時，可以考慮應用多項式迴歸模型來對資料進行配適。

多元迴歸模型（multiple regression model）：包含多個自變項的迴歸模型，用於分析一個依變項與多個自變項之間的關係。它與簡單迴歸模型的區別在於，多元迴歸模型體現了統計控制的思想。

二點分配（two-point distribution）：即 0-1 分配，指只有兩種可能取值（如，是或否）的隨機變項僅發生一次時的機率分配。

二分類變項（dichotomous variable）：即只有兩種可能取值的變項，如性別。

二分類資料（binary data）：在統計方法上，將僅具有兩類可能結果的資料稱為二分類資料。

二項分配（binomial distribution）：如果在相同的條件下進行 n 次相互獨立的試驗，每次試驗都只有兩種結果，事件 a 出現或不出現。如果出現的可能為 $P(a)$，則不出現的機率為 $1 - P(a)$，那麼從理論上講，n 次試驗中事件 a 可能出現的次數及每一可能次數發生的機率組成的分配就是二項分配。它表示為 $b(n, p)$，其中 n 為獨立試驗的次數，p 為事件 a 在每次實驗中出現的機率。當 n 和 p 確定時，二項分配就唯一地被確定了。

勝算（odds）：被定義為出現某一結果的機率與不出現該結果的機率之比。

勝算比（odds ratio）：即勝算之比，它表達的是某一群體相對於另一群體「成功」經歷某一事件的幾率。

反事實問題（counterfactual issue）：在社會科學研究中，我們不可能在同一個體上同時觀察到受到和不受到某一施測 t 的兩個結果 $\mathbf{y}^t(u)$ 和 $\mathbf{y}^c(u)$，也就不可能觀察到施測 t 對於個體 u 的效果。因此，對某個個體 u 存在著一個反事實的效果（counterfactual effect）。我們只能得到個體受到施測的資料 $\mathbf{y}^t(u)$，或者沒有受到施測的資料 $\mathbf{y}^c(u)$，但不能同時得到這兩個資料。

變異數（variance）：用來衡量隨機變項與其期望值的偏差程度，或者說衡量隨機變項的離散程度的統計量。樣本中各資料與樣本平均數的差的平方和的平均數叫做樣本變異數。

變異數分析（analysis of variance）：簡稱 ANOVA，主要研究變項分配的離散屬性及其來源，用於兩個及兩個以上樣本平均數差別的顯著性檢定。變異數分析在統計中的重要作用在於：首先，它提供了一種分析與檢定多變項間複雜關係的重要方法；同時，這種分析方法的適用面廣，可用於各種測量層次的自變項。根據自變項的個數，變異數分析可分為單因素變異數分析、雙因素變異數

分析、三因素變異數分析等等。

變異數分析編碼（ANOVA coding）：見效果編碼。

變異數膨脹因素（variance inflation factor）：迴歸分析中反映自變項之間存在多元共線性程度的統計量之一，它等於容許度的倒數。對於某個自變項 x_k，其變異數膨脹因素可定義為：$VIF_{x_k} = 1/TOL_{x_k} = 1/(1 - R_{x_k}^2)$，這裡，$TOL_{x_k}$ 為變項 x_k 的容許度，$R_{x_k}^2$ 為自變項 x_k 與模型中其他自變項之間的複相關係數。

條件變異數相等（homosedasticity）：即依變項對應於不同自變項的誤差項 e_i 有相同的變異數。

方陣（square matrix）：具有相同行數和列數的矩陣就是方陣。方陣是一張正方形的數表，$n \times n$ 維方陣稱為 n 階方陣。

無母數檢定（nonparametric test）：無母數檢定是統計分析方法的重要組成部分，它與參數檢定共同構成統計推論的基本內容。它是在母體分配形態未知或資訊較少的情況下，利用樣本資料對母體分配形態而非母體分配形態的參數進行推論的方法。由於無母數檢定方法在推論過程中不涉及有關母體分配的參數，因而它被稱為「無母數」檢定。

非遞迴模型（nonrecursive model）：指不滿足遞迴模型假設條件的因徑模型。

非平衡資料（unbalanced data）：在追蹤調查中，並非所有個體在所有觀察時點都被進行重複觀察所得到的資料。

非奇異矩陣（nonsingular）：當 $n \times n$ 維方陣 **A** 的秩等於 n 時，稱這個矩陣為非奇異矩陣，有時也稱作滿秩矩陣。

F 分配（F distribution）：兩個服從卡方分配的獨立隨機變項除以各自的自由度後相除得到的新的隨機變項的分配為 F 分配。

t 分配（t distribution）：又叫學生分配，最先由著名英國統計學家 William Sealy Gosset 於 1908 年提出，由於特殊原因，他當初發表論文時使用了 student 這一筆名。後來由另一位著名的英國統計學家 Sir Ronald Aylmer Fisher 將該分配稱為學生分配，並發展了 t 檢定以及相關的理論。t 分配的機率密度函數為：$f(T=t) = \frac{\Gamma[(v+1)/2]}{\sqrt{v\pi}\Gamma(v/2)}(1 + t^2/v)^{-(v+1)/2}$，這裡 $v = n - 1$ 稱作自由度，Γ 為伽瑪函數。

分塊矩陣（block matrix）：從一個矩陣中抽取若干列、若干行位置上的元素並按原有順序排成的新矩陣即構成了這個矩陣的某一子矩陣。可以利用子矩陣把一

421

個矩陣分成若干塊,而這種由子矩陣組成的矩陣就是分塊矩陣。

類別變項(categorical variable):也稱為質性變項或屬性變項,只包含有限個可能取值或類別的變項,比如性別、職業等。類別變項也可以由隨機變項來描述,比如男性和女性的數量,從事某一職業人口占整個人口的比例等等。

分位數—分位數圖(quantile-quantile plot):也稱作 Q-Q 圖,原本是用於比較兩個樣本以確定它們是否來自同一母體的有用工具。基於這種想法,我們可以將樣本的分位元數與期望值的常態分配的分位數進行比較,從而來確定樣本資料是否服從常態分配。在迴歸分析中,這可以被用來檢定殘差是否服從常態分配。

分組資料(grouped data):基於兩個或更多個類別變項的交互分類得到的匯總資料。

峰度(kurtosis):也稱作峰態,是描述某變項所有取值分配形態陡緩程度的統計量,它以常態分配作為標準進行比較。

拒絕域(region of rejection):與接受域相對,如果檢定統計量落在了這個區域內,則否定虛無假設,接受對立假設。在虛無假設成立的情況下,拒絕域範圍內的統計量取值被認為是小機率事件,出現的機率通常小於 5%。如果在一次抽樣中出現這樣的統計量取值,合理的結論是虛無假設並不成立。

輔助迴歸(auxiliary regression):探究遺漏變項產生之偏誤的一種方法,它是將遺漏自變項 x_{p-1} 作為依變項,對納入迴歸模型中的其他全部自變項 $x_1, \cdots, x_{(p-2)}$ 進行迴歸。

附加平方和(extra sum of squares):附加平方和(ESS)是指通過在已有的迴歸模型中增加一個或多個自變項而減少的誤差變異,或增加的解釋變異。只有當兩個模型巢套時才能計算附加平方和。

複相關係數(multiple correlation coefficient):度量複相關程度的指標。它是一個變項同時與數個變項之間的相關程度,可利用單相關係數和偏相關係數求得。複相關係數越大,表明變項之間的線性相關程度越高。

機率(probability):機率,又稱或然率、機會率或可能性,是數學機率論的基本概念,它是一個在 0 到 1 之間的實數,是對隨機事件發生的可能性的度量。

機率分配(probability distribution):隨機變項的理論分配,即隨機變項的所有可能取值及每一種取值的機率形成的數對的集體。

機率密度函數(probability density function):對於隨機變項 X,如果存在一個

非負函數 $f(x)$ 使得對於任意實數 a 和 b（$a < b$）有 $P(a < x \leq b) = \int_a^b f(x)dx$ 且 $\int_{-\infty}^{+\infty} f(x)dx = 1$，則該非負函數 $f(x)$ 被稱作隨機變項 X 的機率密度函數。

受測組（treatment group）：也稱為實驗組或處置組，實驗中被施以試驗刺激的被試。

槓桿點（leverage points）：那些在自變項的取值上明顯不同於其他大多數觀察個案的個案。

高斯─馬可夫定理（Gauss-Markov Theorem）：在統計學中，高斯─馬可夫定理陳述的是：在誤差的平均數等於零、變異數相等且不存在相關的線性迴歸模型中，迴歸係數的最佳不偏線性估計（BLUE）就是最小變異數估計。

工具變項法（instrumental variables）：迴歸分析中，當某個自變項與隨機誤差項相關時，尋找一個與該自變項高度相關，但與隨機誤差項不相關的變項，用該變項替代模型中的自變項，進行模型的參數估計。這一替代變項被稱作工具變項，而這種採用工具變項得到一致性估計量的方法被稱作工具變項法。

估計（estimation）：以樣本結果通過抽樣分配規律對母體特徵（參數）進行的推測。

固定效果模型（fixed effect model）：放棄解釋組間變異，將其看做是固定不變的差異，而只關注組內變異。此模型假定各組之間的差別可以由常數項的差別來說明，在迴歸分析中直接體現為截距項的不同。當多個研究結果合併後的總效果具有同質性時，可使用固定效果模型。

觀察值（observed values）：直接觀察測量得到的變項取值。

一般化線性模型（generalized linear models）：統計學上，一般化線性模型是一種受到廣泛應用的迴歸模型。此模型假設隨機變項的分配函數與系統性變異可經由一連結函數建立起來，從而獲得具有解釋意義的函數。John Nelder 與 Peter Mccullagh 在 1989 年出版的文獻中介紹了一般化線性模式的原理、估計方法及其應用，它被視為一般化線性模型的代表性文獻。

一般化最小平方法（generalized least squares）：模型參數估計方法中的一種，其基本思想是通過一定的轉換使原本不滿足同變異數假定的模型在轉換後滿足包括同變異數假定在內的一系列假定，從而使最小平方估計量仍然具有最佳線性不偏估計的性質。

過度認定模型（over-identified model）：對於可識別的因徑模型，如果相關係數數

423

量大於因徑係數的數量，並且能根據相關係數解出因徑係數，則模型為過度認定模型。

測後共變項（post-treatment covariate)： 指出現在作為實驗施測的自變項 X 之後的共變項。

後置變項（postdetermined variable）： 指變項值在實驗處理或施測後確定的變項。

遺漏變項產生之偏誤（omitted variable bias）： 迴歸模型設定中，由於遺漏了某些本該納入卻未納入的相關之自變項，而該自變項又與模型中其他自變項存在相關，導致迴歸參數估計值存在一定的誤差，則這一誤差被稱作遺漏變項產生之偏誤。偏誤的方向取決於被遺漏變項對依變項效果的方向以及該自變項與已納入模型中自變項之間關係的方向；而偏誤的大小則直接取決於該遺漏自變項對依變項的效果的大小以及與模型中其他自變項之間的相關關係的強弱，它們之間的相關性越強，則遺漏變項產生之偏誤越大。

互斥且周延（mutually exclusive and complete）： 在進行問卷類別測量題題器設計時，對題目的各個選項的要求之一，即要求各個選項之間互相排斥，並且所有選項應該涵括所有可能分類。這樣每個選項都能而且只能代表一個類別。

迴歸（regression）： 發生倒退或表現倒退；常指趨於接近或退回到中間狀態。在線性迴歸中，迴歸指各個觀察值都圍繞、靠近估計直線的現象。

解釋變異（sum of squares regression）： 通過迴歸模型計算得到的依變項預測值與依變項觀察值的平均數的離差平方和。這是由自變項變化引起的，是迴歸模型所解釋的部分。

迴歸診斷（regression diagnostics）： G. Box 提出，資料統計分析是將假想的統計模型應用於資料、並用現實資料驗證該模型的穩妥性的過程。他並把後者的程式叫做模型診斷，在迴歸分析中，這一過程被稱做迴歸診斷。迴歸診斷包括：對依變項的分配形態、殘差分析、離群值、槓桿點、多元共線性問題等的考察與分析。

匯合迴歸（pooled regression）： 完全忽略巢套結構資料中的組間變異而進行的迴歸分析。對於追蹤資料而言，匯合迴歸也就相當於假定，同一個體 i 在不同時點 t 的測量可當作不同的個體來處理，因此將 T 個橫斷面堆積起來變成 NT 個個案進行迴歸。

匯總資料（aggregate data）： 通過將微觀分析單位的資料資訊匯總到更為宏觀分析

單位所得到的資料形式。

混合效果模型（mixed effects models）：生物統計研究領域對多層模型的稱呼，因為這種模型配適結果既可以包含固定效果參數也可以包含隨機效果參數。

加權最小平方法（weighted least squares）：不等變異量結構已知情況下的一般化最小平方法，其基本想法是對變異數較小的樣本賦予較大的權數，從而使估計更為可靠。

假設檢定（hypothesis testing）：基於樣本資料來檢定關於母體參數的假設，這是進行統計推論的手段之一。

間接效果（indirect effect）：結構方程式中原依變項通過中介變項對結果變項產生的效果。也就是說，原依變項的變化引起中介變項的變化，再通過這個中介變項的變化引起的結果變項的變化量。該變化量反映著間接效果的大小和作用方向。注意，當中介變項保持不變時，間接效果為零。

統計檢定力（power of test）：指對立假設為真時一個統計檢定拒絕虛無假設的機率，即 $1-\beta$ 錯誤。

簡約形式組（reduced form）：一組所有自變項都是外生變項的方程組。

交叉相乘矩陣（cross-product matrix）：也稱作叉積矩陣，即兩個矩陣相乘之後所得到的矩陣。

交互作用項（interaction term）：在操作上，交互作用項就是兩個或多個（一般不多於三個）自變項的乘積。在迴歸模型中引入交互作用項後，參與構造交互作用項的各自變項對依變項的作用依賴於交互作用項中其他自變項的取值。

交互作用效果（interaction effect）：也稱為調節效果（moderating effect）或條件效果（conditional effect），指一個自變項對依變項的效果依賴於另一個自變項的取值。迴歸分析中通常設定相應的交互作用項來探究某個自變項的條件效果。

階距函數（step function）：也稱為分段常數函數，它是由實數域一些半開區間上的指標函數（indicator function）的有限次線性組合形成的函數。

階距函數迴歸（step function regression）：採用階距函數對觀察資料進行迴歸配適的一種方法。

接受域（region of acceptance）：檢定統計量的樣本空間中拒絕域之外的部分，如果基於樣本計算得到的統計量取值落在這個範圍內，我們就不推翻虛無假設。

結構方程式（structural equation）：一組包含內生變項作為自變項並根據理論推導出的方程組。

截距（intercept）：函數與 y 座標軸的相交點，即迴歸方程中的常數項。

截距虛擬變項（intercept dummy variable）：迴歸模型中只影響迴歸直線截距而不影響其斜率的虛擬變項。在模型設定上，即僅包括虛擬變項本身，而不涉及它與模型中其他自變項的交互作用項。

橫斷面資料（cross-sectional data）：指在某個時點收集的不同物件的資料，基於它我們研究的是某一時點上的某種社會現象。

近似多元共線性（approximate multicollinearity）：當資料矩陣中一個或幾個自變項行向量可以近似表示成其他自變項行向量的線性組合時，就會出現近似多元共線性問題。此時，模型仍是可以估計的，只是參數估計值的標準誤過大，從而會造成統計檢定和推論的不可靠。

實徵估計式（empirical Bayes estimator）：有時也被稱作收縮估計式，是多層模型參數估計的一個重要方法，它利用本分析單位的樣本與整體樣本資料計算出最佳加權平均參數估計值，然後將這個估計值作為某個分析單位的實徵參數估計值，因此該估計量特別適用於某些高層次單位樣本量較小的情況。

動差估計法（method of moments）：獲取參數估計值的另一種方式。利用樣本矩來估計母體中相應的參數。

矩陣（matrix）：矩陣是指縱橫排列的二維資料表格，最早被應用於方程組的係數及未知量所構成的方陣。

矩陣的秩（rank of matrix）：在矩陣中，線性無關的最大行數等於線性無關的最大列數，這個數目就是矩陣的秩。

集體單元（aggregate units）：經由對更低層次分析單元進行合併得到的更高層次的分析單元。

均方（mean square）：離差平方和除以相應的自由度即可得到均方。實際上，一般的樣本變異數就是一個均方，因為樣本變異數等於平方和 $\Sigma (y_i - \bar{y})^2$ 除以其自由度 $n-1$。在迴歸分析中，研究者感興趣的是迴歸均方（mean square regression，簡寫為 MSR）和誤差均方（mean square error，簡寫為 MSE）。

平均離差法（mean deviation method）：求解固定效果模型參數的一種替代方法。首先計算出每一個體的各個變項（包括依變項和自變項）在 T 個時點上的個體平均數，然後用各變項在不同時點上的原始觀察值減去各自的個體平均

數，得到相應的離差，最後以依變項的離差為依變項、自變項的離差為自變項進行迴歸。

卡方分配（chi-square distribution）：k 個獨立且同時服從標準常態分配的隨機變項的平方和服從自由度為 k 的卡方分配。

可識別模型（identifiable model）：能夠根據相關係數 ρ 解出因徑係數 p 的因徑模型。

控制組（control group）：實驗中沒有被施以實驗刺激的被試，但我們要求它在除實驗刺激之外的其他方面與受測組一樣，從而通過對控制組與受測組的比較來發現實驗刺激的效果。

累積機率分配（cumulative probability distribution）：一個間斷隨機變項 X 的累積機率分配是指對於所有小於等於某一取值 x_i 的累積機率 $P(X \leq x_i)$。

間斷變項（discrete variable）：只有有限個自然數或整數取值的變項，比如某個季度的犯罪次數、某個區域某年內的自殺人數等。

間斷資料（discrete data）：取值不連續的變項所構成的資料。

連續變項（continuous variable）：在一定區間內可以任意取值的變項，其數值是連續不斷的，相鄰兩個數值可作無限分割，即可取無限個數值，比如身高、體重等。

連結函數（link function）：在轉換的取向下，類別依變項的期望值被變換成自變項的一個線性函數，此類變換函數被統稱為連結函數。

行向量（column vector）：僅由一列元素構成的矩陣。

敏感度分析（sensitivity analysis）：統計建模中，通過改變有關的模型設定或假定來探究不同設定或假定對於模型結果的影響。

虛無假設（null hypothesis）：與對立假設相對，是研究中希望推翻的假設。根據假設檢定的證偽規律，通常將與希望得到支持的對立假設相反的假設作為虛無假設。

無自變項模型（null model）：也稱作截距模型（intercept model），它是多層模型的一個特例，在這一模型不包含任何層次上的解釋變項。

因徑分析（path analysis）：一種探索和分析多變項之間因果關係的統計方法，通常用圖形來表示變項間的關係。該方法的優勢在於能夠分解變項之間的各種效果。因徑分析促進了社會階層、社會流動理論的發展。

因徑係數（path coefficients）：它反映著自變項對依變項的影響。

帽子矩陣（hat matrix）：也稱為預測矩陣（prediction matrix），即 $H = X(X'X)^{-1}X'$。在線性迴歸中，因為它能夠實現觀察值和預測值之間的轉換，即給觀察值戴上「帽子」，故稱作帽子矩陣。

冪等矩陣（idempotent matrix）：如果 n 階方陣 A 滿足 $A^2 = A$，則稱矩陣 A 為冪等矩陣。

名目變項（nominal variable）：本身的編碼不包含任何具有實際意義的數量關係，變項值之間不存在大小、加減或乘除的運算關係。

目的因（final cause）：亞里斯多德提出的事物形成的四種原因之一，指的是事物存在或發生變化的原因，其中也包括有目的的行動。

內插（interpolation）：指在某個資料區域內根據已有資料配適出一個函數，然後在同一取值區域內根據這個函數對非觀察值求得的新函數值。

內生變項（endogenous variables）：指由模型內部的因素所決定的已知變項。在因徑分心中，內生變項就是那些既作為影響某些變項的自變項又作為受到某些變項影響的依變項的變項。

適合度（goodness of fit）：指迴歸模型對觀察資料的概括配適程度，反映的是模型的效率，即模型在多大程度上解釋了依變項的變化。

反矩陣（inverse of matrix）：在線性代數中，對於一個 n 階方陣 A，若存在一個 n 階方陣 B 使得 $AB = BA = I_n$，其中，I_n 為 n 階單位矩陣，則稱 A 是可逆的，且 B 是 A 的反矩陣，記為 A^{-1}。

判定係數（coefficient of determination）：解釋變異占總變異的比例，記為 R^2。通常把它理解為迴歸方程解釋掉的平方和占其總變異的比例。判定係數被用來作為對方程適合度進行測量的指標，取值在 $[0,1]$ 之間，值越大表明迴歸方程的解釋能力越強。

判定係數增量（increamental R^2）：在原有迴歸模型基礎上，通過加入新的自變項所帶來的判定係數的增加量。

配對樣本（paired sample）：與獨立樣本相對，它是由彼此之間存在相關性的成對個案構成的樣本。

偏差值（deviation）：指具體取值和某個特定值的差，表示對某個特定值的偏離程度。既然偏差值是一種偏離，必然要先設定一個標準。這個標準就是某個特定的值，至於是哪個特定值，則根據研究的需要而定，通常是指定平均數作為標準。

偏度（skewness）：也稱作偏態，是對數據分配偏斜方向和程度的度量，反映著資料分配非對稱程度的特徵。

偏迴歸圖（partial regression plot）：也稱為附加變項圖（added-variable plot）或調整變項圖（adjusted variable plot），用來展示在控制其他自變項的條件下，某個自變項 x_k 對依變項的淨效果，從而反映出該自變項與依變項之間的邊際關係。因此，偏迴歸圖也被用來反映自變項 x_k 對於進一步減少殘差的重要性，並為是否應將自變項 x_k 加入到迴歸模型中提供相關資訊。

偏誤（bias）：統計估計中的估計值和真實值之間的差。

效果（partial effect）：在控制其他變項的情況下，或者說在其他條件相同的情況下，各自變項 X 對依變項 Y 的淨效果（net effect）或獨特效果（unique effect）。

部分最小平方迴歸（partial least squares regression）：通常用於曲線配適，它通過最小化誤差平方和找到一組資料的最佳函數形式。相對常規多元線性迴歸，部分最小平方迴歸的特點是：(1) 能夠在自變項存在嚴重相關的條件下進行迴歸建模；(2) 允許在樣本點個數少於變項個數的條件下進行迴歸建模；(3) 在最終模型中將包含原有的所有自變項；(4) 更易於辨識系統資訊與誤差（甚至一些非隨機性的誤差）；(5) 在部分最小平方迴歸模型中，每一個自變項的迴歸係數將更容易解釋。

次數（trequency）：變項的每一個取值在樣本中出現的次數。

平衡資料（balanced data）：在追蹤調查中，所有個體在所有觀察時點都被進行重複觀察所得到的資料。

平均施測（因果）效果（average treatment effect）：假設母體為 U，實驗處理或施測 t 對母體 U 的平均效果 T 就是施測 t 作用和不作用在個體 u 上所得結果 $\mathbf{y}^t(u)$ 和 $\mathbf{y}^c(u)$ 之差的期望值，即 $T = E(\mathbf{y}^t - \mathbf{y}^c)$。

期望值（expectation）：用來表示隨機變項集中趨勢的理論值，等於隨機變項所有可能取值以其機率為權重的加權平均數。之所以被稱為期望值，是因為它是我們所期望值出現的平均數，也就是說出現這種平均數的可能性比較大。

奇異矩陣（singular）：如果 **A** 的秩小於 n，那麼這個矩陣就是奇異矩陣。

適足認定模型（just-identified model）：對於可識別的因徑模型，如果相關係數和因徑係數的數量相等，並且能根據相關係數解出因徑係數，則模型為適足認定模型。

429

測前共變項（pre-treatment covariate）：指出現在作為實驗施測的自變項 X 之前的共變項。

前置變項（predetermined variable）：指變項值在實驗處理或施測前確定的變項。

潛在變項取向（latent variable approach）：類別資料處理的一種哲學觀點。這種方式的關鍵假定在於：某個觀察到的類別變項背後存在一個連續的、未觀察到的或潛在的變項，一旦該潛在變項越過某個門檻值，觀察到的類別變項就會取一個不同的值。在這一方式下，研究者的理論興趣多在於自變項如何影響潛在的連續變項，而並不在於自變項如何影響觀察到的類別變項。

潛在變項模型（latent variable models）：將類別依變項理解為潛在的連續依變項的實現，並基於這一思路進行的統計模型。比如，對於二分依變項 y_i，此模型假定，其背後存在一個未被觀察到的或潛在的連續依變項 y_i^*，它表示個體 i 出現 $y = 1$ 的潛在特質。

識別不足之模型（under-identified model）：當模型中需要求解的因徑係數數量超過相關係數的數量時，就不能根據相關係數求解出因徑係數，則該模型為識別不足之模型。

巢套模型（nested models）：如果一個模型（模型一）中的自變項為另一個模型（模型二）中自變項的子集或子集的線性組合，我們就稱這兩個模型是巢套模型。模型一稱為限制模型（restricted model），模型二稱為非限制模型（unrestricted model）。限制模型巢套於非限制模型中。

脈絡分析（contextual analysis）：在社會研究的很多情況下，把更為宏觀的社會或群體結構特徵明確地納入到模型中是很有必要的，脈絡分析就是一種同時將微觀個體層次和分組層次解釋變項納入模型進行分析的研究方法。

區間估計（interval estimation）：與點估計相對，指通過樣本計算出一個範圍來對未知參數進行估計。

趨勢研究（trend study）：在長期追蹤研究中，如果重複觀察是針對同一母體在不同時期分別抽取的不同樣本進行的，此類研究就屬於趨勢研究。

誤差項（disturbance）：觀察項中未被結構項解釋的剩餘部分。一般地，誤差項又包含三部分：被忽略的結構因素（包括結構項的差錯）、測量誤差和隨機干擾。

人口普查（census）：是對一個國家的所有居民進行資料統計的過程。人口普查以自然人為對象，主要普查人口和住房以及與之相關的重要事項。通常是每 10

年進行一次，在逢「0」的年份實施。人口普查可以是將所有的資料都集中起來的全部普查，也可以是利用統計方法進行的抽樣調查。

容許度（tolerance）： 迴歸分析中反映自變項之間存在多元共線性程度的統計量之一。對每一個變項 x_k，定義容許度 $TOL_{x_k} = 1 - R^2_{x_k}$，這裡，$R^2_{x_k}$ 為自變項 x_k 與模型中其他自變項之間的複相關係數。顯然，當 TOL_{x_k} 越小，越接近 0 時，多元共線性就越嚴重。當 TOL_{x_k} 嚴格等於 0 時，也就是 $R^2_{x_k}$ 嚴格等於 1 時，就意味著完全多元共線性的存在。

三步估計法（three-step estimation）： 迴歸分析中估計遺漏變項的偏迴歸係數的一種替代方法。由這種計算法得到的被遺漏變項的迴歸係數估計值與具實模型中一步迴歸所得到的該變項的迴歸係數估計值是相同的。

社會調查（social survey）： 社會科學研究者借助事先設計好的調查問卷收集與某個母體有關的量化資訊的一種科學活動。

社會分組（social grouping）： 謝宇提出的社會研究的三個基本原理之一。即根據社會結果對研究物件所作的分組。社會分組能減少社會結果的差異性，但是組內變異永遠是存在的。

社會統計學（social statistics）： 統計學在社會科學研究中的應用，即使用統計測量方法對社會環境中的人類行為進行研究。

區位謬誤（ecological fallacy）： 這是社會科學研究中較為常見的方法論謬誤之一。將匯總層次上的結論應用到更低層次的分析單位通常會造成研究結果與事實不相符。由於生態學研究以由情況不同的個體「聚合」而成的群體作為觀察和分析單位，我們將這種錯誤稱為區位謬誤。

因時而異的變項（time-varying variable）： 也稱作時間依變項（time-dependent variable），它的取值會隨著時間推移而變化，比如婚姻狀態。

不因時而異的變項（time-independent variable）： 也稱作時間恒定變項（time-invariant variable），它的取值不會隨著時間推移而變化，比如性別。

時間穩定性（temporal stability）： 個體 u 未受到施測情況下，觀察到的結果 $Y^c(u)$ 不隨時間變化。

識別問題（identification problem）： 一件事情的發生可能是由不同的原因造成的，那麼是否能夠確定到底是由其中哪一個或哪幾個原因造成的，則是一個識別問題。識別問題也指模型中的係數是否能被唯一地估計出來。就因徑分析而

言，識別問題也就是說是否可以根據相關係數 ρ 解出因徑係數 p。

收縮估計式（shrinkage estimator）：即通過從全部樣本資料「借」來的資訊來支援樣本量較小組群的統計估計。

純量矩陣（scalar matrix）：一種特殊的對角矩陣。在這類對角矩陣中，主對角線上的元素都相等。

雙尾檢定（two-tailed test）：也稱為雙側檢定，拒絕域位於統計量分配的兩側。此種檢定在進行假設時只考慮了原假設成立還是不成立，並未設定變化的方向。比如，基於雙尾檢定，我們僅能研究今年的收成與去年相比是否變化，而並未研究是增加了還是減少了。

概似函數（likelihood function）：變項的觀察值基於所有樣本取值、模型參數及變異數的聯合機率。

隨機變項（random variable）：即隨機事件的數量表現。這種變項在不同的條件下由於偶然因素影響，可能取各種不同的值，具有不確定性和隨機性，但這些取值落在某個範圍的機率是一定的。

隨機誤差項（stochastic/random error term）：又稱隨機擾動項，是模型中的偶然誤差。它區別於殘差。

隨機係數模型（random coefficient models）：多層模型的一個類別，在這一模型中，層 1 模型的迴歸係數在不同的層 2 單位之間呈現出隨機的變化。

隨機性（randomness）：偶然性的一種形式，即具有某一機率的事件集合中各事件所表現出來的不確定性。具有隨機性的事件在相同的條件下可以重複進行，且可以以多種方式表現出來，我們事先能夠知道所有可能出現的形式及每種形式出現的機率，但無法確知某次出現的形式。

隨機分派（random assignment）：即把個體隨機分到受測組和控制組，從而保證這兩組個體不僅在沒有受到施測之前相等，而且施測效果也相等。因此，隨機分派能夠解決測前異質之偏誤和施測效果異質性偏誤的雙重問題。

條件期望值（conditional expectation）：當其他隨機變項取特定值時某一隨機變項的期望值。

條件效果（conditional effect）：見交互作用效果。

同質性（homogeneity）：分析單位（比如個體、群體或組織單元）之間在特徵、屬性或狀態上的相似或相同。

同質性模型（homogeneity model）：自變項對所有個體的影響都相同的迴歸模

型。

統計量（sample statistic）：對樣本特徵進行描述的樣本取值的任意函數，如平均數、眾值等。它是隨機變項。統計量的分配被稱作抽樣分配，通過抽樣分配我們可以建立起樣本特徵與母體特徵之間的聯繫。

統計描述（statistical description）：選取一定的統計量對收集到的樣本資料進行概括。

統計推論（statistical inference）：依據機率統計理論以樣本資訊對母體特徵進行的推論。包括參數估計和假設檢定兩種類型。

統計顯著性（statistical significance）：在統計學上，是指統計結果相對於設定的顯著水準而言顯著地區別於某個特定的假設值。統計顯著性是一種人為的設定，通常不是絕對的。

統計學（statistics）：基於系統收集到的資料，利用機率論建立數學模型進行量化的概括與分析，或進行推論與預測，從而為相關的決策提供參考依據的一門學科。統計學屬於應用數學的一個分支，分為描述統計學和推論統計學。前者對給定資料進行概要描述，後者則基於給定資料建立一個用以解釋其隨機性和不確定性的統計模型並將其推論研究母體中的情況。

外插（extrapolation）：指在某個資料區域內根據已有資料配適出一個函數，在這個資料取值區域外根據這個函數求得的新函數值。

外生變項（exogenous variables）：指由模型以外的因素所決定的已知變項，它是模型據以建立的外部條件。在因徑分析中，外生變項就是那些只作為自變項存在的變項。

完全多元共線性（perfect multicollinearity）：當資料矩陣中一個或幾個自變項行向量可以表示成其他自變項行向量的線性組合時，自變項矩陣 $X'X$ 會嚴格不可逆，就出現了完全多元共線性。當發生完全多元共線性時，直接導致模型參數無解，即出現模型識別問題。

完整交互（full interactions）：迴歸模型中包含了某個虛擬變項與其餘所有解釋變項的交互作用項。

完整模型（full model）：多層次模型的一個子模型，也被稱作以截距和斜率作為結果的模型。這一模型中，層 1 和層 2 均納入了相應的解釋變項。注意，這是最具一般性的多層次模型。

未觀察到的異質性（unobserved heterogeneity）：即調查研究中個體在行為或態度

上被遺漏的或無法加以測量的差異。

位置參數（location parameter）：位置參數的值確定了一個隨機變項機率分配的方位。如果位置參數值為正，則對應的分配往右平移；如果小於零，則對應的分配往左平移。

穩健標準誤（robust standard error）：指採用那些不大依賴於硬性的、有時甚至是不大合理的誤差獨立且同分配之假定的估計方法，比如通過變異數的三明治估計式得到的標準誤。

穩健迴歸（robust regression）：它通過對經典最小平方法中的目標函數進行修改來減小離群值對估計結果的影響。不同的目標函式定義了不同的穩健迴歸方法。常見的穩健迴歸方法有最小中位數平方法（least median square）、M 估計法等。

問卷（questionnaire）：為收集適於分析的資訊而設計的檔，其中包括許多對調查或實驗物件的特徵或者反應進行測量和描述記錄的題目或其他形式的項目。它是常見的調查工具之一，也用於實驗研究、實地調查和其他形式的觀察。

抽出不放回抽樣（sampling without replacement）：與有放回的抽樣相對，每抽取一個單位後該單位不放回母體，繼續從剩餘的母體中進行抽樣的方法。

無反應（nonresponse）：社會調查中，總希望所有被調查者都完全回答所有的問題，然而實際情況往往不令人滿意。有些被調查者拒絕回答，或者對部分問題迴避回答，這些情況都屬於無反應，其中，前者被稱作單位無反應（unit nonresponse），後者被稱作項目無反應（item nonresponse）。

不偏性（unbiasedness）：當樣本統計量的期望值等於母體真值時，該統計量具有不偏性。不偏性是選擇估計量的首要標準。

物質因（material cause）：亞里斯多德提出的事物形成的四種原因之一，指的是一個事物由其構成要素而形成的存在形式。從物質因的角度，我們可以將事物追溯至其構成要素，進入形成一個完整的複合體。比如，木材就是桌子的物質因。

誤差（error）：指可以避免或不可避免的觀察值和真實值之間的差。

顯著水準（significance level）：也稱為顯著度，是變項落在信賴區間以外的可能性，等於 1−信心水準。

線性（linearity）：指自變項與依變項之間的關係為單調的一次函數關係，依變項取值隨著自變項而變化的速率不隨自變項取值的大小不同而存在差異。另

外,線性也指迴歸分析中依變項為各迴歸係數的線性組合。

線性機率模型（linear probability model）：依變項取值為 1 和 0,分別代表事件發生和不發生,我們直接採用普通最小平方估計對其進行參數求解所得到的模型。

相等假設（equity hypothesis）：迴歸分析中,假設某兩個自變項 X_1 和 X_2 的迴歸係數相等,即 $\beta_1 - \beta_2 = 0$。這類假設被稱作相等假設。

相對風險（relative risk）：被定義為某一時期或暴露期（exposure interval）內的一種機率。當事件發生的機率很小時,勝算比常被用來近似地表示相對風險。

相關關係（correlation relationship）：一個變項的變化會伴隨著另一個變項的變化,比如夏天溺水死亡事件數增多和雪糕銷售量增加。相關關係是沒有因果方向的,因此並不是因果關係,但是,相關關係是構成因果關係的必要非充分條件之一。

相關條件（correlation condition）：判斷迴歸模型中存在遺漏變項產生之偏誤的條件之一,指的是被遺漏的自變項與已納入模型中的關鍵自變項之間相關。

相關係數（correlation coefficient）：對兩個隨機變項之間線性相依程度的衡量,它與測量的單位無關,且取值落在 $[-1, 1]$ 這一區間。

相關之自變項（relevant independent variable）：確實對依變項具有影響的自變項。模型設定中,遺漏相關之自變項很可能會導致遺漏變項產生之偏誤。

向量（vector）：又稱矢量,既有大小又有方向的量。線性代數中的向量是指 n 個實數組成的有序數組,$\mathbf{A} = (a_1 \quad a_2 \quad \cdots \quad a_i \quad \cdots \quad a_n)$ 稱為 n 維向量,其中,a_i 為向量 $\mathbf{A}$ 的第 i 個元素。

效果編碼（effect coding）：也稱為變異數分析編碼（ANOVA coding）,對於一個名目變項的各個類別,我們將其編碼為 1,0 或者 –1,以使得這組虛擬變項的對照組為各分類的平均水準,而不是以其中一組的平均水準作為對照組。

效果幅度（size of effect）：指反映變項作用大小的具體數值。一個變項的係數可能在統計上顯著地區別於 0,但是該係數的值卻不大,即效果幅度很小,從而不具有很大的實質性意義。

共變項（covariate）：指影響依變項的伴隨變項,在實驗設計中,它則指實驗者不進行操作處理但仍然需要加以考慮的因素,因為它會影響到實驗結果。例如,在研究自變項 X 對依變項 Y 的影響時,自變項 M 對依變項 Y 也存在影響,則稱自變項 M 為共變項。

共變數（covariance）：對兩個隨機變項之間線性相依程度的衡量。若隨機變項 X 和 Y 的二階矩存在，則稱 $\text{Cov}(X, Y) = \text{E}\{[X - \text{E}(X)][Y - \text{E}(Y)]\}$ 為 X 與 Y 的共變數。亦可表示為 $\text{Cov}(X, Y) = \text{E}(XY) - \text{E}(X)\text{E}(Y)$。

共變數成分模型（covariance components models）：統計學文獻中對多層模型的稱呼，因為這種模型能夠清楚地將結果變項的變異數來源區分成組內和組間兩個部分，並同時對不同層次共變項的影響加以控制。

共變數分析（analysis of covariance）：簡單地講，就是控制某些等距自變項影響情況下的變異數分析。即將自變項作為協變項加以控制，在排除共變項對結果變項影響的條件下，分析結果變項在類別自變項不同類別之間是否存在差異。

斜率（slope）：即迴歸方程中各自變項的係數。它表示自變項一個單位的變化所引起的依變項的變化量，如果是線性模型，則在座標圖上表現為兩個變項配適直線之斜率。

斜率虛擬變項（slope dummy variable）：迴歸模型中不但影響迴歸直線截距而且還影響其斜率的虛擬變項。在模型設定上，這意味著模型不但包括虛擬變項本身，而且還包括該虛擬變項與其他自變項的交互作用項。

列向量（row vector）：僅由一行元素構成的矩陣。

形式因（formal cause）：亞里斯多德提出的事物形成的四種原因之一，指的是一個事物是由什麼樣的形式構成的。它解釋了構成一個事物的基本原則或法則。比如，一張桌子的實物出現之前的那張圖紙構成了形式因。

虛擬編碼（dummy coding）：依據名目變項各類別對其進行重新編碼從而令其能夠作為自變項納入迴歸方程的編碼方式。對於一個包含 J 個類別的名目變項，理論上可以得到 J 個取值為 0 或 1 的虛擬變項，但在迴歸分析中，通常只建構 $J - 1$ 個虛擬變項。每一虛擬變項對應著原名目變項的一個類別，如果屬於該類別則虛擬變項取值為 1，否則取值為 0。

虛擬變項（dummy variable）：也稱作指示變項（indicator），取值為 0 或 1 的變項，故也被稱作 0-1 變項。

t 分布化殘差（studentized residual）：用於診斷離群值的一個統計量，被定義為 $r_i = \dfrac{e_i}{\sqrt{\text{MSE}(1 - h_{ii})}}$。這裡，$e_i$ 為觀察個案 i 的迴歸殘差，h_i 為帽子矩陣對角線上的第 i 個元素，並且，$0 \leq h_i \leq 1$。r_i 近似地服從自由度為 $n - p - 1$ 的 t 分

配。

研究假設（research hypothesis）：研究者根據經驗事實和科學理論對所研究的問題的規律或原因做出的一種推測性論斷和假定性解釋，是在進行研究之前預先設想的、暫定的理論。簡單地說，它是指在研究過程中希望得到支持的假設。

樣本（sample）：通過某種方式從母體中選出的部分研究物件組成的子集，研究者通常希望通過對樣本的研究而獲得對母體的認識。

樣本分配（sample distribution）：樣本取值的機率分配，也就是樣本在某變項各取值上出現的頻率。

樣本仿參數估計式（sample analog estimator）：即樣本統計量。

分段函數（spline function）：可以分為直線分段函數、多項式分段函數或冪分段函數等，分段函數可以用來對任意連續函數進行非常好的近似，在資料處理、數值分析和統計學等領域有廣泛應用。

分段函數迴歸（spline function regression）：使用特定分段函數或分段函數對資料進行配適的方法，但相鄰兩段函數之間是連續的。

一階模型（first-order model）：指各自變項均以一次項形式納入的模型。

一致性（consistency）：是選擇估計量的第三個標準。一致性表達的是，估計量以機率方式收斂於參數真值。

離群值（outlier）：指那些特別偏離迴歸模型的觀察個案。離群值會造成模型配適的失敗。因此，當個體 i 的依變項觀察值 y_i 是離群值時，一般它的殘差應當會很大。

不等變異量（heteroscedasticity）：指的是不同樣本點上誤差的變異數並不相等。

異質性（heterogeneity）：分析單位（比如個體、群體或組織單元）之間在特徵、屬性或狀態上的差別或不同。

異質性偏誤（heterogeneity bias）：一般地，在迴歸分析中，皆假設參數是固定的，如果忽略參數在橫斷面或時序上的異質性，以橫斷面、長期追蹤資料直接進行分析，可能導致所關注參數的估計是無意義或缺乏一致性的，這種誤差就叫做異質性偏誤。

依變項（dependent variable）：也稱為依變項或結果變項，它隨著自變項的變化而變化。從試驗設計角度來講，依變項也就是被試的反應變項，它是自變項造成的結果，是主試觀察或測量的行為變項。

437

因果關係（causal relationship）：如果一個變項 Y 的變化是由另一個變項 X 的變化所引起的，而不是相反，那麼這兩個變項之間的關係就被稱作因果關係。其中，引起其他變項出現變化的變項被稱作自變項，而由此出現變化的變項則被稱作依變項。

短暫因果關係（causal transience）：控制或施測的效果是短暫的，個體之前是否受過控制或施測不會影響到以後的控制或施測效果。

因素分析（factor analysis）：統計學中常用的降維方法之一，可在許多變項中找出隱藏的具有代表性的公因素，換言之，我們將相同本質的變項歸入一個因素，從而達到減少變項數目的目的。此外，我們還可以通過因素分析檢定變項間關係的假設。它最早由英國心理學家 C. E. Spearman 提出。他發現學生的各科成績之間存在著一定的相關性，一科成績好的學生，往往其他各科成績也比較好，從而推想是否存在某些潛在的公因素，如某些一般智力條件影響著學生的學習成績。

盈餘假設（surplus hypothesis）：迴歸分析中，假設某兩個自變項 X_1 和 X_2 的迴歸係數存在如下關係，即 $\beta_1 - \beta_2 = a$，其中，a 為某一常數。這類假設被稱作盈餘假設。

回置抽樣（sampling with replacement）：也稱「重置抽樣」、「重複抽樣」，即從母體單位中抽取一個單位進行觀察、記錄後，再放回母體中，然後再抽取下一個單位，這樣連續抽取樣本的方法就叫做回置抽樣。

有關條件（relevance condition）：判斷迴歸模型中存在遺漏變項產生之偏誤的條件之一，指的是被遺漏的自變項會影響依變項。

有效性（efficiency）：對母體參數進行估計時，在所有可能得到的不偏估計量中，抽樣分配變異數最小的不偏估計量，就具有有效性，是選擇估計量的另一個標準。

預測矩陣（prediction matrix）：見帽子矩陣。

預測值（predicted values）：通過根據估計的迴歸模型代入解釋變項觀察值後計算得到的依變項值。

後設分析（meta analysis）：在此類分析中，針對同一主題的不同研究結果被整合起來加以再次分析，其目的在於揭示每一研究會對研究結果產生何種影響。在後設分析中，由於所採用的資料不可得或者有意地被忽略了，每個研究所採用的資料不再被使用，而是直接基於研究結果進行分析，所以，百分比、平均

數、相關係數或者迴歸係數等往往成為這種分析的資料來源。

約束矩陣（restriction matrix）： 這種矩陣常見於對多個迴歸參數進行聯合統計檢定時的情形。比如，採用約束矩陣，假設想要對 $\beta_5 = 0$ 和 $\beta_6 = 0$ 這樣兩個約束條件同時進行檢定，這實際上等價於檢定下列假設矩陣進行檢定：

$$H_0 : \begin{pmatrix} 1 & 0 \\ 0 & 1 \end{pmatrix} \begin{pmatrix} \beta_5 \\ \beta_6 \end{pmatrix} = \begin{pmatrix} 0 \\ 0 \end{pmatrix}，這裡 \begin{pmatrix} 1 & 0 \\ 0 & 1 \end{pmatrix} 即為約束矩陣。$$

成長曲線模型（growth curve model）： 由 Potthoff 和 Roy 於 1964 年提出，包括了 Gauss-Markov 模型、多元線性模型和常見的所有常態成長曲線模型等。它描述變項隨時間變化的規律性，從已經發生的行為或狀態中尋找規律性，並用於對未來的變化趨勢進行預測。但是，時間並不一定是行為或狀態變化的原因，所以成長曲線模型並不屬於因果關係模型。它採用迴歸分析的方法估計模型的參數。

正交矩陣（positive definite matrix）： 設 **A** 為 n 階實係數對稱矩陣，若對於任意非零向量 $\mathbf{X} = (x_1 \quad x_2 \quad \cdots \quad x_n)$，都有 $\mathbf{X'AX} > 0$，則稱 **A** 為正交矩陣。

正交編碼（orthogonal coding）： 正交編碼令各個虛擬變項的權重相互獨立，即同時保證它們的權重之和以及每兩個權重的乘積之和為零。

正交多項式（orthogonal polynomials）： 由多項式構成的正交函數系的通稱。正交多項式最簡單的例子是勒讓德多項式，此外還有雅可比多項式、切比雪夫多項式、拉蓋爾多項式、埃爾米特多項式等，它們在微分方程、函數逼近等研究中都是極有用的工具。

常態分配（normal distribution）： 又稱為高斯分配（Gaussian distribution），是一個常被用到的連續型隨機變項分配，其機率分配函數對應的曲線為鐘形、單峰並具有對稱性。

直接效果（direct effect）： 結構方程式中原依變項不是通過中介變項而對結果變項產生的效果。

p 值（p-value）： 它是一個機率，是我們在假設檢定中進行檢定決策的依據，表明某一事件發生的可能性大小。通常以 p 值小於 0.05 或 0.01 作為統計顯著的標準，其含義是說，樣本中所觀察到的差異或變項間關係由抽樣誤差所導致的機率小於 0.05 或 0.01。

指標函數（indicator function）： 有時候也稱為特徵函數，是定義在某集合 A 上的函數，表示其中有哪些元素屬於集合 A 的某個子集。

信賴區間（confidence interval）：在一定信賴水準下通過樣本統計量所構造的參數的估計取值範圍。

信心水準（confidence level）：也稱為信賴度，指對參數落在信賴區間內的把握程度，信心水準越高，信賴區間越大。

中介變項（intervening variable）：指在自變項 X（即施測變項）發生之後、依變項 Y 產生之前發生的變項，這個變項難以預測甚至無法預測，但可能影響到依變項。

中央極限定理（Central Limit Theorem）：一種統計理論，它解釋了為什麼實際中遇到的許多隨機變項近似地服從常態分配。設 $\{X_n\}$ 為獨立且同分配之隨機變項序列，若 $E[X_k] = \mu < \infty$，$D[X_k] = \sigma^2 < \infty$，$k = 1, 2, \cdots$，則 $\{X_n\}$ 滿足中央極限定理，當 n 足夠大時，$P\left\{\sum_{i=1}^{n} X_i \leq x\right\} \approx \phi\left(\dfrac{x - n\mu}{\sqrt{n}\sigma}\right)$。

主成分分析（principal component analysis）：將多個變項通過線性變換以選出較少數目重要變項的一種多元統計分析方法，它是統計建模中一種重要的維度簡化技術。它的基本原理在於：設法將原來變項重新組合成一組新的相互無關的綜合變項，同時根據實際需要從中取出幾個較少的總和變項以盡可能多地反映原來變項的資訊。

主要效果（main effect）：每個自變項對依變項的作用不受其他自變項取值的影響的那部分效果。

轉換方式（transformational approach）：類別資料處理的一種哲學觀點。在這一觀點中，類別資料被認為在本質上就是分類的，且應當基於這一觀點加以建模。在這一方式下，統計建模意味著類別依變項在經過某種變換之後的期望值可以表達成自變項的一個線性函數。

轉置（transpose）：對矩陣所做的一種行列變換，從而使得一個矩陣變成一個新的矩陣。具體而言：假設有一個 $n \times m$ 維的矩陣 $\mathbf{X}$，我們將其中的行變換成列、列變成行，從而得到一個新矩陣。用 $\mathbf{X}'$ 表示這個新矩陣，它是一個 $m \times n$ 維的矩陣。矩陣轉置其實就是把原矩陣的第 i 行第 j 列元素作為新矩陣的第 j 行第 i 列元素。簡單地講，就是對原矩陣進行行列對調。

定群研究（panel study）：在長期追蹤研究中，如果重複觀察是針對同一人群（或同一樣本）進行的，此類研究就屬於定群研究。

自變項（independent variable）：在一項研究中被假定作為原因的變項，能夠預測

其他變項的值，並且在數值或屬性上可以改變。

自然多項式（natural polynomials）：自變項的簡單多項式。

自選性流失（self-selective attribution）：追蹤調查中，樣本的流失是因為個體拒絕繼續接受後續調查所造成的。

自身相關（autocorrelation）：指不同樣本單位的誤差間存在著相關關係，並不相互獨立。

自由度（degree of freedom）：在多元迴歸模型分析中，觀察值的個數減去待估參數的個數即為自由度。

綜合社會調查（General Social Survey）：最早由美國芝加哥大學的民意研究中心實施的一項面對面的問卷調查，始於 1972 年，針對隨機選取的 18 歲以上的成年人進行調查，用於收集美國居民的人口特徵以及與政府治理、民族關係和宗教信仰有關的態度方面的資料。

總平均數（grand mean）：基於全部樣本計算得到的平均數。

總變異（sum of squares total）：即依變項觀察值與其平均數的離差平方和，是需要解釋的依變項的變異總量。

母體（population）：根據一定的目的和要求所確定的研究事物或現象的全體。

母體分配（population distribution）：母體中所有個案在某一變項各取值上出現的頻率，即母體取值的機率分配。

母體迴歸函數（population regression function）：母體中的迴歸函數。

總效果（total effect）：結構方程式中原依變項對結果變項的各直接效果和間接效果之和。

長期追蹤資料（longitudinal data）：根據長期追蹤研究設計在不同時點收集得到的資料。

長期追蹤研究（longitudinal study）：一種跨時段對同一現象進行觀察和調查的研究方法，長期追蹤研究可以細分為趨勢研究、佇列研究和追蹤研究三個子類型。

組間變異（between-group variation）：反映各組平均數的差異，它體現了隨機差異的影響與可能存在的施測因素的影響之和，用各組平均數和總平均數的偏差值平方和來表示。

組平均數（group mean）：基於不同分組樣本計算得到的平均數。

組內變異（within-group variation）：又叫隨機差異，反映隨機變異的大小，其值

等於組內偏差值的平方和。

組內相關係數（intra-class correlation coefficient）：多層模型分析中，根據組內和組間變異數成分估計值得到的、反映高層次分析單位之間差異在低層次分析單位結果變項總變異數中所占比例的一個統計量。

最大概似估計（maximum likelihood estimation）：一種使用廣泛的參數估計方法，它通過最大化對數概似函數來求解參數估計值。最大概似估計常使用反覆運算演算法，在進行估計時，會產生一套參數估計初始值，一次反覆運算之後得到的參數估計值作為下一次反覆運算的初始值，如此迴圈反覆運算，直到所得參數估計值與前一次所得估計值的差異足夠小即出現收斂為止。

最佳線性不偏估計式（best linear unbiased estimator）：在滿足所需假定條件的情況下，迴歸參數的普通最小平方估計是所有不偏線性估計中變異數最小的，因此，將其稱作最佳線性不偏估計。

最終反應變項（ultimate response variable）：模型中不影響其他變項的依變項。

五南文化廣場 橫跨各領域的專業性、學術性書籍
在這裡必能滿足您的絕佳選擇！

五南全國展售門市

【逢甲店】
【台大店】
【嶺東書坊】
【海洋書坊】
【環球書坊】
【台中總店】
【高雄店】
【屏東店】

海洋書坊：202 基 隆 市 北 寧 路 2號 TEL：02-24636590　FAX：02-24636591
台 大 店：100 台北市羅斯福路四段160號 TEL：02-23683380　FAX：02-23683381
逢 甲 店：407 台中市河南路二段240號 TEL：04-27055800　FAX：04-27055801
台中總店：400 台 中 市 中 山 路 6號 TEL：04-22260330　FAX：04-22258234
嶺東書坊：408 台中市南屯區嶺東路1號 TEL：04-23853672　FAX：04-23853719
環球書坊：640 雲林縣斗六市嘉東里鎮南路1221號 TEL：05-5348939　FAX：05-5348940
高 雄 店：800 高 雄 市 中 山 一 路 290號 TEL：07-2351960　FAX：07-2351963
屏 東 店：900 屏 東 市 中 山 路 46-2號 TEL：08-7324020　FAX：08-7327357
中信圖書團購部：400 台 中 市 中 山 路 6號 TEL：04-22260339　FAX：04-22258234
政府出版品總經銷：400 台 中 市 軍 福 七 路 600號 TEL：04-24378010　FAX：04-24377010
網 路 書 店　http://www.wunanbooks.com.tw

專業法商理工圖書・各類圖書・考試用書・雜誌・文具・禮品・大陸簡體書
政府出版品總經銷・中信圖書館採購編目・教科書代辦業務

五南圖解財經商管系列

※ 最有系統的圖解財經工具書。

※ 一單元一概念，精簡扼要傳授財經必備知識。

※ 超越傳統書籍，結合實務精華理論，提升就業競爭力，與時俱進。

※ 內容完整，架構清晰，圖文並茂‧容易理解‧快速吸收。

圖解財務報表分析　圖解物流管理　圖解企劃案撰寫　圖解企業管理(MBA學) 圖解企業危機管理
／馬嘉應　　　／張福榮　　　／戴國良　　　／戴國良　　　／朱延智

圖解行銷學　　圖解策略管理　　圖解管理學　　圖解經濟學　　圖解國貿實務
／戴國良　　　／戴國良　　　／戴國良　　　／伍忠賢　　　／李淑茹

圖解會計學　　圖解作業研究　　圖解人力資源管理　圖解財務管理　　圖解領導學
／趙敏希　　　／趙元和、趙英宏、　／戴國良　　　／戴國良　　　／戴國良
馬嘉應教授審定　　趙敏希

國家圖書館出版品預行編目資料

迴歸分析／謝宇著.－－初版.－－臺北市：五
　南圖書出版股份有限公司，2013.09
　面；　公分
ISBN 978-957-11-7216-3（平裝）

1. 迴歸分析

511.7　　　　　　　　　　　102013966

1H82

迴歸分析

作　　者 — 謝　宇

發 行 人 — 楊榮川

總 經 理 — 楊士清

總 編 輯 — 楊秀麗

主　　編 — 侯家嵐

責任編輯 — 侯家嵐

文字編輯 — 鐘秀雲

封面設計 — 盧盈良

出 版 者 — 五南圖書出版股份有限公司

地　　址：106台北市大安區和平東路二段339號4樓

電　　話：(02)2705-5066　　傳　真：(02)2706-6100

網　　址：https://www.wunan.com.tw

電子郵件：wunan@wunan.com.tw

劃撥帳號：01068953

戶　　名：五南圖書出版股份有限公司

法律顧問　林勝安律師事務所　林勝安律師

出版日期　2013年9月初版一刷
　　　　　2022年7月初版四刷

定　　價　新臺幣620元

※版權所有‧欲利用本書內容，必須徵求本公司同意※